早稲田大学学術叢書──052

初期メソポタミア史の研究

前田　徹
Tohru　Maeda

早稲田大学出版部

Early History of Ancient Mesopotamia

Tohru Maeda is professor of Faculty of Letters, Arts and Sciences, Waseda University, Tokyo.

First published in 2017 by
Waseda University Press Co., Ltd.
1-9-12 Nishiwaseda
Shinjuku-ku, Tokyo 169-0051
www.waseda-up.co.jp

© 2017 by Tohru Maeda

All rights reserved. Except for short extracts used for academic purposes or book reviews, no part of this publication may be reproduced, stored in a retrieval system or transmitted in any form whatsoever—electronic, mechanical, photocopying or otherwise—without the prior and written permission of the publisher.

ISBN978-4-657-17701-8

Printed in Japan

contents

序　章 ··· 001

第Ⅰ部　中心地域──領邦都市国家と統一王権

第1章　都市国家の成立 ··· 019
  1　都市革命 ··· 019
  2　ウルク型都市国家 ··· 023
  3　都市国家の展開 ··· 034

第2章　領邦都市国家 ··· 039
  1　領邦都市国家の成立 ··· 039
  2　領邦都市国家間の争い ··· 049

第3章　領域国家期 ··· 059
  1　エンシャクシュアンナと領邦都市国家 ··· 059
  2　ルガルザゲシと領邦都市国家 ··· 070
  3　全土の王と領邦都市国家 ··· 083

第4章　統一国家形成期の領邦都市国家 ··· 102
  1　四方世界の王ナラムシン ··· 102
  2　アッカド王朝滅亡後の都市国家分立 ··· 115
  3　ウル第三王朝初代ウルナンム ··· 125

第5章　統一国家確立期・ウル第三王朝 ··· 138
  1　シュルギとウル第三王朝の支配体制 ··· 138
  2　ウルの王の権威と大権 ··· 152
  3　ウルの王と領邦都市国家 ··· 163
  4　ウル第三王朝の滅亡 ··· 189

contents

第Ⅱ部　周辺地域
　　　――周辺異民族：エラム，マルトゥ，グティ

第6章　エラム ……………………………………………… 201
　1　はじめに ………………………………………………… 201
　2　初期王朝時代 …………………………………………… 202
　3　アッカド王朝時代 ……………………………………… 206
　4　プズルインシュシナクによるエラム統一 …………… 214
　5　ウル第三王朝時代 ……………………………………… 222
　6　シマシュキ王朝の成立 ………………………………… 242
　7　まとめにかえて ………………………………………… 254

第7章　マルトゥ …………………………………………… 256
　1　はじめに ………………………………………………… 256
　2　ウル第三王朝時代 ……………………………………… 260
　3　イシン・ラルサ王朝時代前期 ………………………… 279
　4　前19世紀後半の変化 …………………………………… 285
　5　ハンムラビ時代 ………………………………………… 289
　6　まとめにかえて ………………………………………… 300

第8章　グティ ……………………………………………… 302
　1　はじめに ………………………………………………… 302
　2　同時代史料に見るグティ ……………………………… 303
　3　「グティの時代」 ………………………………………… 312
　4　グティとウル滅亡哀歌 ………………………………… 320
　5　蛮族侵入史観 …………………………………………… 331
　6　まとめにかえて ………………………………………… 335

終　章 ………………………………………………………… 339

略　号	349
参考文献	356
表・図一覧	373
あとがき	375
索　引	379

序　章

　本書では，人類最古の文明が成立した地域の一つ，メソポタミアとその周辺地域を舞台に展開した国家と王権について，時期を前3千年紀にしぼって論じる（表1，表2）。第Ⅰ部「中心地域　領邦都市国家と統一王権」では，ティグリス・ユーフラテス両川下流域に成立した都市国家が統一国家に展開する過程を領邦都市国家を軸に置くことで，その特質を明らかにしたい。
　第Ⅱ部「周辺地域　周辺異民族：エラム，マルトゥ，グティ」では，シュメール・アッカド人から野蛮と見なされたエラム，マルトゥなどの周辺に住む民族に視点を移し，彼らの国家・権力の形成の問題を考える。
　最初に，都市国家を視座に置くことの意義を明らかにするために，19世紀に始まるメソポタミアの研究史を振り返って，その時代に影響された偏向とでも呼ぶべき傾向を示したい。

古代メソポタミア史の知識

　ほぼ現在のイラクにあたるメソポタミアは悠久の歴史を刻むが，その長い歴史が識られるようになったのは，古いことではない。古代や中世はもちろん，近代になっても19世紀以前の人々は，本書が対象にする前3千年紀のメソポタミア史を記述することができなかった。参照できる聖書やギリシア・ローマの古典から知り得るのは前1千年紀の歴史であったからである。
　一つの例として，岡崎勝世が紹介する18世紀後半，1771年に著されたガッ

表1　メソポタミア史略年表

x100	前4千年紀			前3千年紀						前2千年紀				前1千年紀		
	35	32	31	29	25	23	2250	21	20	18	15		11	9	6	5
	前期（メソポタミア）										後期（メソポタミア）					
			都市国家分立期		領域国家期		統一国家期									
エラム											エラム					
バビロニア		ウルク期	ジェムデトナスル期	初期王朝時代			アッカド王朝	ウル第三王朝	古バビロニア イシン・ラルサ王朝	バビロン第一王朝	中バビロニア カッシ朝 イシン第二王朝		暗黒時代	新アッシリア	新バビロニア	ペルシアアケメネス朝
アッシリア									古アッシリア		中アッシリア ミタンニ					
アナトリア											ヒッタイト					
エジプト		初期王朝時代		古王国時代			中間期	中王国時代		中間期	新王国時代		中間期	末期王朝		

表2　前3千年紀の王

		アッカド	キシュ	ウルク	ウル	ラガシュ	ウンマ
都市国家分立期	2500		メシリム			ルガルシャエングル	
	2410	初期王朝時代			メスカラムドゥ		
				アカラムドゥ メスアンネパダ アアンネパダ		ウルナンシェ アクルガル エアンナトゥム エンアンナトゥム1世 エンメテナ エンアンナトゥム2世	パビルガルトゥク エンアカルレ ウルルンマ イル ギシュシャキドゥ
	2300				ルガルキギネドゥドゥ ルガルキサルシ		
地域国家期		（サルゴン）	エンビイシュタル	エンシャクシュアンナ		エンエンタルジ ルガルアンダ ウルカギナ	
	2260			ルガルザゲシ			ルガルザゲシ
		サルゴン リムシュ マニシュトゥシュ					
	2230	アッカド王朝時代					
統一国家形成期		ナラムシン シャルカリシャッリ 混乱期 ドゥドゥ シュトゥルル			ウルギギル		
	2130					ウルバウ	
	2100	2100		ウトゥヘガル		グデア	ナムマフニ
確立期 統一国家					ウルナンム シュルギ アマルシン シュシン イッビシン		
	2000	2000 ウル第三王朝時代					

テラー『普遍史序説』を取り上げる（岡崎2000）。ガッテラーは新しい歴史研究を模索し，ランケがベルリン大学に導入した歴史ゼミナールを，彼に先立ってゲッティンゲン大学で開いていた（イッガース1996）。ガッテラーが史料の信憑性に着目したことは，啓蒙的な合理精神の現れである。しかし，『普遍史序説』は，天地創造から近代までを4期に分け，第1期は天地創造から諸民族の形成までの1～1809年，第2期は諸民族の形成から民族移動までの1809年～西暦5世紀とするように，旧態依然の創造紀元を採用する。

本書に関わるメソポタミア史では，第2期諸民族の形成のところで，「アッシリア的諸民族体系」と括って，①アッシリア，②メディア・アッシリア・スキュティアの鼎立，③メディア・バビロニアの並立，④メディア・リュディア・バビロニアの鼎立の順序で記す。ガッテラーが記す範囲は，現在の知識からは，前1千年紀の新アッシリア（アッシリア帝国）と新バビロニアの時期に限定される。つまり，聖書や古典に依拠する限り，知識は前1千年紀に限られるのであり，前2千年紀のバビロニアも，前3千年紀のシュメール・アッカドの知識もまったく欠如していた。

19世紀以前のメソポタミア史の記述は，時代が限られていただけでなく，歴史像もアッシリアを中心に描くという歪みが認められる。前1千年紀だけを見れば，ガッテラーの記述に見るように，新アッシリア（アッシリア帝国）が成立し，その後に新バビロニア（カルデア王国）が興った。その限りでは，バビロニアに先んじてアッシリアを置くことは正しい。しかし，バビロンは，アッシリアに先行して前2千年紀にハンムラビ王のもとで統一を果たしていた。ハンムラビが人口に膾炙するのは，ハンムラビ法典碑の存在が公になった20世紀初頭からであり，それ以前ではハンムラビとその時代（バビロン第一王朝）の実像は知られていなかった。

アッシリアを中心に描くことは，古く「歴史の父」ヘロドトスに始まる。彼は，最初に帝国を築いたのはアッシリア人と述べる。当のアッシリア人は，バビロンが前3千年紀のシュメール・アッカド文化を継承する特別な都市であることを認めていたのであるが，ヘロドトスはバビロンをアッシリアの一都市と捉えた（ヘロドトス1971）。

ヘロドトスの後，クテシアスはアッシリアの伝説的な女王セミラミスの治績

としてバビロン建設を挙げる (Rollinger 2011)。アッシリアとバビロニアの差異を無視したアッシリアの都バビロンという見方は，のちの人々に影響を与えた。紀元後1世紀のマルティアリスは，新しく建てられたローマのコロセウムを，世界の七不思議として賞賛の的になっている建造物と比べても，それらに劣らない壮大さであると述べるなかで，世界の七不思議の一つバビロンの城壁を「アッシリアの偉業もバビロン（の城壁）を自慢すべきではない」（島田 1999）のように記し，バビロンをアッシリア人の都と意識していた。5世紀になっても，アッシリアとバビロニアを混同する例として，アウグスティヌスの勧めで『異教徒に対する歴史』を執筆したオロシウスが表現する「アッシリアの町，バビロン」(Orosius 1964) を挙げることができる。ガッテラーが「アッシリア的諸民族」と総称するのも，古代メソポタミア史をバビロンでなくアッシリアを中心に見る古典古代的なメソポタミア観がヨーロッパの伝統として19世紀まで生き続けていた証になる。

近代に始まった古代メソポタミア史研究

古代メソポタミア史の記述は19世紀に大きく前進した。聖書やギリシア・ローマの古典に依拠した歴史記述の限界を打破したのが，楔形文字の解読である。

人類が文字を獲得したのは，メソポタミアにおいて紀元前3100年頃にシュメール人が発明したのが最初とされる (Englund & Nissen 1991)。中国の殷墟で発見された甲骨文字が前1200年頃とされることに比べれば，それよりはるか昔，1900年前のことである。紀元前1500年より前の地球上で文字を使用していたのは，楔形文字を使うメソポタミアと象形文字を使用するエジプトに限られていた。

楔形文字はシュメール人がシュメール語を表記するために発明したが，メソポタミア文明のそれぞれの時代に活躍した人々もこの文字を利用して，それぞれの言語，アッカド語（バビロニア語，アッシリア語），ヒッタイト語，古代ペルシア語などを粘土板などに書きとめた。楔形文字は，メソポタミア文明を約3000年間支えたのち，紀元前後に使用されなくなり，近代になるまでまったく忘れられていた。

再び注目されるようになったのは，17世紀以降にアケメネス朝ペルシアの遺跡ペルセポリスなどを探訪した旅行者がヨーロッパに伝えた情報によってであり，解読の試みは18世紀に始まった（江上1970, 江上1977）。最初に解読されたのが，印欧語族に属する古代ペルシア語である。

　ペルシア語楔形文字の解読には，主にペルシア帝国の都ペルセポリス由来の銘文が利用され，1802年にグローテフェントがいくつかのペルシア語楔形文字の音価を明らかにしたが，全体の解読には至らなかった。ローリンソンは，解読に必要な長文の碑文を求めて，メソポタミアとイランを繋ぐ主要街道沿いにあるベヒストゥーン断崖に彫られたペルシア王ダリウス1世の磨崖碑文を苦心の末に写し取り，1838年に解読に成功した（碑文の日本語訳は伊藤1974で読むことができる）。

　ペルシア語の解読に続いてアッカド語の解読が始まった。1840年代は，いわゆる「大発掘時代」であり，フランスとイギリスがアッシリアの古都，ニネヴェ（現在名クユンジク），ドゥルシャルキン（コルサバド），カルフ（ニムルド）の発掘を競った（図1）。ニネヴェにおいて石像や石碑などの発掘に成功していたイギリスのレイヤードが，1849年に「アッシュルバニパル文庫」を発見して，辞書を含む多くの楔形文字粘土板の存在を明らかにした。その後も多くの粘土板や碑文が出土したことで，ペルセポリス遺跡で採取された銘文に代わって，アッシリアの遺跡から出土した膨大な楔形文字資料が解読に使われるようになり，アッカド語楔形文字の解読は急速に進んだ。レイヤードたちは聖書を深く知りたいという願望からアッシリアの古都を発掘したのかもしれないが，陸続として出土する楔形文字粘土板は，彼らが思いもしなかった未知なる前3千年紀への扉を開いた。

　アッカド語楔形文字解読にとって，19世紀半ばの1857年に象徴的な出来事があった。この年，アッシュルで新しく発掘されたアッシリア王ティグラトピレセル1世の八角柱碑文の解読を，代表的な4人の楔形文字研究者に課し，それを英国王立アジア協会が比較し楔形文字解読の正当性を問う競争が行われた（リオン&ミシェル2012）。結果は，4人の解読は似かよっており，解読に信憑性ありと判断された。この解読競演は，楔形文字が1800年のときを経て現代に甦ったことを宣言するものであった。

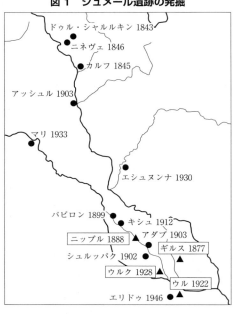

図1　シュメール遺跡の発掘

　アッカド語とは，アッカド王朝時代の古アッカド語と，その後の時代のバビロニア語とアッシリア語を含む総称であり，語族による分類では，セム語族の東セム語に属する。セム語族は，東セム語，南セム語（アラビア語等），西セム語（ヘブライ語，アラム語等）に分類され，古今を通して西アジア世界の主要言語である。アッカド語がバビロニアとアッシリアの主要言語であり続けたことで，その解読が古代メソポタミアの歴史を詳細に知ることを可能にした。

　聖書の言葉であるヘブライ語やアラム語も同じセム語族であることで，アッカド語で書かれた楔形文字文書の解読は違和感なく進んだ。解読によって新しく獲得される知識は，聖書的知識やギリシア・ローマの古典の延長線上にある限り，ほとんど抵抗なく受け入れられた。楔形文字が写す別の言語，ヒッタイト語については，フロズニーが1916年に解読した。ヒッタイト語は印欧語族に属する。現代ヨーロッパの主要言語，英語，ドイツ語，フランス語，ロシア語などが印欧語族であることもあって，前1千年紀のペルシア語より古く，前2千年紀という古い時期の印欧語の存在が確証されたことは歓迎されこそ

すれ，拒否反応は起こるはずもなかった。

　これに対して，シュメール人が文字を発明しメソポタミア文明を基礎付けたと唱えることは，簡単なことではなかった。現代ではシュメール人の存在は疑問の余地なく承認される。しかし，シュメール人は，旧約聖書にも，ギリシア・ローマの文献にも言及がなく，長く忘れられていた[1]。ローマの古典が参照した著作に，バビロンの神官ベロッソスがギリシア語で書き，セレウコス朝の王に献呈し，ヨセフスなどを介して伝えられた『バビロニア誌』がある (Burstein 1978, Verbrugghe & Wickersham 1996)。この『バビロニア誌』にしても，シュメール時代に遡る太古の大洪水などを記すが，シュメール人に直接言及することはない。ベロッソスはバビロンの神官としてメソポタミアの伝統を受け継ぐ地位にあり，シュメール語とシュメール人の知識がなかったとは思えないが，言及がないことで，メソポタミア文明の基礎を築いたシュメールの存在はのちの時代に伝わらなかった。

　19世紀の楔形文字解読の過程で，楔形文字がセム語の音韻特性を区別しないことを根拠に，楔形文字の発明はアッカド語を話すアッシリア人やバビロニア人でなく，第三の民族であると指摘されるようになった。未知の民をシュメール人であると正確に言い当てたのはオッペールである。オッペールによって再発見された1869年が，シュメール人が4000年の時を経て甦った記念すべき年となろう。日本の元号では明治2年であり，150年近く前のことである。

　シュメール語は，セム語でも印欧語でもなく，系統不詳の膠着語である。聖書に記載のない未知のシュメール人がメソポタミア文明を最初に築き，楔形文字を発明したとなれば，それは聖書的常識を逸脱しており，西アジアがセム系の言葉を話す人々の世界であるという現実感覚からも，シュメール人の存在を肯定することに一種の抵抗感があった。実際，「シュメール人など存在しない」，「シュメール語楔形文字と呼ばれるのは，セム語の古さと神聖さを示すバビロニア神官の神秘文字である」という説に固執したハレヴィという学者がいた[2]。

1　聖書（創世記 10: 10, 11: 2, 14: 1,9 など）に記されるシナル（Shinar）がシュメールとされることがあるが，そこまで遡る言葉ではないと考えられる。
2　ウエブスターの人名辞典（*Webster's Biographical Dictionary*, Springfield. Mass. 1971, 652）では，J. ハレヴィをシュメール人非存在説の提唱者としてのみ紹介する。彼がシュメール人非存在説に固執したことは大いなる誤解であったが，そうした側面を強調する前に，『人名事典』

彼の見解が一時的にしろ賛同者を得て影響力を持ったことは，シュメール人の存在を認めることへの抵抗感を如実に示している（Cooper 1991）。再発見されたシュメール人は，古代メソポタミア史の理解に新しい問題を生んだのであり，共通理解に至るまで，試行錯誤があったと言うことができる。こうした環境のなかで，シュメール人と彼らの歴史が理解されるには，両川下流域最南部に散在するシュメール都市遺跡の本格的な発掘を待たねばならなかった。

　メソポタミア南部のシュメールの都市遺跡は，「大発掘時代」に簡単な探査が行われたが，本格的な調査は遅れた（図1）。近代的な考古学的手法を用いて調査された最初のシュメール遺跡はテロー（シュメール都市国家ラガシュのギルス市区）であり，19世紀も後半の1877年にフランス隊が着手した。シュメールの代表的な都市ニップル，ウル，ウルクの発掘については，ニップルはアメリカ隊によって1888年から，ウルはイギリス隊によって1922年から，ウルクはドイツ隊によって1928年から始まった。

　発掘に着手する時期が，19世紀でなく，20世紀，それも第一次世界大戦後にずれ込む遺跡があったことは，前3千年紀のシュメールを研究するための条件が，20世紀になってようやく整えられたことを示す。研究に必要なシュメール語文法書（Poebel 1923）とシュメール語辞書（Deimel 1928）の刊行は，ともに19世紀でなく，20世紀も第一次世界大戦後の刊行である。

　このように，19世紀に始まった楔形文字研究によって，従来から知られていたメソポタミア前1千年紀の歴史を，より正確に，より詳細に記述できるようになった。それ以前の時代についても，前2千年紀は言うに及ばず，20世紀に本格化したシュメール遺跡の発掘が多くのシュメール語粘土板文書を世に知らしめたことで，それまで未知であった前3千年紀の歴史を事実に即して記述できる環境が整えられた。

であれば，彼が，エチオピアやイェーメンのユダヤ人に関わる写本の収集に大きな功績を挙げた有能なセム語学者であったことは記されるべきであろう。
　新たに発見されたシュメール語の帰属をめぐって，その膠着語的性格から，ウラル・アルタイ語族（当時は「スキティア語族（Scythian）」とか「トゥラン語族（Turanian）」と呼ばれた）に属するとした考え方に対して，ハンガリー語やフィンランド語に通じたハレヴィが短絡的であるとしたことは正しい指摘であったはずである。

古代メソポタミア史研究の問題点

　楔形文字資料に依拠した古代メソポタミア研究は，通常アッシリア学（Assyriology）と呼ばれ，19世紀に始まった[3]。ただし，史料が増えただけでは，古代メソポタミア史の十全な記述を保証することにはならない。新しく成立したアッシリア学の傾向・偏向性をどのように理解するかが，現在の研究を知る上で重要である。

　アッシリア学の傾向性として第一に挙げられるのは，その出発から聖書研究の補助学的性格を有することである。楔形文字研究者の1人は，アッシリア学の傾向を指摘して，「楔形文字の解読と古代西アジアの研究は19世紀に本格化するが，この時期は，ランケに代表される近代歴史学の形成期でもある。しかし，アッシリア学が聖書研究を補助する学問として成立したことで，実証主義的歴史方法論は適用されることなく，もっぱら宗教的な観点からの文献学的研究が主流になった」，と述べる（Seri 2003）。

　第二に，19世紀に成立した学問体系のなかでのアッシリア学の位置付けの特異性が指摘できる。19世紀に大学が近代的な装いで新しく出発するとともに，近代的学問分野が成立した。その際，いくつかは，進歩の過程である未開，野蛮，文明の三段階に対応した配置になった。近代歴史学の「父」ランケは，進歩の過程をたどる文明段階の西洋のみが歴史学の対象になるとした（ランケ 1941）。そこから排除されたアジアは，野蛮の段階で進歩を停止したとされ，東洋学（Oriental Studies）が担うことになった。アフリカや太平洋諸島の民族は未だ進歩の端緒にも着かない未開段階とされ，人類学・民族学の対象になった。こうした学問の布置のなかで，アッシリア学は，広い意味での東洋学に包含され，歴史学の一分野にならなかった（イッガース 1996）。

　世界史における位置付けも問題になる。19世紀に構想された世界史は，ギリシア・ローマの古代から，ヨーロッパの中世・近代への発展として描かれた。

3　OEDによれば英語のAssyriologyは，1828年が初出である。研究体制の整備という点から，大学における講座の開設と学術雑誌の刊行を見れば，アッシリア学の成立は19世紀半ば以降である。フランスにおいて1869年にコレージュ・ド・フランスに，楔形文字研究の第一人者オッペールを迎えてアッシリア学の講座が開講された。イギリスでは，少し遅れて1890年にオックスフォード大学にアッシリア学講座が開講した。アッシリア学の専門学術雑誌 *Zeitschrift für Assyriologie* と *Revue d'Assyriologie* は，それぞれ1886年と1891年に創刊された。

この構図において，メソポタミア史は，ギリシア・ローマの前史として，また，キリスト教の源泉であるイスラエルの歴史に接ぎ木された（ウォーラーステイン 1996）。古代メソポタミア史は，世界史の本体に関わりない前史，もしくは，ギリシア以来の西洋と東洋を対比的に捉える見方からは，停滞した東洋，克服すべき東洋の至源として描かれることになった。このような 19 世紀の学問的布置や歴史観が，「アッシリア学」が歴史学的研究に深く踏み込めない要因になったと考えられる。

第三に，19 世紀の時代思潮，民族と人種を重視する視点を無批判に採用したことがある。民族・人種の重視は，1910 年に出版された最初の初期メソポタミア通史である『シュメールとアッカドの歴史』（King 1910）に色濃く反映する。キングは，シュメール人とアッカド人の人種的・言語的差異に多くのページを割く。テッローで発掘されたラガシュの支配者グデアの石像などをもとに，形質人類学的な差異を論じるとともに，民族対立を強調する。民族的な差異と対立がこの本の意図された主題であることは，副題が "early race" とあることから明らかである。キングは，19 世紀的な人種・民族論の影響下にあった。

キングの本を先駆として，王朝交代と民族対立の構図は，その後の通史に一貫して取り入れられる。筆者がシュメール研究を始めた 1960 年代後半から 70 年代前半に出版された通史，ルーの『古代イラク』（Roux 1964），フィッシャー版『世界史』（Edzard 1965），『ケンブリッジ古代史』（Gadd 1971），ハッローの『古代中近東』（Hallo & Simpson 1971）は，出土史料が増え，研究が進むことで，キングのそれと比べられないほど詳細な記述になるにしても，王朝交代と民族対立の構図に変更はない。たとえば，アッカド王朝を創始したサルゴンの業績を，「セム族」のサルゴンが別民族であるシュメール人の諸都市を征服する過程と見るような，民族対立から説明することが現在でも見られる。筆者は，人種・民族対立と王朝交代によって時代を区分すること，この二つがシュメール史理解の障害になっていると考える（前田 1999a）。

本書のねらいは，伝統的な枠組み，たとえば，東洋的専制国家や民族対立を認めるような人種的民族観などから史料を裁断するのでなく，史料に即して，中心地域と周辺の民とされた諸民族の国家・王権のあり方を描き出すことであ

表3　王号の変化による時代区分

年代	3200	2500	2300	2260	2230	2100	2000
王朝	ウルク期ージュムデトナスル期ー初期王朝時代			アッカド王朝時代			ウル第三王朝時代
時代区分	都市国家分立期	（領邦都市国家）	領域国家期		統一国家形成期		統一国家確立期
支配領域	都市支配		両川下流域（中心地域）の支配		中心地域と周辺地域すべての支配		
	city-states	(territorial city-states)	city states dominating the core region		city-states dominating all the four quarters		
王号	(lugal, en, énsi)		「国土の王」「全土の王」		「四方世界の王」		

る。

第Ⅰ部の目的

　ティグリス・ユーフラテス両川下流域に成立したメソポタミア文明の初期，前3千年紀の歴史については，20世紀前半に提示されたダイメル・シュナイダーの神殿都市（神殿国家）論とジェイコブセンの原始民主政論に則って説明することが今なお主流である。ジェイコブセンの「原始民主政」論は，ウルク期を共同体社会と規定し，ギリシアに比べれば素朴であるが長老支配のもと成人男子の集会が権威を持つ民主政が最初にあり，その後に軍事指導者が王に転化し，王政が成立するというものである。それは，古典学説である神殿都市論を否定する立場である。ある意味，水と油である両論を参照して，神殿都市論から神殿共同体を受け継ぎ，原始民主政論からは軍事的契機による王政の成立を抜き出し，両者を組み合わせて論を展開するような説明の仕方が見受けられる。

　こうした欧米の研究に対して，日本におけるシュメール学を先導した中原与茂九郎は，史料的裏付けのない神殿都市論と原始民主政論を否定して，シュメールではその初期から世俗的な王権が存在し，それが順次発展したと説いた（中原1966，中原1968）。その先駆性は尊重されなければならない。筆者は，中原に従いつつ，前3千年紀後半の歴史を民族対立の視点から叙述することは現代的な関心を無批判に過去に持ち込むことであると考え，初期メソポタミア史を世俗王権の成立と発展から捉えるために，史料的に確実な王号の変化に依拠した時期区分を設定した（表3）。王号の変化に依れば，前3千年紀は，都市国家分立期・領域国家期・統一国家期の3段階に区分できる（前田2003）。

世俗王権と都市国家の展開として見ることは，それに留まらず，常識とされてきた氏族社会，神権政治などの諸々の概念の再検討を迫る。

　　氏族社会　　都市国家（地縁社会）
　　神権政治　　世俗王権
　　中央集権　　分権的な都市国家的伝統
　　一円支配　　王の家政組織（公的経営体）
　　民族対立　　中心と周辺（華夷の二分法）

それぞれの項目の初めに示したのが常識とされてきた概念であり，あとに置いた都市国家（地縁社会），世俗王権などが，筆者が前3千年紀メソポタミアの王権や国家を考えるときの対置されるべきキーワードとするものである。それらについては，当該箇所で述べることになる。

第Ⅰ部では，前3千年紀メソポタミアの歴史を，都市国家分立期・領域国家期・統一国家期の3段階にしたがって，王権の発展と分権的な都市国家との相克として捉えることが，王朝交代や民族交代より，有効であることを示す。

各章は，初期王朝時代，アッカド王朝時代のような王朝交代によらず，先に挙げた時代区分に従い，都市国家分立期，領域国家期，統一国家期に分ける。都市国家分立期は，都市国家の成立と都市国家の一類型である領邦都市国家の成立に分け，章もそれに基づいた名称になっている。章立てで強調するように，筆者は，シュメール史の理解には，都市国家分立期の最後に成立した領邦都市国家が鍵になると考えている[4]。

第Ⅱ部の目的

第Ⅱ部では，古代メソポタミア史のなかでも前3千年紀に周辺の野蛮な異民族と見なされたエラム，マルトゥ（アムル），グティを対象にする。文明を

4　領邦都市国家については，それを最初に論じた前田 2009a において，地域国家と命名していた。しかし，統一国家期の前段階である領域国家と紛らわしく，不分明と思われたので，前田 2013 において領邦都市国家に改めた。
　　中近世のドイツ史において領邦国家（Territorialstaat）なる概念が使用され，領邦国家である都市を領邦都市国家と呼ぶ場合がある。それを参照しての命名である。時代と地域が異なるところで同じ用語を使うことを危惧したが，むしろ，上級の権威を認めつつ，在地の伝統に根ざした分権的な傾向を持つ都市国家を表示する点から，古代メソポタミア史でも使用できると考えて，あえて使うことにした。

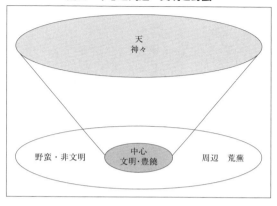

図2　中心と周辺＝文明と野蛮

担う者と自負したシュメール人とアッカド人は，彼らの世界観である中心と周辺の二分法に従って，周辺の異民族を蛮夷と見なした。これら野蛮と見なされた民，エラム，マルトゥ，グティの動向を追うことが主題になる。

シュメール・アッカドの人々の中心と周辺の二分法とは次のような見方である（前田 2003a）。彼らの見方の根底には，神々の世界である天と人間の世界である地上とを区別する二分法がある（図2）。死すべき不完全な人間が住む地上世界は，不死なる神々の世界に対比すれば劣性の世界である。そのなかで，神々から特別の加護を受ける地が中心文明地域である。それこそが，彼らにとって神々が顧みない周辺地域に対して持つ中心地域の隔絶した地位なり価値であった。

前3千年紀の四至的な地理観において，南は文明地域のシュメール・アッカドである。その他の三方向について，エラムは東を，マルトゥは西を，スバルトゥは北を指し，それらの民は文明を持たない「蛮族」の代表とされた（図3）。マルトゥに対する次のような蔑視表現がある。

「火で料理しないなま肉を食べ，生きるときは家を持たず，死んでも葬られない。」

「マルトゥ，家を知らず，町を知らない。山において露天に暮らす者である。」[5]

周辺に住むマルトゥを非難や蔑視するとき，神を知らない，神の祭り方を知

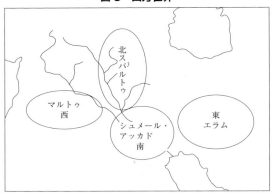

図3 四方世界

らない,都市生活を知らないという,文化を持たない点に集中しており,現代的な意味での生得的な人種・民族が意識されてはいない。

先に述べたように,王朝交代や人種・民族対立を軸に歴史を描くことは,古くからある歴史記述の形式(王朝交代)と19世紀的民族・人種論との混淆である。人種論的な視点で古代メソポタミアを論じることは,現代的な視点を安易に持ち込むだけで,その時代の理解を妨げる。したがって,エラム,マルトゥなどは,シュメール・アッカドの視点である周辺異民族という限定付きでなく,前3千年紀という時代の同じ政治世界のなかで,自らをどのように位置付けたのか,つまり,シュメール・アッカドの民と同様に,その世界に主体的に関わる者として見る必要がある。エラム,マルトゥ,グティを比較しつつ,その特徴を捉えることで,この時代の状況がより具体的に知ることができると考える。

第Ⅱ部,第6章でエラム,第7章でマルトゥ,第8章でグティを取り上げる。エラム,マルトゥ,グティは,周辺異民族と一括されるが,歴史的背景が異なり同一視できない。それぞれの特色を一言で言えば,エラムは周辺異民族の代名詞とされたが,実際にはメソポタミアと平行してイラン高原に文明を発展させており,メソポタミアと同格の文明を持つと自認していた。つまり,メソポ

---

5 Cooper 1983, 32. lú-líl-lá を「露天に暮らす者」と解釈することについては,George 2010, 114-115 を参照。

タミアの外側にあって常に拮抗した関係にある者としてエラムを見る必要がある。それに対して，マルトゥは周辺から中心文明地域に入り，文明を担う民になることを目指した。マルトゥの場合は，前3千年紀だけでなく，歴史の主役となった前2千年紀前半までを範囲として考察する。最後に取り上げるグティの本拠地はティグリス川東岸地域と考えられているが，正確にはわかっていない。グティは文明地域であるシュメールの地に侵入し，文明の民を自認するシュメール人を初めて支配した異民族である。そのことで，グティは暴虐な異民族支配の象徴として伝承された。エラム，マルトゥ，グティ，それらの特徴を意識しつつ，その動向を明らかにしたい。

なお，エラムやマルトゥとともに四至の一つ北の代名詞となったスバルトゥを，ここでは対象にしない。スバルトゥは北の地域とそこに住むフリ系の人々などの総称であるにしても，前3千年紀において中心地域に対立する政治的統一体を形成することがなかったからである。確かに，アッカドのナラムシンが，「スバルトゥの支配者と上の国の君公が貢ぎ物を彼（ナラムシン）の前に持参した」と記すように，西方遠征の途上にこの地域を支配下に置いたのであるが，この地域がメソポタミア史において重要性を帯びるのは，前2千年紀後半にアッシリアが強国としてバビロンと対等な地位を得てからである。

第 I 部

中心地域
―――領邦都市国家と統一王権

第1章
都市国家の成立

1　都市革命

新石器革命と都市革命

　20世紀を代表する理論考古学者チャイルドは，文明に至る人類の二大変革として，新石器革命と都市革命を設定した（チャイルド 1951，チャイルド 1958）。彼は，未開段階が新石器革命によって野蛮段階に移行し，野蛮段階が都市革命によって文明に移行すると捉えた。新石器革命とは，それ以前の人類が親しんできた狩猟採集から食糧生産への移行である。西アジアでは，今から約1万年前に農耕としての小麦・大麦など野生植物の栽培化と，牧畜としてのウシ，ヒツジ，ヤギなど野生動物の家畜化によって達成された。

　チャイルドの発想は，未開・野蛮・文明に区分することなど19世紀的である。新石器革命による生産経済の開始についても，19世紀的なダーヴィニズム的突然変異的進化論とエンゲルス的革命論から，家畜化・栽培化とその伝播とを一元的に説明する。現在では，狩猟採集経済から生産経済への転換は，同時多発的・漸進的であり，紀元前8000年から6000年にかけて各地方の生態系への対応という地域差を持ちつつ徐々に進んだとされる（大津 1997，西秋 2008）。チャイルド説には時代の限界があるにしても，生産経済の成立と都市の成立を人類史の画期としたことは慧眼である[6]。チャイルドが採用した「新石器革命」「都市革命」という用語を，革命というほどの短期間に起こった出来事とは捉えられないとして採らないとする意見もあるが，人類史の画期という意味でそのまま使用したい。

6　チャイルドの評伝は，McNairn 1980, Trigger 1980, グリーン 1987 を参照。

初期農耕村落はハラフ文化において一つのピークとなる。この時期，冶金術が発達し農具などの大型青銅器が造られた。土器は華麗な多彩文土器になり，農業の安定・豊穣を祈る土偶も造られ，特別な祈りの場所も成立した。北シリアから北メソポタミアにかけての平原部で発生したハラフ文化は，徐々に，東地中海沿岸，アナトリア東部，ザクロス山脈方面へと広がりを見せる。農耕村落が，乾地／天水農耕地帯の外へも拡大した。

チャイルドは，新石器革命に次ぐ画期を，前4千年紀末，ウルク後期の都市革命＝都市文明の成立に求めた。新石器革命から5000年という長い年月を経てようやく，都市革命に到達した。新石器革命による農耕村落の成立と発展は，北メソポタミアなどの「肥沃な三日月地帯」での変化であったが，5000年後の都市革命はそこでなく，ペルシア湾に接するティグリス・ユーフラテス両川下流域が舞台である。両川下流地域において人々の居住が考古学的に確認できるのは，前6千年紀のウバイド期である。

ウバイド文化は，北メソポタミアにおいて農耕村落の文化を築いた人々が両川下流域に進出して成立した。ハラフ文化の人々が移住したと考えられていたが，テル・オエリ遺跡の発掘によって（Calvet 1987），ウバイドⅠ期より古く，前5500年頃のウバイド0期を設定するとともに，ハラフ文化より古く，中部メソポタミアの沖積平野に栄えたサマッラ文化との共通性が指摘されるようになった。

ウバイド期における重要な変化として灌漑農耕の本格的な導入がある。この新しい生産技術の成功で，ウバイド期中期から，従来の天水農耕とは比較できない効率性と生産性を獲得した。その成功によって，ウバイド文化は西アジア全域に広がった。

ウバイド期に続くウルク期に，高度な灌漑技術と入念な水管理，それに家畜にひかせた犂とそれを使った条播が，さらなる生産性向上に寄与した（Liverani 2006）。ティグリス・ユーフラテス川下流域は経済的文化的に他地域を圧倒する優位な地位を得て，西アジアに強い影響を与えた。都市文明の成立にとって重要な時期は，このウルク期，とりわけ，ウルク後期（前3200-3100年）である。

表4　アダムスの居住址変化表

	Villages	Towns	Small Urban Centers	Cities	
Early Uruk	17	3	1	0	
Late Uruk	112	10	1	0	1
J.N. & E.D. I	124	20	2	1	3
E.D. II/III	17	6	8	2	10
	地域連携型村落		ウルク型都市国家		合計

巨大都市の出現

　ウルク期に達成された都市革命を，ここではアダムスの研究をもとに考えたい。アダムスは，従来の一つの遺跡にトレンチを入れ縦に掘り進む方法でなく，新しい方法，地理的広がりを重視する表面調査を採用した。表面調査とは，地表に散在する土器片などから，広範囲に分布する遺跡の時代的変遷を明らかにする方法であり，メソポタミアにおいて北のニップルから南のウルクにかけての地域で実際に適応した（Adams 1965, Adams 1966, Adams 1972, Adams 1986）。その成果を，表4のような定住パターンの変化表にまとめた（Adams 1972）。アダムスが採用した表面調査には，方法上の限界，遺跡の年代や居住址の面積の取り方に問題があるとされるが（Crawford 1991），居住址の時代的変化の趨勢は示されていると考える。

　アダムスの表は，時代を縦軸に，住居址の規模を横軸に取る。時代は4分され，ウルク前期，ウルク後期と，それに続く時代は，通常，ジェムデトナスル期，初期王朝時代1期，2期，3期と区分されるが，この表ではジェムデトナスル期と初期王朝時代第1期を合わせて一時代とし，初期王朝時代第2期と第3期も区別せず，一時代とする[7]。横軸にある，村落，町，地域の中心となる小都市センター，都市は，そうした名称にもかかわらず，居住址の機能などの質でなく，占有面積の大小のみで区分されている。

　アダムスは，この表をもとに，人口学的立場で次のような特徴を指摘する。

---

[7] 初期王朝時代の指標とされるプラノコンベックスが，第2期になって初めて現われ，しかもアッカド王朝時代まで使用されることや，建築物については，ジェムデトナスル期と初期王朝第1期とでは連続性があるとされていることなど（Crawford 1977），ジェムデトナスル期から初期王朝時代にかけての考古学的編年は，なお検討の余地があるためであろう。

ウルク後期に急激な村落の増加がある（ウルク前期の17に対して，112）。それぞれの地域は，small territorial units を形成した。ウルク遺跡については，この時期に神殿域が拡大し，都市化が顕著に見られる。このあと，ジェムデトナスル期―初期王朝時代第1期では，ウルク後期の傾向がさらに進み，村落も増大し，ウルクは最大域に達したと指摘する。その後の初期王朝第2期と第3期は，それ以前と異なり，村落の急激な減少と都市の増大が見られる。アダムスは，この状況を，軍事的政治的要因によって，村落の民が城壁に守られた都市に移住した結果と捉える。ランバーグ＝カルロフスキとサバロフも，同じ人口学的立場から，このアダムスの表を利用して，村落の急増や都市の成立を人口増大と捉え，遊牧民に囲まれて定住意識が拡大することや，周辺村落から都市地域への移住と解釈する（Lamberg-Karlovsky & Sabaloff 1979）。

しかし，ウルク期の都市化は，アダムスなどが試みた人口学的な連続的な変化として理解するのでなく，ウルクに突如として巨大都市が出現したことに求めることができる。都市の出現に着目するならば，アダムスが四分した居住址を，地域連携型村落とウルク型都市国家とを対比させた二分法で見ることができる。地域連携型の村落とは，運河や川に沿って分布し，町を結節点として地域的に連携する中小村落のことであり，表中の分類では村落と町にあたる。ウルク型都市国家とは，その他の2分類である小都市センターと都市とを括ったものである。

表4によって，地域連携型村落と都市の動向を見れば，ウルク初期（Early Uruk）に17であった村落が，ウルク後期（Late Uruk）には112と6倍以上に急増する。密集する地域が下流域に移るという変化を見せつつ（ローフ 1994, 58-59），灌漑農耕の成熟によって居住址の数と規模が一挙に拡大した。地域連携型村落は，運河や川に沿って開拓地を広げ，その規模と数を増加させた。

規模と数を増す地域連携型村落と異なるもう一つの動向が，ウルクにおける巨大都市の出現である。地域連携型村落は，この時期より前のウバイド期の灌漑農耕を基礎にした村落からの連続，その発展と捉えることができ，住居の規模や数が飛躍的に増大したとしても，旧来型の村から大きく逸脱していない。それに対して，ウルクに出現した巨大な都市は，まったく新しい居住形式の誕

生である。都市革命の名に価するのは，旧来型の地域連携型村落の増大よりも，巨大化した都市ウルクの出現である。表4ではウルク初期も後期も小都市センターに分類されているウルクであるが，ウルクがウルク後期に巨大都市になっていたことは考古学的に証明されている。

2 ウルク型都市国家

都市国家の成立

　チャイルドが命名したウルク後期に起こった都市革命の眼目は，巨大な都市国家が突発的にウルクに出現したことにある。ウルク型巨大都市は，単に人口が集中したというだけでなく，王を戴く都市国家として出現した。ウルク期の円筒印章で，王は，顎髭をはやし，髪を束ね，分厚いヘアバンドを巻き，斜め格子模様の衣服姿で表現され，一見してそれとわかる。そこに描かれるのは，神殿に奉納を捧げ，豊饒のための狩猟儀式を行い，戦闘においては弓を持って先頭で戦い，捕虜を謁見する王である（Collon 1987）。ウルク期の王は，すでに，のちの時代と同じく，王の二大責務，平安と豊饒を願う祭儀を司る者（内政）と軍事指導者（外征）の役割を担っていた。

　ウルク後期に起こった都市革命の意義は，新しい原理に基づくウルク型都市国家の成立，つまり，王を頂点とした巨大な社会的分業体制の構築を目的として，血縁でなく，都市に集住した人々による地縁的な社会システムを，この地上に出現させたことにある[8]。

　ウルク期のウルクで発明された文字も巨大な社会的分業体制の構築に関わる。メソポタミアで発明された文字は，世俗的な家畜や穀物などの物品を記録した。実用的な行政経済組織の運営に関係して，穀物，魚，鳥，家畜，木材，日常品，籠，織物，金属，職名，地名など語彙集も作成された（Veldhuis 2006）。文字

8　東洋的専制主義（Oriental Despotism）成立の要因を水利社会に求めるウィットフォーゲルの説（ウィットフォーゲル 1961）は，そもそもメソポタミア史の初期の段階に中央集権的性格が認められないので採用できないが，ここで問題にしたウルク期におけるウルク型都市国家の成立は，地域連携型村落の増大と同じく灌漑農耕に依拠した生産力増大の結果であり，水利社会論は，都市化の二つのタイプがなぜ分岐したのかの説明にもならない。水利社会論への批判にいては前川 2005 を参照のこと。

表5 ウルク期の捉え方

	ダイメル・シュナイダー	ジェイコブセン	チュメネフ	ディアコノフ	アダムス
（ウルク期）	共同体社会（神殿経済）	原始民主政（長老支配の原始共同体）	氏族共同体に基づく神殿経済	共同体と権力の並立	神殿共同体（神権的）
（ジェムデトナスル期）					
初期王朝時代 第1期			王権の成立（階級社会の成立）	権力内部における王と貴族との対立	軍事指導者＝王の出現（世俗的）
初期王朝時代 第2期		原始王政			
初期王朝時代 第3期		領域国家の成立とその展開	共同体の隷属化その拡大強化		
アッカド王朝時代	移行期（エンシ経済）			王権の確立（共同体の自立性喪失）	王権の拡大（征服国家）
ウル第三王朝時代					
古バビロニア時代	私的経済社会（大王経済）		総体的奴隷社会	奴隷社会	

の発明は，宗教的関心からでなく，分業化された組織の管理・運営に関わる世俗的・日常的なことを記録するためであった。

神殿都市論・原始民主政論

　筆者は，ウルク期に起こった都市革命を，人口学的な立場から人口増や集落数の拡大に着目した連続的な変化として捉えるのでなく，巨大な都市国家が突発的にウルクに出現したことに求める立場である。この立場を明確にするために，ウルク期を含めた初期メソポタミア史を，今までの研究者がどのように捉えられてきたかを概観しておきたい（前田2009c）。代表的な研究者の見解を示したのが表5である。

　表中のダイメル・シュナイダーとあるのが，ダイメルが指導してシュナイダーが1920年に発表した神殿都市論である（Schneider 1920, Deimel 1931）。神殿都市論は古典学説として大きな影響を持ち，現在でも初期メソポタミアの歴史をこれに依拠して描くことが多い。

　神殿都市論の特徴は，当時，活発に議論されていた共同体論の影響を受けて，ウルク期を共同体社会と認め，原始共同体を神殿経済と論じた点にある。シュナイダーは，共同体的な原始社会が長期間続くと想定し，私的経済の開始，つまり，階級社会の成立を古バビロニア時代とする。このように遅くに置くこと

には疑問が残る。

　ダイメル・シュナイダーの次に挙げたジェイコブセンは，「原始民主政」論を唱えた。原始民主政論とは，ウルク期を共同体社会と規定し，ギリシアに比べれば素朴であるが長老支配のもと成人男子の集会が権威を持つ民主政体制があったとするものである（Jacobsen 1957）。古典学説である神殿都市論が強調した神権政治とはまったく異なる立場での説明である。神殿都市論を相対化したことに意義があるとしても，文学作品に依拠した立論は批判される。

　ジェイコブセンは王権の成立を軍事的契機に求めた。軍事的契機は，モルガン以来，アメリカの文化人類学に根強く存在する（モルガン 1958）。表5にあるように，アメリカの考古・人類学者アダムスが，古典学説である神殿都市論から神殿共同体を受け継ぎ，ジェイコブセンに由来する原始民主政論からは軍事的契機による王政の成立を抜き出し，両者を組み合わせて論を立てるのも（Adams 1966），アメリカ的伝統の故であろう。

　残るチュメネフとディアコノフは旧ソビエトの学者である。彼らの説は，マルクス主義史学に基づき，アジア的生産様式をどのように理解するかの差はあるにしても，ウルク期が原始共同体の段階であることは共通する（Diakonoff 1969，テュメネフ 1958）。

　つまり，表5に挙げた諸説は，それぞれの間に差異はあるものの，ウルク期を共同体社会と規定し，以後の歴史を原始共同体の解体過程と捉える点で基本は同じである。メソポタミアにおける都市化の要点は，地域連携型村落の増大でなく，前代との断絶によってウルク型都市国家，すなわち，王を戴く都市国家が成立したことにある。地域連携型村落が氏族共同体であったことを否定できないが，少なくとも，王を戴く都市国家の成立というそれ以前の時期との断絶性や時代の特性は，ウルク期を原始共同体段階と捉えることでは把握しきれない。したがって，ウルク期を原始共同体社会と捉えるこれらの説には従えない。

氏族制

　氏族についても，多くの研究者が，初期メソポタミアにおいて社会の基盤であったと想定する。国家や階級社会が成立する以前に，氏族制的原理に基づく

原始共同体を想定することは，19世紀以来一般に行われている。「都市の類型学」を考察したマックス・ウェーバーを，次のように説明する場合がある。

「古代メソポタミア，中国，ギリシアにおいて，人びとは同じ共通の都市民である前にまずは異なる部族や氏族のメンバーとして暮らしていた。言い換えると，そこにおける都市とは異なる権利や身分をもつ人びとがいわば偶然共存する空間にすぎなかったと，ウェーバーは指摘する。」（長谷川他 2007）

近代化の問題から世界史を捉えるウェーバーにとって，市民共同体が成立するまで，都市は人々が偶然に共存する空間であり，独自の存立意義はない。ウェーバーの見解をこのように要約してよいかの問題があるにしても，現代の研究者が，前3千年紀メソポタミアも含まれる前近代の都市の根幹に氏族制原理があると理解していることは間違いない。古代社会において家族の上位に氏族を認める常識からすれば，当然かもしれない。

しかし，前3千年紀を通してシュメール都市が氏族制原理によって構成されていたことは証明されない。むしろ，シュメール人は王権の基礎を氏族制や族長制に置くことに否定的であった。氏族制の存否は，ウルク期に成立した都市国家の性格規定に，さらには，ウルク期以降の都市国家の展開にも関わる問題なので，のちの時代も視野に入れて少し詳しく述べたい。

最初に指摘すべきは，前3千年紀の同時代史料に氏族制を窺わせる記録がないことである。氏族の意味を持つとされてきたシュメール語イムルア (im-ru-a) も，アッカド語イラットゥ (*illatu*) も，前3千年紀においては，ともに氏族の意味で使用されない。イムルアは初期王朝時代のファラ文書とウル第三王朝直前に在位したラガシュの支配者グデアの碑文に現われるが，両例ともに，地区（市区）を単位した地縁的に結び付く軍事・労働集団を意味し，血縁的な氏族制を指してはいない[9]。アッカド王朝の王ナラムシンの碑文に現れる *illatu* もアッカド市を単位とした「（兵士たちの）集団」の意味であり，氏族の意味ではない[10]。前3千年紀の行政経済文書や裁判文書を採っても，父，子，奴隷などから成る「家」が，都市社会や公的組織の基礎単位であることは明らかであるが，氏族制が基盤であったとする根拠を見出すことができない。

氏族制がメソポタミア史を通じてまったく現れないというのではない。前3

第 1 章　都市国家の成立 ｜ 027

9　イムルアについて，ウェブサイト版シュメール語辞典（ePSD）は次のように説明する。"im-ri-a wr. im-ri-a; im-ru-a; im-ru 'clan'. Akk. *kimtu*." ただし，im-ru-a に対応するとされるアッカド語 *kimtu* は，初期王朝時代とアッカド王朝時代の碑文には現れない。同時代史料のファラ文書の用例は次のようになっている。

　　ファラ文書 TSŠ 245: 78 dumu-dumu, lú lum-ma, 72 ḫar-tu ^{d}sùd, 77 [é-nu-ku]r-si, 62 [+5] šubur, 67 NI-NI, 65 nin-ukkin-a, 113 di-utu, [an]-šè-[gú] 539 dumu-dumu, 7 im-ru「78 人の dumu-dumu，ルルンマが（長），72 人，ハルトゥスド（が長？），77 人エヌクルシ（が長），67？人，シュブル（が長），67 人ニニ（が長），65 人ディウトゥ（が長），合計 539 人の従属員（dumu-dumu），（それは）7 つのイムルア」。

　この文書を研究したヴィシカトは（Visicato 1995），初期王朝時代末もしくはアッカド王朝時代初期の文書とされるエブラ出土の辞書（MEE 4, 336 1338': : im-ru = pù-a-tu.）を引いて，イムルアを「地域」の意味に取るべきであると指摘する。Akk. *pāṭu, paṭṭu* (AHw 851: *pāṭu* "Grenze, Gebiet")。

　ラガシュの支配者グデアの碑文にあるイムルアは，ニンギルス神，ナンシェ神，イナンナ神のイムルアとして現われ，章旗を先頭に立て，ニンギルス神殿の建築工事のために来たと記されている。最初のニンギルス神のイムルアについては次のように記されている。

　　『敵う者なき荒ぶる恐ろしき牛，主のために働く白きレバノン杉』（そうした誉れある名で呼ばれる）ニンギルス神のイムルアに夫役を命じた。その大いなる章旗『異国を震撼させる主』がその先頭に立つ。

　　『水面から高められた堤や岸，大河は水に溢れ豊饒の恵みをもたらす』（そうした誉れある名で呼ばれる）ナンシェ神のイムルアに夫役を命じた。ナンシェ神の章旗『白い鳥』がその先頭に立つ。

　　『野にあるすべての獣物に仕掛けられた捕獲網，誉れ高き兵士の選び抜かれた者，ウトゥ神の兵士』（そうした誉れある名で呼ばれる）イナンナ神のイムルアに夫役を命じた。イナンナ神の章旗『放射する日光の輝き』がその先頭にたつ」(RIME 3/1, 78)。

　グデアの碑文において，イムルアは，ラガシュ都市国家の三大神の名のもとに編成され，誉れある隊名を持ち，良き名で呼ばれる章旗をシンボルとした夫役を担う集団を意味する。神々のイムルアとして表現されるのであり，氏族の名は明記されない。

　この夫役集団が氏族制を背景に持つのかの判断に，ラガシュの隣国ウンマにおける夫役労働が手掛かりを与える。ウル第三王朝時代のウンマにおいて，夫役労働は公的な経営体に属する者に課せられた。その際，彼らは，ウンマの二大市区であるウンマとアピサルに分かれて編成された（前田 2003d）。編成の原則は市区であって，氏族的紐帯ではない。ウンマと同様に，ラガシュのイムルアも三大市区を単位に編成された集団と考えられる。つまり，ニンギルス神のイムルアとは，この神の主神殿があるギルス市区で編成され，ナンシェ神のそれは，ナンシェ神が主神であるニナ市区において，さらに，ラガシュ市区に主神殿イブガルを持つイナンナ神のイムルアはラガシュ市区で編成されたと見るのが妥当である。

10　イラットゥの辞書の意味としては，CAD I-J, 82, *illatu*: "kinship group, clan." AHw 372, *illatu*: "Gruppe usw., 1) Sippe." があり，この意味で，ナラムシン碑文になる「神々の中の強き者，彼の *illatu*（の神）il-a-ba$_4$, kalag *i-li*, [*il*]-*la-at-śú*」(RIME 2, 104) を解釈し，「彼（ナラムシン）の氏族の（保護神）」と理解されてきた (RIME 2, 105; FOAS 7, 226)。しかし，前 3 千年紀において，王は個人神によって保護されるという観念を有していたとしても，家族を超える氏族の神は知られていないので，ナラムシン碑文にある *illatu* を氏族と訳し得るかを検討しなければならない。この句の意味を考えるに，ナラムシンが「イラバ神の市（アッカド）の兵士の長」(*mu-tár-rí,* érin uru, il-a-ba$_4$: RIME 2, 88) を名乗るのが参考になる。アッカド市を彼の主戦力である兵士集団と言い換え，さらにアッカド市を都市神イラバ神の町と表現するからである。このことから，イラバ神を形容する「彼（ナラムシン）の *illatu*（の神）」とは，「彼の氏族の神」ではなく，「彼の兵士の集団（＝アッカド市の）（神）」の意味になることは確実であり，実際，辞書には *illatu* の意味として，「氏族」のほかに，「（兵士たちの）集団」も載る (CAD I/J, 82: *illatu* army, host, troops (always referring to the enemy)。辞書では，敵に関わる用語と註釈するが，前 3 千年紀には，そのような限定はないと考えられる。ラルセンは，*ellutu* (*illatu* のアッシリア形) が "caravan" を意味することの説明の中で，この語の基本的概念は「明確に限定された集団を形成する諸個人（もしくは動物）の隊・群」であろうと述べる (Larsen 2015)。

千年紀でなく，前2千年紀に下ると，シュメール・アッカドの伝統文化の外にあった遊牧民マルトゥ（アムル）がバビロンをはじめ多くの都市に王朝を建てたとき，その体制は族長制に基づいていた（第7章参照）。それ以前，前3千年紀最後のウル第三王朝時代では，マルトゥは政治的に自立しておらず，ウル第三王朝は多くのマルトゥを軍事要員として体制に取込んだ。ウル第三王朝は彼らを取り込んでいるので，マルトゥの族的結合に通暁していたはずである。それにもかかわらず，ウル第三王朝時代の行政経済文書にマルトゥの氏族名や族的呼称は記録されない。族長制を認めることができないという忌避の感覚が働いていた。シュメール人は，王権の源泉とその正統性を，神に選ばれ神から付与されることに求めており，この伝統的な正統性原理が，マルトゥの族長制のような血縁的な出自で決まる父系的系譜を忌避させた。

つまり，多くの研究者が常識とする理解とは異なり，氏族制はメソポタミアにおいて前2千年紀になって政治的に勢力を持ったマルトゥによって導入された新しい制度であって，前3千年紀シュメールの都市社会を規定する原理ではなかった。したがって，ウルク期に成立した都市に氏族制を想定する必要はない。

メソポタミアの社会や王権は，前2千年紀の半ば頃を境に大きく変化した。前3千年紀のメソポタミアは前2千年紀とは異なる社会であったのであり，前3千年紀に特有の事柄を同時代史料から明確に捉える必要がある。

神権政治

筆者は，ウルク期に始まるシュメール都市は，氏族制や共同体社会として捉えることができないと考える。同様に，現在でも大勢を占める神殿と神官の役割を重視する見方も俎上に載せる必要を感じる。世界史の教科書でよく見かけるように，シュメールでは，都市神が都市全体を所有し，神官が統治するという神権政治であったとする見方があり，ウルク期の王は「祭司王（priest-king）」と表現される場合がある。しかし，氏族制と同様に，祭司王による神権政治は，メソポタミア初期の歴史において確証されない。

第一に，神自らが政治を行うという観念は，前3千年紀を通じてシュメールに確証されない。神は，地上を支配するに相応しい人間を王として選ぶだけ

で[11]，統治は人間である王に一任される。都市の統治を都市神から委ねられた王が，自らの行為について責任を取るのであって，都市神ではない[12]。都市神は超然たる存在である。シュメールにおける神と王は隔絶した位置関係にあった。

　第二に，神と王は隔絶した位置関係にあるので，王は神の化身でも代理でもない。神は王たる職務に相応しい人間を選ぶのであって，神の化身としての王ではないし，神の職務を果たす代理人として選ばれたのでもない。王は神に奉仕するために職務を果たす。神は都市を支配する王の権威の正統性を保証するのみである。

　第三に，シュメールに現人神の観念は存在しない。王は，都市神と同格の存在でなく，神に忠実な下僕であることが求められた[13]。ウル第三王朝第2代の王シュルギから王の神格化が恒常化するが，王の神格化は人間を超える王を表現するのであっても，エジプトのように最高神と同格な存在としての王という観念はなかった。王は神に忠実な僕でしかない。メソポタミアでは王の神格化は不完全であったのであり，そのことで比較的短命に終わり，前2千年紀の前半で消える（前田 2003）。

　第四に，神権政治の一つの特徴として，神が全土・全人民の所有者であるという観念を挙げる場合がある。この観念も，シュメールにはなかった。都市の

11　王を神が指名することについて，ラガシュの王碑文に次のような記述がある。
　　エンメテナ：「3,600人のなかから，彼の手を取り，運命を定める大いなる王杖を，エンリル神がニップル市からエンメテナに与えた。」(RIME 1, 222)。
　　ウルカギナ：「エンリル神の英雄ニンギルス神が，ウルカギナにラガシュ市の王権を与え，36,000人の中から彼の手を取った。」(RIME 1, 261)。
　　グデア：「グデアを，良き牧夫として国土において選び，216,000人 (3,600×60) のなかからその手を取った。」(RIME 3/1, 32)。
12　ラガシュを破壊されたウルカギナは，その罪を問う碑文で，「ウンマの人（ルガルザゲシ）は，ラガシュを破壊したことで，（ラガシュの都市神）ニンギルスに罪を犯した。彼に向かって振り挙げられた手を切断するように。ギルスの支配者ウルカギナに罪はない。ウンマの支配者ルガルザゲシに，彼の神（個人神）ニサバがその罪を負わせますように」(RIME 1, 279) と記す。
　　ラガシュ破壊の罪を犯したのはウンマの王ルガルザゲシであって，ウンマの都市神シャラではない。都市国家間の争いを，都市神相互の争いと認識することはない。さらに，罪を犯したルガルザゲシを罰するように問われるのは，ウンマの都市神シャラでなく，ルガルザゲシの個人神ニサバである。ラガシュ破壊の責は，人間である支配者と彼の個人神が負うのであり，その上位にあるウンマの都市神シャラに及ばない。
13　シュメールの王碑文では，神に捧げるとき，その神と王との関係を，男性神であれば「彼の主人 (lugal-a-ni)」，女性神であれば「彼の女主 (nin-a-ni)」と，王が神に奉仕する存在であることを明示する。

主神＝都市神と，それに仕える神官が，契約文書のような土地所有に関わる現実的な社会・経済的関係のなかに所有者として現われることはない。都市神は，都市が独自の存在であることと，都市の永続性を保証もしくは象徴する存在である。

ウルク期における王が祭司王であったとする見解に根拠を与える史料は見出せない。日本のシュメール学を先導した中原与茂九郎は，史料に依拠した実証性を重んじ，早くから，シュメールではその初期から世俗的な王権が存在し，それが順次発展したという説を提唱したのは，史料に依拠した実証性を重んじたからである。

結論として言えることは，ウルク後期の都市革命は，新しい原理に基づくウルク型都市国家の成立，つまり，王を頂点とした効率的で巨大な社会的分業体制の構築を目的として，血縁でなく，都市に集住した人々による地縁的な社会システムを，この地上に出現させたことにこそ意義があるということである。

都市国家的伝統と公的経営体（家政組織）

前3千年紀のシュメールの都市国家の特徴として，王の家政組織（公的経営体）と都市国家的伝統の2点を述べておきたい。王（都市支配者）の家政組織は一円支配の対極にあり，都市国家的伝統とともに，中央集権を阻止する方向に作用する。

シュメール都市国家の王は，効率的で巨大な分業体制を組織化した。書記や倉庫長など管理運営にあたる職種をはじめ，鍛冶，陶工などの職人や織物や粉挽きなどに従事する女性，さらに，農耕，牧畜，漁業に従事する者，軍事や灌漑工事などに従事する労働集団などが，公的経営体＝王の家政組織として組織化された。商人も私的利益を追求する者でなく，家政組織に属する一職種として活動した。

こうした膨大な数の所属員は，月々定期的に大麦を支給されるか，もしくは耕地（封地）が与えられ，地位と生活が保証された。支給に必要な大麦を産出する広大な耕地も，王の直営地として取り込み，その耕作は農民でなく，家政組織のなかに専従の役職を設けて従事させた。

王のもとに組織化された公的経営体とは，活動の主体である人的組織とその

管理体制，人的組織を維持する大麦の定期支給，加えて経済基盤となる耕地が相互に結び付き支え合った独立自営の家政組織である。都市神などの神殿も神殿領として独自の経済基盤があるのでなく，王のもとにある巨大な家政組織に依存した。このような家政組織は初期王朝時代ラガシュの記録から明らかになるが（山本・前川 1969），その原型がウルク期のウルクにあったことは確かであろう。

家政組織の拡充には広大な耕地を直営地として取り込むことが必要不可欠であり，ウル第三王朝時代のラガシュでは，全耕地 820 km² の 7 割，589 km² が直営地として公的経営体である家政組織に取り込まれていた（Maekawa 1987, no.52）。このような広大な耕地の占有は一朝一夕に成ったのではない。

前 3 千年紀のシュメールにおける土地売買は，私有が認められた家宅と菜園については文書が存在するが，穀物を栽培する耕地の売買契約文書は少ない。土地売買契約が一般化するのは前 2 千年紀の古バビロニア時代からである。こうした全般的傾向のなかで，ウルク期から初期王朝時代第 3 期 a にかけての古い時代に，特異な耕地の売買記録が残る。それらは，カッシト王朝時代以降に作られた不輸不入の特権を記すクドッル（*kudurru*〔境界石〕）に倣って Early Kudurru と命名された（Gelb, et al 1991）。古拙的な文字で書かれた文書の解読は困難であるが，少なくとも，ラガシュの王エンヘガルの土地売買文書があるように，Early Kudurru とされる耕地売買文書は，都市国家の王が土地の集積に積極的に取り組んだ証になる[14]。

シュメール都市国家の王は，巨大な家政組織の拡充を最大の目標にした。逆に，中央集権体制の指標となる一円支配，統治権を駆使して支配領域の全域・全住民に対する収奪，つまり，中間支配層を排して，土地台帳を基礎にした地税と，戸籍をもとにして人頭税を課すという一円支配を目指すことはなかった。こうしたことから，シュメール都市国家の性格を規定する第一の要因に，王の家政組織を挙げることができる[15]。

---

14 エンヘガルの耕地売買文書（Gelb, et al 1991, no.20）は，エンヘガルを売り手とするか買い手とするかという基本的なところで議論になっている。解読の困難さを示すものであるが，この文書は，エンヘガルが買い手であり，購入した耕地をエンヘガル個人が占有する耕地，直営地となる耕地，それに耕作人（engar）が管理する小作地などに改めた記録と見ることができる。
15 ラガシュの王位をウルナンシェから継承したアクルガルが飾り板の浮き彫りにおいて最も小さく描かれていることは，シュメール都市国家が王の家政組織，とりわけ広大な直営地に依存

シュメール都市国家のもう一つの特徴として，都市国家的伝統と呼ぶところの分権的傾向を挙げることができる。シュメールの都市国家は，ウルクではイナンナ神，ラガシュではニンギルス神，ウンマではシャラ神のように，それぞれ固有の神を都市神として戴く。都市神は，独立・自尊の存在である都市国家の永続性を象徴する。都市国家的伝統とは，都市と都市神との結び付きを核とした独自の存在として都市国家を見ることである。シュメール人のアイデンティティは，シュメール人という民族でなく，たとえば，「ウルク市の子 (dumu unug^{ki})」のように[16]，都市に依拠していた。独立・自尊の都市が優先する。

都市の王は，その正統性を，都市神に選ばれたことに求めた。シュメールの都市国家は，都市と都市神と，もう一つ，それに仕える都市の王の三要素を核として存在する。都市と都市神に仕えるのは神官でなく，王である。王は，都市を外的から防備し，都市の秩序を維持し，豊饒を確かにするために祭を行う。この王を，神が指名するとき，神官であることを条件にすることはない。こうした王の存在形態は，統一王朝が成立したウル第三王朝時代においても継承された。

都市国家的伝統は，ほかに替えられない独立・自尊の都市であることの表現

したことに関連すると思われる。
　ウルナンシェの浮き彫りに次の王となるアクルガルが，他の人物像に比べて小さく描かれるのは，彼が末子であることを示すためであろう。つまり，ラガシュにおいては，王位は末の子が継承することになっていたと考えられる。末子相続ならば，年長の子から順次独立し，神官となって神殿を支配することや，独自の経営体を作ることで，王権の拡大に寄与し，最後に残った王子が相続して王となる体制が予想され，家政組織の拡大と整合的に説明できる。
　たとえば，ラガシュの王エンエンタルジ治世に，彼の子であるウルタルシルシルラの独立した経営体 (lú ú-rum ur-tar-sir-sir-ra) があり (DP 173, VS 14, 86)，彼の兄弟であるルガルアンダが王位を継承して以後も存続した (DP 175)。一方，王位を継承したルガルアンダの家政組織が父であるエンエンタルジ治世に独立して存在した証拠はない。王位継承者は王位を継承すると同時に，王の家政組織を受け継いだ。
　エンエンタルジより前，エンメテナの治世，彼の子ルンマトゥルが耕地を購入した契約文書が残されており (Edzard 1968)，購入した耕地は自己の経営体の拡充のために使用されたと考えられる。土地を購入したルンマトゥルはエンメテナの王位継承者でなく，王位は兄弟のエンアンナトゥム 2 世が受け継いでいるので，王子の土地購入は，王の家政組織（公的経営体）の拡大のためであろう。王家の家政組織の拡大と王位継承基準とは関係すると考えられる。
[16] 「（ラガシュの王エンメテナは）ウルク市の子，ラルサ市の子，パドティビラ市の子に自由を与えた」(RIME 1, 204)。これは初期王朝時代の碑文から取った例であるが，古バビロニア時代の文書 AUCT 4, 89) にも，「ヤエルメ [　] 市において彼を捕えて，お前はマルドゥクナシルの奴隷であると言ったところ，彼が言うには『私は誘拐された者で，ラルサの子＝市民 (ma-ri Larsam^{ki}) である』」とある。奴隷が市民と対比的に捉えられている。

であるので，都市国家は分権的傾向を維持して，シュメールの王権が都市の枠を超えて全土の統一へと向かうなかで，それに抗う勢力となった。エジプトが最初期から上・下エジプトを支配する統一王朝として出発したことと対照的に，メソポタミアの都市国家分立期は，ウルク期，ジェムデトナスル期さらに初期王朝時代の末期まで約900年続いた。さらに，そのあとの領域国家期や統一国家期でも，分権的なシュメール都市（国家）は存続した。

ハブバ・カビバ

　最後に，ウルク期のウルクを問題にしたアルガゼの「ウルク世界システム」論を批判的に述べておきたい。アルガゼは，ウォーラステインの世界システム論を援用して，ウルクを核とした世界システムが形成されたとして，それをウルク世界システムと命名した（Algaze 1993）。ウルク期を原始共同体社会と見なさない点は評価できるが，彼の時代錯誤的な立論には左袒できない。世界システムの形成には，資本，資材，人材，そして何よりも国家に集約される「膨張の意思」が必要であろうが，そうした条件が都市国家形成の過程にあるウルク期のウルクに整っていたとは考えられない。

　ウルク文化は，両川下流域だけでなく，メソポタミア全土に拡大した。これは確かであるが，その場合，文化と政治を分けて考える必要があろう。たとえば，ウバイド文化の遺物が広い地域から見つかったとしても，ウバイド文化の人々が周辺地域も支配したとは言わないように，ウルク文化に特徴的な遺物が周辺地域で発見されたとしても，それは，文化の伝播であって，政治的に支配した証拠にはならない。

　唯一ウルクの直接的関与が確実視されているハブバ・カビラ（Habuba Kabira）遺跡は別に考えなければならない。ハブバ・カビラはユーフラテス川上流部というウルクから遠く隔たった地にあり，ウルクの人が移住して作った住居址とされる（Kohlmeyer 1997，小泉 2015）。

　アルガゼはハブバ・カビラをウルク世界システムの実例として見るが，筆者が提唱するウルクの分業体制の家政組織化からの説明も可能である。ウルクは都市内の生産と管理両部門を制度化したのであるが，交易も都市の存立に不可欠である。シュメールは土と砂の世界であり，耕作に適してはいても，その他

の資源，金属や木材などは欠乏しており，周辺地域からの輸入に頼らざるを得なかった。遠隔地の資源とその流通を直接的に把握する試みとして，都市内の家政組織化に先駆け，もしくは平行して行われたのが，ハブバ・カビラへの移住であると捉えることができる。

ハブバ・カビラが早くに放棄されたのは，遠隔地に及ぶ資源の獲得と流通全体を直接的に支配することは，各地の勢力との政治的・経済的軋轢をまねいただろうし，ウルクは，それを克服するだけの体制を整えるに至っておらず，ハブバ・カビラの維持が困難になったからであろう。これ以後，シュメール都市国家は，王の家政組織の一員である商人による買い付けという方法によって遠隔地の資源の確保に努めることになった。今述べたことは可能性のある一つの説明でしかないが，少なくとも，アルガゼが強調するウルクの世界システムは現実を反映するものではないことは確かであろう。

3　都市国家の展開

ウルク期のウルクに，世俗の王を戴く都市国家が成立した。以後の歴史は，ウルク型都市国家が地域連携型村落を吸収しながら，シュメール全土に拡散・普及する過程と捉えることができる。本節では，先に示したアダムスの居住址変化表をもとに，初期王朝時代第1期から第3期aまでの時期（前2900年－前2500年）における都市国家の展開を跡付けたい。

アダムスの居住址変化表（表4，21頁）によれば，ジェムデトナスル期と初期王朝時代第1期に，都市は1から3に増える。地域連携型村落である中小の村も前代の112から124と，決して減少していない。ウルク型都市国家が成立してすぐに，シュメールの地が都市国家一色になったのでなく，地域連携型の社会システムは，ウルク後期と同様に機能していた。

時代が下った初期王朝第2・3期になると事態は変わり，中小の村が激減し，都市革命以前であるウルク前期の低水準17に戻った。一方，巨大都市の数は10（8＋2）に急増した。初期王朝時代第2・3期こそ，都市国家分立期の名称にふさわしく，ウルク後期に成立したウルク型都市国家が地域連携型村落を圧倒して両川下流域に林立し，シュメール社会の基本が都市国家に一本化した時

期である。

　アダムスの居住址変化表から言えることは，ジェムデトナスル期と初期王朝時代早期は，新しく出現したウルク型都市国家が全シュメールに普及・拡大する途上にあるということである。

　この時期のシュメール都市国家を考えるとき，利用できるのが集合都市印章である。集合都市印章とは，都市の名，もしくは都市を象徴する記号を複数まとめて一つの印章に刻んだものである (Matthews 1993)。印章そのものでなく，土器などに捺された印影として残る。集合都市印章は，ジェムデトナスルとウルから見つかっているが，作られた時期と都市の比定には，いくつかの説がある。時期については，マシューズは，ジェムデトナスル出土の集合都市印章はジェムデトナスル期であり，ウル出土のそれは初期王朝時代第2期とするが，前者をより古くウルク第4期とし，後者を初期王朝時代第1期とする説もある (Steinkeller 2002a, 2002b)。どの説を採るにしても，その始まりは，アダムスの居住址変化表によるウルク型都市国家の普及過程にほぼ収まる。

　集合都市印章に描かれる都市も，すべてが同定されているわけではない。マシューズによれば，ジェムデトナスル出土の集合都市印章には，ザバラム，ケシュ，ウルク ($Unug_x$)，ニップル ($Nibru_x$)，ラルサ ($Ararma_2$)，ウル (Uri_5)が含まれ，ウル出土の集合都市印章には，ウル，ニップル，ウルク，アダブ，ラルサ，ケシュなどがあるとされる。彼の同定には異論もあるが，ここでは，彼の読みに従う[17]。

　集合都市印章については，シュメールの諸都市国家を併記した形で作られたので，シュメール都市国家相互の何らかの関係を示すことは明らかである。ジェイコブセンは，原始民主政論の立場から，集合都市印章を原始民主政期における全シュメール都市を構成員とする「ケンギル同盟」の証拠とした (Jacobsen 1957)。原始民主政論もケンギル同盟も史料的根拠のない説であり，集合都市印章をジェイコブセンのようには解釈できない[18]。

17　Steinkeller は，Matthews がウルクやニップルの都市印章と指定したことに異を唱え，それらを表す都市印章ではないとする (Steinkeller 2002a, 2002b)。しかし，この Steinkeller 説にも反対意見があり，ここでは Matthews に従った。
18　「ケンギル同盟」はジェイコブセンの造語であり，史料に現れない。「ケンギル同盟」のケンギル (ki-en-gi[-r]) とは，王号「シュメールとアッカドの王」を lugal ki-en-gi ki-uri と表記する

新しい解釈がシュタインケラーによって提示された (Steinkeller 2002a)。ジェムデトナスルから出土したウルクのイナンナ神への奉納記録を都市印章に関連させ，都市印章に描かれた諸都市を，ウルクの都市神イナンナへの奉納を軸にしたウルクを盟主とする同盟（隣保同盟）と結論した。シュタインケラーが，ウルクを中心とした都市同盟と捉えることは，ニップルにおける会盟と考えるジェイコブセン説よりは妥当性がある。しかし，隣保同盟と性格付けることには疑問がある。隣保同盟が結成される契機は民族意識であり，それはメソポタミアのこの時期には馴染まない。シュメール人は，アッカド人との民族的差異を意識しないで，むしろ，中心の文明地域と周辺の野蛮な地域という華夷の区分を重視したからである（前田 2003）。しかも，シュメールの民族性よりも，所属する都市が優先される。したがって，集合都市印章に示されるような諸都市間の関係を，民族的同一性を基準に結ばれた隣保同盟と定義することにはできない[19]。筆者は，集合都市印章を，アダムスの住居址変化表によって明らかになるウルク型都市国家の普及・拡大過程から捉えることが有効であると考える。

集合都市印章のなかで同定が可能な都市の分布とその名称に着目すると，一

ように，ある時期からシュメールを指す用語になった。ジェイコブセンは，都市ニップルの名が変形してケンギルになったと見なした。このケンギル＝ニップルは言語学的に疑問があるとされるが，ジェイコブセンが，あえて，シュメール諸都市の同盟をニップルと結び付けたのは，シュメール諸都市の大集会が開催される場所をニップルに想定したことによる。ニップルでの集会も，文学作品にある神々の集会からの類推であり，実在したかどうかは確認できない。集合都市印章がニップルを核として集められたとは考えられないので，その点でもジェイコブセンの解釈は受け入れられない。

19 隣保同盟（amphictyony）は，共通の神や神殿を崇拝し共同祭儀を行うギリシア都市国家の同盟を指した用語である。それを，歴史的背景を異にするシュメール史に持ち込むことには，方法論的に疑問がある。隣保同盟をメソポタミア史に適応したのはハッローであるが，その前にマルティン・ノートは，ギリシア史の隣保同盟を，「イスラエルは，歴史的には，アンフィクティオニーの十二部族連合という形において成立した」と述べるように，王国時代に先立つ十二氏族時代の統合原理としてイスラエル史に援用した（ノート 1983）。このノート説をもとに，ハッローが「シュメールの隣保同盟」と題する論文（Hallo 1960）で，シュメール史に持ち込んだ。ハッローが隣保同盟と位置付けたのは，ウル第三王朝時代にシュメール・アッカドの諸都市が果たしたバル義務という制度である。バル義務は最高神エンリルに奉仕する1年12ヵ月の月ごとの輪番であるので，イスラエル十二部族連合に倣って，「隣保同盟」と規定した。ただし，ハッロー自身が，イスラエル史研究におけるノート説への批判が高まるなかで，バル義務との類似性を，十二部族的隣保同盟でなく，ソロモンの時代の地方制度，12の行政区が1年に1ヵ月，宮廷に食物を供給する制度に求めるようになった（Hallo&Simpson 1971）。ハッローが自説を撤回したように，ウル第三王朝時代のバル義務は隣保同盟ではない。したがって，シュタインケラーが，集合都市印章をバル義務の先駆と置いたとしても，それに，隣保同盟的性格を認めることはできない。

図4 集合都市印章に現れる都市

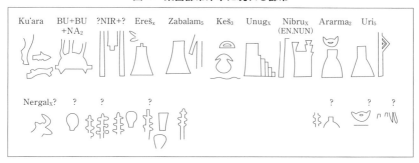

つの傾向が見られる。図4のように，ウルクに近い都市，ウル，ラルサ，ザバラムは，あとの時代では楔形文字で ŠEŠ.UNUG, UD.UNUG, MÙŠ.UNUG と書かれるのであるが，その UNUG の原型となる文字形を含む。ウルクとの関係を強く意識した都市表記である。これは，ウルクからの移住によって都市が形成されたというのではなく，巨大都市国家を最初に形成したウルクを手本に都市国家制度を導入するために，ウルクとの友好関係を強調した結果と考えられる。

つまり，ウルクが飛び抜けた存在であり，他都市を指導したと想定できるにしても，集合都市印章が示すのは，民族の一体性でも，政治的・軍事的な一体性を有する同盟関係でもなく，「連携・提携」程度に理解すべきであろう。ウルクと連携した諸都市に対して，集合都市印章に現れないラガシュやウンマは，ウルク型都市国家に転換するにしても，ウルクとの直接的な友好関係を築くことなく，独自の展開を始めたと想定される。

アダムスの居住址変化表によれば，初期王朝時代第1期まで，ウルク型の巨大都市国家は三つしかない。集合都市印章に現われる都市は，規模としてはそう大きくなくても，ウルク型都市国家をまねて王権のもとに体制を整備したと考えるべきなのだろう。

ウルクと同等に都市国家として発展するニップルなどのほかに，集合都市印章には遠隔地の NI.RU やジェムデトナスルが含まれる。この地にまでウルク型都市国家が普及したかどうかは不明である。むしろ，ウルクがユーフラテス川上流部のハブバ・カブラに居住地を設定したのが，資源獲得のための交易路

の確保であったと想定できるように，NI.RU とジェムデトナスルは遠隔地との交易路上にあって，ウルクとの結び付きが強かったために，集合都市印章に描かれたと考えたい。

　結論として，集合都市印章が示す諸都市の連携は，政治的・宗教的な同盟関係というよりも，新しい社会・政治システムであるウルク型都市国家がウルクを起点にシュメール各地に普及する過程を表現すると捉えることができる。ただし，集合都市印章は，初期王朝時代第2期まで長く使われた。ウルク型都市国家の普及に貢献する都市提携というジェムデトナス期の目的が，初期王朝時代第2期まで維持されていたのかどうか，とりわけ，都市国家が林立し，しかも，この時期になって都市を囲む城壁が造られたとされており，諸都市国家間の軋轢などから，新しい政治的軍事的同盟へと変質した可能性が高い。しかし，それについては十分に論証できる史料を挙げることができない。

第2章
領邦都市国家

1　領邦都市国家の成立

八つの領邦都市国家

　ウルク期のウルクに成立した都市国家は、ジェムデトナスル期と初期王朝時代第1期の期間にはその数があまり増えない。急速に規模と数を増し、両川下流域全体に拡大したのは第2期・第3期である。第2期からが都市国家が地域連携型の中小村落を圧倒して林立する時代であり、都市国家分立期の名に相応しい時代の到来である。それと同時期か、少し遅れて、領邦都市国家（territorial city-states）が成立した。領邦都市国家とは、都市国家の一類型であり、近隣の都市を服属させることで、地域統合を果たした有力な都市国家を指す。領邦都市国家に数えられるのは北から、キシュ、ニップル、アダブ、シュルッパク、ウンマ、ラガシュ、ウルク、ウルの八つであり（図5）、成立過程は不明ながら、前2500年頃（初期王朝時代第3期b）には成立していたと考えられる。分権的な都市国家的伝統を体現する領邦都市国家の出現は、王権の展開に大きな影響を持つようになる（前田2009a）。

　前の時代の集合都市印章に並立して記された都市国家のなかで、ニップル、アダブ、ウルク、ウルクなどは領邦都市国家に上昇した。その一方で領邦都市国家に従属する地位に甘んじる都市国家もあった。下位の都市国家として、アダブに服属するケシュ、ウンマに服属するザバラム、ウルクに服属するラルサなどを挙げることができる。

　領邦都市国家のなかで、ラガシュは特異な統合過程を経て複合都市国家を形成した。ほかの領邦都市国家の形成過程が不分明であるなかで、複合都市国家ラガシュの形成はある程度推定できるので、その点を述べたい（前田1998）。

図 5　領邦都市国家

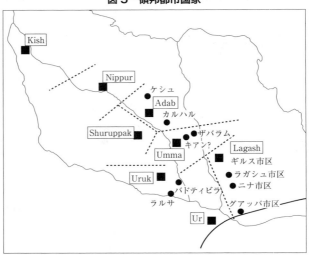

　ラガシュは，領邦都市国家のなかで最も東にあってエラムに近い位置にあり，ギルス市区，ラガシュ市区，ニナ市区の三大市区を中心に，キエッシャやキヌニルなどの小市区を包含した複合都市国家であった。三大市区であるギルス市区，ラガシュ市区，ニナ市区の位置は考古学的に確認されており[20]，支配者が居住するギルス市区との距離はラガシュ市区とが約 25 km，ニナ市区との間が約 35 km である[21]。ウル第三王朝時代にはグアッバ市区を加えて四大市区になった。グアッバ市区の正確な位置はわかっていないが，その地名が「海の首／岸」の意味であるので，ペルシア湾に面していたことは確かであり，ギルス市区から見てニナ市区よりもさらに遠く隔たったところにあった（Grégoire

---

20　発掘によって確認された遺跡は，ギルス＝テロー（Tello），ラガシュ＝アル・ヒバ（al-Hibba），ニナ＝スルグル（Surgul）である。テローの発掘は 1877 年からフランス隊が行った（Parrot 1948）。この発掘が，メソポタミアにおける最初の近代的考古学調査であるとされている。アル・ヒバの本格的な発掘は 1968 年アメリカ隊によって開始された（Hansen 1970）。この発掘隊のハンセンによれば，テローとアル・ヒバは 15 マイルの距離にあり，スルガルはアル・ヒバから指呼の距離である。

21　なお，ギルス市区の聖域である uru-kù（「聖なる町」）は，長く，ラガシュ市区の別名とされてきた。その最初は，Koldewey であり，彼の 1886-87 年の草稿のなかに，ウルクグをラガシュと同一視する記述 "Nina und Urukug (Surgul und El-Hiba)" があるとされる（Hansen 1983, 422）。発掘の初期の段階で確証のないままに想定され，それが受け入れられていたのである。

1962)[22]。

　都市神ニンギルスの神殿はギルス市区にあり，王もギルス市区に所在するので，国名はギルスとなるはずが，伝統的にラガシュと呼ばれており，支配者は，初期王朝時代以来，常に「ラガシュの支配者（エンシ）」や「ラガシュの王（ルガル）」を名乗る。ウル第三王朝時代でも同様に「ラガシュの支配者」を名乗っていた。中心地ギルスと国名ラガシュの間に乖離がある。この乖離は，他国の人にとって理解し難かったようで，ウル第三王朝時代にラガシュ以外のプズリシュダガンやウンマで書かれた文書では，「ラガシュの支配者」でなく，「ギルスの支配者」と呼びならわし[23]，支配者が所在するギルスに因んでギルス国と理解した（de Maaijer 1998）。

　王都ギルスと国名ラガシュとの乖離には歴史的背景，本来別の都市国家であったラガシュとニナを，ギルスが併合したという過去の歴史があったと推量される。どのような併合過程があったかを，ギルスとラガシュの関係，ギルスとニナの関係から推測できる。

　国名のもとになったラガシュ市区の主神は「ラガシュの母」と形容されるガトゥムドゥグ神であり（RIME 1, 225），その神殿がラガシュ市区の中心域に立っていた。そこには，ガトゥムドゥグ神殿だけでなく，ある時期からニンギルス神を祭るバガル神殿があり，主神ガトゥムドゥグと同等に，バガル神殿のニンギルス神がラガシュ市区の主神的性格を付与されていた。ギルス市区の主神であるニンギルス神のためにラガシュ市区にバガル神殿を建て，ガトゥム

---

[22] ウル第三王朝時代のラガシュでは，「ギルス市区からグアッバ市区まで」の全領域を一括管理する会計簿を作成し，会計上，「ギルス市区」，「ニナに至る運河」，「グアッバ市区」に三区分して記録した。ギルス市区，グアッバ市区は市区の名の通りであるが，「ニナに至る運河」の会計は，ニナ市区，ラガシュ市区，キヌニル市区を範囲とした。神殿は，エンシを頂点とする全市区を包含した行政経済組織にあって管理運営を担う下部の組織という位置付けになる（前川 1966）。

[23] たとえば，ラガシュのエンシであるウルラマは，「ウルラマ，ラガシュのエンシ（よ），ウルバウ，書記，ウルドゥンの子は，あなたの奴僕（ur-^{d}lamma, énsi, lagas^{ki}, ur-^{d}ba-ú, dub-sar, dumu ur-dun, ir$_{11}$-zu）」（ITT 4,7152），「ウルラマ，ラガシュのエンシ（よ），ルウトゥ，書記，バジの子はあなたの奴僕（ur-^{d}lamma, énsi, lagas^{ki}, lú-^{d}utu, dub-sar, dumu ba-zi, ir$_{11}$-zu）」（ITT 4, 7162）のように，ギルスでなく，ラガシュの支配者を名乗る。ラガシュの高官たちの円筒印章でも，ラガシュのエンシを名乗っている。それに対して，王の家畜管理施設プズリシュダガンの文書では，合計650頭の牛や羊などを，バル義務用に支出した記録において，「ナラムイリから，ギルスの支配者ウルラマが受領した（ki na-ra-am-i-lí-ta, ur-^{d}lamma énsi gír-su^{ki} i-dab$_5$）」（BIN 3, 373）のように，ギルスのエンシと書かれ，ラガシュのエンシと書く例がない。

ドゥグの神殿と並置したのは，ラガシュ市区とその主神ガトゥムドゥグ神の権威を牽制するためであり，ラガシュ市区にニンギルス神のバガル神殿が建つことが，ギルスによるラガシュ征服の証と考えられる。

　国名がギルスでなく，ラガシュであるのは，大市区のラガシュ市区とニナ市区に加えてキヌニル市区やキエッシャ市区などの小市区が蝟集するこの地域の中心都市がラガシュであったが故に，ギルスに敗れたあとも，ラガシュが伝統的名称として残ったのであろう。

　過去における都市併合の痕跡はニナ市区にも認められる。ニナ市区の主神ナンシェ神はニンギルス神の妹と位置付けられる。ニナ市区には「妹が置いたニンギルス神（殿）」があり，一方ギルス市区には「兄が置いたナンシェ神（殿）」という一対になる神殿があった[24]。ニンギルス神とナンシェ神は相互に，相手の神を招来して神殿を建てた。このことから，ギルス市とニナ市との対等な同盟，連合，ついでの合併という段階が過去にあったと推定される。

　史料が残存しない時期の出来事である複合都市国家ラガシュの形成過程を史料から追うことはできない。しかし，ラガシュ市区におけるガトゥムドゥ神殿とニンギルス神のバガル神殿の併存や，ギルス市区のニンギルス神とニナ市区の主神ナンシェが兄妹とされ，互いの市区に相手を招来し神殿を建てたこと，こうした特異なあり方が過去の出来事を反映すると捉えることができよう。

　複合都市国家ラガシュは，ギルスが，ラガシュやニナをはじめとして周辺の都市国家を併合して，独立性を奪い，市区としたことで成立した。ほかの領邦都市国家が服属させた近隣の都市国家の自立性を認めたことと大いに異なり，ラガシュは完全な地域統合を達成したのである。

　ラガシュは，領域の広さにおいてもほかの領邦都市国家を圧倒する。ラガシュの領域を「合計 24,694 ブル 13 1/4 イク，合計 17 の主要な市区と 8 の主要な村落。アッカドに王権が与えられたあと［　　］」と記すアッカド王朝時代の文書がある[25]。市区や村落の数を合計するので，ここに挙がる約

---

[24] ニナ市区の「妹が置いたニンギルス神（殿）」(^{d}nin-gir-su nin-né-gar-ra)（RTC 47; Nik 1, 23; DP 47）。ギルス市区の「兄が置いたナンシェ神（殿）」(^{d}nanše šeš-e-gar-ra)（VS 14, 5; Nik 1, 24）。

[25] šu.nígin 3600x5 + 600x5 + 60 + 10x3 + 4 2/3 1/18 1/72（bùr）［= 24694 53/72 bùr］gán, šu.nígin 17 uru-sag, šu.nígin 8 maš-ga-na-sag,<>, a-ga-dè^{ki}, nam-lugal šu-ba-ab-ti-a-ta, ［　　］: Gelb and

24,695 ブルの面積がラガシュ全体を指すのは確かである。24,695 ブルとは，現在使われる換算 1 ブル＝6.351 ha で計算すれば，おおよそ 1,600 km² になる。ほかの都市にこのような記録が残っていないので，この面積を直接比較することはできない。しかし，比較の手段がないわけではない。ウル第三王朝時代，諸都市に設定された直営耕地は同一基準で管理され，直営地を耕作する直営地耕作人は，隣国ウンマでは 100 人であるのに対して，ラガシュでは 480 人であり (Maekawa, *ASJ* 9, nos. 52, & 53)，約 4〜5 倍の人数であった。この比率は領域の広さにも適応すると考えられる。

　ラガシュとウンマの面積比を 4 対 1，5 対 1 にとれば，ラガシュの総面積 1,600 km² に対して，ウンマの領域は 400 km²／320 km² の面積になる。おおよそ 20 km 四方の面積を想定できる。4 大市区から成るラガシュは，模式的に 20 km 四方の正方形を縦に四つ並べた短辺 20 km，長辺 80 km の広がりになるので，ラガシュの市区のそれぞれが，隣国ウンマと同等かそれ以上の広さを占めたことになる。領邦都市国家のなかで，ラガシュは領域面積で突出していたのであり，他の領邦都市国家の領域は，服従させた隣接の都市国家を含めればラガシュと同程度かもしれないが，本体である都市国家の面積は，ウンマのような縦横約 20〜30 km の広さであったと考えられる。

　領邦都市国家のなかで，城壁に囲まれた市域が発掘で確認されたのは，ウルク，ウル，ニップルである (Hawks 1974)。それらの都市によって都市形態と市域の広さを確認できる。シュメール都市は，都市神の神殿を中心に形成された。ウルクは，ほぼ円形の都市壁に囲まれ，最大幅は東西で 2.8 km，南北で 3.3 km である。ウルクの市域はシュメール都市のなかで最大であろう。中央の一段高くなった丘の上に都市神イナンナの神殿が立つ。ウルでは，その都市壁は変形の卵型であり，南北約 1 km，東西 700 m の最大幅がある。北よりに位置して都市神ナンナの神域がある。ニップルは少し異なり，運河を挟んで，

Steinkeller, *Earliest Land Tenure Systems in the Near East*, n. 24 (de Sarzec, *DC* LVII t 5; Gelb, et al 1991, no. 24; Foster 1985, 15-30; Grégoire, 1962, 29, n. 144).「アッカドに王権が与えられたあと［　　］」が具体的に何を意味するのかは，後半部分の欠損もあって不明である。
　uru-sag は「主要な (sag) 都市 (uru)＝市区」であろうし，maš-ga-na-sag の maš-ga-na はアッカド語 *maškanu* からの借用語であって (*CAD* M/1, 369f.: s. v. *maškanu* 2: "small agricultural settlement.")，「主要な (sag) 居住地 (maš-ga-na)＝集落」の意味に取ることができる。

二つの市域に分かれ，各々は矩形状の都市壁に囲まれていた。両市域を合わせれば 1.3 km 四方になる。北の市域がエンリルを祭る神域であり，都市壁とは別に，神殿域を防護する周壁が造られていた。その最大幅は 500 m と 700 m である。神殿域を防護する周壁の形は，前 15 世紀頃に書かれたニップル都市図に描かれている。

こうした王と都市神が住まいする中核都市が，先に見たような縦横約 20～30 km の領域を支配するのが領邦都市国家である。それぞれの領邦都市国家は境界を接する場合と領有が確定しない土地が緩衝地帯として存在する場合があったと考えられる。

王碑文

領邦都市国家並立の時期に着目すべき変化があった。王碑文が書かれ始めたことである。王碑文は，文字が発明された前 3100 年頃でなく，それから 600 年後の前 2500 年頃になって初めて成立した[26]。

王碑文は，王の功業である軍事的勝利，神殿建立，運河開削などを記す。前代の集合都市印章が都市自体を強調するのとは対照的に，王碑文は固有の名を持つ王をその功業によって強調する。しかも，この時期に王碑文を残すのは，ユーフラテス川中流域のマリを例外として，領邦都市国家の王のみであり[27]，従属する下位の都市国家の支配者が作った例がない。王碑文は領邦都市国家成立と軌を一にして成立したと考えられる。

領邦都市国家の王が王碑文を作ることは，都市国家間の外交や戦争が，国家を代表する王の名において行われる時代を象徴する。覇権を目指す相互の争い

---

26 現時点で最も古い王碑文は，キシュの王メシリムの碑文と考えられるが，キシュの王エンメバラシを最初とすることがある。出土地不明の鉢に記された「メバラシ，キシュの王（me-bára-si, lugal kiš）」である（Edzard 1959）。この鉢の年代がメシリム以前であるのか以後であるのかは決定できないし，王碑文を厳密に王の功業を記すものと規定すれば，メバラシの鉢は，王碑文に加えることはできない。この鉢を最初の王碑文として重視するのは，キシュの王メバラシと，ギルガメシュ物語にあるキシュの王アッガの父エンメバラゲシを同一視するからである。メバラシ＝エンメバラゲシはこの鉢以外に王の存在を示す史料はなく，実在したとしてもどのような王であったかはまったく不明である。王碑文の成立を考えるとき，伝説的な王エンメバラゲシでなく，他の同時代史料から実在が確認されるメシリムを重視すべきと考える。

27 領邦都市国家の一つシュルッパクからは王碑文が出土していない。理由は不明であるが，アッカド王朝時代とされる王碑文が発見されていることから，初期王朝時代に王碑文が書かれた可能性は否定できない。

のなかで，より強力な指導力・統率力を求められた王が，自らの権威を内外に喧伝・誇示するために，達成したと自負できる偉業を文字にした。それが王碑文である。王碑文が書かれ始めると，集合都市印章はその存在意義を失い，使われなくなる。

　領邦都市国家以外で，早くから王碑文を残すのは，ユーフラテス川中流域に位置するマリの王である（Sollberger 1971, 87-90）。マリの王はセム系の名であり，シュメールの伝統の外にあったが，シュメールの領邦都市国家と一つの政治世界を形成していた。マリの王は領邦都市国家と同等の地位の象徴として王碑文を作ったと考えられる。マリは，エンリル神でなく，ダガン神を最高神とする地域にあるが，イクシャマシュとイシュギマリは，王号「マリの王」に加えて「エンリル神の大エンシ（énsi-gal）」を名乗る（RIME 1, 306, 343）。これも，シュメールの領邦都市国家への対抗意識からであろう。

　王碑文の出現は，メソポタミア史を記述することでも重要である。集合都市印章の時代とは異なり，王碑文が出現したことで，歴史を，固有の名を持つ王によって，たとえばキシュの王メシリムやラガシュの王エンメテナを行為者として具体的に記述できるからである。

王家

　領邦都市国家における王権強化は，王碑文の作成に示されるが，王位を一つの家系が独占するという，言わば王朝の成立にも現われる。碑文などから知られるラガシュ，ウル，ウンマについて見ておきたい。

　ラガシュでは，ウルナンシェを鼻祖とする5世代，6王の王朝があった（表6）。ウルナンシェに始まり[28]，その子アクルガル，アクルガルの子エアンナトゥム，エアンナトゥムの兄弟エンアンナトゥム1世，その子エンメテナ，その子エンアンナトゥム2世が王位を継いだ。

　ウルでも一つの家系が王位を継承した。王碑文などから知られるのは（表7），メスカラムドゥ，アカラムドゥ，メスアンネパダ，アアンネパダである。メスアンネパダはアカラムドゥの子であり，アアンネパダはメスアンネパダの子で

---

[28] ウルナンシェは父の名グニドゥを碑文に示すが，称号は付されていない。この家系でラガシュの支配者になったのはウルナンシェが最初であろう。

表6　ラガシュの王家（ウルナンシェ朝）

	第1世代	第2世代	第3世代	第4世代	第5世代	第6世代
Gu-ni-du―	┌¹Ur-ᵈNanše―	²A-kur-gal―	³É-an-na-túm ⁴En-an-na-túm I	⁵En-mete-na―	⁶En-an-na-túm II	
	└○―	○―	○―	Du-du-sanga	⁷En-èn-tar-zi	⁸Lugal-an-da
						⁹Uru-ka-gi-na

表7　ウルの王家

	ウルの王		王妃
1	＜　　　＞		プアビ
2	メスカラムドゥ		＜　　　＞
3	アカラムドゥ	（メスカラムドゥの子？） メスアンネパダの兄弟？	アシュシキルディンギラ
4	メスアンネパダ	メスカラムドゥの子	ニンバンダ
5	アアンネパダ	メスアンネパダの子	＜　　　＞

ある。アカラムドゥの系譜は碑文から確証されないが，メスカラムドゥ（「国土のよき英雄」）とアカラムドゥ（「国土のよき家長」）の名前の相似性から兄弟の可能性が高い。

　これらの王が葬られたのがウルの王墓である。小野山によれば（小野山 2002），ウルの王墓は，第4代の王と王妃の墓が離れて存在することを例外として，王と妃の墓が隣接して陵墓域の北から南へと順次造営された（図6）。第1代（K1, Q1）に比定される墓群からは，王の名を特定する遺物は出土していないが，「プアビ，王妃」の銘を持つ円筒印章が出土した。第1代の陵墓のあと，第2代メスカラムドゥ（K2, Q2），第3代アカラムドゥと妃アシュシキルディンギラ（K3, Q3），第4代メスアンネパダと妃ニンバンダ（K4, Q4），第5代アアンネパダ（K5, Q5）の5王とその妃の墓が造営された。

　ウルの王墓の造営時期は，通説では前2500年以前とされる。しかし，出土する碑文に記される限定詞の表記法から前2400年頃とすべきである。神を示す限定詞 DINGIR は早い段階から挿入されていたが，地名を示す限定詞 ki は遅れる。限定詞 ki は，ラガシュのウルナンシェやウルのアカラムドゥの王碑

図6 ウルの王墓

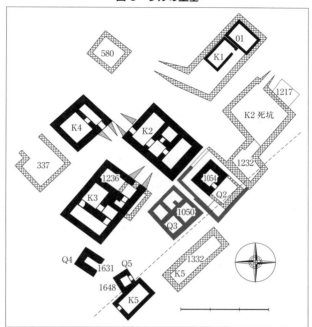

文では未だ採用されないで，ラガシュではウルナンシェの子アクルガルの王碑文から書かれるようになる。地名を示す限定詞 ki が正書法として確立するのは，ラガシュではアクルガルの次のエアンナトゥム，ウルではメスアンネパダ以降である。こうした同時性から，王墓を作ったウルの王を，ラガシュのウルナンシェと相前後する時代，つまり，前2400年頃に置くことができる。

　ウルの王墓から出土した数ある遺宝のなかでも代表的な作品は，ラピスラズリと貝殻の象嵌モザイク細工が施された「ウルの章旗（スタンダード）」である（Collins 2015）。この華麗な作品は，両面の図が王の権能を知るための重要な史料になっている。

　「ウルの章旗」の片面，「戦勝の図」では，ロバに引かれた戦車が敵兵を蹂躙し，捕虜を王が謁見する。もう一方の「豊饒の宴図」では，上段において，楽器を持つ楽師と歌手を侍らせ，王と高官が杯を持つ宴の場が描かれる。下段と中段には，ロバと穀物を入れたと思われる荷袋や，献上品の羊，山羊，牛，魚

が描かれたるように，ウルク期のウルクの大杯に描かれたのと同様に収穫を祝うことを主題としている。つまり，王の二大権能である外敵からの防衛と繁栄の基礎である豊饒を図像化し，象徴として描いたものである[29]。

ウルの王墓からは，王のための副葬品であるウルの章旗のほかにも精巧な黄金の短剣や兜も出土した（Zettler, et al. 1998）。王墓は，そうした目を引く華麗な埋葬品だけでなく，殉死者を埋めた凄惨な遺構でもある。王や王妃がこの世の生活のままにあの世でも続けられるように，数十人の従者や侍女や兵士，御座車とそれを引くロバまでもが埋められた。神のためでなく，王のために死ぬこと，そのことが領邦都市国家が並立する時期の王権の強大化を端的に示す。

次にウンマの王家を見れば（表8），エンアカルレを鼻祖として，ウルルンマ，イル，ギシュシャキドゥが順次支配者になった[30]。イルは，エンアカルレの子，つまりウルルンマの兄弟エアンダムアの子であり，傍系に属する。イルは，ウルルンマがラガシュとの戦闘で敗死したことで，ウンマの王位を継いだ。その後，ウルルンマの王女と息子ギシュシャキドゥの結婚を通じて，傍系でなく，エンアカルレの本流に連なる正統性を獲得した。ここに王朝の本流意識が強く働いていたことが読み取れる。

---

[29] ウルの章旗は，王の二大権能を描くのでなく，戦勝を記念して作られ，宴図は，戦利品の受領と勝利の祝宴を描く「平和の図」と解釈されてきた（ウーリー，モーレー 1986）。しかし，戦争に関わる図柄がなく，戦争と関係しない。運ばれてきた品々は，戦利品というよりも，行政経済文書に定期的な貢納として記録される品々と同じであり，ウルの人々からの初穂の貢納と理解できる。

ハンセンは，「ウルの章旗」のこの場面を正しく豊饒の宴の場面と指摘しながらも，物品を運ぶものはシュメール・アッカドの全域から来たと説明する（Hansen 1998）。ウルが全土の覇権を握り，人々がウルの王に朝貢したと捉えた解釈である。しかし，ウルの王墓が造られた時期，王権は都市国家（領邦都市国家）の段階に留まっており，シュメール全土の支配を意識することはなかった。「ウルの章旗」が描くのは，あくまでもウル国内の人々からの奉納とすべきである（前田 2001）。

宴図を戦利品を受領する場面と捉えた解釈，つまり，ウーリーに戻った説がコリンズによって発表された（Collins 2015）。しかし，コリンズの説に組することができない。彼は，貢納品である家畜を引く者が異形の髪形で描かれているのは異民族だからであり，戦いに敗れた人々であると捉える。しかし，戦争の場面で，戦車に蹂躙された者や捕虜にこのような髪形に描かれた者はいないので，コリンズの判断を認めることには躊躇される。異形の髪形に描かれるのは，袋を担ぐ者や家畜に従う下級労働者であり，それらを持参するものとして先頭に描かれる者にはない。初期王朝時代の文書には，遊牧系とされるマルトゥ（アムル）と明記された人々が記録されており，ウルという都市においても，家畜飼育などに異民族出自の者が働いていたのであり，そうした実態を描いたと考えられる。

[30] ラガシュのウルナンシェが捕虜にしたウンマの支配者パビルガトゥクがエンアカルレとどのような系譜関係にあるかは不明である。

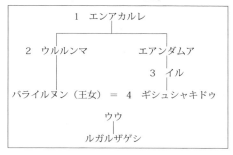

表8 ウンマの王家

　王朝の開祖とでも呼べる王は強く意識されていた。ラガシュのウルナンシェは，孫のエアンナトゥムによって，「(エアンナトゥム)，ラガシュの支配者（エンシ）アクルガルの子。彼の祖父（pa-bil-ga-ni）はラガシュの支配者ウルナンシェである」（RIME 1, 149）とされ，曾孫のエンメテナは，「ラガシュの支配者エンアンナトゥム1世の子，ラガシュの王ウルナンシェの子孫（dumu-KA）」と，父だけでなく，ウルナンシェの系譜に属することを強調する（RIME 1, 220）。

　ウンマでは，鼻祖として意識されたエンアカルレを，ウルルンマは，エンアカルレの子であるから当然であるが，イルは「エアンダムアの子，すべての王エンアカルレの子孫（dumu-KA）」（RIME 1, 369），ギシュシャキドゥの妻バライルヌンは「すべての王ウルルンマの子（娘），すべての王エンアカルレの子孫（dumu-KA）」（RIME 1, 371）のように，系譜を辿って冒頭に置く。このように，エンアカルレに始まる王統が意識されていた。一つの家が王位を独占することは，王権の安定性と強化に役立ったと考えられる。

2　領邦都市国家間の争い

ラガシュとウンマの国境争い

　領邦都市国家が形成されると，領土や覇権を巡る争いが激化した。その事情は，この時期に作られた始めた王碑文によって知ることができる。王碑文に，領邦都市国家に服属する下位の都市国家が敵対者として書かれることはない。

あくまでも，領邦都市国家間の争いとして描写される。様々な要因で領邦都市国家は争うが，政治的・領土的な支配の拡大から言えば，下位の都市国家の支配権を奪取すること，さらには，ウルクがウルを支配したように，別の領邦都市国家それ自体を支配することまでが目論まれている。碑文から知られる代表的な領邦都市国家間の紛争がグエディンナを巡る争いである。それについて述べることにする。

　グエディンナは，ウルク，ウル，ラガシュ，ウンマなどの領邦都市国家の間に広がり，領有が未確定な地である（図7）。グエディンナを巡って，ラガシュとウンマ両国が長きにわたって争ったが（Poebel 1926, Lambert 1965, Cooper 1983b），戦いの過程で，隣接する領邦都市国家アダブ，ウル，ウルクも加わって同盟と敵対という諸関係が生まれた。

　ラガシュが同盟したのは，ウンマと対峙することで利害が一致するアダブである。敵の敵は味方という典型的な遠交近攻策である。このラガシュとアダブの同盟に，北方の雄国キシュも加担した。ウンマは，それに対抗するようにウルとウルクとの関係を深めた。グエディンナを巡るラガシュとウンマ2国の対立から，ラガシュ―アダブ―キシュと，ウンマ―ウル―ウルクという二つの同盟が形成された。

　国境問題を契機として同盟したウンマとウルの連合軍と戦ったラガシュの王ウルナンシェは，「ウルの人とウンマの人と戦った」として，ウンマの支配者パビルガルトゥクをはじめ，ウンマとウル両都市国家の将軍たちを捕虜にするほどの戦勝を記念する碑文を残す（RIME 1, 92-93）[31]。

　隣接する多くの領邦都市国家と対立するラガシュは，北の雄国キシュを頼りにした。ラガシュのエアンナトゥムは，キシュの王メシリムが設置した境界石

31　シュメールの書記法では，粘土板の両面を使って書く場合，裏面は表面に対して上下を逆にし，表側が左端から書き始めるのに対して，裏面では右端から書く。この碑文は，そうした通常の書記法に反して，表面と裏面を逆さにすることなく，しかも，両面ともに左端から書き始める。この碑文が最初に公表されたとき，裏面の読み方をシュメールの通常の書記法に従って右端の欄を第1欄と誤解して解読した。当然，それは誤りである（Cooper 1980）。形式上この碑文は，表裏の区別がない。一方の面に書かれた神殿建立に象徴される都市の豊饒・平安の維持と，他面の都市防衛が，都市支配者の二大責務を表現し，両者が対等の関係，等価であることを示すために，このような書き方になったのであろう。形式上表裏の区別がない書き方であるにしても，神殿建立などを記した面で，王号と系譜を伴ったウルナンシェの名から書き始めるので，この面が表であり，軍事的功業の記録が裏面とすることができる。そうであれば，「ウルの章旗」も，豊饒の宴図が表であり，戦勝の図が裏と捉えることができよう。

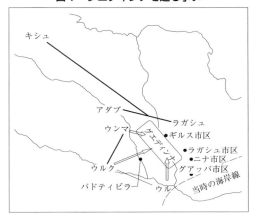

図7 グエディンナを巡る争い

を，ウンマとの正当な境界であると強調し，勝利を「メシリムの境界石」をもとに戻すことで示した。メシリムは，ラガシュの王ウルナンシェより数代前に在位しており，キシュは古くからラガシュに加担していた[32]。別に，「ルガルナムニルスム，キシュの王」の銘を刻む剣がラガシュで発見されている（RIME 1, 73）。武力的援助の象徴として，キシュの王からラガシュに贈られたのであろう。メシリムとルガルナムニルスム，どちらが先に即位したか不明であるが，この剣は，キシュとラガシュ両都市の同盟関係がメシリム一代に限らないで長く続いたことを裏付ける。

雄国キシュとの同盟もあって，ラガシュはウンマ，ウル，ウルクとの戦いを優位に進めていたが，ウルナンシェの孫エアンナトゥムの治世に，四面楚歌というべき危機的な状況に陥った。ラガシュに侵寇してきたのは，シュメールの領邦都市国家ウンマ，ウル，ウルクであり，東方エラムの諸勢力や西のマリも

---

32 メシリムをキシュの王ではないとする説があるので述べる必要がある。2008年に刊行された碑文集で，編者フレインは，「キシュの王を名乗るが，本貫地が不明な王」の項目を設け，そこにメシリムを置く（RIME 1, 69-71）。メシリムをキシュの王と認めないのは，王号「キシュの王」がシュメール全土の宗主権者を意味すると捉えることに起因する。それ自体，成り立たないのであるが。メシリムをキシュの王と認めない説は，エンメテナの回顧碑文にある「キシュの王メシリムがイシュタラン神の命令により，測量し，その場所に境界石を立てた」

侵寇してきた（RIME 1, 150-151)[33]。エアンナトゥムはそれらをことごとく撃退したことで、苦境を脱して、国境を保全するとともに、ラガシュを最有力の都市国家に押し上げることができた。

　ウンマとの国境の正当性をキシュの王メシリムの境界石に求めたエアンナトゥムであるが、皮肉なことに、侵寇してきた諸国にキシュが含まれる。キシュは、本来ラガシュと同盟関係にあったが、この時期、新興のアクシャクの勢力下に置かれており、アクシャクの王に促されてラガシュに侵寇したと考えられる[34]。

　エアンナトゥムは戦いに勝利し、ウンマと協定を結び、国境紛争は一段落する。しかし、それは長く続かず、彼の兄弟で王位を継いだエンアンナトゥム1世のときに、戦闘が繰り返されることになった。エンアンナトゥム1世が戦

にあるイシュタラン神を、クート（Kuhrt 1995）が「メシリム、彼自身の都市は知られていない（デールか？）」と書くように、デールの都市神と捉えることによる。メシリムは、宗主権を「キシュの王」で表示するとともに、自らの都市の主神の命令に従ったと解する。
　しかし、この解釈は成り立たない。エンメテナ碑文に記されたイシュタラン神がデールの都市神でないことが、ウンマの支配者の碑文（RIME 1, 372-374）を参照することで確認されるからである。このウンマの碑文は、従来、ルガルザゲシの碑文とされてきたが、新史料 Schøyen Collection MS 2426（CUSAS 17, 6 & plate v）によって、ルガルザゲシ以前のギシュシャキドゥの碑文であることが確定した。ギシュシャキドゥが、ウンマの都市神シャラのために領域を測量したとき、メシリムと同様に、「イシュタラン神の命令で、その場所に境界石を置いた」と記す。デールの支配者でなく、ウンマの支配者であるギシャキドゥが、デールの都市神イシュタランを、ここに登場させる必然性はない。
　ギシュシャキドゥの碑文やエンメテナの国境画定を記す碑文にイシュタラン神が現れる理由として、この神を都市神とするデールがメソポタミアとエラムの境となっているので、境界の神の属性を思いつからと考える者もいる（Black & Green 1992）。しかし、中心と周辺であるシュメールとエラムの境界と、シュメール都市国家間の境界が同列に意識されたかどうか、疑問なしとは言えず、この同定は根拠が薄弱である。
　ブラックらが、イシュタラン神を説明するなかで指摘したように、ラガシュの支配者グデアは、「私が命令を下し、ウトゥ（太陽）神のように輝かせる場所、エバッバル神殿で、イシュタラン神のごとくに、我が市の訴訟に正しい裁定を下す」（RIME 3/1, 75）と、イシュタラン神を、ウトゥ神と同等の正義の神とする。ラガシュのエンメテナ碑文にしても、ウンマのギシャキドゥの碑文にしても、犯してはならない公正な国境を強調するために、縄張りのときに正義の神としてのイシュタラン神を挙げたと考えるのが妥当である。つまり、メシリムをデールの王とする説の証拠となる史料はなく、メシリムをキシュ市の王ではないとする根拠も消失する。

33　戦った相手として ki-^{d}utu が記されるが、ほかに例がなく、シュメールの都市なのか、エラムの国なのか不明である。
34　エアンナトゥム碑文に「エラムは恐怖に震え、異国エラムに退却した。キシュは恐怖に震え、アクシャクの王は彼の国に退却した」（RIME 1, 148）とある。エラムはエラムに退却し、キシュはアクシャクの王とともに本国に退却したと記されているのであり、キシュはアクシャクの王に従属していた根拠になる。
35　エンアンナトゥム1世の碑文では、ウルギガの丘で戦い、「ウンマの支配者ウルンマを、エンアンナトゥム1世はニンギルス神の境界へと潰走させた」（RIME 1, 172-173）とあるが、

場で負傷もしくは死んだことで、子のエンメテナが軍を指揮して、ウンマの支配者ウルルンマをウンマ市内まで追いつめ殺した[35]。ウルルンマの後継者イルとの間で協定が結ばれ、平和が戻った（前田2003c）。再度和平が崩れるのは、ラガシュではウルカギナの治世に、ウンマの支配者であるルガルザゲシがウルクを王都とするほどに強大になってラガシュに侵寇したときであり、その間、両都市国家の関係は比較的安定していたと考えられる。

ウンマは、ラガシュの王が強調するメシリムの境界石をまったく認めていなかった。ラガシュが一方的に押し付ける境界線の破棄を目論み、国境争いを数世代にわたって続けたのであり、戦闘が始まれば、「その境界石を壊し、ラガシュの野に侵寇した」（RIME 1, 140-142）ように、メシリムの境界石は真っ先に破壊すべき対象でしかなかった。

エアンナトゥムの禿鷹碑文に記される誓約もウンマに課せられた片務的な内容になっており、国境を侵さないことをウンマの支配者だけが誓約し、違反すれば、エンリルをはじめとする神々が罰するという形式である（RIME 1, 132-139）。この誓約の部分に、ラガシュの王による国境を侵さないという誓約がない。一方的にウンマに押し付けた片務的な誓約であり、「メシリムの境界石」を守ることは、ウンマにとっては、強制であって、それ以上ではなかった。境界石を据えたキシュの王メシリムは、あくまでもラガシュの同盟者であり、ウンマに敵対する存在と捉えたのであり、キシュにシュメール全土の宗主権を認めることはなかった。

グエディンナを巡る争いからラガシュの動向をウンマとの関係を中心に見たが、次に、ラガシュに敵対しウンマと同盟したウル、ウルクの動向を見たい。

同じ事件をエンメテナは、「ラガシュの支配者エンアンナトゥム1世はニンギルス神の愛する耕地ウギガにおいて彼らと武器を交えた」のあと、「エンアンナトゥムの愛する子エンメテナは武器で彼らを打った。ウルルンマは敗走し、（彼を）ウンマ市内で殺した（ur-lum-ma, ba-da-kar, šà umma^{ki}-šè, e-gaz)」（RIME 1, 197）と、ウルルンマを敗死に追い込んだのはエンアンナトゥムでなく、エンメテナとする。この場合、エンメテナには称号が付けられていないので、ウルギガ／ウギガの戦いでエンアンナトゥム1世は戦死もしくは負傷して、エンメテナが代わって軍を指揮したと考えられる。エンメテナの碑文では、末尾の呪詛文に、「ウンマの人において、ニンギルス神の境界運河とナンシェ神の境界運河を暴力でもって、耕地を奪うために、それを越える者は、ウンマの者であれ、異国の者であれ、エンリル神が打ち滅ぼしますように」という定型的な文のあとに、「かの町のなかで、（ウルルンマのように国境を侵犯する）彼を殺しますように」とあり（RIME 1, 199）、ウルルンマをウンマ市内で殺したことを前提とした呪詛文が加えられている。

まず、ウルである。ウルはラガシュの王ウルナンシェに敗北したこともあるが、有力な国家であることは変わりなく、ラガシュの後ろ盾になっていたキシュに対抗するために、キシュの背後を脅かすマリとの関係を模索した。そのことを示すのが、マリから出土したメスアンネパダの碑文やラピスラズリ製の管玉など、「ウルの遺宝」と総称される遺物である（Parrot 1968; Cholidis 2003）。ユーフラテス川中流域のマリまで勢力を拡大しようとしたウルも、エアンナトゥム治下のラガシュとの戦いに敗れ、その後、強大化するウルクに圧倒され、最終的にウルクの勢力下に入った。

ウンマと同盟してラガシュと戦ったもう一つの領邦都市国家ウルクは、ラガシュのエアンナトゥムに敗れたのち、反ラガシュから、親ラガシュに態度を転換させた。ウルクの王ルガルキギネドゥドゥは、ラガシュの王エンメテナと「兄弟」となって同盟を結んだ[36]。この場合、ラガシュの王は、ウルクはもとより、ウルクに従属する下位の都市国家バドティビラとラルサの市民に自由を与えることで権威を見せ付けた（前田 1985）。エンメテナは、バトティビラの都市神ルガルエムシュ（＝ドゥムジ神）の神殿を建立しており、それは、下位の都市国家バドティビラの領有権をウルクから奪ったことを意味する。ウルクは、友好関係に転じたとしても、その関係は対等でなく、ラガシュの下位にあった。

ウルクが再び強力な国家になるのは、エンメテナの死によってラガシュの勢力が後退したとき、ルガルキギネドゥドゥとその子ルガルキサルシの治世である。ウルクは、南に勢力圏を拡大した。ウルクがウルを支配したことについては、ルガルキギネドゥドゥが「ウルクにおいてエン権を行使せしめ、ウルにおいて王（ルガル）権を行使せしめたとき」と書くのが最初であり[37]、ウルクの王は同君連合的にウルを支配した[38]。

---

36 「そのとき、ラガシュの支配者エンメテナとウルクの支配者ルガルキニシェドゥドゥは兄弟となった（u$_4$-ba, en.me.te.na, énsi, lagaš^{ki}-ma, lugal-ki-ni-šè-du$_7$-du$_7$, énsi, unu^{ki}-bi, nam-šeš e-ak）」(RIME 1, 202)。ラガシュの碑文では、ウルクのルガルキギネドゥドゥをルガルキニシェドゥドゥと表記し、称号もルガルでなく、ラガシュの支配者の称号に合わせてエンシと書く。

37 ルガルキギネドゥドゥ: unu^{ki}-ga, nam-en, mu-ak-ke$_4$, uri$_5^{ki}$-ma, nam-lugal, mu-ak-ke$_4$ (RIME 1, 414, &415)。エンはウルクの伝統的な称号、ルガルを名乗るのはウルの伝統であろう。ルガルキサルシは、「ウルクの王、ウルの王（lugal unu^{ki}-ga-ke$_4$, lugal uri$_5^{ki}$-ma-ke$_4$）」を名乗る（RIME 1, 422）。この碑文では、父であるルガルキギネドゥドゥも「ウルクの王、ウルの王」と書かれる。ルガルキサルシの王号「ウルクの王、ウルの王」は、RIME 1, 423 にもある。

ラガシュ，ウル，ウルクの動向を追ったが，このように領邦都市国家は，遠交近攻策を駆使して競い合った。対立は，グエディンナのような，未だ領有が確定していない広大な地域の支配のほかに，たとえばラガシュがウルクからバドティビラやラルサを奪うような，領邦都市国家が他の領邦都市国家に服属する都市を奪って領域を拡大する動き，さらには，ウルクがウルを同君連合的に支配するように，別の領邦都市国家を傘下に組み込むこと，こうした領土的・政治的欲求が動機となっていた。

陸上での領土や覇権の争いのほかに，海の争いもあった（前田 1982）。ペルシア湾に接したラガシュとウルは，ディルムンとのペルシア湾交易の権益を巡って長く争っていた。ラガシュの行政経済文書は，商人がディルムン交易に従事した記録があり[39]，ディルムンとの深い関係は，ディルムンの妃からラガシュの妃への贈物の記録から知られる[40]。

「キシュの王」

前 2500 年ころからの 150 年間，その時々に有力になった領邦都市国家は，キシュ，ウル，ラガシュ，ウルクである。それぞれの隆盛期に王となったウルのメスアンネパダ，ラガシュのエアンナトゥム，ウルクのルガルキギネドゥドゥは，その優越した地位を「キシュの王」を名乗ることで示した。彼らが名乗る「キシュの王」をシュメール全土の宗主権者と解することが多いが，そうではない（前田 1981a, Maeda 1981, 前田 2003）。なぜなら，「キシュの王権」を与える神はイナンナ女神であり，領土や王権の正統性に係わる最高神エンリルでないからである[41]。イナンナ神が「キシュの王権」を授与するのは，

---

38 ウル出土の碑文にある商人のアヌズが「キシュの王ルガルキギネシェドゥドゥ，妃ニンバンダ，（その子）ルガルキサルシの生命のために奉納した」ことも，ウルクの王ルガルキギネドゥドゥの支配がウルに及んでいたことの証左となる（RIME 1, 418-419）。
39 初期王朝時代のラガシュの商人がディルムン交易に従事したことは，RTC 26 (E 1), VS 14, 30 (L 1), VS 14, 194 (L 1), VS 14, 38 (L 5), DP 518 (L 6), FLP 1648 (Westenholz 1977), YBC 12130 (L 6) (Foster 1997, 61-62) に記録されている。
40 「クルたるディルムンの王妃がラガシュの王妃に贈物をした (nin kur dilmun^{ki}-na-[ke$_4$], nin lagas^{ki}-[ra], šu e-na-tag$_4$)」(Marchesi 2011)。
41 ウルクのルガルキギンネドゥドゥは，ウルクの王権とともにウルの王権を与えられたことを記すほぼ同内容の a, b 二つの碑文のなかで，イナンナ神に捧げる (a) では，「キシュの王」ルガルキギンネドゥドゥと名乗り，エンリル神に奉納するとき (b) は，この王号を付していない。この比較から，「キシュの王」がイナンナ神と関係することは，疑えない。
 (a)「諸国の王であるアン神と，エアンナ（神殿）の女主イナンナ神のために：キシュの王ル

「ラガシュのエンシであるエアンナトゥムに，イナンナ神は彼を愛するが故に，ラガシュのエンシ権に加えて，キシュの王権を与えた。（その）エアンナトゥムに，エラムは恐怖に震え，異国エラムに退却した。キシュは恐怖に震え，アクシャクの王は彼の国に退却した。」(RIME 1, 145-149)
とあるように，敵対する相手を威圧する王個人の武勇を付与するためである。覇権を目指す王たちは，実効的であったかどうかは別にして，上流部の有力都市キシュにまで武威を示し得る優れた王であることを「キシュの王」を名乗ることで喧伝したが，それは領土的な全土の支配権を意味しないで，相並ぶ領邦都市国家の王のなかで一頭地を抜く武威に優れた王を示すのである[42]。

　　ガルキギンネドゥドゥ：イナンナ神が，ルガルキギンネドゥドゥにエン権に王権を加え，ウルクにおいてエン権を行使せしめ，ウルにおいて王権を行使せしめ，そして，イナンナ神がルガルキギンネドゥドゥに好意を持って呼びかけた。そのとき，ルガルキギンネドゥドゥは，彼（自身）の生命（の永らえることを願って），彼の女主イナンナ神に（この容器を）捧げた。」(RIME 1, 414-415)
(b)「諸国の王であるエンリル神のために：エンリル神がルガルキギンネドゥドゥに好意を持って呼びかけ，エン権に王権を加え，ウルクにおいてエン権を行使せしめ，ウルにおいて王権を行使せしめたとき，［後略］。」(RIME 1, 413-414)
42　ウンマの王，エンアカルレ，ウルルンマ，イル，ギシャキドゥは，王碑文において「ウンマの王」でなく，「すべての王（lugal ŠAR.DIŠ）」を名乗る。
　　ウルルンマ：ur-^{d}lum-ma, lugal ŠAR.DIŠ ⟨^{ki}⟩, dumu en-á-kal-le ŠAR.DIŠ ⟨^{ki}⟩ (RIME 1, 367, 368)
　　イル：il, lugal ŠAR.DIŠ ⟨^{ki}⟩, dumu é-an-da-mú, dumu-ka, en-á-kal-le, lugal ŠAR.DIŠ ⟨^{ki}⟩ (RIME 1, 369)
　　ギシャキドゥ：bára-ir-nun dam giš-šà-ki-du$_{10}$ lugal ŠAR.DIŠ ⟨^{ki}⟩-ka-ke$_4$
　　　　　　　　dumu ur-^{d}lum-ma lugal ŠAR.DIŠ ⟨^{ki}⟩-ka-ke$_4$
　　　　　　　　dumu-ka en-á-kal-le lugal ŠAR.DIŠ ⟨^{ki}⟩-ka-ke$_4$
　　　　　　　　é-gi$_4$-a il lugal ŠAR.DIŠ ⟨^{ki}⟩-ka-ke$_4$　　　(RIME 1, 371)。
近年，この時期のウンマの行政経済文書が公刊されるようになり，それによって，エンアカルレ，ウルルンマ，イルが，日常的には「すべての王」でなく「ウンマの支配者」を名乗ったことが確認できるようになった。
　　エンアカルレ：u$_4$-ba en-á-kal-le ensí GIŠ⟨.ÙḪ^{ki}⟩, 8 mu itu 10-lá-1 (Bauer 2012, no. 1)
　　　　「そのとき，ウンマのエンシはエンアカルレ，8年9月」
　　ウルルンマ：u$_4$-ba ur-^{d}lum-ma ensí GIŠ.ÙḪ^{ki}, —, 1 mu itu 2 (Bauer 2012, no. 2)
　　　　　　　ur-lum-ma énsi (CUNES 52-10-002: CUSAS 14, p. 5)
　　イル：il énsi umma^{ki} (CUNES 52-10-005/ 17-024, BDI I-1: Monaco, CUSAS 14, p. 5)
　　ギシャキドゥ：giš-šà-ki-du$_{10}$ énsi umma^{ki} (CUSAS 14, 120)
「すべての王」は，王碑文に何らかの意図を持って書き込まれた王号である。その意図を次のように考えることができる。
　ウンマの支配者は，多くの都市国家と同盟することでラガシュと戦えたのであるが，ウル，ウルク，ラガシュの支配者が覇権を目指して「キシュの王」を名乗ったことに対抗して，連携・連合する都市国家の上に立つ王を自認して「すべての王」を称したのであろう。それは，国境紛争をかかえるラガシュや他の都市国家に対する優位性を強調して，ウンマの王が最も有力であることを示すためであったはずである。しかし，ウンマの王が選んだ「すべての王」は実体が伴わず，ウンマ出自のルガルザゲシが「国土の王」を名乗ったように，王号「すべての王」は，継承されないで消滅した。

英雄格闘図

　領邦都市国家間の抗争のなかで特異な王号「キシュの王」が王の武威を示した。軍事能力が問われる時代だからであろう。軍事優位の時代を表す円筒印章の図柄を取り上げたい。都市国家が成立したウルク期の円筒印章で好まれたのは職業を描くことであった。都市国家分立期よりあとの統一国家期であるウル第三王朝時代には，神や王に謁見する図が定型的な表現として多用された。それに対して，領邦都市国家が対立するこの時期には英雄格闘図が好まれた。

　興味深いのは，支配者だけでなく，妃も英雄格闘図を採用することである。ウルの王墓の埋葬者中，最も古い世代である王妃プアビの円筒印章は饗宴図であったが（Collon 1987, no.521），そのあとの世代，第四世代のウルの王メスアンネパダの妃ニントゥルの円筒印章は英雄格闘図である。それよりも時期的にはあとになるが，ラガシュの支配者ルガルアンダの妃バラナムタルラの円筒印章も英雄格闘図である（Collon 1987, nos. 521, 523, 525）。

　饗宴図を意匠とするプアビの円筒印章が，上段にプアビと思われる女性を描いており，一目で女性が所有する円筒印章とわかる。それに対して，英雄格闘図を描く2人の妃の円筒印章には女性は描かれず，銘文がなければ，女性が所有する円筒印章と判断できない。この2人の妃の配偶者，メスアンネパダとルガルアンダの円筒印章も知られており（Collon 1987, nos. 522, 526），その意匠も英雄格闘図であり，妃の円筒印章と差異がない。時代は覇権を巡る都市国家間の争いが恒常的であった，そうした時代的雰囲気を妃の円筒印章は留めているのであろう。

　都市国家分立期の最後の時期における，領邦都市国家の成立と，その争いを見てきた。シュメールの場合，都市国家が一足飛びに領域国家に発展したのではない。領邦都市国家が成立する段階があり，これら領邦都市国家が，覇権を巡って相互に争い，その係争を経て，都市国家を超えたシュメール全土の支配を標榜する王が出現する新しい時代，領域国家期が到来することになる。

シュメールの都市国家的伝統：都市神に奉仕する王

　最後に，王碑文の記述に見られる一つの特徴を指摘したい。ラガシュは，ウンマとの戦争でアダブと同盟したのであるが，ラガシュの王碑文に，アダブと

共同して戦ったという記述はない[43]。この場合だけでなく、前3千年紀の王碑文は、同盟する王や国を明記しない。

王碑文に同盟者を明記しないのは、シュメール都市国家の特徴である都市と都市神と都市支配者の関係において、都市支配者が都市神に奉仕することを第一の責務とすることと関連すると思われる。つまり、都市国家を保全するために戦うとき、ほかの都市国家の支配者の援助を受けることは、自らの都市の都市神に対する義務を十全に果たしたことにならないと観念されたことで、同盟者を明示しなかった。そのように捉えることができ、都市国家的伝統のなかでの都市・都市神・都市支配者の位置付けが深く関係している。

---

43 ラガシュとアダブの同盟は、ラガシュに友好的なキシュの王メシリムの碑文が、アダブとラガシュから出土し、それによって、アダブ、ラガシュ、キシュの同盟関係が想定されること。さらに、時代が下ったラガシュのルガアンダ治世の行政経済文書に、ラガシュの王妃とアダブの王妃との間での相互の贈答記録(RTC 19)があること、こうした史料から裏付けられる。
　Curchinは、エアンナトゥムが、彼の別名(mu-gir-gir)であるルムマ(Lum-ma)でもって、アダブとシュルッパクを支配したと考える(Curchin 1977)。しかし、ラガシュが伝統的に友好関係にあったアダブを直接支配したことは検証できないし、ラガシュとアダブの友好関係は、その後のルガルアンダ治世でも確認されるので、彼の説を採用することはできない。

第3章
領域国家期

1 エンシャクシュアンナと領邦都市国家

領域国家の成立

　都市国家分立期の最終段階に，領邦都市国家が覇権を争い，その争いのなかから，ラガシュやウルを退け，ウルクが主導的立場を確立し，領域国家への道を開いた。領域国家の指標となる王号の一つは，「国土の王」であり，エンシャクシュアンナが最初に名乗り，同じくウルクの王ルガルザゲシが継承した。指標となる二つ目の王号が，アッカド王朝の初期3代の王，サルゴン，リムシュ，マニシュトゥシュが名乗った「全土の王」である（表3，11頁）。

　領域国家は，地上における唯一の王という新しい王権理念のもとに成立した国家であり[44]，新しい時代の到来である（前田1996，前田2003a）。領域国家期の王は，都市国家を超えた支配地域を，「下の海（ペルシア湾）から，ティグリス・ユーフラテス川，そして上の海（地中海）まで」（ルガルザゲシ）や[45]，「上の海から下の海まで」（サルゴン，リムシュ）の中心地域と表現する[46]。

　領域国家の王が目指した中心地域支配のよって立つ彼らの世界観を見ておき

44　唯一の王を示す表現は，ルガルザゲシの碑文にある「日出るところより日没するところまで，エンリル神は対抗する者を与えなかった（唯一の王とした）(utu-è-ta, utu-šé-šè, [^{d}e]n-líl-le, [gaba š]u-gar, nu-mu-ni-tuk.)」(RIME 1, 436) が初出であろう。領域国家期の王の例では，サルゴン：「エンリル神は敵対者を与えない（唯一の王とした）(^{d}er-líl-le, lú gaba-ru, nu-mu-ni-tuk)」(RIME 2, 29)，リムシュ：「エンリル神が敵対者を与えない（唯一の王とした）(šu ^{d}en-líl, ma-ḫi-ra, la i-di-šum$_6$)」(RIME 2, 45) がある。以後，ナラムシンなど統一国家期の王も使用する。

45　RIME 1, 436: a-ab-ba, sig-ta-ta, idigna, buranun-bi, a-ab-ba, igi-nim-ma-šè, gìr-bi si e-na-sá.

46　サルゴン：「上の海から下の海までエンリル神が与えた (a-ab-ba, igi-nim-ma-ta, a-ab-ba sig-sig-šè, ^{d}en-líl-le, [mu-na-sum])」(RIME 2, 11)。リムシュ：「上の海から下の海まで，それにすべての山をエンリル神のために保持した (ti-a-am-tám, a-lí-tám, ù ša-pil$_5$-tám, ù ŠA.DU-e, kà-la-sú-nu-ma, a-na, ^{d}en-líl, u-kà-al)」(RIME 2, 59)。

たい（前田 2003）。シュメール人は，天の神々の世界に対比されるのが地上の人間世界と見た。アン神が支配する神々の世界である天に対して，地上の人間世界の最高神はエンリルである。エンリル神は「諸国の王（lugal-kur-kur-ra）」と表現された。

「諸国の王」の諸国は，kur の複数形 kur-kur で表現される。kur は，字義的には「山」であり，地上世界の中心文明地域と非文明的な周辺地域の二分法では，野蛮な周辺地域や不毛な大地を意味する。エンリル神が統べる地上の人間世界を示すために，kur を使い，中心文明地域を意味する国土（kalam）でないことは，一見矛盾する。

地上世界を kur-kur と表現したのは，地上世界を二分する中心文明と野蛮な周辺でなく，別の二分法，人間世界を天上の神々の世界との対比で捉えたからである。完全・不滅である神々の天上世界に対して，エンリル神が最高神である地上世界は本来的に死すべき人間の不完全な世界である。それを kur（-kur）と表現した。最高神エンリルのもとで，領域国家の王の責務は，特別な世界（国土〔kalam〕）と意識された中心文明地域の統合を図ることであった。

中心文明地域の統合を図る領域国家が成立すると，従来，覇を競うにしても対等な存在であった領邦都市国家は，領域国家の王に服属する都市になった。そのことを示すのが，王号ルガル（lugal）とエンシ（énsi）の格差である。都市国家分立期において都市国家の支配者号として対等であったルガルとエンシが，領域国家期になると，ルガルがシュメール全土を支配する王の称号になり，エンシはルガルの下位に置かれ，画一的に，王（ルガル）に従属する各都市の支配者の称号になった。

年名の創始

エンシャクシュアンナは「国土の王」を名乗るとともに，それに付随して，年名を創始した。年名とは，古代メソポタミアに特有の年の数え方であり，王の功業によって年を示す方法である。彼の年名として，「エンシャクシュアンナがキシュを占領した年」，その別表現である「ウルクの人（＝エンシャクシュアンナ）がキシュを占領した年」や，「エンシャクシュアンナがアッカド（？）を武器で打ち倒した年」がある（Westenholz 1975a, 115）。彼以前に使用例は

なく，都市国家分立期から転換した領域国家期に年名の使用が始まった。

エンシャクシュアンナが創始した年名は，前2千年紀のハンムラビ時代まで，恒常的に使われた。ただし，領域国家期と統一国家期では，次に示すように使用する都市に差異がある（Maeda 1984）。

都市国家分立期　　年名の使用例なし
領域国家期　　　　ニップルにおいてのみ使用
統一国家期　　　　支配下の諸都市において使用

領域国家期の王，ウルクの王エンシャクシュアンナとルガルザゲシ，それにアッカド王朝の王サルゴンとリムシュは，年名をエンリル神が祭られるニップルにおいてのみ使用し[47]，支配下諸都市の行政経済文書に使用が確認できない。たとえば，ルガルザゲシは，王都をウルクに移して「国土の王」となったが，もとは，ウンマの支配者であった。そのウンマ（正確にはその支配下にあったザバラム）出土の行政経済文書では，「ルガルザゲシ，支配者，7年」のように治世年の表示であり（Powell 1978），年名を使わない。

次の統一国家期になると，ナラムシンの年名は，ニップルに限定されないで，支配下諸都市の粘土板文書に書き込まれるようになった。ナラムシンは，支配の証として支配する諸都市に年名を強制した。

エンシャクシュアンナが年名を創始した意図は，ニップルにおいてのみ使用したことから理解できる。つまり，ニップルに座すエンリル神から地上の支配

47　エンシャクシュアンナ：「エンシャクシュアンナがキシュを占領（征服）した年（mu en-šà-kuš- an ⟨-na⟩ kiš^{ki} ab-da-tuš-a）」（Westenholz 1975b, no. 158: Nippur）。
　「ウルクの人（エンシャクシュアンナ）がキシュを占領（征服）した年（mu lú unu^{ki} kiš^{ki}-da i-da-tuš-a）」（Westenholz 1975a, no. 101: Nippur）。
　「エンシャクシュアンナがアッカドを武器で打ち倒した年（mu en-š[à-kúš-an-na] ag-[g]a-dè[^{ki}] àga-kára bí-sè-[g]a）」（Westenholz 1975b, no. 81）。
　ルガルザゲシ：「ルガルザゲシが王権を受領した年（mu lugal-zà-g[e-si] nam-[lugal] šu ba-ti）」（Westenholz 1975b, no. 82: Nippur）。
　サルゴン：「サルゴンがウルアを征服した年（mu šar-um-GI-né URUxA^{ki} mu-ḫul-a）」（Westenholz 1975b, no. 181: Nippur）。
　「サルゴンがエラムを征服した年（mu šar-um-gi-né NIM^{ki} mu-ḫul-a）」（Westenholz 1975b, no. 85: Nippur）。
　「サルゴンがシムルムに遠征した年（mu šar-um-gi ši-mur-um^{ki}-šè i-gin-na-a）」（Westenholz 1975b, no. 151: Nippur）。
　「（サルゴンが）マリを征服した年（mu ma-ri^{ki} ḫul-a）」（Westenholz 1975a, no. 102: Nippur）。
　リムシュ：「アダブを征服した年（mu adab^{ki} ḫul-a）」（Westenholz 1975a, no. 76: Nippur）。ただし，これをルガルザゲシの年名とする場合がある（Sallaberger & Schrakamp 2015, 42）。

権を与えられたことで，その支配を十全に遂行していることを，ニップルに主神殿が建つエンリル神に報告する一つの方式として編み出したのである。年名に取り上げられるのが，王の功業だけであり，天変地異などがないのは，こうしたエンリル神への報告という性格に由来する。

　領域国家期の指標となる「国土の王」を初めて名乗り，年名を創始したことで，エンシャクシュアンナの登位は初期メソポタミア史において一つの画期であるが，従来，あまり注目されてこなかった。その要因としては，ジェイコブセンが校訂した『シュメールの王名表』に基づいて，エンシャクシュアンナをルガルキギンネドゥドゥの前に置き，早い時期の王としたことが考えられる。それだけでなく，研究者の関心がシュメール人とアッカド人の民族対立や王朝交代に向けられることで，サルゴンがシュメール諸都市を制覇してアッカド王朝を創始したことが画期とされ，それ以前の初期王朝時代における王権や国家の展開を留意しなかったことにも起因すると思われる。

エンシャクシュアンナと六国同盟

　エンシャクシュアンナは，キシュを征服したことを年名にも碑文にも記すが，そのほかの領邦都市国家の支配については，年名や王碑文で何も語らない。エンシャクシュアンナと領邦都市国家の関係は，シュルパックから出土した文書（現在の地名からファラ文書と呼ばれる）から理解される[48]。

　ファラ文書には，エンギ市に兵士を派遣する諸都市の記録がある[49]。派遣するのは，ウルク，アダブ，ニップル，ラガシュ，シュルッパク，ウンマであり，

48　ファラ文書の年代は，通説ではエンシャクシュアンナ治世よりはるか以前の初期王朝時代第2期や第3期aとされている。しかし，地名を示す限定詞kiが書かれる正書法からして，ラガシュのエアンナトゥムやウルのメスアンネパダ治世以前でなく，それ以降である。つまり，エンシャクシュアンナが活躍する時期を含む時代の文書である。

49　WF 92「182人のウルクの兵士，192人のアダブ（の兵士），94人のニップル（の兵士），60人のラガシュ（の兵士），56人のシュルッパク（の兵士），86人のウンマ（の兵士），編成済みのエンギ（en-gi^{ki}）に行く（兵士）（lú dab$_5$-dab$_5$-ba, en-gi^{ki}, du-du, šu-sum）。合計670人の兵士，（義務に）服する者（lú dab$_5$-dab$_5$）」。

　WF 94「140（102 ? ）人のウルクの兵士，（義務に）服する者（lú-dab$_5$），215人のアダブ（の兵士），74人のニップル（の兵士），110（65 ? ）人のラガシュ（の兵士），66人のシュルッパク（の兵士），128人のウンマ（の兵士），総計650人の兵士，エンギ（en-gi^{ki}）において（義務に）服する者」。

　編成済み（šu-sum），義務に服する者（lú dab$_5$/ lú dab$_5$-dab$_5$-ba）は，確定した解釈ではない（Visicato 1995）。

すべて領邦都市国家である。筆者はそれを六国同盟と呼ぶ[50]。領邦都市国家に従属し，下位に甘んじた都市国家について，ファラ文書には次のような記録がある。

「1 キニドゥ（人名），アダブのマシュキム，1 クリカラム（人名），ケシュのマシュキム，1 ミムド（人名），カルカルのマシュキム」（WF 103）[51]

文書にあるマシュキム（maškim）とは何らかの監察を行う役職であり，マシュキムとして記された者は，アダブ，ケシュ，カルカルから派遣されてシュルッパクで任務に就くのか，もしくは，シュルッパクの役人で，アダブなど別の都市に関わる事務を監察する者の意味になると思えるが，詳細は不明である。

50　別にイスタンブールに所蔵される2枚の文書（Visicato1995, 64-65: nos. 201, 202）が，キエンギとは明示しないが，同様の兵士派遣を記録する。
　　no. 201：「[　ウルク]，704　アダブ，528　ニップル，440　ラガシュ，[　ウ]ンマ」。
　　no. 202：「1,502 人の兵士，25 人隊長，ウルク，787 人＜兵士＞，10 [+3 ?] 隊長，ニップル，660 人の兵士，11 人隊長，アダブ，480 人＜の兵士＞，8 人隊長，ラガシュ，180 人の兵士，8 人隊長，ウンマ，10 人の木工（nagar），10 人の鍛冶（simug），6 人の皮鞣工（ašgab），シュルッパク，[　]建築師（šitim），[　]葦ゴザ編み（ad-KID）」。
　　これら4文書に記された兵員数を表にすれば，次のようになる。

	Uruk	Adad	Nibru	Lagaš	Šuruppak	Umma	šu.nẃgin
WF 92	182	192	94	60	56	86	670
WF 94	102（140）	215	74	65（110）	66	128	650
no.201	[　]	704	528	440		[　]	
no.202	1,502	660	787	480		480	
	ugula 25	ugula 11	ugula 10+	ugula 8	*	ugula 8	

　WF 94 に記録された各都市国家から派遣された兵士数と合計数は一致しない。このことについてコメントしたことがある（前田 1981 16 n.31）。「Fara III（=WF）94 文書において，ダイメルはウルクからの兵士の数を140，ラガシュのそれを110と手写している。しかし，この数値であれば合計の650に一致しない。ダイメルは10の記号と1の記号を誤写したのであろう。このように考えれば，ウルクの人員数は102，ラガシュのそれは65となり合計に一致する」。
　しかし，この推定は間違いであった。WF 94 の写真が公表され，ダイメルの手写が正確であることが確認される（Nissen et al 1993, 122）。ダイメルの手写が正確であったとしても，ウルクの人員数102，ラガシュの65が，この文書が意図する数値であり，シュルッパクの書記が誤記した可能性は残される。
　軍団編成は，no. 202 によれば，1 人の隊長のもとに60人が編成されていた考えられる。
　職人の職務内容に関係して，no. 202 の文書に記されるナガルが，通常，「大工」，もしくは「指物師」と訳されることについて述べたい。初期王朝時代のラガシュ文書によれば，ナガルに，犁耕用犁と播種用犁の木製刃が直営地耕作人から戻されている（TSA 27）。戻された時期は，農作業としての犁耕や播種が終わる頃であり，農作業で破損した犁の修理のためであろう。ナガルのために，木製の犁刃が工房の倉庫に納められた記録もある（DP 487）。ナガルは農具に関係した職種であり，家を建てる「大工」や，小物を作る「指物師」でなく，「木工」と訳せる。

51　ダイメルの翻字では ^{d}IM とあって，IM^{ki} ではないが，IM（karkar）^{ki} に採っておく。

注目すべきは，この文書に記されたケシュとカルカルは，兵士を派遣する六国から除外されていることである。ケシュとカルカルはこの文書の筆頭に記されたアダブに従属し，兵士を派遣することがなかった，もしくは，派遣されるとしても，アダブの兵士のなかで数えられることになったと考えられる。

「キエンギのエン」

　ファラ文書に記録された六国同盟とエンシャクシュアンナの関係は，彼が名乗る王号「キエンギのエン，国土の王」から知られる。一般的に言って領域国家期以降の王号の形式は，ルガルザゲシの王号「ウルクの王，国土の王」や，ナラムシンの王号「アッカドの王，四方世界の王」のように，王都である都市と支配すべき領域の広がりを表現する王号が一組になる。したがって，エンシャクシュアンナは，「ウルクの王，国土の王」を名乗るべきであろうが，ウルクの王に代えて「キエンギのエン」を名乗る（RIME 1, 430; 432）。エン（en）はウルク特有の王号であり，ルガル（王）に代えて名乗ったとしても問題はない[52]。問題は，王号に支配の中心としてのウルクでなく，キエンギ（ki-en-gi）を挙げることである。

　キエンギについては，ウル第三王朝の初代ウルナンムが王号に「シュメール（ki-en-gi）とアッカド（ki-uri）の王」を採用したように，アッカド（地方／人）に対するシュメール（地方／人）の意味でも使用できる。そのことで，エンシャクシュアンナが使用した「キエンギのエン」を，「シュメールの君侯」と解釈する場合がある。しかし，キエンギでもってアッカドに対するシュメール地方を表現するのは，この時期よりもあとのアッカド王朝のナラムシンの治世になって，中心文明地域はニップルより上流部であるアッカド（ki-uri）地方と下流部であるシュメール（ki-en-gi）地方の二つの地方から成るという地理観が生まれて可能になる（前田 2003）。それ以前に在位したエンシャクシュアンナが使用するキエンギに，アッカドに対するシュメールという地域・民族呼称を認めることはできない。さらに，エンシャクシュアンナが「シュメールの

52　エンシャクシュアンナを「ウルクの王」と明記する王碑文は存在しない。しかし，ニップル出土の行政経済文書に記された年名「ウルクの人がキシュ市を占領した年」が「エンシャクシュアンナがキシュ市を占領した年」の別形であると認められることから（Westenholz 1975, 115），エンシャクシュアンナがウルクの王であることに疑いない。

君侯，国土の王」と連称したとすれば，ともに支配領域の広がりを示し，必要な中心都市を示さないことになり，王号の形式として合わない。

エンシャクシュアンナが，支配の中心を示すのに，王都ウルクでなく，キエンギを挙げたのは，エンギ市に集う六国同盟に関連すると考えることができる。エンギ市の位置はわかっていないが，兵士への食料支給などを記録するシュルパック近くに位置したことは確かであろう[53]。兵士を派遣する地としてエンギが選ばれた理由は不明である。対キシュ戦争の前線基地と仮定しても，エンギはニップルより下流部に位置するので，前線より離れすぎており相応しくない。ただ，六国の範囲，北のニップル，南のウルク，東のラガシュの範囲を想定すれば，シュルッパック近郊のエンギはちょうど中心的な位置になる。それがこの地を選んだ理由かもしれない。

さて，エンシャクシュアンナの王号「キエンギのエン」の意味であるが，シュメール語には，「ウルクの地（ki-unu^{ki}）」や「ラガシュの地（ki-lagaš^{ki}）」という表現がある。それらは各々，ウルク市の全域，ラガシュ市の全域を示す用語と考えられている（Yoshikawa 1985）。こうした表現を参照すれば，キエンギとは「エンギ（en-gi）の地（ki）」の意味に取ることができ，「エンギの地において（六国同盟の盟主たる）エン」と解釈される。つまり，エンシャクシュアンナが六国同盟を主導したことで，領邦都市国家が会盟するエンギが中心と見なされ，「キエンギのエン」を名乗ったのである。

エンシャクシュアンナが，統治の中心地を示すのに，ウルクでなく，「エンギの地において（六国同盟の盟主たる）エン」で示したことは，支配の基盤を六つの領邦都市国家に置くことの宣言になる。エンシャクシュアンナが成し遂げた都市国家分立期から領域国家期への移行は，中国において秦が対抗する諸国を各個撃破して中央集権的な統一国家を造り出した過程とは大いに異なり，エンシャクシュアンナは領邦都市国家を基礎にした支配体制を築いた。

服属した領邦都市国家の側から見れば，都市国家的伝統を誇り独自性を堅持する領邦都市国家は存続できた。エンシャクシュアンナは，有力な領邦都市国家が並存する状態の固定化に力を貸したのであり，エンシャクシュアンナに始

53　エンギをウルに近くEngi（IM^{ki}）に同定する説もあるが（RGTC 1, 78），採れない。

まる領域国家は、全土の支配を目指しながらも、当初から分権的傾向を内包して出発したことになる。エンシャクシュアンナは、有力な領邦都市国家を解体するのでなく、むしろ領邦都市国家が周辺の都市国家も服属させ地域支配を果たしていた、その特権的な地位を保証して、連合体を形成した。

領邦都市国家は、領域国家期はもとより、統一国家期になっても王権に対抗する勢力として持続した。都市国家的伝統を担う領邦都市国家の存在が、中央集権体制を阻止する要因になっている。

六国同盟の盟主

述べてきたように、筆者は、ファラ文書に記録される六国同盟を、ウルクの王エンシャクシュアンナのもとで結成され、対キシュの戦争が当面の目的であったと考えるのであるが、ポンポニオとヴィシカトは、この六国同盟を、キシュが後ろ盾となって成立し、それに敵対したのがウルと捉えた (Pomponio & Visicato 1994)。六国同盟の時代を、エンシャクシュアンナよりも前、ウルのメスアンネパダなどが在位した時期と考えての解釈である。しかし、ファラ文書は、正書法から見てもそのあとの時期のものであることは確かであり、ポンポニオらの時代設定には従えない。領邦都市国家間の争いから見ても、キシュの位置付けが筆者とまったく異なることは看過できない。

彼らが述べるように、ウルが兵を派遣した記録はない。それはウルが敵であったからでなく、ウルクの王ルガルキギネドゥドゥによって同君連合的に支配されて以降、ウルはウルクの支配下にあったからである。エンシャクシュアンナ治下では、ウルは単独で軍を派遣することができなかった。

逆に、ポムポニオらのように、この同盟をウルのメスアンネパダ治世頃とすれば、ラガシュとウンマとのグエディンナを巡る長く続いた国境争いが、最も激化していた時期であり、ラガシュとウンマが共同して兵士を派遣できたとは思えない。派遣できるのは、ラガシュのエンメテナとウンマのイルとの間で結ばれた協約によって戦闘が終結したあとであり、その期間は、紛争が再発したルガルザゲシのラガシュ侵入までに限定される。つまり、エンシャクシュアンナ期に相応しい。

ポンポニオとヴィシカトがキシュを盟主と理解することは、ファラ文書に多

く記されるキシュの人やキシュに行く人への食料支給記録が根拠である。しかし、そうした判断はできない。キシュからの騎乗伝令への食料支給は、ファラ文書だけでなく、近年公刊された初期王朝時代のウンマ文書にも記録されている[54]。ウンマ文書に記録された食料支給は、ウル第三王朝時代のウンマが、ラガシュやウルサグリグとともに、王の伝令などの旅行用に食料を補給する駅亭の役割を担ったように、キシュからウルクに向かう、もしくはウルクからキシュに向かう使節や伝令のためと考えられる。初期王朝時代のウンマ文書がキシュに言及するのはこうした性格と捉えられるので、ファラ文書にキシュの人やキシュに行くことが記録されるのも、ウルクを盟主とする六国同盟とキシュの外交が活発であったことを示すものと解することもできる。したがって、この記載を根拠に、六国同盟をキシュの宗主権のもとに成立した同盟と捉えるポムポニオ・ヴィシカトには従えない。

都市破壊記事

エンシャクシュアンナが記すキシュの征服は、一見、何の変哲もない記事に見えるが、王碑文においては前例を破る記述である。同盟した都市を碑文に書かないことを先に指摘したが、エンシャクシュアンナ以前の王碑文では、シュメール諸都市の征服・破壊を記さないことも、特徴の一つである。有力な領邦都市国家が互いに争う時代、当然、敵の都市を征服・破壊したことがあったはずであるが、それを直接表現することなく、敵との戦いは、定型的に敵の王とその兵士を「武器で打ち倒した」と表現した。

王碑文にシュメール都市の破壊を書かないのは、同盟する都市国家を碑文に挙げないのが都市神に対する奉仕義務を十全に果たすことに反する記述になるからであったのと同様に、敬神の理念から発し、都市神に愛でられた都市を破壊することは都市神に対する冒瀆、罪と観念されたからである[55]。したがって、中心文明地域でなく、神の加護を受けない周辺異民族と見なされたエラムなど

---

54 キシュの人 (lú kiš^{ki}) への支給：CUSAS 14, 198; 279 (kiš^{＜ki＞})。キシュの騎乗伝令 (lú-u₅ kiš^{ki})：CUSAS 14, 119; 162; 237。キシュに行く者：CUSAS 14, 240「牛の飼料の大麦、キシュに行く大書記の旅用 (še gu₄ kú dub-sar-maḫ, kaskal-šè DU kiš^{＜ki＞}gin-na)」。
55 神殿破壊を神に対する罪と明示するのがウルカギナの呪詛碑文である (RIME 1, 129)。
「ウンマの人 (ルガルザゲシ) は、ラガシュを破壊したことで、(ラガシュの都市神)ニンギルスに罪を犯した。彼に向かって振り挙げられた手を切断するように。ギルスの

の征服・破壊記事は碑文に明示される。

　慣例が破られたことで，これ以降の王碑文には，シュメール・アッカドの都市の征服・破壊記事が散見されるようになる。シュメール都市の征服を書くことが忌避された時代から，王碑文に書くことが可能になった時代への変化は，次のように推察される。

　領邦都市国家の伝統的を誇るシュメールの有力都市も，唯一の王である国土の王の下位に置かれたことで，国土の王に敵対することは，エンリル神が定めた秩序の破壊者と見なされることになる。都市国家が分立する時期の王権理念とは異なる王と神の関係が生まれたことで，ひとたび神々の秩序を攪乱する国があれば，それを征服することは，領域国家の王にとって罪でなく，むしろ責務になり，王碑文に功業として書くことが可能になった。エンシャクシュアンナが，「神々が命じたとき，キシュを征服した」（RIME 1, 430）と，王の恣意でなく，神々の命令であることを強調し，キシュの戦利品をエンリル神に捧げるのも，王としての責務を十分に果たした証の意味があったと考えられる。

キシュとウルクの対立構図

　エンシャクシュアンナは，前例を破った新規な記述，キシュの破壊／征服を王碑文に記した。そうしなければならなかった理由があった。それは，都市国家分立期の最後の時期に有力な都市国家の王が「キシュの王」を名乗ったように，キシュという都市国家の特殊性，つまり，伝統的権威としてのキシュの存在を，エンシャクシュアンナは無視できなかったからである。キシュはアクシャクの支配に服することで，実勢としては弱体化していたが，エンシャク

　　　支配者ウルカギナに罪はない。ウンマの支配者ルガルザゲシに，彼の神（個人神）ニサバがその罪を負わせますように。」
　この碑文は，呪詛すべき相手のウルクの王ルガルザゲシが，いかに神を恐れぬ非道な王であるかという強烈な印象を与えるために，ルガルザゲシがやってのけたタブーの最たる神殿の破壊を，「ガトゥムドゥ神殿に火が放たれた。その（神殿の）銀とラピスラズリが略奪された。その（神殿の内陣に納められていた人間の祈願）像が破壊された」のように表現し，同一パターンの記述を約20列挙する特異な碑文である。この呪詛碑文には，像を伴わないで神の名だけを記すところが一ヵ所ある。「アマゲシュティン神（の像）から銀とラピスラズリを剝ぎ取り，その（神像）を井戸に打ち捨てた」（RIME 1, 278）である。この訳文はゼルツやシュタイブルの解釈に従った。別の解釈として，神像の放擲でなく，「アマゲシュティン神（所有の）銀とラピスラズリを奪い，それら（銀とラピスラズリ）を井戸に投げ捨てた」がある。しかし，ルガルザゲシの悪逆非道ぶりを記す呪詛碑文であるので，ゼルツやシュタイブルのように，神像の破壊を厭わないルガルザゲシの行為として神像を井戸に捨て去ったと解釈すべきであろう。

シュアンナが目指すウルク中心の領域国家形成には，キシュの王権に象徴される伝統的権威を奪うことが不可欠であった。それを実行したのであり，キシュを征服し，キシュの王を捕虜にしたことで唯一の王となり，「国土の王」を名乗ることができた。年名も，この画期となる誇るべき事績を顕彰するために創始されたと考えることができる。

エンシャクシュアンナがそうであったように，領域国家期には，地上における唯一の王権の正当性を巡って，キシュとウルクの対立構図が機能した（前田2007）。当然に，領域国家期の王であるアッカドのサルゴンが抱く王権観をも規定した。それについては，当該箇所で述べることにする。

キシュについて，さらに述べたい。ラガシュのエアンナトゥムの碑文によれば，キシュは，アクシャクの影響下に置かれていた。「エラムは恐れおののき，エラムはその故国に戻った。キシュは恐れおののき，アクシャクの王はその国に退却した」のように，アクシャクの王に従ってラガシュに侵攻したキシュの姿がある。エアンナトゥムの碑文は，もう1ヵ所，キシュに言及する。

「ラガシュの支配者エアンナトゥムは，ニンギルス神の異国征服者（kur-gú-gar-gar）であるが，彼は，エラムドゥン（スサ），ウルアをアスフル川において武器で打ち倒した。キシュ，アクシャク，マリをニンギルス神の（聖域）アンタスルラにおいて，武器で打ち倒した。」（RIME 1, 148）

ここに挙がるのは，エアンナトゥムが異国征服者として打ち倒した諸都市である。したがって，領邦都市国家ウンマ，ウルク，ウルの撃破をここに記さない。エラム勢力は東方の周辺地域にあるので，「異国征服者」エアンナトゥムが撃破する異民族と括っても不自然ではない。マリも遠隔地の都市であり，アクシャクもティグリス川沿いにあるとされており，文明を担う中核と意識されたシュメールの領邦都市国家からは外れた都市であるので，異国と括る可能性はある。問題は，領邦都市国家の一つキシュをここに加えて書くことである。

エアンアトゥムがここに書く理由は，領邦都市国家であるキシュが，異国であるアクシャクの支配を受けた異常な状態にあることを示すためであろう。この推定が正しいならば，エアンナトゥムは，異国に支配されたキシュを，都市国家的伝統を堅持する領邦都市国家本来の姿に戻すことが必要であり，それができるほどの偉大な王の意味で「キシュの王」を使ったとも考えられる。

エンシャクシュアンナも、キシュを征服したと記す碑文で、エアンナトゥムと同様にアクシャクに言及する。それは、キシュの王エンビイシュタルを捕虜にしたことを記したあとに書かれているが、欠損があり、解釈は定まらない[56]。しかし、エンシャクシュアンナ治世においても、キシュがアクシャクの勢力下にある状況は想定できそうである。

そうであるならば、中心文明地域全土を支配する王が王都であるウルクを称揚するために、ウルクとキシュの対立構図からキシュの伝統的権威の否定を目指して行ったのがキシュの征服と捉えることに加えて、領邦都市国家の一つキシュから、アッカド語のエンビイシュタルという名の王を排除し、「国土の王」のもとで、キシュをシュメールの領邦都市国家連合の一員に組み込むための遠征であったとも考えることができる。

エンシャクシュアンナにキシュを八つの領邦都市国家に戻すという意図があったとしても、サルゴンが新興都市アッカドをキシュの正当な後継者と位置付けたことで、キシュは、他の領邦都市国家とは異なる道を歩むことになる。

2　ルガルザゲシと領邦都市国家

ルガルザゲシの王権授与碑文

エンシャクシュアンナのあとに「国土の王」を名乗ったのがルガルザゲシである。ルガルザゲシの父はウンマの支配者ウウであり、父の地位を継承してウンマの支配者になり、その後に拠点をウルクに移して、「ウルクの王、国土の王」になった。ウルクがシュメールを統一するに相応しい第一の都市と考えられたからであろう。ウルクの優越した地位は、都市国家分立期において競合する領邦都市国家の争いのなかで築かれた。ルガルザゲシの治績を述べる前にその点を明らかにしておきたい。

ウルクの王は、ニップルに神殿がある最高神エンリルの活用によって優越した地位の獲得を図った。彼らの前にラガシュのエンメテナがエンリル神を活用した。エンメテナは「キシュの王」を名乗らず、それに代わるように、最高神

56　「アクシャクの人がキシュの人に対して、征服した都市を［　　］(lú akšak^{ki}-ka-ke₄, lú kiš^{ki}-ka-ke₄, uru na-ga-ḫul-a, []-ga, [　　]-ne, [　　])」(RIME 1, 430)。

エンリル神がラガシュの市民の中からエンメテナを選び王権を授与したことを強調する[57]。エアンナトゥムも王杖を付与されるが，与えたのは最高神エンリルでなく，ラガシュの都市神ニンギルスであった（RIME 159）。それに対して，エンメテナは，王権の正統性を，都市神でなく，最高神エンリル神からの授与に求めた。

エンメテナは，王権の正統性をエンリル神に求め，それを確実にするために，ラガシュにエンリル神のためにエアッダ（é-ad-da「（神々の）父の神殿」）を建立し，耕地を寄進した[58]。この時期，エンリル神殿をニップル以外の都市に建てることは，エンメテナ以外に例がないと思われる。こうしたエンメテナの行為は，都市国家の枠を超えようとする新奇／新規な試みと捉えることができる[59]。

エンリル神重視は，ラガシュの王エンメテナのあと，ウルクの諸王に継承される。ニップルからは，ウルクの王ルガルキギネドゥドゥとその子ルガルキサルシ，さらに領域国家期のウルクの王エンシャクシュアンナとルガルザゲシがエンリル神に捧げた王碑文が出土した。同時代のシュメール都市の支配者でニップルのエンリル神への奉納碑文を残すのは，これらウルクの王のほかにはラガシュのエンメテナだけである。ニップル進出は都市国家の王の権威を高めることの象徴になっていたのであろう。

---

57 「（エンリル神が）3,600人の中から，彼の手を取ったとき，運命を定める大いなる［王］杖を，エンリル神はニップルからエンメテナに与えた」(RIME 1, 222)。
58 「25（ブル）の耕地，エンアンナトゥム1世がナンシェ神の境界として献上した（耕地）。11（ブル）の耕地，イムカジジシェの耕地，ニナ市区のアムバル耕地にあって，パク運河に接した耕地。60（ブル）の耕地，グエディンナ耕地にある（新たに設定した）エンリル神の耕地。（計96ブル［約610ヘクタール］の耕地を）ラガシュの支配者エンメテナは，エアッダ神殿のエンリル神のために区切り設定した (25 [bùr] gán en-an-na-túm sur ^{d}nanše e-ta-e$_{11}$, 11 [bùr] gán IM.KA-zi/zi.ŠÈ, gán ambar-nina^{ki}-ka, pa$_5$-kù-ge ús-sa, 60 [bùr] gán ^{d}en-lil, gán gú-edin-na-na-ka, en-me.te-na, énsi, lagas^{ki}-ke$_4$, ^{d}en-lil, é ad-da-ka-ra, gír e-na-dù)」(RIME 1, 221-222)。
ナンシェ神のために設定されていた耕地とアバル耕地にあった分と，新たに設定した60ブルの耕地がエアッダ神殿への寄進地である。
59 前例に囚われない時代を拓くエンメテナの新規性は，彼の回顧碑文にも見られる。ウルナンシェ朝のラガシュは，戦争を詳細に記す碑文を多く残すことで，ほかの都市国家と異なる。戦争の詳細といっても初代ウルナンシェは，敵の支配者や将軍を捕虜にしたことなど，勝利の側面を強調して描いた。第3代エアンナトゥムの「禿鷹碑文」も戦勝を記念するものであるが，ウルナンシェの碑文にはなかった戦争の正当性を主張することを主眼として書かれた。彼は，戦争の原因をウンマが聖なる協約を破って国境を越えたことに求め，非はあくまでもウンマにあることを表現するために，1) 正当な境界の設定（協約），2) ウンマの違反とラガシュへの侵犯（違反と侵犯），3) 侵入したウンマの撃破（侵入者の撃破）と正当な協約への復帰である境界石を元の場所に戻すこと，この3段階で記述した。とりわけ，メシリムの境界石を元に戻

王碑文でなく，ニップル出土の行政経済文書を見ると，そこには，ウルクの王であるルガルキサルシが記され[60]，エンシャクシュアンナ，ルガルザゲシ，それにアッカド王朝のサルゴンの年名が書き込まれた。彼らが順次ニップルを支配した。ただし，ルガルキサルシの父ルガルキギネドゥドゥの名は見出せない。それは偶然でなく，ウルク強大化の第一歩を踏み出したルガルキギネドゥドゥであるが，未だニップルを掌握していなかった。彼はラガシュのエンメテナと同盟を結んだ王であり，エンメテナ以後にラガシュの勢力が後退して，初めて，その子ルガルキサルシがニップルをウルクの支配下に置くことができるようになった。このあと，エンシャクシュアンナが「国土の王」を初めて名乗り，時代は領域国家期に入る。エンシャクシュアンナのあと，ルガルザゲシは，母国であるウンマから，シュメール統一を先導するウルクに都を遷した。

　史料の面から見れば，ルガルザゲシの王碑文は多くなく，重要な史料は王権授受碑文だけといってよい（RIME 1, 433-437）。しかも，この碑文には，シュメール諸都市に対する軍事行動や政治的計画にまったく言及がなく，シュメール諸都市を支配する過程が描かれていないという史料として限界がある。

　王権授与碑文でルガルザゲシが強調するのは，自らの軍事行動でなく，最高神エンリルによって国土の王権が与えられ，地上世界における唯一の王の地位を得たことである。王権授与はエンリル神の恩寵として表現されており，碑文

したことを強調した。
　エンメテナは，エアンナトゥムに倣って対ウンマ戦争の正当性を主張して回顧碑文を造った。この碑文は，エアンナトゥムの禿鷹碑文と同様に，1）協約，2）ウンマの違反と侵犯，3）侵入者の撃破の3段構成で記される。しかし，禿鷹碑文とは異なり，第三段で終わることなく，さらに，第一段の協約に戻る形式をとって，新しい協約の締結を書き加える。
　エアンナトゥムが「メシリムの境界石を元に戻す」ことで戦争状態の終結を宣言したのに対して，エンメテナは，「（境界を守るナムヌンダキガラに聖所がある）エンリル神とニンフルサグ神は彼（イル）に（境界変更に関しての権利を何も）与えなかった」（RIME 1, 198）として，新しい協約のもとで，エンメテナ自身が新しく掘った運河が国境になり，それを守護するは聖所ナムヌンナキガラに祭られる最高神エンリル神などの神であるとした。メシリムの境界石は，もはや国境の守護となっていない。
　エンメテナは，遠き昔に始まったメシリムの境界石が国境の象徴であった時代を終わらせ，エンリル神などの神々が新しい国境を守護するという新時代を拓き得た王であることを誇示した。つまり，旧に復することでなく，新しい時代の到来を告げるという意図を込めた記述になっている。

[60] ニップル出土の経済文書 TMH 5, 140 には，ウルクの王ルガルキサルシ（lugal-kisal-si lugal unu^{ki}）と王の子メスカラムシ（mes-kalam-si dumu-lugal）のために，ある種の草などを，ウルクの騎乗伝令ギリニバダブが運んだ（gir-ni-ba-dab$_5$ lú-u$_5$ unu^{ki}-ke$_4$ in-ne-DU）ことが記録されている。

の最後は，王権授与に感謝してエンリル神に捧げる祈祷で締めくくる。王権授与碑文と呼ぶに相応しい内容である。

　この碑文から知られるルガルザゲシの支配体制は，エンシャクシュアンナと同様に，領邦都市国家を基礎にしたものである。そのことを述べる前に，彼の王権授与碑文に記されたキエンギの意味を吟味しておきたい。

　ルガルザゲシは，エンリル神から与えられた支配権の及ぶ範囲を，3種の対句表現，(1)「下の海から上の海まで」，(2)「日出るところより日没するところまで」，(3)「中心地域と周辺地域」によって描いた。そのなかで，(1)「下の海から上の海まで」は，ルガルザゲシだけでなく，サルゴンやリムシュも用いたように，中心文明地域を示す定型的な表現である。(2)「日出るところより日没するところまで」は，地の果てまでを意味する。シュメールの神話・叙事詩では，とりわけ，太陽が出る東の地の果ては，そこに棲む魔物・怪物を神や英雄が退治するために遠征するところとして描かれる。王権授受碑文では，地の果てまでの全世界がルガルザゲシの王権のもとにあるという，「唯一の王」であることを強調するために用いられた。しかし，実際的な政治的概念としての効能は弱かったと思われる。

　3種の対句表現のなかで，(3)「中心地域と周辺地域」は，この碑文に4度現れる。その頻度から，(1)(2)より重視されたことが理解される。「国土の王」が直接示すのが中心地域の支配であるからであろう。碑文に書かれた順で示せば次のようになる。

1　「<u>国土</u>の見渡す限り秩序あるものとし，<u>諸国</u>は彼の足下に服し」
2　「<u>諸国</u>は（荒ぶる心なく）平安のうちに憩い，<u>国土</u>は喜びの水が流れる」
3　「<u>キエンギの諸侯（bára-bára ki-en-gi）</u>と<u>諸国の支配者</u>は，ウルクの地において王侯権の定めに従った」
4　「<u>諸国</u>が（荒ぶる心なく）平安のうちに憩いますように，――，<u>国土</u>が良き土地として顧みられますように」

中心地域：国土＝A，周辺地域：諸国＝Bとした場合，(1) A－B，(2) B－A，(3) A－B，(4) B－Aのように，明らかに交差対句法に基づいた配列である。問題は，3のところで，国土に変えてキエンギと表現することである。キエンギは，王号「シュメール（ki-en-gi）とアッカドの王」に倣ってシュメー

ル地方と解釈されることもあるが、何度も述べてきたように、キエンギをシュメール地方の意味で使用できるのは、アッカド王朝のナラムシン治世以降である。

「キエンギの諸侯（bára-bára）」の諸侯と訳したバラ（bára）は、王座などが据えられた高壇が本来の意味であり、その座を占める者＝王侯の意味が加わった。エンシャクシュアンナの王号「キエンギのエン」が「エンギの地において（六国同盟の盟主たる）エン」であることを勘案すれば、「エンギの地に王座を占める者たち」の意味になる。これは、エンシャクシュアンナの下でエンギ市に結集した六国同盟と同等のものであり、ルガルザゲシも、領邦都市国家の連合体を支配の基盤にしたと考えることができる。彼も六国同盟の盟主たる地位を欲したのである。

ただし、ルガルザゲシがエンギ市において領邦都市国家と会盟したことは確認されないので、ルガルザゲシが使用するキエンギは、エンギに集うことができた領邦都市国家（ニップル、シュルッパク、アダブ、ウンマ、ラガシュ、［ウルを支配する］ウルク）の支配者が割拠する地域の総体、つまりは、ニップル以南の地域、ナラムシン治世以降にアッカド地方に対するシュメール地方と意識される地域を表現したと捉えられる。

キエンギが指示する意味は時代によって異なるので、その変化をまとめれば次のようになる。この語はエンギ市に由来し、エンシャクシュアンナのときは、キシュを除く、ニップル以南の領邦都市国家の王が集う地、エンギ市に焦点を当てた用語であり、ルガルザゲシのときには、六国同盟に加わる領邦都市国家が分布する地域、ニップル以南の地域全体を指し、ほぼ「国土」の等価として使われた。このあと統一国家期にナラムシンが中心文明地域をシュメール地方とアッカド地方から成る地域と捉えたことで、初めて、キエンギでもってアッカド地方に対するシュメール地方を表現する段階に入ったのであり、以後この用法に固定した。

領邦都市国家を基礎にした支配

ルガルザゲシの王権授与碑文は、3種の対句表現を多用して支配の地理的広がりに焦点を当てる。その一方で、支配下にある都市国家として挙がるのは少

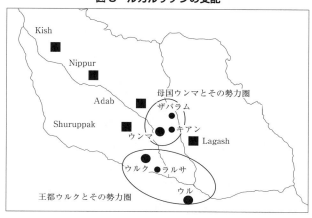

図8 ルガルザゲシの支配

なく，ウルク，ウル，ラルサ，それに，ウンマ，ザバラム，キアンの6都市である（図8）。

「ウルクは喜びの日々を過ごす，ウルは牡牛のごとく頭を天に高める，ウトゥ神が愛する都市ラルサは楽しきときを過ごす。

シャラ神が愛する都市ウンマは大いなる腕を振り上げる，ザバラムは母羊と戻った子羊のごとく互いに（愛情を持って）呼び合う，キアンは首を天に指し出す。」(RIME 1, 436-437)

ウルクは，ルガルザゲシの王都である。ウルは領邦都市国家の一つであるが，ウルクが同君連合的に支配する都市である。ラルサは，ウルクに服属する下位の都市であるので，ここで表現されるのは，領邦都市国家ウルクの勢力圏である。

同様に，ウンマは，ルガルザゲシの出身都市（母国）であり，キアンとザバラムは領邦都市国家ウンマに服属する下位の都市である。このように，ルガルザゲシは，拠点とする領邦都市国家ウルクとウンマとそれに服属する都市のみを挙げた。

　　領邦都市国家ウルクの勢力圏：ウルク，ウル，ラルサ
　　領邦都市国家ウンマの勢力圏：ウンマ，キアン，ザバラム

このような表現をとることから，ルガルザゲシが，エンシャクシュアンナと

同様に，支配領域を領邦都市国家の枠組みで捉えていたことは明らかである。ウルクとウンマ両勢力圏に属するウル，ラルサ，ザバラム，キアンの来歴を見ておきたい。

ウルは，王墓が造営された頃，マリとの関係を模索するほど隆盛を誇ったが，その後にウルクに服属することになった。ウルが自立し，昔日の勢力を再び取り戻し，有力都市国家の一つとして活躍するのは，ウルクの王ルガルザゲシがサルゴンに敗れたことで，ウルクの桎梏から解放されたときである。サルゴンのあとアッカド王朝第 2 代の王リムシュの治世初頭に，ウルの王カクが中心となって叛乱を起こしたことは，ウルが復活を果たしたことの証明になる。

ラルサは，ラガシュとウルクが領有を競った都市である。ラガシュの王エンメテナは「ウルクの市民，ラルサの市民，バドティビラの市民に自由を与えた」と宣言した。ラガシュがラルサを勢力下に収めたのであるが，ラガシュが後退したことで，ウルクがラルサの支配権を奪還した[61]。

領邦都市国家ウンマに服属するザバラムとキアンのうち，ザバラムは，早い時期にウンマの勢力圏に組み込まれていた。ラガシュとの戦闘でウンマの支配者ウルンマが敗死したとき，ウンマの王族イルが代わって王になった。イルは，即位するまで，ザバラムの最高神官（sanga）職にあった（RIME 1, 197）。イルがウンマの支配者であった時期の文書があり，そこには，「そのとき，ウンマの支配者はイル，ザバラムのサンガはメスドゥナ」とあり（TCABI 2, I-1），ザバラムは初期王朝時代からウンマの支配下にあったことが確認される。ただし，アッカド王朝時代，リムシュがシュメールの反乱を鎮圧したときに，ウンマの支配者（エンシ）と，ザバラムの支配者（エンシ）やキアンの支配者（エンシ）を捕虜にしているので（RIME 2, 43-44），ザバラムやキアンはウンマの支配下にあったとしても独自の支配者を戴いて，なお完全には服属してはいない自立的な都市国家であったと考えられる。ウル第三王朝時代になると，ザバラ

---

61 エンメテナ碑文に挙がるバドティビラもラガシュの後退によって，ウルクの勢力下に入った。バドティビラについては，時代は下るが，アッカド王朝衰退期に，シュメール諸都市のなかで真っ先に独立を果たしたウルクの王ウルニギンが，王子のウルギギルをバドティビラに将軍として派遣した。バドティビラで，ウルギギルは，都市神イナンナの神殿を建立している（RIME 2, 275）。都市神のために神殿を建立することから，ウルギギルはバドティビラの実質的な支配者であったことは確実であり，バドティビラがウルクの支配下にあったことが確認される。

ムとキアンも，市区としてウンマに組み込まれた。

　このように，有力な領邦都市国家のなかで，ルガルザゲシが碑文に挙げたのは，権力基盤とした王都ウルクとそれに服属するウル，加えて母国ウンマだけである。残る五つの領邦都市国家をどのように支配に組み込んだかは書かれていない。他の史料を参照すれば，アダブの支配者メスキガルラがルガルザゲシを王 (lugal) と呼んでいるので (BIN 8, 26)，ルガルザゲシがアダブを支配下に置いたことは明らかである。ニップルについては，ニップルの行政経済文書にルガルザゲシの年名が記されており（注47参照，36頁），ニップルも彼の支配下にあった。ラガシュは，領土を侵略したルガルザゲシを呪詛するウルカギナの碑文があるように，ルガルザゲシに敗北しており，ラガシュもウルクに服属した時期があった。残る領邦都市国家シュルッパクとキシュについては，史料から確認できない。最も北に位置するキシュは，ルガルザゲシよりも，アッカドのサルゴンが領有していたと考えられる。

　要約すれば，ルガルザゲシの支配は，エンシャクシュアンナのときと同等に，キシュを除いた領邦都市国家（ウルク，ウル，ラガシュ，ウンマ，アダブ，シュルッパク，ニップル）の連合を基礎に成立していた可能性が大であり，中央集権的な体制を取るに至っていない。さらに，ルガルザゲシの支配はシュメール地方に限られ，キシュなどの都市があるアッカド地方には及んでいなかったと見ることができる。

　ルガルザゲシの王碑文には，領邦都市国家に対する征服活動の記述はない。それこそが，「国土の王」の統治が，基本的に領邦都市国家連合の上に乗る統合であったことを示す。この碑文では，唯一の王であることを「（エンリル神が）対抗する者を与えない」と表現するが，この表現は，後の統一国家期のナラムシンも，地上世界の唯一の王の意味で使う。元来同等の地位にあった領邦都市国家の支配者を凌駕する王を誇示するための呼称と考えられる。領域国家期に生まれた中央の王権と領邦都市国家（とその流れを汲むシュメールの有力都市）が並び立つという微妙な関係は，統一国家確立期であるウル第三王朝時代になっても解消されなかった。

ルガルザゲシのラガシュ侵寇

　ルガルザゲシの碑文には軍事行動が記されていない。軍事行動の一端を知るために、ラガシュ文書から彼のラガシュ侵寇を見ておきたい。

　表9に示したように、ラガシュの行政経済文書には戦闘に関係する記事が散見される。まず、軍装としての槍支給記録があり、年度不明の1枚を除いてウルカギナ4年と6年の文書である。第二に、城壁警護の記録が残っており、その1枚に日付があり、それはウルカギナ5年である。第三に、軍編成文書が5年と6年にあり、戦死者記録は4年と6年にある。行政経済文書のこのような記事から、ウルカギナの4年から6年にかけてラガシュが戦争状態にあったことは確かである。

　ウルカギナが戦った相手がウルクであることは、4年の文書に「ウルクの人が市を占領した月」、同6年に「ウルクの人が3回目に来た月」とあることから確認される。このウルクの人がルガルザゲシであろう。つまり、ウルカギナ6年にルガルザゲシによる3度目の侵入があったのであり、ウルカギナ4年が1回目の侵入を指すことになる。

　多分に推測が混じるのであるが、ラガシュ出土の碑文に、ウルクの人がギルス市区を掠奪し、その敵をウルカギナが撃破したと読める次のような記事がある。

　　「(彼らは) ギルスを包囲した (?)。ウルカギナは (彼らを) 武器で打ち倒した。その (ギルス市区の) 城壁を高めた。ウルニニティ？は彼の町に帰った。(彼は) 2回目に来た。」(RIME 1, 276)

　ここに2回目と書かれていることから、この碑文に書かれた戦闘は、1回目であるウルカギナ4年に対して、5年の事件と考えられる。6年が3回目とされるので、齟齬はない。そのことで、表9では5年の項目に入れた。

　この碑文の読み「ギルスを包囲した (?) (gír-sú^{ki} [e]-ma-da$_5$)」が正しければ、4年から6年にかけての戦闘は、ギルス市区が主戦場であったとことになる。ウルカギナの呪詛碑文が記すのはラガシュ市区の破壊であるので、4年から6年の戦闘ではない。呪詛碑文がいつ書かれたかに関係させれば、これもラガシュ出土の碑文にある

　　「その場所に残された人々の腕を結わえた (捕虜にした？)。その銀とラピ

表9　ウルカギナ治世の戦闘

4年	槍支給文書（DP 445, Nik 1 281）　戦死者記録（DP 138 Cf. DP 602, DP 142） 「ウルクの人が市を占領した（月）(itu-da-šè＜itu＞lú unu^{ki}-ga uru-da i-da-tuš-a)」(DP 545)
5年	城壁警護文書（CIRPL, Ukg. 31）　軍編成文書（Nik 13, DP 136） 「ギルスを略奪した（？）。ウルカギナは（彼らを）武器で打ち倒した。一，2回目。」(RIME 1, 276)
6年	「ウルクの人が3回目に来た月（itu unu^{ki}-ga 3-kam-ma gin-na-a）」(Nik 1 227) 槍支給文書（VS 14, 186）　軍編成文書（DP 135）　戦死者記録（Nik 1 14） 王妃の家政組織機能不全に陥る
8年	ウルクの使者への支給記録（Nik 1 135）（休戦？）
13年 以降	「10回目。ウルクの支配者ルガルタルは兵士を進発させた。」(RIME 1, 290-291) 呪詛碑文（RIME 1, 277-279）（ラガシュ市区の諸神殿破壊）

スラズリと木材と財物を舟に積んだ。10回目のことである。ウルクの支配者（エンシ）であるルガルタルが兵士を進発させた。苦いムギは――」(RIME 1, 290-291)

が参照される。ウルクの支配者（エンシ）ルガルタルとは，ルガルザゲシの臣下であり，ウルクの兵士を率いた将軍的な存在であったと考えられる。ここに10回目とあり，ウルカギナ4年に始まるルガルザゲシのラガシュ侵入が毎年のことであれば，ウルカギナ13年になる。つまり，ルガルザゲシとの戦闘は6年以降も継続しており，後期の戦闘が，呪詛碑文に記されたラガシュ市区を主戦場としたのである。主戦場を変えて戦いが継続したとすれば，次のような戦争の経緯が想定できる。

ウルカギナ4年から6年にかけての戦いはギルス市区が主戦場であり，ウルカギナは甚大な損害を被りながらも，「（敵を）武器で打ち倒し」ており，この戦いを耐え抜いた。ただし，ウルカギナ5年以降に，王の家政組織は，所属員への土地と大麦の支給が滞るほどに弱体化し，7年以降には行政経済文書がほとんど残らないほど，ラガシュの行政経済制度は機能不全に陥った。

ウルカギナ8年の行政経済文書に，ウルクの人ルガル某への穀粉支給記録がある（Nik 1, 135)[62]。王の側近である酒杯人がこの支給を監察するので，ウルクからの使節であろう。外交交渉にラガシュに来たウルクの使節のためであ

62　ゼルツは，この部分を，「ウルクの人（支配者）ルガル［ザゲシ］(lugal-[zà(-ge-si)], lú unu^{ki})」と復元し，この文書は，ウルカギナがウルクの宗主権を認めた小君主となって，貢納義務を果たした記録と捉える（Selz 1989, 353. Cf. Schrakamp 2015, 357)。彼の復元が［zà(-ge-

るならば，戦闘が一時中断した時期があり，その後に，戦闘が再開したと推定される。ウルカギナ治世8年以降のいずれかの年に再開した戦闘は，ルガルザゲシを呪詛する碑文をウルカギナが残すように，ラガシュの完敗であった。ラガシュ市区が侵入を受け，諸神殿が破壊された。

ウルカギナとルガルザゲシとの戦いは，こうした過程を経たと考えられる。ウルカギナの呪詛碑文からは，ルガルザゲシがラガシュに侵攻した経路もわかる。その点を次に述べたい。

ルガルザゲシは古くから存在したラガシュとウンマ間の国境争いの延長，もしくは再開として行動しており，エンメテナがウンマの支配者イルとの間で取り決めた境界から侵入した。つまり，国境運河を越え，過去においてウンマの支配者ウルルンマが「我のもの」と宣言して侵入したアンタスルラを破壊し，さらには，エンメテナ時代に国境監視用に造られたエンリル神の祠堂，ウトゥ神の祠堂を破壊した。

ルガルザゲシが破壊した諸神殿の多くは，エンメテナがエンリル神のエアッダ神殿を建てたことを記念する碑文に，エアッダ神殿とともに建てたとして列挙する神殿と一致する[63]。破壊を免れたのは，ナンシェ神のギグナとエンリル神のエアッダ神殿だけである。ルガルザゲシがラガシュ市区に侵入したのは，ラガシュの王エンメテナとウンマの王イルとの間で成立した協約を破棄する意図を込めた行為であった。つまり，ルガルザゲシは，シュメール全土を統一する過程としてラガシュに侵攻するが，加えて，古くから存在したラガシュとの

---

si)] と括弧付きであるように，3文字が入る余地はない。さらに，lugal-zà-ge-si を lugal-zà と省略して書くこともあり得ない。何よりも，宗主権を認めたルガルザゲシに対して，ウルクの王（lugal）でなく，対等もしくは下位に位置付けるウルクの人（lú）と書くことはない。この文書は，ラガシュがウルクに果たした貢納記録でなく，ウルクの使節と随員への食料支給記録であろう。

63　エンメテナの建立（RIME 1, 220-222）　　ルガルザゲシによる破壊（RIME 1, 277-279）
  èš-dug-ru　　　　　　　　　　　　　　dug-ru
  a-ḫuš é-igi-zi-bar-ra　　　　　　　　　a-ḫuš
  é-gal ^{d}lugal-URUxKÁR^{ki}　　　　　　é ^{d}lugal-URUxKÁR^{ki}
  é-engur-ra zú-lum (^{d}nanše)　　　　é-engur-ra ^{d}nanše
  abzu pa$_5$-sír-ra　　　　　　　　　　abzu-bàn-da or abzu-e-ga
  gi-gù-na tir-kù-ga (^{d}nin-ḫur-sag)　　gi-gù-na nin-maḫ tir-kù-ga
  an-ta-sur-ra　　　　　　　　　　　　an-ta-sur-ra
  šà-pà-da　　　　　　　　　　　　　　šà-pà-da
  é ^{d}gá-tùm-du$_{10}$　　　　　　　　　　é ^{d}gá-tùm-du$_{10}$
  gi-gù-na-maḫ (^{d}nanše)　　　　　　　＜　　　＞
  é-ad-da im-sag-gá　　　　　　　　　　＜　　　＞

国境争いを，ウンマ優位のうちに終わらせることも意図した。

　ラガシュが敗北することで，ウルカギナは王位を追われたと考えられる。サルゴンがラガシュの支配者メスジを捕虜にしたとあることから，ウルカギナのあと，親ルガルザゲシの立場でメスジがラガシュの支配者になったのだろう。

激動期の都市支配者

　「国土の王」を名乗るエンシャクシュアンナやルガルザゲシであるが，その支配の実態は中央集権体制にほど遠く，領邦都市国家を直接支配することがない。上級支配権を認めさせた上で，領邦都市国家の存在を承認して連合体を形成するに留まった。

　エンシャクシュアンナやルガルザゲシが在位した領域国家期の前半は，都市国家の伝統を破る新規な領域国家が形成される激動の時代であり，決して安定した時代とは言えない。それ以前の領邦都市国家が並立する時代には，ウルにはウルの王墓に埋葬された諸王，ラガシュにはウルナンシェ朝のように，それぞれに王統を繋ぐ王家が存在した。それに対して，「国土の王」エンシャクシュアンナやルガルザゲシの治世は従来の王朝原理が機能しなくなっていた。この時期の王の出自を見ておきたい。

　「国土の王」となったエンシャクシュアンナは，彼以前にウルクを支配したルガルキギネドゥドゥとその子ルガルキサルシの王家に属さない。彼は父をエリリナと明記するが，エリリナには称号が付されておらず（RIME 1, 432），どのような人物であったかは不明である。少なくとも，ウルクの王ではなかった。もう1人の「国土の王」ルガルザゲシも，父を「ウンマの支配者ウウ」と明記するが，このウウは，エンアカルレを鼻祖とするウンマの王統に属さないで，出自は不明である。

　彼らがウルクの王となることで，ルガルキギネドゥドゥ―ルガルキサルシの家系が王位を維持できなくなった[64]。ラガシュでも，ウルナンシェに始まる王朝が第6代エンアンナトゥム2世で終わり，ウルナンシェの父の兄弟に始ま

64　ウルクの王ルガルキサルシの孫ディウトゥ（di-^dutu）の銘文が根拠になる（RIME 1, 425）。ディウトゥは，王家に連なることを強調して，ウルクの王であったルガルキサルシの子ルバラシの子であると書く。しかし，彼自身は「ウルクの支配者であるギリムシの奴僕」であり，ウルクの支配者に仕える者であった。父であるルバラシは王であったルガルキサルシの子である

る傍系のエンエンタルジとその子ルガルアンダ２代が王位を継承した。その
ルガルアンダも，軍司令官であったウルカギナによって王位を簒奪された（表
6，46頁）。新時代の到来によって，時代に適応できる資質を備えた王が求め
られたのであろう。

アダブの支配者メスキガルラ

　伝統的な価値観が揺らいだ時代を象徴する行動をとった王として，アダブの
メスキガルラを挙げたい。アダブは，都市国家分立期にラガシュと同盟してウ
ンマと争っていた。ラガシュとの同盟関係は，ルガルザゲシが登場し，国土の
王を名乗ってシュメールの統一を果たす直前まで続いた。

　ルガルザゲシが母国ウンマからウルクに移ってシュメール全土を支配する
「国土の王」を名乗って強大化すると，アダブ出土の行政経済文書に「アダブ
の支配者（エンシ）はメスキガルラ，王（ルガル）はルガルザゲシ」（BIN 8，
26）とあるように，アダブのメスキガルラは伝統的な反ウンマ，親ラガシュの
立場を変え，ルガルザゲシに隷属した。都市国家分立期における有力都市国家
間の争いの構図が領域国家の登場で崩れたとき，ラガシュとアダブの同盟関係
は破綻した[65]。

　親ルガルザゲシの立場に転じたアダブの支配者メスキガルラの動きはそれに
留まらない。メスキガルラが次に史料に現われたのは，ルガルザゲシでなく，
アッカドのサルゴンに恭順する支配者としてである。サルゴン碑文では，サル
ゴンがルガルザゲシを敗ったとき，ラガシュやウンマも征服されたとあるが，
ルガルザゲシの配下にいたはずのアダブの支配者メスキガルラは敵として明示

が，称号は付されていない。彼は円筒印章で家系を強調するのであるから，父が王なり高官で
あればそう書くはずであるが，無官のままにしている。ルガルキサルシの子ルバラシが即位し
なかったことは確実である。このディウトゥに連なる家系とは別に，ルガルキサルシが王位を
譲った王子がいたとしてもおかしくないが，そうした王の存在は確認できない。ルガルキサル
シの王統は途切れ，別の家系に移ったことは確実視される。

[65] ラガシュがルガルザゲシに敗北したあとに記されたと思われるアダブ文書がある。
　　「聖歌僧のウルサグが，穀肥羊を，ウルクへ，王のために持っていった。王宮（から）
ウトゥテシュムが支出した羊。アダブのエンシであるメスキガルラが，ギルス市から戻っ
た（とき）」（Visicato, 2010, 264）。
　　この文書では，王のためにウルクに行くとあるので，この場合の王はルガルザゲシであろう
し，その支出が，メスキガルラがギルスから戻ってきたときとされるので，ラガシュもルガル
ザゲシの支配下に入っていたと考えられる。

されない。メスキガルラは，この時点で，すでにルガルザゲシから離れ，中立もしくはアッカドに味方する姿勢を示したと考えられる。

　近年公刊されたアダブの経済文書の1枚に，「ギルスが征服され，〈アダブの〉支配者がアッカドに行った年」（CUSAS 11, 234）とある。この記事は，次のように解釈できる。サルゴンがラガシュを征服したとき，隣接するウンマを目指して北上するアッカド軍の脅威を感じたはずである。アダブ出土の一文書に「ウンマが征服された年（日）に」とあり（TCBI 1, 47），ウンマは実際に征服された。この緊迫した事態に，メスキガルラは恭順の姿勢を示すために，アッカドのサルゴンのもとに向かった。このように考えることができる。

　サルゴンに恭順の姿勢を示したメスキガルラは，サルゴンの死後，再度態度を変え，ウルが主導するアッカドに対する反乱に加担した。その反乱はアッカドのリムシュによって鎮圧された。

　領域国家期におけるアダブの支配者メスキガルラの行動には，領邦都市国家が分立する時代では考えられない強大な権力の成立に，都市国家間の伝統的な遠交近攻策が無効になり，困惑した都市国家の支配者を垣間見ることができる。しかし，それは，決して弱小都市国家の支配者の悲哀ではない。メスキガルラは，ルガルザゲシにもサルゴンにも処断されていないし，廃位・追放もされていない。領邦都市国家の一つアダブの独立性が承認された結果であろう。逆に言えば，メスキガルラの行動は，その時々の覇者に卑屈に追従する姿に映るとしても，アダブの独立自尊の都市国家的伝統を守るという目的意識に貫かれていたと捉えることができる。都市国家を超える王権が成立しても，シュメール領邦都市国家の伝統は強固に維持される。

3　全土の王と領邦都市国家

領域国家期の王サルゴン

　サルゴンがルガルザゲシを破ったことで，シュメール諸都市をも支配するアッカド王朝が成立した。サルゴンが文明地域全体を支配したことは大事件である。そのことで，サルゴンの登位とアッカド王朝の創設が画期とされ，フレインは，王碑文を集成するとき，初期王朝時代の王碑文を集めた巻を「先サル

ゴン期 Presargonic Period」（RIME 1），アッカド王朝時代のそれを「サルゴン期 Sargonic Period」（RIME 2）と題した。

　しかしながら，本書が採用する王権の発展に拠る区分に従えば，サルゴンは，エンシャクシュアンナやルガルザゲシと同じ領域国家期の王である。サルゴンが名乗った王号「全土の王」は，上の海から下の海までの領域支配の点で，「国土の王」ルガルザゲシと何ら異なるところがなく，大きな転換点にならない。王権理念の重要な転換点は，サルゴンでなく，サルゴンの孫ナラムシンが，「四方世界の王」を初めて名乗り，中心地域だけでなく，周辺地域を含めた全世界の支配を表明するときである。年名の使用でも，エンシャクシュアンナやルガルザゲシと同じく，ニップルにおいてのみ使用しており，変化はナラムシンにならないと起こらない。したがって，アッカド王朝時代をサルゴン期（Sargonic Period）と呼ぶ必要はない。

全土の王 *šar kiššati*（LUGAL KIŠ）

　サルゴンが採用する王号は，王都アッカドを示す「アッカドの王」を名乗らないことで変則的である。第2代リムシュ，第3代マニシュトゥシュも同様である。王都アッカドを明示しないで，「全土の王」のみを使用した理由は，「全土の王（*šar kiššati*）」を楔形文字では LUGAL KIŠ と書くように，新興都市アッカドをキシュの権威を継承する都市と認知させるためと考えられる。

　エンシャクシュアンナは，キシュの伝統的権威を否定することでウルクの優位性を得て，地上における唯一の王である「国土の王」を名乗った。それを継承したルガルザゲシに対抗しなければならなかったサルゴンは，ウルクの王とは逆に，アッカドをキシュの権威を継承する都市と位置付け，最終的にウルクを破ることで，ウルクを凌駕しキシュの権威を復活させたことを自負する。

　つまり，サルゴンが依って立つ王権理念は領邦都市国家の一つキシュの権威を基盤とするものであり，そのことで，王都アッカドを誇示する「アッカドの王」を名乗らなかった。サルゴンの行動を規制するのは，一般に考えられているアッカド人とシュメール人の民族対立ではなく，領邦都市国家キシュとウルクの対立構図である（前田2007）。この枠組みが変化するのは，アッカド王朝第4代ナラムシンが「四方世界の王」を名乗って，中心地域がアッカドとシュ

メールの2地方から構成されること，すなわち，対立でなく共存が唱えられたときである。

　キシュは，領邦都市国家のなかで，ユーフラテス川の最も上流部に位置する。シュメール地方とアッカド地方が明確に意識されたとき，領邦都市国家のなかで，唯一アッカド地方の都市であったのがキシュである。このような地理的特異性を持つキシュであり，しかも，現代の研究者が「キシュの王」に宗主権の意味を読み込もうとするように，政治的な位置付けをいろいろに解釈されてきたことでも問題があり，まとめて検討する必要がある。

　時代順に並べれば，メシリムが名乗る「キシュの王（lugal kiš〈ki〉）」，シュメール諸都市の王が名乗る「キシュの王（lugal kiš^{ki}）」，アッカド王朝初期三代の王が称号とする「全土の王（LUGAL KIŠ/ šar kiššati）」，それに，古バビロニア時代にエシュヌンナやアッシリアの王がアッカド王朝の称号を復活させて名乗った「全土の王（LUGAL KIŠ/ šar kiššati）」，これら王号の関連や相違が議論されてきた。それらについてヴェステンホルツが一つの説明をしている。彼によれば，アッカドのサルゴンが名乗ったLUGAL KIŠ は，ウルクの王ルガルキギネドゥドゥやラガシュのエアンナトゥムが名乗った「キシュ市の王」と同じであり，限定詞 ki を付さないのはメシリム時代の古形を採用したからである（Westenholz 1996, 121）。ヴェステンホルツは，メシリムがシュメール全土に覇を唱えたことを「キシュ市の王」で表現して以来の連続と捉える。こうした捉え方が，現在の大きな潮流の一つであろう。しかし，王権の発展による時代差を考慮するならば，次のように考えられる（Maeda 2005, note 3）。

　メシリムが王であった時代のキシュについて見れば，都市国家の相対する二つの同盟，ラガシュとアダブの同盟とウンマ，ウルク，ウルの同盟において，キシュの王メシリムは，一方のラガシュ・アダブ同盟に加担しただけであり，二つの同盟の上に立つことはない。シュメール全土に宗主権を振るってはいないので，メシリムが名乗る「キシュの王」に宗主権の意味があったとは考えられない。あくまでも，キシュという都市国家の王を示す王号である。

　シュメール諸都市の王が名乗る「キシュの王」も，相争う領邦都市国家のなかで，キシュまでの支配が可能な武勇溢れる王であることを示すために採用されたのであり，シュメール全土の支配という意味はなく，メシリムと同様にキ

シュ市の王を指す。

　アッカド王朝初期三代が使用した「全土の王（LUGAL KIŠ）」は，キシュ市の伝統を継承する用語の選択である。しかし，領域国家期に相応しい王号として，シュメールの王ルガルザゲシが名乗った「国土の王」と同様に，文明ある中心地域の支配を意味し，前代の「キシュの王」とは，まったく異なる王号である。キシュに地名を示す限定詞 ki が付されないのは，メシリム期の古形に倣ったからでなく，KIŠ の文字で「全土（kiššatu）」を表示するためである[66]。

　前2千年紀，古バビロニア時代のアッシリアで復活して使用された「全土の王」は，アッカド王朝の王統を継承する意味を込めたのであるが，アッカド王朝時代のままの意味ではない。古バビロニア時代は，全世界を1人の王が支配するという「四方世界の王」が生み出されたあとの時代であるので，復活させた「全土の王」が対応するのは，全世界＝「四方世界」の支配であり，領域国家期の「全土の王」が示す文明地域の支配ではない。古バビロニア時代の王は，全世界の支配権の意味で「全土の王」を理解した。キシュの王に関わる王号の意味は，時代の変化のなかでこのように変容したと捉えることができる。

サルゴンの伝記

　サルゴンは，通史などでしばしば，誕生から死に至る一生が叙述される。しかし，一生を語ることは，サルゴンはもとより，前3千年紀のどの王を取ってもできない。前3千年紀メソポタミアに，伝記や自伝というジャンルは成立していないからである。古代メソポタミアにおいて最初の伝記は，前15世紀にシリアに生きたイドリミ王が像に刻ませた銘文とされる（Smith 1949）。彼の「自伝」も，母国から亡命し別の都市で王になるまでを記し，誕生や幼少

---

[66] 有力な王ウルのメスアンネパダ，ラガシュのエアンナトゥム，ウルクのルガルキギネドゥドゥが「キシュの王」を名乗ったことを述べたが，別にウルザエが「キシュの王」を名乗る（RIME 1, 428）。彼がウルクの王であれば，ルガルキギネドゥドゥから「国土の王」を名乗るエンシャクシュアンナの間に在位したと考えられる。しかし，この王についてはほかに史料がなく，在位期を含めて不明とせざるを得ない。
　さらに，アッカド王と同様に，限定詞 ki を付さない kiš のみで書かれた王号「キシュの王」を名乗る王にルガルタルシ（lugal-TAR-si）がいる（RIME 1, 412）。この王についても，ほかに史料がなく，よくわかっていない。限定詞を記さない古い時期に作成されたとは考えられないルガルタルシのシュメール語碑文において，lugal-kiš と書かれたこの王号をどのように理解するかについては，現時点では何も言えない。

の頃については語らない（『世界史史料』1, 64-65）。現代人は誕生日を重視するが，前3千年紀のどの王を取っても自らの生誕年を記すことがなく，誕生日を祝った記録はない。さらに，即位以前の履歴を碑文に記すこともない。王について知り得るのは，即位してのちの王の治績，王の功業だけといってよい。

　出生からの経歴を語るとすれば，後世の説話や物語に頼るしかない。不足する同時代史料を補うために，こうした利用法がなされる。しかし，それは，歴史記述にフィクションを持ち込むことであり，歴史学的研究の許容範囲を超える。

　同時代史料から明らかになるサルゴンとはどのような王なのか。それが追求すべきサルゴン像である。サルゴンの場合，即位してアッカドの王となってからに絞っても，知られるのは，最晩年に実施されたシュメール遠征以後の数年間の治績に限られ，大半の時期は同時代史料が欠落する。こうした史料状況であるが，シュメール遠征に至るまでのサルゴンの行動は次のように考えられる。

　サルゴンの治世年数は，同時代史料から確認できないので，『シュメールの王名表』に載る56年が採用されている。シュメール征服以後の治世が数年であった可能性が高いので，サルゴンは，シュメール征服以前にすでに50年近く在位していた計算になる。この期間は，ルガルザゲシの治世が25年とされるので，ルガルザゲシが即位してシュメールの統一を果たす全期間よりも長くなり，ルガルザゲシ以前に「国土の王」を名乗ったエンシャクシュアンナとも同時代を生きたと見ることもできる。

　サルゴンは，長い治世中に，エンシャクシュアンナやルガルザゲシがウルクの王になり，シュメール地方の統一に邁進し，「国土の王」を名乗るのを見続けた。その間，有力都市キシュはアクシャクの台頭によって弱体化しており，サルゴンもアッカド市で自立したのだろう。サルゴンが王になるのは，エンシャクシュアンナのキシュ遠征以後と考えるのが妥当であろうが，「エンシャクシュアンナがアッカドを武器で打ち倒した年」と読むことができる年名があり，サルゴンは，アッカドの王として，エンシャクシュアンナがキシュを征服したのを見た可能性がある。

　サルゴンは，キシュの衰退という事態を受けて，キシュに代わるべく上流地域（アッカド地方）を統一する行動を取った。南を統一するエンシャクシュア

ンナやルガルザゲシに，サルゴンは好敵手の姿を見たであろうし，下流地域（シュメール地方）で「国土の王」が生み出されれば，サルゴンも都市国家を超える同等の王号を編み出したはずである。それが「全土の王」である。つまり，「全土の王」は，「国土の王」に対抗して作られた王号と捉えられる。

　サルゴンが，「国土の王」に対抗して「全土の王」を名乗ったのであれば，都市国家分立期から領域国家期への転換を主導する可能性はエンシャクシュアンナやルガルザゲシだけでなく，サルゴンにもあったのであり，最終的に誰がメソポタミアの統一を主導するかという雌雄を決する戦いの意味を込めて，サルゴンはシュメール遠征を敢行した。このように，シュメール遠征に至るまでのサルゴンの行動を語ることができる。ただし，ここで述べたことは状況証拠に頼っており，あくまでも蓋然性に留まる。

アッカド王朝初期三代の遠征と支配領域

　領域国家期の指標となる「全土の王」を名乗った初期三代の王，サルゴン，リムシュ，マニシュトシュは，「四方世界の王」を名乗るナラムシンのように全世界の支配を未だ意識していなかったであろうが，彼らが実施した周辺地域への軍事遠征と支配領域について見ておきたい（前田 1984）。

　サルゴンが実施した周辺地域への軍事遠征は，多くの王碑文で顕彰され，年名にもあるように，エラムと，エラムに隣接するシムルムと，それに西北のマリに向かっていた。シムルムは下ザブ川南方域にあって中心地域を脅かす勢力であり，脅威を除くための遠征であった。

　マリについては，マリ征服を記す年名のほかに，サルゴン碑文に「マリとエラムがサルゴンの前に立った」(RIME 1, 12) とあり，サルゴンが自認する支配領域は，西方のマリと東方のエラムを両端とする範囲である。マリからエラムまでの地域は，都市国家分立期最後の時期に領邦都市国家が覇権を巡って相争う地域であった。これがサルゴンが現実に勢力範囲とした領域であり[67]，マ

---

[67] サルゴン碑文（RIME 2, 28-29）に，「トゥットゥルにおいてダガン神にひれ伏し，祈りを捧げた。(ダガン神は)，上の国土，すなわち，マリ，ヤムルティ，エブラ，杉の森，銀の山までを彼（サルゴン）に与えた」とあることから，地中海に達する領土を支配したと見なす場合がある。しかし，ナラムシンの遠征が実効支配を伴ったのに対して，サルゴンは，マリまでを征服した後，トゥットゥルまで行きダガン神にダガン神を崇拝する地域の支配を懇願しただけであり，軍事遠征によって支配権を獲得したのではない（Maeda 2005）。

リからエラムの間の領域を強調することは，支配すべきはユーフラテス川流域の中心文明地域であるという理念に沿うものである。

シュメールとエラムの敵対関係は古くからあったが，アッカド王朝の諸王は，新しい動きとしてエラムの政治支配を目指した。サルゴンが遠征したとき，エラム地方には王を名乗るアワンを中心としたエラム（＝スサ）勢力と，上流域のバラフシに本拠を置く勢力があり，サルゴンはこの二大勢力を撃破した（RIME 2, 23-24）。

サルゴンを継いだリムシュも積極的にエラム遠征を行い，勢力を維持していたバラフシの王を殺し，エラム全土の支配権を掌握した。リムシュはエラム征服の成功を祝って，支配下にある諸都市の都市神に戦利品を奉納した。現在知られるのは，シュメール都市のニップルとウル，アッカド地方のシッパル，ディヤラ川流域のトゥトゥブ（ハファジェ），ハブル川上流域に位置するテル・ブラクである（RIME 2, 62-66）。そのほかに，アッシュルから「リムシュ，全土の王」という銘を刻んだ遺物が見つかっている（RIME 2, 71）。リムシュ治世時にアッカド王朝が支配する領域の範囲は，ティグリス川をさかのぼってアッシュルに至り，さらに北上してハブル川の上流域に達する北メソポタミアに広がっていた。

アッカド王朝第3代の王になったマニシュトゥシュは，安定したエラム支配のもと，イラン高原深く，アンシャン，シェリフムに遠征し，下の海（＝ペルシア湾）を渡って都市を破った（RIME 2, 75-76）。ただし，それを誇る碑文に，ペルシア湾交易に重要な役割を果たすマガン，ディルムンなどの地名は挙がっていない。

ティグリス川上流部のアッシュル地方が，アッカドの支配領域になっていたことは，マニシュトゥシュに捧げられたアッシュルの支配者の碑文やニネヴェから出土した古バビロニア時代のアッシリア王シャムシアダド1世の碑文からも知られる[68]。

アッカド王朝の初期三代の王，サルゴン，リムシュ，マニシュトゥシュが実

---

68 「アッカドの王サルゴンの子マニシュトゥシュが，ニネヴェのイシュタル神殿を建てた。マニシュトゥシュの碑文を動かさなかったことを誓う。私（シャムシアダド）はその側に，これ（碑文）を置いた」（RIMA 1, 53）とある。シャムシアダド1世が，鎮壇具として埋蔵されてあったマニシュトゥシュの神殿建立碑を実際に見たのであるから，碑文の内容に信憑性がある。

図9 アッカド王朝初期3代の遠征

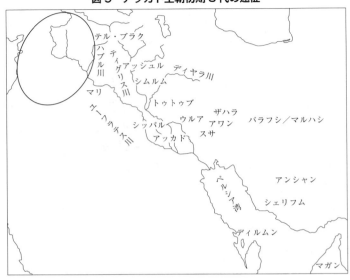

施した周辺地域への遠征をまとめれば，遠征先は，主に，初期王朝時代からシュメールと政治・軍事的に深く結び付いたエラムとその延長上にあるペルシア湾，さらにティグリス川上流部であった。その一方で，ユーフラテス川を遡上して東地中海岸に至る地域への遠征記録は，サルゴンのマリ遠征以外になく，図9に示したように，空白になっている。それを埋めるように活発な遠征を行ったのが，「四方世界の王」を最初に名乗ったナラムシンである。

全土の王と領邦都市国家

　周辺地域でなく，アッカド王朝初期三代，サルゴン，リムシュ，マニシュトゥシュによる中心地域の支配を，領邦都市国家に着目して見ていきたい。
　サルゴンは，「国土の王」ルガルザゲシが支配するシュメール諸都市に軍を進め，征服した。サルゴンのシュメール遠征を記す一つの碑文には，
　　「(サルゴンは) ウルクの都市を破壊し，その城壁を崩した。ウルクの人に武器を振り下ろし，戦闘に勝利した。ウルクの王ルガルザゲシに武器を振り下ろし，捕虜にし，軛にかけ，エンリル神の門まで連行した。

> アッカドの王サルゴンは、ウルの人に武器を振り下ろし、戦闘に勝利した。都市を破壊し、城壁を崩した。エニンマル（ラガシュのグアッバ市区）を破壊し、城壁を崩した。国土の岸たるラガシュから（下の）海まで征服し、武器を海で潔めた。
>
> ウンマの人に武器を振り下ろし、戦闘に勝利した。都市を破壊し、城壁を崩した。」(RIME 2, 10-11)

とあり、盟主たるルガルザゲシとその都ウルクの征服を最初として、ウル、ラガシュ、ウンマの順で記す。別の碑文では、ラガシュとウンマの順が逆になって、

> 「サルゴン、全土の王が、アッカドの9軍団とともにウルク市を征服し、戦闘に勝利した。50人のエンシと王自身を捕虜にした。そして、ナグルザムでの2度目の戦いに勝利した。そして、ウル市において3度目の戦いを両者が戦い勝利した。そして、ウンマ市において戦いに勝利し、その市を征服した。そして、ラガシュ市において戦いに勝利し、彼（サルゴン）の武器を海で清めた。」
>
> ［キャプション］「神々の強き者アバ神、エンリル神は彼（アバ神）に武器を与えた。」(RIME 2, 16-17)

とある。ルガルザゲシを破ったあとも、戦闘が続行していたのは確かであるが、その征服順序が、先の碑文と異なる。異なる書き方になったのは、先の碑文の末尾に記された「武器を海で清めた」と関連するのであろう。海で潔めた武器とは、この碑文のキャプションにあるように、最高神エンリルがアッカドの神でありサルゴンの個人神でもあるアバ神に与えた武器である。それを用いることでシュメール征服が成功裡に終わったことを表現するすのが海で武器を清めることである[69]。征服の順序でなく、征服が完了したことを強調するために最後に置いたと考えられる。したがって、サルゴンの遠征路は、最初の碑文にあ

---

69 海で武器を浄めることについては、時代がかけ離れるが、新アッシリアのアッシュルナシルパル2世とシャルマネセル3世の王碑文に同種の表現が見られる。
　アッシュルナシルパル2世：「私（アシュルナシルパル）は、レバノン山麓へと道を取り、アムルの地の大海（地中海）まで進んだ。私は武器を大海で浄め、神々に犠牲を捧げた」(RIMA 2, 218)。
　シャルマネセル3世：「私（シャルマネセル）は、ナイリの海（ヴァン湖）に達し、海で武器を浄め、我が神々に犠牲を捧げた」(RIMA3, 9)。

るように，ウルクの王ルガルザゲシを破ったのち，南のウルに行き，ついで，ラガシュに行き，最後に北上してウンマに行ったと考えられる。この遠征路は，アダブの支配者メスキガルラが対処した状況と不整合は見られない。

　サルゴンは，シュメール遠征をまとめて，「50人のエンシ（都市支配者）と王（ルガルザゲシ）を捕虜にした」（RIME 2, 16-17）と書くように，多くの都市の支配者と戦ったが，碑文に明示されるのは，領邦都市国家であるウルク，ウル，ラガシュ，ウンマだけである。シュメールの地における政治主体は領邦都市国家であり，従属する都市国家は政治主体と見なされていなかった。

　シュメール遠征を記すどの碑文にも，領邦都市国家ニップル，アダブ，シュルッパクの征服は描かれない。サルゴンがニップルを支配したことは，ニップルの行政経済文書にサルゴンの年名が記されていることから確かである。アダブの支配者メスキガルラは，サルゴンが軍事行動を起こす前に恭順の姿勢を示した。確証はないがシュルッパクもアダブと同様の行動を取ったと考えられる。このように，サルゴンの碑文に明記されることはないが，サルゴンは軍事的制圧だけでなく，いくつかの方策を使い分けて，シュメールとアッカドの全領域を支配下に置くことに成功した。

　サルゴンが，敵対するシュメールの都市国家のなかで，エンシでなく，ルガル（王）と表現したのが，ウルクの王ルガルザゲシと，「ルナンナ，ウルの王（ルガル）」（RIME 2, 20）である。ルガルザゲシが敗北したのち，サルゴンも「王」と認めたほどのウルのルナンナが中心となって，対アッカドの戦いが続行された。リムシュ治世初頭のシュメールの反乱もウルの王（ルガル）カクが首謀者であった。ウルは，長くウルクの支配を受けていたが，ウルクの王ルガルザゲシの敗北ののち，自立して，領邦都市国家のなかでも重きを置く都市になっていた。

　リムシュが第2代の王になってすぐ，シュメール諸都市の反乱が勃発した。

　アッシュルナシルパル2世は，領土を東地中海岸の北シリアまで拡大することに努めた王である。シャルマネセル3世は，強大化するウラルトゥに対して軍を進めた。武器を浄めることは，軍事遠征が地中海岸やウラルトゥのヴァン湖まで達し，そこに至る全領域に対する支配の実効力を誇示する儀式である。
　古バビロニア時代のマリの王ヤフドゥンリムも，「海の岸（地中海）に至り，王の大いなる犠牲を海に捧げた。兵士たちは海の水で沐浴した」と記しており（Dossin 1955），ここでは武器を洗うのでなく，犠牲を捧げているが，先の王碑文と同じ趣旨と思われる。

サルゴンが征服地の安定的支配を実現する前に死亡したことが，反乱勃発の主要因であろうが，王位の交代という王権が不安定になった時期を狙ったとも考えられる。リムシュは，前例のない記述，殺した兵士数，捕虜の人数，都市から退去させキャンプに送った住民数などで王碑文を埋める。反乱の激しさは危機的であり，リムシュは王朝の崩壊を防ぐために徹底的に反乱諸都市を弾圧したのだろう。

　リムシュが捕虜としたのは，ウルの王（lugal）カクと，アダブ，ウンマ，ラガシュの支配者（énsi），加えて領邦都市国家ウンマの従属都市キアンとザバラムの支配者（énsi）である。それらの都市のすべての城壁は破壊され，住民を都市から退去させられている。碑文にある表現に着目すれば，サルゴンは50人の支配者と戦ったと述べても，領邦都市国家に従属する都市の支配者，戦利品，捕虜について記すことがなかったのに対して，リムシュは，領邦都市国家の枠組みを無視して，わざわざキアンとザバラム両都市を挙げている。挙げるの理由については，一つの推定はできる。

　リムシュに叛旗を翻したのは，領邦都市国家のウル，アダブ，ラガシュ，ウンマであり，ウルクは反乱に加わっていない。反乱を企てた都市を見れば，ウルのカクは王を名乗り，盟主たることを自認していた。アダブの支配者は長くその地位にあるメスキガルラであり，ルガルザゲシとサルゴンという強力な王が出現するとその配下となっていたが，独立の好機と捉え，反乱に加わった。ラガシュの支配者はキクイドという名である。キクイドとサルゴンに敗れたラガシュの支配者メスジ（RIME 2, 30）との系譜関係は不明である。しかし，それ以前，ラガシュの支配者ウルカギナはルガルザゲシに敗北しているので，敵対したウルカギナに代わって，親ルガルザゲシのメスジとキクイドがラガシュの支配者の地位に就いていたと考えられる。キクイドは，親ルガルザゲシの立場で彼の雪辱を晴らす目的で反乱に加わったのかもしれない。

　ウンマはサルゴンに敗北したルガルザゲシの母国であり，親ルガルザゲシの立場から反サルゴンの意識が強く，従属するキアンとザバラムの支配者とともに反乱軍の主力になっていたと考えられる。そして，反乱軍の主力であったことで，リムシュはウンマ，キアン，ザバラムの支配者の名を碑文に記したのであろう。このように推測される。

リムシュ碑文で最も注目されるのが，敵対者をシュメール（šu-me-ri-im）と表記することである[70]。これが楔形文字史料におけるシュメールの初出である。これによって，リムシュが，シュメールとアッカドの民族対立を表現したかが問題になる。民族対立を読み込むことに筆者は否定的である。シュメールとアッカドという地域・民族区分はナラムシン治世以降に成立するので，ナラムシン以前のリムシュ治世では，シュメールをアッカドとの対比では使えなかったからである。ルガルザゲシが支配した領域，キシュを除いた領邦都市国家（エンギに集う領邦都市国家：ウルク，ウル，ラガシュ，ウンマ，アダブ，シュルッパク，ニップル）の領域は，総体としてキエンギと意識されていた。リムシュに反乱を試みたのは，シュメール人主体の領邦都市国家群であるので，それをリムシュはシュメールと表現したと考えられる。

問題は，むしろ，シュメールに対するアッカドの方である。ナラムシン以前では，アッカドとはあくまでもアッカド市の意味であり，現代の用法のように，アッカド市を超えてアッカド語（東セム語）を話す人々全体を，アッカド人と称することはなかった。リムシュは，シュメール遠征の帰途に，アッカド語名の王を戴くカザルを征服しており，カザルの支配者にしても，アッカドの王リムシュにしても，彼らがアッカド人として括られる同一民族という意識は持ち合わせていなかったと見るべきである。シュメールとアッカドという民族対立を碑文から読み取ることはできない。

アッカド王朝の軍事組織

アッカド王朝のサルゴンとリムシュは，シュメール都市国家連合を圧倒する軍事力を見せ付けた。その差を生じさせるアッカド王朝の軍団組織の特質を見ておきたい。

サルゴンは，シュメール遠征に9軍団，5,400人の兵士を投入した[71]。この

---

70 「シュメール（šu-me-ri-im）と3度激しく戦った。11,322人の兵士を殺し，2,520人を捕虜にした。そして，ウルの王カクを捕らえた。彼の（同盟者たる）都市支配者たちを捕らえた。そして，彼等の王座を下の海まで絶やした。シュメール都市（in URU^{ki} URU^{ki}, šu-me-ri-im）の住民14,100人を退去させた」（RIME 2, 47-48）。

71 「アッカドの9軍団で（in 9, ki-ṣé-rí, a-kà-dè^{ki}）ウルクを征服し，戦闘に勝利した」（RIME 2, 16）。CAD K 436. s.v. kiṣru "contingent of soldiers, troop, team of workmen or experts." 「5,400人の兵士が日々彼の前で食事をした」（RIME 2, 29）。

表 10　アッカド軍の編成

アッカド軍	9軍団	5,400人	総司令官：王，シャギナ（軍事補佐職）
1軍団	（＝10大隊）	600人	軍団長：ヌバンダ
1大隊	（＝6十人隊）	60人	大隊長：ウグラ
1十人隊		10人	十人隊長：シェシュガル

二つの数値から，アッカド軍は，1軍団600人となり，表10のような軍事組織が考えられる。

軍団はヌバンダが指揮官であり，その下に大隊長たるウグラ，十人隊長たるシェシュガルがいた。総帥たる王とともに挙がるシャギナとは，領域国家期に新しく創られた軍事職であり（前田 1994），領域支配を成し遂げた王を軍事的に補佐する職である。その職には1人が就き，支配下諸都市の軍団を統括することを任務とした[72]。ただし，ここに示した軍団構成表はあくまでも理想型であって，史料に各級の隊の構成員数がこのような整数で記録されることはない。

武器については，シュメール都市国家の兵士が主に槍を装備したのに対して，サルゴンの浮き彫りでは，王に従う兵士は長い柄に金属製の鋭い刃を装着した戦闘斧を持つ（前川 2011）。有名なナラムシンのルルブ遠征碑では，シュメールの装備にはない弓が描かれる。弓と戦闘斧を装備したアッカドの兵士は，軽装で機動力に富む戦闘員であった。

サルゴンが率いるアッカド軍に対峙したシュメール諸都市の軍隊は，ウルの章旗やエアンナトゥムの禿鷹碑文から知られる。禿鷹碑文では，大きな楯を相互に密着させた兵士が前衛に並び，その後から長い槍を突き出す密集兵団（ファランクス）として描かれる（藤井 1999）。密集兵団の前を短剣を握る王が進む。別の画面では，エアンナトゥムは戦車に乗って進軍する。この場面では彼は手に持った長い槍を突き出す。馬はまだ使用されなかったので，ロバ（もしくはオナガー）に戦車を引かせた。「ウルの章旗」でも，戦車が登場する。兵

---

[72] 創設時である領域国家期には王権の中枢を占めたシャギナであるが，ウル第三王朝時代になると，王の軍事補佐職でなく，個々の軍団を指揮する将軍職の名称になった。そのことでシャギナ（将軍）は1人でなく，多くの者がその職に就くようになった。

士は密集兵団として描かれないが，武器は槍や短めの棒であり，基本的に禿鷹碑文と同じ軍装の兵士集団である。こうしたシュメールの兵士と比較すれば，アッカドの軍は，密集兵団でなく，鋭い刃を持つ長柄の斧を武器として格闘戦を得意としたと考えられる。

　アッカドの軍団とシュメール諸都市の軍団との最大の相違点は，軍事専門集団かどうかである。初期王朝時代のシュメール諸都市の軍事集団は，戦時には戦闘集団になるが，平時には灌漑労働などの集団労働に従事する軍事・労働集団であった（中原1965）。さらに，行政経済組織のなかで各々の役職を果たす者も，戦時の軍役が義務であり軍団に組み入れられた。ウルカギナがルガルザゲシに敗れると，軍事的損害だけでなく，行政経済組織が機能不全に陥り，灌漑農耕の行き詰まりと土地・大麦の定期支給制度のほころびが顕著になったのも，軍事・労働集団の性格によっている。

　それに対して，サルゴンが5,400人の兵士が食事をともにすると述べることは，王のもとで訓練を積む専門の兵士集団を誇示するためであろう。アッカド王朝が軍事に特化した専門集団を駆使できたこと，それがアッカド王朝に軍事的優位をもたらした第一の要因とと捉えることができる。さらに，アッカドの優位な面として，戦術単位である軍団の兵員数を挙げることもできる。

　シュメール都市国家が編成した軍団の兵員数は，ラガシュのウルカギナ治世の3枚の軍編成文書から知られる。ウルカギナは，ルガルザゲシとの戦いで被害を受け，軍団を再編しなければならなかった。その軍再編記録からは，1大隊あたり20人前後の兵員であった[73]。アッカドの軍団とシュメールの軍団を比べると，兵員数が大きく異なる。ラガシュの編成記録では200人未満であり，アッカドの軍団の兵員数は600人であるので，その3倍から6倍であった。エンシャクシュアンナの六国同盟では，60人の大隊が単位となっており，各国の兵員数は，ウルクの25大隊1,502人からラガシュとウンマの8大隊480人までまちまちである。都市国家が単位であり，大隊の上位にあるべき軍団編成が欠如している（Visicato 1995, no. 202）。軍団は戦術単位であり，

---

[73] ウルカギナ5年の2文書が記録する軍団は，各々，9大隊計184人（Nik 1, 3），6大隊計100人（1大隊平均16人）（DP 136）であり，同6年の記録（DP 135）では，8大隊計167人である。

数的に圧倒できる兵士を戦場に一度に投入できること，これもアッカド軍の優越性をもたらしたと考えてよいだろう．

アッカドのシュメール支配

　アッカド王朝初期三代の王の軍事遠征と支配について述べたが，アッカド王朝はシュメール諸都市を直接支配したかが問題になる．同時代史料によれば，アッカド王朝支配下のシュメール諸都市の支配者（エンシ）は，ほとんどがシュメール語名であり，アッカド人による直接支配は実証されない．それにもかかわらず，サルゴンはシュメール諸都市に部下を派遣し直接統治した，つまり，中央集権的な体制を敷いたと言われている．

　直接統治の証拠となる史料は，唯一，サルゴン碑文にある「下の海から（アッカドまでの地域において）dumu-dumu a-ga-dè^{ki} にエンシ権を選び与えた」(RIME 2, 11-12) であり，dumu-dumu a-ga-dè^{ki} を「アッカドの市民たち」と解釈することで，シュメール諸都市はアッカドから派遣されたアッカド人によって直接統治されたとされる（Westenholz 1984, 78）．この解釈が正しいかが問題になる．

　dumu-dumu a-ga-dè^{ki} の用例は，サルゴン碑文だけでなく，サルゴンの子で第3代の王となったマニシュトゥシュの石碑（オベリスク）にもある（Gelb, et al. 1991）．マニシュトゥシュを買い手とする土地売買の記録であるが，49人の dumu-dumu a-ga-dè^{ki} が「土地（売買）の証人たち」として記録される．dumu-dumu a-ga-dè^{ki} の筆頭に挙がるのは王弟の子であり，ほかに，大書記の子，伝令長の子，宮廷官長の子，将軍の子などが構成員である．高官の子弟であるから，彼らがアッカド出自であるのは確かである．

　しかし，この49人には，シュメール都市ラガシュとウンマ，アッカド地方の都市シッパル，エラム地方のバシメ，それぞれの都市の支配者層の子弟が含まれる．なかでも，ラガシュの支配者エンギルサの子として挙がるウルカギナは，ルガルザゲシに敗れた祖父の名を継承した者である[74]．エンギルサとその

74　エンギルサは，ウルカギナ治世のラガシュ文書 DP 69 に，ニンマルキ神などに奉納した者としてウルカギナの妃シャシャとともに記録される．このエンギルサをウルカギナの父に想定する場合があるが（Powell 1996, 312; RIME 1, 245），ウルカギナの後継者たる子として奉納したと考えるのが妥当である．

子ウルカギナは，シュメール都市ラガシュの有力家系に属するシュメール人であり，アッカド語を話す「アッカド人」でも，アッカド市を出自とする市民でもない。したがって，dumu-dumu a-ga-dè^{ki} を「アッカドの市民」と解釈することは自明とは言えない。

市民を示すシュメール語，「ウルクの子＝市民 dumu Uruk」のような dumu＋City は，すでに，エンメテナ碑文に，ウルク，ラルサの市民（dumu unu^{ki}, dumu larasa^{ki}）に自由を与えたのような例がある。しかし，dumu の複数として dumu-dumu と書く例は知られていない。サルゴン碑文の dumu-dumu a-ga-dè^{ki} も，マニシュトゥシュの碑文にあるのも，アッカドの市民の複数形と捉えることはできないのであり，別の意味を持つ語と考える必要がある。

参考になるのが，ファラ（＝シュルッパク）文書に現れる dumu-dumu である。この語は，シュルッパクの王宮組織に従属して，行政・経済・軍事的な部門で奉仕する者を意味するとされる（Pomponio & Visicato 1994）。そのことから，マニシュトゥシュ碑文の dumu dumu a-ga-dè^{ki} は，「アッカドの権威に従って奉仕する者」，すなわち，アッカド王権の要職にある者の子弟と支配に服する諸都市の親アッカド派の子弟を包含する用語と捉えることができる。サルゴン碑文の dumu-dumu a-ga-dè^{ki} も同等の意味になると考えられる。

dumu-dumu a-ga-dè^{ki} の意味がこのようであれば，サルゴンと彼が征服した諸都市の関係は次のようなものとなる。征服されたシュメール都市が，ある場合にはアッカドから派遣された者によって支配を受けたことを全面的に否定することはできないが，アッカドの王は，それぞれの都市に存在する親アッカドの支配層を取り込み，そのなかから支配者を選任することの方が多かったはずである。マニシュトゥシュの石碑に挙がるラガシュ，ウンマ，シッパル，バシメは，親アッカドの在地勢力による政権が成立した都市であり，彼ら在地支配層は中央のアッカド宮廷に子弟を出仕させ，中央と地方の緊密化を図ったのであろう。

つまり，アッカド王朝の統治組織は完備した中央集権体制という従来の想定よりも，支配は在地勢力の活用が要であったと見る方が事実に近いと思われる。アッカド王朝の後に成立したウル第三王朝においても，あとで述べるように，在地勢力の活用という同様の支配体制が看取され，前3千年紀のメソポタミ

アに中央集権的官僚組織が成立したと考えることはできない。

　アッカド王朝時代には，シュメール都市国家が反乱を企てることが多くあり，シャルカリシャリ治世以降では都市国家の自立化傾向が顕著になる。こうした動きは，反アッカド感情に根差すとしても，事態を複雑にするのは，それぞれの都市国家において親アッカドと反アッカドの対立が支配層の中に持ち込まれたことに起因する面があったはずである。シュメール都市国家の動きを考えるとき，対アッカドという外との関係だけでなく，都市内における対立，とりわけ支配層内の対立を考慮することも必要になろう。

　領邦都市国家における親アッカドと反アッカド派の関係から，すでに述べたことと重複するところもあるが，この時期のラガシュとウンマにおける支配者の交代を見たい。

　ラガシュについては，ルガルザゲシに敗れたウルカギナ（呪詛碑文）に代わって，親ルガルザゲシのメスジ（mes-zi）が支配者になり，サルゴンの侵寇に際してルガルザゲシとともに戦ったが，敗れた（サルゴン碑文）。代わってキクイド（ki-ku-íd）が支配者になったが，彼もリムシュ治世早々の反乱に加担し，敗北した（リムシュ碑文）。そのあと，政権を追われていたウルカギナの子エンギルサが，反ルガルザゲシ＝親アッカドとして返り咲いた（マニシュトゥシュのオベリスク）。

　ウンマについては，マニシュトゥシュのオベリスクに，親アッカド派（dumu-dumu a-ga-dè^{ki}）として，ウンマの支配者（エンシ）のPAP.ŠEŠであるスルシュキンの2人の子アビルダンとドゥルシュヌが挙がる[75]。

　ウンマの支配者は，サルゴン侵寇時に捕虜になったメスエがおり，リムシュによって捕らえられたのは，エン某（En-[ ]）である。この時期のアダブ文書には，アダブの支配者メスキガルラに並んで，ウンマの支配者スルシュキン（su-⟨ru⟩-uš-GI）が記録される[76]。このスルシュキンは，マニシュトゥシュのオベリスクに書かれた su-ru-uš-GI と同一人物と考えられる。つまり，オベリスクに記された系譜は，名は書かれていない現在のウンマの支配者（エンシ）の

75　2 DUMU *su-ru-uš*-GI, *ši* PAB.ŠEŠ, énsi, umma^{ki}.
76　アダブ文書（CUSAS 11, 90, & 122）は，サルゴンに敗北したウンマの支配者メスエのあとの時期，そして，メスキガルラがリムシュに敗北するまでの期間，すなわち，サルゴン治世，もしくは，リムシュ治世の早々に作成されたと考えられる。

「偉大な兄弟 PAP.ŠEŠ」，つまり，以前にエンシ職に在位したことのあるスルシュキンの2人の子となる[77]。アビルダンとドゥルシュヌの2人は，ウンマの支配者の兄の子＝甥である。

　このことからウンマの支配者の交代は次のように捉えられる。サルゴンがウンマを征服したことで，親アッカド派のスルシュキンが支配者になった（アダブ文書）。サルゴンの死によって，反アッカドのエン某がエンシ権を奪い，従属するキアンとザバラムの支配者とともに反乱に参加した（リムシュ碑文）。その反乱が失敗に終わることで，親アッカド派のスルシュキンの弟がウンマの支配者の地位に就いた（マニシュトゥシュのオベリスク）。

　スルシュキンはアッカド語名であるので，ウンマ支配のためにアッカドから派遣された者かもしれないが，リムシュに征服されたカザルの支配者もアッカド語名を持つように，アッカド語の名だけでは，サルゴンの部下とは言い切れない。セム系の言葉を話すウンマの有力者と思われる。

　このように見てくれば，サルゴンは，領邦都市国家の伝統を継承するシュメール都市国家の存在を尊重する点で，ほかの領域国家期の王と何ら異なるところがなく，エンシャクシュアンナ以来の統治政策を継承した王と捉えることができる。

　ただし，アッカド王朝がシュメール諸都市の分権的傾向を野放しにしたわけではない。ナラムシン治世以前に記録されたウンマとラガシュの行政経済文書から知られるが，アッカドの王に直属する高官であるエティブメルなる人物がシュメール南部に派遣され，ラガシュとウンマの両都市を都市支配者を牽制した。

　エティブメルは，ウンマとラガシュにおいて耕地を受領し[78]，ウンマでは，エティブメルが受領した耕地をウンマの支配者メサグと王の書記が検地する。これらの耕地はアッカドの王の直轄地であり，それを管理した。エティブメルは，アッカドの王に直属する高位の役職シャブラ・エ（šabra-é）であり（CT 50, 172），シャブラ・エの職掌によって，ラガシュやウンマの領域における直轄耕地をはじめとした王の財産を管理した。彼の職務はそれに留まらず，ラガ

---

[77] *CAD* A/II, 416. s.v. *ašaridu*, PAB.ŠEŠ: *ra-bi a-ḫi*（偉大な兄弟？），a-ša-ri-du.
[78] ウンマ：88ブルの耕地（USP 18），ラガシュ：102ブルの耕地（CST 18）。

シュとウンマの在地支配者に対する指導・監督もその任であった。アッカド王朝の後に成立するウル第三王朝時代に，ウルの王に直属する軍団がラガシュやウンマの近郊に配置され，都市支配者を牽制するように，エティブメルの場合も，駐留するアッカド軍団を背景にラガシュとウンマの支配者を牽制したのである。アッカド王朝時代のシュメール支配は，こうした間接的な統治であったと見るのが妥当であろう。

第4章
統一国家形成期の領邦都市国家

1 四方世界の王ナラムシン

サルゴンとナラムシン

　アッカド王朝第4代の王ナラムシンは，前王マニシュトゥシュの子，サルゴンの孫である。ただし，後世の文学作品や年代記は，事実と相違してナラムシンをサルゴンの子とする。文学作品で親子とあるのは，サルゴンを主人公にした『戦闘の王』やナラムシンの『クタ伝説』が，この2人を世界を制覇した偉大な王と描くように（Westenholz 1997），アッカド王朝を代表する英雄王として対比させるためであろう。

　史実としてのナラムシンが重要なのは，「四方世界の王」を名乗り，王の神格化を採用したことである。「四方世界の王」と王の神格化が統一国家期の指標となる。ナラムシンのときに，時代は領域国家から統一国家に転換した。王権の発展による区分では，王朝交代の区分と異なり，アッカド王朝の半ばが区切りになる。

「四方世界の王」

　「四方世界の王」の四方世界とは，地上の人間世界を東西南北の四至で捉える地理観に依拠する。南が中心文明地域であるシュメールとアッカドの地であり，それを取り巻くように，北のスビル（スバルトゥ），西のマルトゥ（アムル），東のエラムがある[79]。それらは，非文明世界と見なされた。ナラムシンは，「四方世界の王」に相応しく，周辺地域への遠征を実施し，結果，アッカド王朝は

---

[79] ウル第三王朝時代の家屋平面図に，四至の記載がある。北が IM.MER, 南が IM.U₅, 東が IM.KUR, 西が IM.MAR.TU である（Thureau-Dangin, RA 4, 24）。東は「山（エラム）の？風」

図 10　ナラムシンの遠征

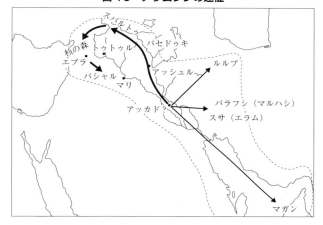

最大版図になった。ナラムシン以前の遠征と相違するところを見ていきたい（図10）。

エラムについては、リムシュやマニシュトゥシュのときにアッカドの支配が確立していた。ナラムシンは、さらに遠く、アラビア半島の東北端、現在のオマーンにあったマガンまで遠征軍を送り、マガンの王を捕虜にし、戦利品をウルなどで神々に奉納した[80]。マガンが、アッカド王朝歴代の王が行ったペルシア湾方面の軍事遠征のなかで最遠である。

ペルシア湾とは反対の方向、東地中海岸方面への遠征は、地図では空白になっていたように、初期三代の王のときに行われなかった。ナラムシンは、空

西は「マルトゥの風」とされる。こうした四至は、アッカド王朝第3代マニシュトシュの土地購入碑文にすでに現れている（Gelb et al 1991, 116-51）。それ以前では、初期王朝時代ラガシュの文書において北はSAG-AN-NA（天の方向）、南はSAG-A-KI-TA（地の方向）が一般的であるが、北をSAG-IM-MER-RAとする例も知られ、その逆の南はSAG-SIG-GA（下の方向）で示されている。西と東はUŠ/UŠ-KIで示されるのが通例であり、クルもマルトゥも使用していない。東をクル＝エラム、西をマルトゥで示す方法はマニシュトシュ治世には使われていたのであり、ナラムシンはそれを政治的に利用して、シュメール・アッカドだけでなく、周辺地域までをも支配することを、西はマルトゥ、北はスバル、東はエラムの四方世界として表現できた。

80 「彼（ナラムシン）はマガンを征服し、マガンの支配者（EN）マニウムを捕虜にした。その（マガンの）山で彼は閃緑岩を掘り出し、彼の市アッカドに運んだ。（その石で）彼の像を造り、[一神に奉納した]」（RIME 2, 117）。
　別の碑文に「ナラムシン、四方世界の王（が奉納）。マガンの戦利品である鉢（bur, nam-ra-ak, má-gan^{ki}）」とある（RIME 2, 100）。

白を埋めるように，エブラや杉の森への遠征を敢行した。遠征は複数の年名に採られており[81]，何年もかかった。

年名や碑文によって明らかになるナラムシンの西北遠征は，ティグリス川を遡上するルートである。リムシュとマニシュトゥシュ治世にアッカド王朝の支配領域に組み込まれていたアッシュルやニネヴェを前線基地として，ティグリス川を上流へと進み，北メソポタミアの諸勢力を服属させ，源流域においてユーフラテス川に渡り，地中海岸に達し，杉の森，エブラを征服するという行程である。

ナラムシンが北メソポタミアからシリアの地域を実効的に支配したことは，「スバルトゥの支配者（エンシ énsi）たち，上の国の君候（エン en）たちが，貢ぎ物を持参した」（RIME 2, 131）ように，その地方の君主に貢ぎ物を課したと具体的に記すことから確実である[82]。ナラムシンは，彼の東地中海岸に至る

---

81 ナラムシンの年名（RIME 2, 86）
 (1)「ナラムシンがアズヒヌムにおいてスビルとの戦いに勝利し，タヒシュイリを捕虜にした年」
 (2)「ナラムシンがティグリス川とユーフラテス川の源流に到達し，シェナムインダとの戦いに勝利した年」
 (3)「ナラムシンが杉の森に遠征した年」
 (4)「ナラムシンが［　］と［　］との戦いに勝利し，アムナヌ（アマヌス）山地においてレバノン杉を切り倒した年」
　(1) にあるアズヒヌムがどこにあったかは不明ながら，スビル（スバルトゥ）は，ティグリス川を遡上した北メソポタミア地域とそこに住む人々を指す。現在の北イラクから北シリアにかけての地域である。(2) の年名によれば，ティグリス川をさらに遡上し，源流域に達した。遠征軍が現在のトルコ領まで進出し，そこでユーフラテス川源流域に渡ったことは，遠征を記した王碑文に，「彼（ナラムシン）はティグリス川の源流とユーフラテス川の源流に達した。アマヌスの山で木を切り出した」（RIME 2, 140）や，「彼（ナラムシン）はシシルでティグリス川を渡り，シシルからユーフラテス川側に行った。彼はユーフラテス川を渡りマルトゥの山バシャルに行った」（RIME 2, 91）とあることからも知られる。
　(3) と (4) は表現が異なるにしても，同一年の年名の可能性がある。(4) にあるアムナヌ（アマヌス）山地は，(3) にある杉の森と同義であり，地中海沿岸地域の北端，アナトリアの付け根に位置する。(3)・(4) ともに，領域国家期の王が待望してやまなかった杉の森（杉の山）であるアマヌス山脈までの遠征に成功したことを示している。
82 この碑文では，二つのことが注目される。一つは称号である。スバルトゥは北メソポタミア地方のことであるが，その地の支配者はエンシと呼ばれ，シリア地方である「上の国」の支配者はエン（EN）と呼ばれる。「上の国」シリア地方の代表的な都市エブラの文書によれば，エブラの支配者号はエン（EN）と書いて，マリク（malik）と読まれていた。ナラムシンの碑文にある「スバルトゥの支配者（エンシ）たち，上の国の君候（エン EN）たち」に現れるエンシとエンは，対句のための文飾でなく，実態を伝えていると思われる。ナラムシンは，ペルシア湾口のマガンの支配者もエンと書く。アッカドから見て最遠部のエブラとマガンの王がエンで示されることに意味があるのかもしれない。
　二つ目が，貢ぎ物である。在地の支配者が持参した貢ぎ物は NIDBA nindabû と書かれているが，この語は貢納や税を意味しないで，「神饌，供え物」の意味である（CAD N/2, 204）。スバルトゥがダガン神を主神としたか疑問であるが，上の国は地中海岸を指すのであるからダ

遠征を

> 「かつて，人類創造のとき以来どのような王もアルマヌンとエブラを征服した者はいなかった。[　]のなかで，ネルガル神は強き者ナラムシンに路を開き，アルマヌンとエブラを彼に与えた。アマヌム，杉の山，上方の海を彼に進呈した。王権を拡げるダガン神の武器でもって，強き者ナラムシンはアルマヌンとエブラを撃破した。（中略）アマヌムと杉の山までを征服した。」(RIME 2, 132-133)

と誇る。ナラムシンが述べることは事実であり，この地方への遠征は，サルゴンでなく，ナラムシンが最初である。

ユーフラテス川とティグリス川

　ナラムシンの西方遠征は，彼以前の王とは異なる世界観を生み出した。サルゴンは，西方遠征を，アッカドからユーフラテス川を遡上して，マリを経て，主神殿があるトゥトゥルにおいてダガン神に祈り，エブラ，杉の森（杉の山），銀の山までの領域を与えるように懇願した。サルゴンが描く行程はユーフラテス川ルートを辿る。それは，統合すべきはユーフラテス川沿いの中心地域（「上の海から下の海まで」）という領域国家期の見方に依拠した行動である。逆に言えば，サルゴンは，中心地域の外であるティグリス川地域を意識していなかった。

　それに対して，ナラムシンは，サルゴンが使った「上の海から下の海まで」を全く使わない。彼は，「バラフシに至るエラムのすべての国土と，杉の山に至るスバルトゥまでの指導者」(RIME 2, 130) や，「アルマヌム，エブラ，エラムの征服者」(RIME 2, 167) を自称した。杉の山に至るスバルトゥという表現は，サルゴンが理解したユーフラテス川ルートでなく，ティグリス川ルートで理解したことの現れである。

　ナラムシンの北・西遠征の成功は，マリやエブラなどを通るユーフラテス川ルートと，エラムとシリアをつなぐティグリス川ルートとが結合したことを意味し，両川流域全体が一つとして理解されることになった。そのことで，領域

ガン信仰の地域である。こうした在地の神でなく，シュメール・アッカドの最高神エンリルに服属することを誓い，その神饌としてナラムシンに奉納したと解釈できる。

国家期の「上の海から下の海まで」のユーフラテス川流域とは異なる地理観から，東はエラムのバラフシから西はエブラ，杉の山に至る全世界が「四方世界の王」の支配下にあると宣言できた。それが領域国家期と統一国家期の地理観の相違である。

　ナラムシンの遠征は，経済圏の拡大も結果した。従来からのマリやエブラなどを通るユーフラテス川ルートと，エラムとシリアをつなぐ北メソポタミアのティグリス川ルートとがシリアにおいて結ばれ，さらにはアナトリアからシリア・エジプトに至る南北の交易路とも結合したのであり，広域の交易路網が1人の王のもとにまとめられる結果になった。

王の神格化

　ナラムシンが為した重要なこととして，「四方世界の王」を初めて名乗ったことのほかに，王の神格化がある。王の神格化も統一国家期の指標になる。トルコ国境に近いイラクのバセトキで発見された碑文が，ナラムシンが自らを神格化した意図を示している。

> 「ナラムシン，強き者，アッカドの王は，四方世界が一致して反乱を起こしたとき，イシュタル（イナンナ）女神が示した愛によって，1年に9度の戦いに勝利し，彼に反抗した王たちを捕虜にした。（ナラムシンが）かくなる困難のなかで彼の市（アッカド）の基台を固めたことで，彼の市（アッカド）は，エアンナ（ウルク）のイナンナ神，ニップルのエンリル神，トゥトゥルのダガン神，ケシュのニンフルサグ神，エリドゥのエンキ神，ウルのシン神，シッパルのシャマシュ神，グドゥアのネルガル神とともに，彼らの市，アッカドの神に（なることを），彼（ナラムシン）に要請し，アッカドの市中に彼（ナラムシン）の神殿を建てた。」(RIME 2, 113-114)

　ナラムシンが述べることに従えば，アッカド市が諸国の反乱で苦しんだとき，それを平定してアッカド市に平安をもたらした業績によって，同じく反乱に苦しんだ主要な諸都市の神々と，シリア地方の主神的地位にあるダガン神が，各々の都市を保護・守護する神としてナラムシンを要望し，アッカド市にナラムシンの神殿を建てた。それが王の神格化である。

　神たるナラムシン王の神殿をアッカド市に建てることを要請したのは，アン

神を除く七大神に，冥界神ネルガルとシリア地方の最高神の地位にあるダガン神（トゥトゥル）である。七大神などの要請であることの強調であるとともに，中心地域であるユーフラテス川中流域からペルシア湾に至るまでの主要都市に祭られる神々が要請したとなっており，神々の列挙はナラムシンの支配領域の広がりを誇示することでもある。

　ただし，ナラムシンの神格化は，最高神エンリルと同等の地位の獲得でも，大神に伍する神でもない。大いなる神々の下位にあって，大いなる神々が都市神である都市を外敵から守る神，守護神であることが求められた。ナラムシンは，部下の円筒印章で，「アッカド市の神」と形容される（RIME 2, 165, etc.）。これは，イラバ神に代わって「アッカド市の主神」になったのでなく，ナラムシンが自らを「イラバ神の将軍」（RIME 2, 96）と名乗り，「彼（ナラムシン）のイラバ神（が授けた）武器でもって」敵を捕虜にしたと述べるように（RIME 2, 94），都市神イラバに奉仕する「アッカド市の守護神」の意味である。

　王の神格化が，下位の守護神になるという限定的な意味合いであるにしても，ナラムシンが，自らを神とした最初の王であることは間違いない。神格化された王は，ルルブ遠征碑にあるように，神の象徴である角のある冠で表現される。彼以前では，たとえば，初期王朝時代ラガシュの支配者エンメテナは，「エンリル神が運命の大いなる王杖をニップルからエンメテナに与えた」とあるように，王権の象徴としての王杖を授かっており，王冠を王の象徴とすることはなかった。アッカド王朝時代になっても，サルゴン碑文に「エンリル神が王杖を彼に与えたとき」（RIME 2, 34）とあり，マニシュトゥシュ碑文にも「王権に相応しい王杖を授けた。」（RIME 2, 78）とある。

　それに対して，ナラムシン以後であれば，たとえばウル第三王朝のシュシンやイッビシンは，王杖でなく王冠で示すようになり，王冠の授与＝戴冠式が即位式になる。つまり，王号の変化による時代区分に合致して，王権を王杖授与で示すのが都市国家分立期から領域国家期までの時期であり，統一国家期になって神たる王として戴冠式が行われるようになるという明確な相違がある（前田 1999b）。

不敬な王ナラムシン

　ナラムシンは,「四方世界の王」を名乗ることで, 領域国家期から統一国家期への転換を果たした。革新を目指したナラムシンであるが, ナラムシンの子シャルカリシャリをはじめとして以後のアッカドの王は, 誰一人,「四方世界の王」を名乗らず,「アッカドの王」のみを王号とした。同様に, アッカド王朝の後継王は自らを神とすることがなく, 王の神格化はナラムシン1代で終わった。

　アッカド王朝の最盛期を実現したナラムシンであるが, アッカド王朝の滅亡を主題にする作品『アッカドの呪い』(Cooper 1983a) は, アッカド王朝を滅亡させた悪しき王として描く。エンリル神は, ナラムシンが犯した不敬に立腹して, 蛮族グティを山岳から侵入させ, 繁栄を誇るアッカド王朝を滅亡させた。『アッカドの呪い』がアッカド王朝の滅亡をこのように描くとしても, アッカド王朝は, ナラムシンの子シャルカリシャリをはじめ, なお数代続くのであり, 史実として承認できない。歴史をねじ曲げてまで, アッカド王朝の滅亡をナラムシンに帰するのは, ナラムシンは神に不敬をはたらき, 傲慢・不遜であるという伝承が強く残ったからであろう。そのイメージ形成の要因を, 世俗支配の強調と, 神格化に求めても間違いではないだろう。

　王の神格化は伝統的王権観の枠からはみ出た理念の導入であり, 革新である。ナラムシンの革新性は, 彼が誇って記す「かつて, 人類の（創造が）定まって以来, どのような王もアルマヌムとエブラを征服できなかった」(RIME 2, 132) や,「かつてどのような王も行くことがなかったタルハットゥムに, ナラムシンが（初めて）遠征した」(RIME 2, 131) のように,「前例のない行為」が強調されることにも読み取れる。革新を目指すナラムシンだからこそ, 傲慢と言えるほどに自己を主張し, 比類なき王として, 伝統を離れた新規・新奇な事業を功業として誇示できた。

　ナラムシンの子で王となったシャルカリシャリの名は「王の中の王」の意味である。こうした立派な名を持つ王を, 家臣は神として崇めることはあった (RIME 2, 201 ; 206)。しかし, 自身は神格化を公式には宣言せず,「四方世界の王」も採用しなかった。伝統を重んじ逸脱した変革を嫌う心性が, シャルカリシャリに, 王の神格化や「四方世界の王」を受け入れさせなかったのだろう。

ナラムシンが導入した「四方世界の王」が恒常的に使用されるのはウル第三王朝になってからである。新しい王権観の導入と定着の間にある程度の冷却期間が必要であった。そのことで，統一国家期を二分し，ナラムシン治世を「統一国家形成期」，ウル第三王朝時代を「統一国家確立期」と命名した。

ただし，アッカド王朝が滅亡して，ウル第三王朝第2代の王シュルギが名乗るまでの間，王号「四方世界の王」がまったく使われなかったわけではない。使用した1人が，ウルクの王ウトゥヘガルである（RIME 2, 281-283, 294-296）。ウトゥヘガルの死後，彼のシュメール・アッカドの再統一の意志を継いだのが，ウトゥヘガルによってウルに派遣されていたウルナンムである。彼は，ウルで自立し，ウル第三王朝の創始者となったが，ウトゥヘガルの「四方世界の王」を継承せず，「シュメールとアッカドの王」を王号とした。「四方世界の王」の使用はウトゥヘガルの単発に終わった。

ウトゥヘガルと同時期を生きたエラムの王に，プズルインシュシナクがいる（前田1993）。スサを本拠にエラム全土を掌握したプズルインシュシナクは，「インシュシナク神が彼を選び，四方世界を彼に与えた年に」，スサの都市神でありエラム地方の主神インシュシナクへの奉納を行ったと記す。プズルインシュシナクは王号「四方世界の王」を名乗ったとは記さないが，エラムの最高神インシュシナクから四方世界が与えられたとあるので，彼が「四方世界の王」を王号とした可能性はある。プズルインシュシナクが「四方世界」に言及するのは，シュメールの地においてウトゥヘガルが「四方世界の王」を名乗り，エラムと対峙したためではないかと推測される。しかし，プズルインシュシナクの場合も，彼以後のエラムの王が「四方世界の王」を名乗った例がないので，ここでも王号「四方世界の王」は定着せず，単発的な使用で終わった。

シュメール地方とアッカド地方

ナラムシンは，中心文明地域の支配に関しても，彼以前の王と異なる王号の使い方をした。アッカド王朝初期三代の王はキシュの権威に依拠して「全土の王」を名乗り，「アッカドの王」を名乗ることがなかったが，ナラムシンは，「全土の王」を継承せず，新規に「四方世界の王」を名乗り，さらに，王号「アッカドの王」を初めて使った。ナラムシンは，「アッカドの王，四方世界の

王」と連称することで，彼以前の王が束縛されていたキシュの伝統的権威から抜け出し，アッカド中心の新しい統合理念を示した。

　ナラムシンは，伝統的にキシュが所在するところと理解されてきたニップルより上流地域を，アッカド中心の地域と捉えた。中心文明地域がニップルを境とした下流のシュメール地方と上流のアッカド地方の2地方の範囲となる。ナラムシンが導入したシュメール地方とアッカド地方の二分法は，サルゴンが意図したキシュとウルクの対立を含意しない。アッカド人とシュメール人は文明を担う者として並存・共存する。

　ナラムシンの時代にアッカドに対するシュメール地方が明確になることで，次の王シャルカリシャリは，下流地域への巡幸を，「王がキエンギ（＝シュメール）に行った／来たとき」（CT 50, 52）のように，シュメールへの巡幸と捉えるようになった[83]。シュメール地方とアッカド地方の2区分が前2千年紀まで続く地理観になる。中心地域をシュメールとアッカドで表現する地理観が定着したことを示す王号「シュメールとアッカドの王（lugal ki-en-gi ki-uri）」は，アッカド王朝滅亡後に現われる[84]。

中心文明地域の支配

　ナラムシンは，即位早々に勃発した反アッカドの大乱に対処しなければならなかった。中心地域の諸都市との関係を，この大乱によって見たい。大乱は，2代前のリムシュ治世のシュメール反乱が即位早々であったように，支配が固まらない時期に勃発した。北ではキシュが，南ではウルクが盟主となり，シュメール・アッカドのほとんどすべての主要都市が参加するほど広範囲に及んだ。ナラムシンは，多くの碑文で「1年に9度の戦闘を行った」ことを繰り返し強調した。苛烈な戦闘が続いたのであろう。

83　「王（lugal）がシュメールに行った（とき）」と訳したCT 50, 52にあるlugal ki-en-gi-šè, i-gin-na-a, zabalam[ki]-a, i-gíd-da-àmを，フォスターは，「王がシュメールに行ったとき，（奉納物を）ザバラムに運び上げた」と解釈する（Foster 1982, 134）。動詞gídを舟の運航に関連させ訳したのであろうが，この部分は，奉納物を，「ザバラムで（すべてがそろっているかを）調べた」の意味に取るべきではないだろうか。

84　アッカド地方（URI）という名称については，ナラムシンの子シャルカリシャリのために奉納された碑文に「シャルカリシャリ，強き者，アッカドの地の神（DINGIR ma-ti URI），イシャルダヤニは，一の人，彼（シャルカリシャリ）の奴僕」（RIME 2, 206）とあり，これが初出になろう。

キシュの王 (lugal) を首謀者とする反乱には，énsi を名乗るグドゥア，アハ（クアラ A.ḪA＝ku'ara），シッパル，カザル，ギリタブ，アピアク，ボルシッパ，エレシュ，ディルバトの支配者が加担した。ナラムシン治世までに，シュメール地方と同等以上にアッカド地方においても多くの都市国家が形成されていたことが知られる。

キシュの王によるアッカド地方の反乱に呼応して，シュメール地方でもウルの王が反乱を起こした。加担したのはウルク，ニップル，ラガシュ，ウンマ，アダブ，シュルッパク，それにイシン (in^{ki}) である。イシンを除いて，すべて領邦都市国家である。逆に，領邦都市国家ではないイシンが碑文に書かれることは，領邦都市国家が政治主体であるという従来の体制が揺らぎ出したことを意味するのかもしれない。

中心地域の諸都市において，ナラムシンは，1人の王子をマラダの支配者に就け[85]，別の王子をトゥトゥブの支配者としていた (RIME 2, 159-60)。トゥトゥブはディヤラ川流域にあり，マラダはアッカド地方中部にある。この二つの都市に王子を配置したのはアッカド市の北と南の防備を固める意図によるのかもしれない。キシュを首謀者とするアッカド地方の反乱にマラダが挙げられていないのは，アッカドの王子が支配していたからであろう。

アッカドの王子がシュメール都市の支配者に任命されたことは確認できない。反乱後のシュメールの秩序回復として，エンリル神殿の再建とニップル市の再興のための運河開削が最重要課題として実施された[86]。他のシュメール都市についても，王子や家臣を派遣して直接統治する方策でなく，主要な神，サルゴンの娘エンヘドゥアンナが就いて以来の伝統となっていたウルのナンナ神の神官に王女を選ぶとともに (RIME 2, 145-6)，ニップルのエンリル神の神官を選んで (RIME 2, 124)，それぞれの市に赴かせた[87]。

ナラムシンは，自らを地上における唯一の王にして神となったにしても，そ

---

[85] 「ナラムシン，強き者，四方世界の王，1年に9度の戦いの勝利者：それらの戦いに勝利したとき，3人の王を捕え，エンリル神の前に連行した。そのとき，彼の子，マラダの支配者（エンシ）リビトイリは，マラダにルガルマラダ神の神殿を建てた」(RIME 2, 112)。

[86] ナラムシンの年名「ニップル市のエンリル神殿の基台を据え，ザバラム市にイナンナ神殿を（建てた）年」(RIME 2, 85)，「エエリン川の取水口を整えニップル市に導いた」(RIME 2, 86)。

[87] アッカド地方のシッパルでも，都市神シャマシュの神官に王女が任命されている (RIME 2, 157)。

の絶対的な権威でもって，諸都市を中央集権的な直接統治の下に置くことはない。ナラムシンの支配は，サルゴン以来の基本的な形態を変えることなく，領邦都市国家以来の分権的な都市国家的伝統を尊重して，アッカドの権威に従う在地勢力の有力者を支配者に据えて行われた。

ナラムシン以後

　ナラムシン治世のあと，アッカド王朝は，その子シャルカリシャリが王位を継ぎ，彼の死後，3年のうちに4人の王が立つ「誰が王で誰が王でなかったか」（『シュメールの王名表』）という混乱期を経て，ドゥドゥとその子シュトゥルルが即位した。

　ナラムシンの治世にアッカド王朝は最大版図になったが，ローマ帝国に例を採るまでもなく絶頂期が没落の始めであり，支配領域の縮小と滅亡に至る権力の弱体化が顕著になる時代である。その流れを追ってみたい。

　ナラムシンを継いだシャルカリシャリは，父の革新，王の神格化と王号「四方世界の王」を拒否するように，伝統的王権観に回帰した。彼は，王権の正統性を最高神エンリルに選ばれることに求め，自らを「エンリル神が愛する子，強き者，アッカドとエンリル神の統治下にある人々の王」（RIME 2, 188）と名乗った。ナラムシンが始めたニップルのエンリル神殿建立は，シャルカリシャリのとき竣工を見た（Westenholz 1987）。

　彼の治世には，外からの脅威が目立ち始める。シャルカリシャリの年名を挙げる。

　　「グティの王シャルラクを捕らえた年」（RIME 2, 183: k, n）
　　「シャルカリシャリが，マルトゥ（アムル）をバシャルで破った年」（RIME 2, 183: l'）
　　「シャルカリシャリが，エラムとザハラと，アクシャク市の前面で戦い，勝利した年」（RIME 2, 183: m）

　これらの年名から異民族グティ，マルトゥ（アムル），エラムの侵寇が脅威であったことが知られる。ナラムシン治世にアッカド王朝の支配が周辺地域に及んだことで，逆に，周辺からの侵入を招いた。なかでも，グティとエラムが大きな脅威となった。

マルトゥについては，シャルカリシャリが戦ったのは，バシャルである。バシャルはナラムシンもマルトゥと戦った場所であり，ユーフラテス川を遡上した地方にあり，現在のシリア領内になる。それは，アッカド王朝が支配領域とした外縁の地での戦闘であり，マルトゥは領域の端に姿を現した勢力にすぎない。

それに対して，グティは，シュメール・アッカド地方に侵入し，アッカド王朝崩壊後に，シュメール都市アダブを占拠して隣国ウンマをも支配することになる。最大の脅威となったのがエラムである。

シャルカリシャリがエラムと戦った場所アクシャクは，ティグリス川を越えアッカド地方に入る地点に位置する。初期王朝時代にアクシャクがキシュに支配権を行使したように，アクシャクでの戦いは，中枢であるアッカド地方への影響は甚大であったと思われる。エラム侵寇の政治的影響はマルトゥやグティの比でなく，アッカドの統治に重大な影響を与え，最終的に王朝が滅亡する主要因となったと考えられる。

アッカド王朝によるシュメール・アッカドの支配は維持されていたが，ラガシュ出土の行政経済文書が支配者の言語アッカド語でなく，再びシュメール語で書かれ始めたように，支配にほころびが目立つようになった。シュメール支配に動揺があったことは，シャルカリシャリの年名「ウルクとナグス［と？―に］遠征［した年]」から知られる[88]。ナグスはウンマ近郊にあったと推定される都市である。ウルクは，このあと，『シュメールの王名表』がウルク第四王朝として記録するウルニギンを初代とする王朝が成立して自立する。

シャルカリシャリの死後，3年の混乱期があり，そのあとに，アッカド王朝最後となるドゥドゥとその子シュトゥルルの2代の王が立った。ドゥドゥの系譜は不明であり，サルゴンの王統はシャルカリシャリで途絶したのかもしれない。それでも，アッカド王朝は混乱期から一気に滅亡に至るのでなく，体制は維持された。

---

[88] mu REC 169 unu^{ki}-a nag-su^{ki}-a ba-a-gar. この年名は，ナラムシン治世初頭の大乱と関係付けられることがあるが（RIME 2, 85），ルガルウシュムガルが支配者である時期のラガシュ文書（RTC 136）に書かれているので，大乱とは関係しない。ナラムシンの年名でなく，シャルカリシャリの年名であろう。ラガシュの経済文書には，この年名と関連すると思われるウルクの戦利品（nam-ra-ak unu^{ki}）の記録（ITT 2, 4690）がある。

ドゥドゥは，ラガシュの反乱を平定し，「ギルス（＝ラガシュ）を征服したとき，ギルスの戦利品からニップルのイナンナ神に奉納した」ので（RIME 2, 211），その支配が完全であったとは言えないが，ドゥドゥの王碑文や印章がシュメール地方のニップルやアダブから出土し，アッカド地方のアピアクのネルガル神への奉納碑文もあり（RIME 2, 212-213），アッカド王朝がシュメールとアッカド地方に勢力を維持していたことは確かである。周辺地域の支配は，シャルカリシャリ治世の異民族との戦闘を見れば，安泰でなくなっていたと考えられるが，その事情を明白に示す史料はない[89]。

ドゥドゥの王位を継承したのが，その子シュトゥルルであり，アッカド王朝最後の王になる。シュトゥルルの碑文は，キシュ，エシュヌンナ，それに現在のトルコ領サムサト近郊から出土するが，シュメール地方からの出土例はない。この出土状況から，シュメール諸都市に対する支配権の行使が困難な状況になり，支配領域が縮小したと考えられる。

---

[89] アッカドの王ドゥドゥがエラム遠征を行った証拠として取り上げられる行政経済文書がある（Wilcke 1977: Böllinger 1）。ドゥドゥがなおエラムにまで遠征できる余力を持っていたかに関わる問題であるので，それについて述べておきたい。エラム遠征の根拠とされるは，銀の支出文書に，「3分の1マナの〈銀〉，ウンマとエラムを征服したドゥドゥのために量り与えた」もしくは「3分の1マナの〈銀〉をドゥドゥに，ウンマとエラムが征服されたとき」（1/3-ša〈kù〉ma-na, du-du, GIŠ.ÙḪ^{ki}, NIM?-da ḫul-a, i-na-lá）と読み得る一項目である。この部分のドゥドゥ以下を年名と捉える解釈は例外としても，ドゥドゥがウンマとエラムを征服したという読みが可能なのかが問われる。

ウンマとエラムと読むことの不自然さは，中心地域のウンマと周辺地域のエラムというまったく異なる都市が同列に並ぶことである。この文書が記すウンマは異形であり，エラムと読まれる文字もかすれ，しかも異形である。別の読みとして「ウンマをシタ武器で征服したとき」も可能であるが，全体として読みに確証は得られない。

従来の読みを承認しても，問題は，ドゥドゥを王と明記しないことである。行政経済文書では，王を表記するとき，王の名を書くことなく，「王（ルガル）」と書くのが一般的である。たとえば，ウンマ文書では，名を書くことなく，王（lugal）や王妃（nin），王子（dumu-lugal）への金銀その他の奉献を記録する。「王（lugal）がシュメールに行った（とき）」（CT 50, 52; ITT 2, 2940 [Foster 1980, 42]）のような記事もある。このように，名を記すことなく，王（lugal）と表記するのが常套である。問題のウンマの行政経済文書が，王号でなく，王名ドゥドゥのみを記したのであれば，異例な書き方になる。

ドゥドゥは珍しい名でなく，同名異人が多い。カルーエは，この文書に記されるドゥドゥをアッカドの王として議論するとしても（Carroué 1985, 93），ほかに証拠がない限り，王であるドゥドゥでなく，ウンマの高官である別人のドゥドゥへの支払いと解釈すべきであろう。つまり，ウンマの経済文書の記事にあるドゥドゥをアッカドの王とし，彼がウンマとエラムを征服したと読むことは，現時点では承認できないし，これを根拠にドゥドゥがエラムに遠征したと捉えることに左袒できない。

2　アッカド王朝滅亡後の都市国家分立

　アッカド王朝が誰によって滅ぼされたかを含めて，滅亡の詳細はわかっていない。異民族グティがアッカド王朝を滅ぼし，代わって全土を支配した。そう捉えることで，アッカド王朝滅亡とウル第三王朝成立の間の時期を，「グティの時代」と呼ぶことがある。フレインの王碑文集の表題も「サルゴンとグティの時代」になっている。しかしながら，第Ⅱ部で論じるのであるが，グティがアッカド王朝に代わって全土の王権を掌握したとすることの根拠は薄弱である。そうであるので，この時代を「グティの時代」とは呼べない。アッカド王朝が滅亡に至った主要因は，シュメール諸都市の離反と，エラムの王プズルインシュシナクの勢力拡大であろう（前田 1993）。

　もう一つ，アッカド王朝滅亡とウル第三王朝の成立までの期間をどのような長さで理解するかも問題になる。『ケンブリッジ古代史』（Gadd 1971）では78年，現在よく使われるブリンクマンの年表（Brinkman 1977）では約42年とするように，確定していない（表11）。

　筆者は，アッカド王朝滅亡から，ウトゥヘガルによってウルに派遣されたウルナンムが自立してウル第三王朝を創設するまでを，16年と置く年表を作成した（表12）。作成の根拠などについては，これも，第Ⅱ部のグティの章で述べることにする。

国境変更の争い

　アッカド王朝の滅亡からウル第三王朝が成立するまでの期間は，統一王権が欠如する分裂期であり，シュメールの有力諸都市（領邦都市国家）がアッカドの支配から離脱して並立する時代として捉えることができる。ウルク，ラガシュ，ウンマなどは，アッカド王朝滅亡以前にすでに自立していた。これらの諸都市の動向を追う前に，史料に見られる国境線の変更を取り上げたい。

　最初に取り上げる史料は，ウルとの領土争いに言及するラガシュの支配者の手紙である。

　「［我が王に言いなさい］，ラガシュの支配者（エンシ）プズルママが述べ

表11　アッカド王朝からウル第三王朝までの編年

	Cassin 1965	Gadd 1971	Brinkman 1977	私案
Uruk				
Lugalzagesi		2371-2347		2281-2257
Akkad				
Sargon	2340-2284	2371-2316	2334-2279	2306-2251
Rimush	2284-2275	2315-2307	2278-2270	2250-2242
Manishtusu	2275-2260	2306-2292	2269-2255	2241-2227
Naram-Sin	2260-2223	2291-2255	2254-2218	2226-2190
Sharkalisharri	2223-2198	2254-2230	2217-2193	2189-2165
anarchy	2198-2195	2229-2227	(2192-2190)	2164-2162
Dudu	2195-2174	2226-2206	2189-2169	2161-2141
Shu-Durul	2174-2159	2205-2191	2168-2154	2140-2126
Uruk				
Utu-hegal	2116-2110	2120-2114		2113-2107
	2159-2111=48	2191-2113=78	2154-2112=42	2126-2110=16
Ur III				
Ur-Nammu	2111-2094	2113-2096	2112-2095	2110-2093
Shulgi	2093-2046	2095-2048	2094-2047	2092-2045
Amar-Sin	2045-2037	2047-2039	2046-2038	2044-2036
Shu-Sin	2036-2028	2038-2030	2037-2029	2035-2027
Ibbi-Sin	2027-2003	2029-2006	2028-2004	2026-2003

ること：ズルムとエアピンはサルゴンの時以来ラガシュの国境でありました。（ところが）ウルウトゥがナラムシンのためにウルの支配権を行使していたとき，彼は2マナの金を（それら両地区領有の代償として王に）贈り物としました。（それに対して）ラガシュの支配者ウルエは（両地区を）奪いかえしたのであります。彼が去って［　］，ラガシュ［破損］。」
(Michalowski 1993, 20-21)

　ラガシュの支配者が出したこの手紙の宛先はアッカドの王であることは確かであるが，どの王であるかは破損があり不明である。通常アッカドのシャルカリシャリに宛てた手紙とされるが，ドゥドゥ宛とも考えられる。どちらにしても，この手紙がアッカド王に宛てて書かれた理由は，ウルの支配者ウルウトゥ

表12 分裂期の諸都市の支配者

	アッカド	ウルク	ウル	ラガシュ	ウンマ	グティ	エラム
2189	シャルカリシャリ		ルシャッガ			シャルラク	
2161	ドゥドゥ	ウルニギン		プズルママ ウルニンギルス ピリグメ			プズルインシュシナク
2140	シュトゥルル	ウルギギル		ルバウ, ルグラ, カク ウルバウ		ラアラブ	
2125	空白期	ウトゥヘガル		グデア ウルニンギルス	ナムマフニ ルガルアンナトゥム	ヤルラガンシウティリガン	
2110			ウルナンム（ウル第三王朝）	ウルガル ウルアッバ ウルママ ナムマフニ			プズルインシュシナク

がナラムシン治世にラガシュ領のズルムとエアピンを奪ったが、ラガシュの支配者ウルエが奪還した。しかし、その後も紛争が絶えないので、ラガシュの領地として安堵するよう要請することにあったと考えられる。この結末がどうなったかは、手紙の後半が欠け不詳である。

　この手紙で、ラガシュの支配者は、ズルムとエアピンがサルゴン以来ラガシュの国境であった記す。エアピンについては不明ながら、ズルムについては、初期王朝時代のエンメテナとウル第三王朝時代直前のグデアがズルムにエエングル神殿を建てていることから[90]、初期王朝時代以来ラガシュ固有の領域であったことは確かである（前田 1982）。そうであるにもかかわらず、あえてサルゴンによって安堵されたと書くのは、ナラムシンの裁定を覆すため、ナラム

90　エンメテナ：「ナンシェ神のために、ズルムのエエングル神殿を建てた（ᵈnanše, é-engur-ra zú-lum-ma, mu-na-dù）」(RIME 1, 221)。「ナンシェ神にズルム耕地のエングル神殿を建てた（ᵈnanše é-engur-ra gán-zú-lum-ma mu-na-dù）」(RIME 1, 224)。ズルムはときにズルム耕地とも表記された。ウルカギナ時代の漁夫の1人 lugal-zú-lum-ma-gin（VAT 4681 [Deimel 1927a, 36-39]）語義：スルムに行きし王）は、別の文書（TSA 47）で lugal-gán-zú-lum-ma-gin（スルム耕地に行きし王）と表記される。
　ズルムのエエングル神殿は、ウルカギナ治世にルガルザゲシの侵寇によって破壊された（「ナンシェ神のエエングル神殿は毀され、財宝は略奪された（é-engur-ra ᵈnanše-ka šu bé-til kù-za-gìn-bi ba-ta-kéš-kešda）」(RIME 1, 278)。
　グデア：「ナンシェ神一に、ズルムのエエングル神殿を建てた（ᵈnanše nin-EN nin-in-dub-ba nin-a-ni gù-dé-a énsi lagašᵏⁱ-ke₄ é-AN-engur-zú-lumᵏⁱ-ka-ni mu-na-dù）」(RIME 3/1, 129)。

シンの権威を越える王朝の創始者サルゴンの威光を借りて、支配の正当性をアッカドの王に迫るためであろう。都市国家が支配に服したにしても、統一王権をどのように利用したかの一側面がここにある。

ラガシュでは、プズルママの手紙にあるように、国境紛争に関わってアッカド王の対処に不満があったのかもしれない。プズルママは、このあとラガシュの王（ルガル）を名乗って自立した。プズルママの治世ののち、ラガシュの繁栄期であるグデアの時代が到来する。

ラガシュの国境を犯したウルであるが、ウルの支配者の1人ルシャッガが国境に触れる碑文を残す。

> 「彼の主人ナンナ神のために、ウルの支配者ルシャガは、彼（ナンナ神）の国境線（領土）を宣言し、廟堂の（基礎を）据えた。」（RIME 2, 301）

ルシャッガはウルナンム以前に在位したと思われるが、正確な年代を不明である。ルシャッガは、ウルの都市神ナンナのために領土の保全を宣言した。対立するのがラガシュなのかどうかは不明である。ウンマの支配者ルガルアンナトゥムの碑文も国境に関すると思われる。

> 「ウンマの支配者ルガルアンナトゥムが、ウンマの分割ののち35年がすぎて（umma^{ki} ba-ba-a 35 mu zal-la-ba）、ウンマのエパ神殿を建て、その基台をもとの場所に積み上げ、そのメをそのなかに整えた。そのとき、シウムはグティの王であった。」（RIME 2, 268）

ここに書かれている「ウンマの分割」が国境変更に関係すると考える。筆者の編年では、35年前とはアッカド王朝のドゥドゥの治世になる。ドゥドゥは、ウンマの隣国ラガシュを征服しており[91]、ウンマはアッカドの王に協力することで、ラガシュとの境界を有利に再線引きしたのかもしれない。別の想定もあり得る。考古学的にウンマの本拠が初期王朝時代の Umm al-Aqarib から、ウル第三王朝時代には 6 km ほど離れた Jokha に移ったとされるので（Haider 2014）、この移動を指すのかもしれない。そうであれば、ラガシュから奪った領土を後背地として新市が造られたと考えてもよさそうである。どちらにしても、ラガシュとの国境線の変更に関わることは間違いないであろう。

---

91 「アッカドの王ドゥドゥは、ギルス（＝ラガシュ）を征服したとき、ギルスの戦利品からニップルのイナンナ神に奉納した」（RIME 2, 211）。

以上に示したラガシュ，ウル，ウンマの史料からは，アッカド王朝の衰退期に，シュメール諸都市は自立し，都市国家再建の一環として，新しい力関係によって国境線の再線引きを求める闘争を展開したことが知られる。

　次に，この時期のシュメールの有力都市国家の動向を見るが，史料的な制約もあって，ウルクとラガシュの動向を通史的にまとめるに留め，ウルについては，あとで，ウル第三王朝の創始者ウルナンムに焦点を当て述べることにする。

ウルク

　ウルクは，シャルカリシャリ治世に反乱を企て，鎮圧されたのち，『シュメールの王名表』ではウルク第四王朝とされるウルニギンとその子ウルギギルなど５代の王が自立して統治する時代になる。ウルクはシュメール都市のなかで最も早くに独立した一つであり，周辺に勢力を伸ばした。

　ウルニギンとウルギギルの在位は同時代史料から確認される。ウルニギンは，のちに王となる王子ウルギギルを将軍としてバドティビラに派遣した[92]。ウルニギンとウルギギルは，ともに「強き者，ウルクの王」を名乗る[93]。「強き者」を王号に加えることは，アッカド王朝のシャルカリシャリ以降の諸王，グティの王ヤルラガンやラアラブにも見られる。独立した王であることの象徴であろう。

　派遣されたウルギギルは，バドティビラの都市神「ドゥムジ神の将軍」を名乗る。バドティビラは，もとから領邦都市国家ウルクに従属する都市国家であったが，初期王朝時代にラガシュの支配者エンメテナが領有を宣言したように，ラガシュとウルク両都市勢力が拮抗する場所であった。ウルクが周辺の主要な都市と優位な関係を持つためには，バドティビラを支配することが不可欠であり，ウルニギンは王子のウルギギルを軍隊ともども派遣したのだろう。

92　ウルニギンの子ウルギギルの系譜は，『シュメールの王名表』の記述と一致する。『シュメールの王名表』に記された王の続柄が，同時代史料から確認されるのはこの例が最初であり，それ以前の初期王朝時代やアッカド王朝時代に対応する部分については，『シュメールの王名表』が記す系譜を確認できる同時代史料は現在のところない。

93　「ウルギギル，ドゥムジ神の将軍であり，強き者，ウルクの王ウルニギンの子が，（彼の父ウルニギン）と，彼の母アマサルメフブ（の長寿を願って），彼の女主ニンシェシュエガル神のために，彼女（ニンシェシュエガル神）の愛する神殿を，バティビラに建てた」（RIME 2, 275; FAOS 9/2, 321)。

『シュメールの王名表』はウルギギルのあとになお3人の王の名を記すが，彼らについては同時代史料から確認できない。ウルニギンを祖とするウルク第四王朝のあと，ウトゥヘガルがウルクの王になる。ウトゥヘガルと第四王朝の王統との系譜関係は不明である。古バビロニア時代に作られた擬似王碑文にグティの王ティリガンと戦い，勝利したことが書かれているが，その功業を同時代史料である彼の王碑文から確認することができない。王碑文から知られるウトゥヘガルの治績は，ウルにウルナンムを将軍として派遣し，ウルを再びウルクの勢力下に置いたことと，ラガシュとウルの領土争いを調停したことのみである。ウトゥヘガルが「四方世界の王」を名乗ったこと，グティの支配からシュメールを解放したこと，こうしたウトゥヘガルの功業をどのように判断するかは，難しい問題である。

ラガシュ

ラガシュは，ウルクと同時期にアッカド王朝から離反する動きを見せた。プズルママは王号をエンシ（都市支配者）からルガル（王）に変更し，アッカドの支配からの離脱を目指した。その後，ラガシュにはグデアという有名な支配者が登場する。

シュメール都市遺跡のなかで，近代的な考古学的手法によって最も早く発掘されたのがラガシュの一市区ギルス（現在名テロー）であり，グデアの立像や座像が多く出土した。写実的なグデア像は，シュメール人をイメージするのに好都合であり，概説書の多くがグデア像を挿絵に使う。この有名な王にちなんで，アッカド王朝滅亡からウル第三王朝が創設されるまでの時期のラガシュは，「グデアの時代」と呼ばれるようになった。

「グデアの時代」の支配者は，表13のように，ウルニンギルスからナムマフニ（ナムハニ）まで，少なくとも12人が在位した[94]。そのなかで最も国威を発揚させたのはグデアと彼の前に在位したウルバウである。

---

94 グデア時代のラガシュの支配者の登位順序については，旧来の説に代えて筆者が提唱した説（Maeda 1988）をRIME 3/1 は採用する。しかし，否定的な見解もある。いろいろな理由があっての批判であり，ここでそれらを詳細に論じることはできないが，史料から何が読み取れるかの問題にしぼって，一つの批判，ウル第三王朝時代ラガシュの大きな粘土板文書MVN 9, 87があるのに，前田は使用していない。そこに現われるグデア期の支配者は前田が想定した順序と異なるので，前田説は疑問であるとする批判だけを取り上げたい。

第4章 統一国家形成期の領邦都市国家　121

表13　グデア期のラガシュの支配者

	支配者			個人神
1	ウルニンギルス	ur-^d nin-gír-su		ニンスン神
2	ピリグメ	Pirig-mè	ウルニンギルスの子	ニンスン神
3〜5	ルバウ	lú-^d ba-ú		
	ルグラ	(ú) e-gu-la		
	カク	ka-kù		
6	ウルバウ	ur-^d ba-ú		ニンアガル神
7	グデア	gù-dé-a		ニンギシュジダ神
8	ウルニンギルス	ur-^d nin-gír-su	グデアの子	ニンギシュジダ神
9	ウルガル	ur-gar		
10	ウルアッバ	ur-ab-ba		
11	ウルママ	ur-ma-ma		
12	ナムマフニ	nam-maḫ-ni		

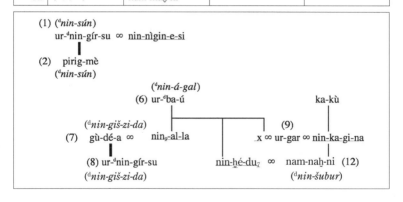

　筆者は，このMVN 9, 87を見なかったわけでなく，グデア期の王への奉納が記録されているが，即位順序を定める史料にはならないと判断したことで利用しなかった。この文書は，園丁が納入したナツメヤシなどの集計記録であり，ウルガルなど，グデア期の王へ奉納されたことを知り得る文書である。しかし，奉納の対象となっているグデア前後を見れば，ur-^d lama énsi（ウル第三王朝時代の支配者），イナンナ神，ur-gar énsi（グデア時代？），グデア，lú-giri₁₇-zal énsi（ウル第三王朝時代），ゲシュティンアンナ神，（妃）ḫa-la-^d lama，ニンギシュジダ神，ティラシュ（神殿），（妃？）nin?-gu-la，エガルのシュルパエ神のように，先の支配者，その妃，それに神が混淆して現われる。したがって，この文書の記載内容に過去のエンシの登位順序が反映するのかどうかは不明とせざるを得ない。ウル第三王朝時代に，グデア期の支配の誰をどのように祀ったかはわかっていないので，この文書は，登位順序を決定する根拠となる史料として使えないと判断したので論文に引かなかった。
　逆に言えば，筆者が利用した二つの史料は，ラガシュの支配者であった者を祀る祖先礼拝の記録であり，即位した順序に並べたと考えられ，しかも，2枚の文書は，同等の即位順序を示すのであるから信頼性があると判断できる。祖先礼拝の記録という2文書の史料価値を認め，

ウルのナンナ神の祭主はアッカド王朝の王女が就く特別な神官職であったが，ウルバウは，自らの娘を就けた（RIME 3/1, 24-25）。筆者の編年ではウルバウの治世はアッカド王朝最後の王シュトゥルに重なるので，ウルバウの行為は，アッカド王朝のシュメール支配が弛緩していたことを証明する。ウルバウのウルへの進出が可能となったのは，障害となるウルク勢力が後退したからであろう。ウルクは，ウルニギンのときにアッカドの軛から解放されたが，その子ウルギギル治世を過ぎれば，ウトゥヘガルが登場するまで，勢いを失っていたと考えられる。その好機を，ウルバウは利用した。

ウルバウは，外に向かって国勢を伸張すると同時に，ラガシュ国内でも権勢を誇り，娘を歴代の支配者グデア，ウルガル，ナムマフニの妻とし，姻戚関係を結ぶほど，ラガシュの政治に重きをなした。グデア治世も繁栄期である。ペルシア湾航路を掌握することでエラム地方への軍事遠征が可能になり，アンシャンに遠征し戦利品を都市神ニンギルスに奉納した（RIME 3/1, 35）[95]。

ラガシュの権勢は，グデア治世の後半もしくは最晩年に，ウルクのウトゥヘガルが即位したことで陰る。ウトゥヘガルは，ラガシュとウルの間で争点となっていた国境問題を裁定した。その裁定がラガシュのグデア治世なのか，グデアの子ウルニンギルスの治世なのか判断する材料はないが，

「エンリル神の強き勇者（ラガシュ市の主神）ニンギルス神のために，四方

即位順序の問題は，この2文書を基本にして考えるべきなのである。文書を読むとき，史料から証明できることとできないことを判断し，基本史料として何を置くかを考えることが，まずなされなければならない。

95 ウルバウとグデアの両治世において，ラガシュは覇権を狙う強力な国家であった。それにもかかわらず，この時期のラガシュの支配者は，王にふさわしい称号ルガルでなく，下位の都市支配者を示すエンシを名乗った。「グデア時代」は，すでに統一国家の王の理念が成立していた時期であるが，ラガシュの支配者は初期王朝時代の王権理念を継承してエンシを名乗り，神に敬虔な王を示す形容辞も復活させた。ラガシュにあっては神に敬虔な王であるという伝統的王権観が維持され，統一王権を目指す他の都市とは異なった。それに呼応するように，この時期のラガシュの支配者の年名は神殿建立などが中心で，碑文などから知られるエラムへの遠征のような外征や征服を取り上げない。シュメール文学のなかでも一級品であるグデアの円筒碑文が，戦勝碑でなく，都市神ニンギルスのための神殿建立を主題にしたことは決して偶然ではない。

すでに，プズルママも復古的な内容の碑文を残していた（Volk 1992; RIME 2, 272）。「エンリル神が名を選んだ者」以下の王の形容句は，初期王朝時代ラガシュの伝統的表現を復活させたものだ。さらに，彼の個人神をシュルウトゥラ神とする。シュルウトゥラ神は初期王朝時代ラガシュのウルナンシェ王家の個人神である。プズルママがウルナンシェ王家に連なる家系の出自とも考えられるが，独立を果たしたラガシュ都市国家の過去の伝統を再現したいという復古的な思想に基づいて，あえてウルナンシェ王家の神をプズルママの個人神として碑文に登場させたのであろう。

世界の王ウトゥヘガルは、ラガシュの境界を、ウルの人が要求するのであるが、彼（ニンギルス神）に戻した。」(RIME 2, 283)
のように、ラガシュに有利な裁定であった[96]。ウルの人とあるのは、ウルナンムのことであろう。言わば身内であるウルに不利になり、ラガシュを利するような裁定をウトゥヘガルが行ったのは、エラムの王プズルインシュシナクの脅威に対抗するために、ペルシア湾航路を掌握するラガシュを味方に付けるためであろう。ウトゥヘガルは、ラガシュに有利な裁定の見返りに、ウルバウの治世にラガシュが勢力を有した南部地域はウルクの勢力範囲であるとして、そこからの撤退をラガシュに要求したとも考えられる。

　ウルバウとグデアの時期にラガシュが隆盛を極めたことを指摘したが、表13に挙げた「グデアの時代」の12人の支配者すべてが有力であったのではない。この12人の王の在位年数の合計は60年程度である。ウルバウ、グデア、その子ウルニンギルスの治世年数の合計が40年弱と考えられるので、残り20年が9人の支配者の治世年数の合計となる。平均して2年強である。安定した支配があったとは到底思えない治世年数である。とりわけ、ウルナンムがウルで独立して、ウル第三王朝を建てたあとは、強大化するウルの政治的圧力に屈しないないまでも、翻弄されたのがラガシュの支配者であろう。ラガシュの政治的脆弱さを、支配者の系譜から見ておきたい。

　この時期のラガシュの支配者のなかで、父から子へ位を繋ぐのは、ウルニンギルスとその子ピリグメ、グデアとその子ウルニンギルスの2例のみである。支配権の継承が安定していなかったことは、個人神から知られる。ウルニンギルスとピリグメの個人神はニンスン神であり、ウルバウはニンアガル神、グデアとウルニンギルスはニンギシュジダ神、ナムマフニはニンシュブル神である。個人神は、父系による家系を示すので、この時期、家系を異にした多くの支配者が立ったことが明らかになる。

　ラガシュの支配者が家系を異にし、しかも短い在位であったことは、支配権

---

[96] ウトゥヘガルは、ラガシュの都市神ニンギルスのためにだけでなく、国境をナンシェ神のために戻したと書く碑文も残す (RIME 2, 281)。ナンシェ神は都市神ニンギスの妹神であり、ラガシュ都市国家のニナ地区の主神である。ナンシェ神にラガシュの境界を戻すことは、先に見たようなラガシュとウル間で境界争いの争点となっていたズルム地区のナンシェ神殿の存在と関係するかもしれない。そうであるならば、ラガシュとウルはアッカド王朝時代以来グエディンナ内の同一地域をめぐって国境紛争の火種を持っていたことになる。

の継承の不安定さを示す。その不安定さを補強するように，それぞれの支配者は碑文で姻戚関係を強調した。シュメールの王碑文では，妃の名や母の名を書くことは例外に属するが，この時期のラガシュの支配者は，それらを碑文に多く書き留めた。

　碑文に書かれた妃や母を示せば，グデアの妻がウルバウの娘ニンアルラであり，ウルガルの妻は名は不詳ながらウルバウの娘である。ウルガルは，ラガシュの支配者であったカクの娘ニンカギナをも妻にした。ナムマフニは，このカクの娘ニンカギナを母とする。ナムマフニの妻はウルバウの娘ニンヘドゥである[97]。支配を誇ったグデアにしても，支配の正統性を証明するもととして，父の名を挙げることができず，直前に在位した有力なウルバウの女婿であることや，さらには，数代前の支配者ウルニンギルスの家系に連なることが重要な意味を持った。

　この時期のラガシュの支配者は父系的継承よりも，母や妻を挙げることで先の支配者との姻戚関係を表示した[98]。王碑文に書き込まれた系譜から見えてくるのは，グデア時代のラガシュが，一時的に隆盛を謳歌したとしても，全体としては，王統が定まらず，有力家族間の権力闘争が繰り返された不安定な時代の姿である。

　以上ウルクとラガシュの状況を見てきたが，その他の有力都市国家，ウンマとアダブは，アッカドの支配から離脱したとしても，それに代わってグティの支配を受けることになった。残るキシュとシュルッパクについては，詳細を知

---

[97] ナムマフニの系譜には奇妙なところがある。彼は，ウルバウの娘ニンヘドゥを妻とするので，もしナムマフニがカクの娘ニンカギナとウルガルの間に生まれた子であるならば，父ウルガルの義妹ニンヘドゥと結婚したことになる。まったくないとは言えないが奇妙な系図である。そのことで，レンガーは，ナムマフニとニンカギナの系譜を示すama-tu-daを，ディヤコノフの説を採って「従姉妹」と解釈する（Rengar 1976, 368-369, n. 15）。しかし，この語は，字義通りに「彼（ナムマフニ）を産みし母」の意味であり，父が誰であるかを明示しないだけと捉えることができる。つまり，ナムマフニの父がウルガルであったと考える必要はないということである。もし，父がラガシュのエンシであったウルガルであれば，当然，それは王位継承の正統性の証しとして，碑文で誇示すべき系譜である。ナムマフニは父の名を明記しないので，ナムマフニの父は，ウルガルでなく，有力者であったにしてもラガシュの支配者ではなかったと考えられる。

[98] グデアは，神殿建立碑文（グデア円筒碑文B）で自らの母方の系譜を強調した。
　「あなた（グデア）の（個人）神は，アン神を祖とするニンギシュジダ神である。あなたの母なる神，ニンスン神は良き種をはらむ母，その種を愛する者。良き雌牛（ニンスン神）が細やかに生みし者であなたはある。（中略）。信頼できる支配者，神殿の運命を定める者であなたはある，ニンギシュジダ神の子グデア，あなたの生命が長らえますように」（RIME 3/2, 100）。

ることができないが，アッカド王朝滅亡後，とりわけ，ウル第三王朝成立直前では，シュメール地方の都市国家は，南にウルを支配するウルク，それに隣接するラガシュ，その北にグティの支配を受けるアダブとウンマという勢力分布になっていたと考えられる。

3　ウル第三王朝初代ウルナンム

ウルナンムの勢力拡大

　ウルナンムは，ウルクの王ウトゥヘガルによって，将軍としてウルに派遣された[99]。その後に自立して，「ウルの王」を名乗る。ウル第三王朝の創設である[100]。次章で扱うべきウル第三王朝の初代ウルナンムを，ここで一つの節を

　グデアは，彼の個人神ニンギシュジダと同時に，ニンスン神の加護を受ける者として自らを描く。ここに現れるニンスン神を，ときに，ウル第三王朝の王が強調する英雄ギルガメシュの母と捉える場合があるが，ニンスン神をギルガメシュとの結び付きで描くのはウル第三王朝を待たねばならない。グデアが描く必然性はない。ニンスン神に言及するのは，父の系譜から見た個人神ニンギシュジダに対して，グデアの母なる神，良き種をはらむ母と表現されるように，母方の系譜を示すためである。グデアにとって，ニンスン神とは，何よりも，グデアより数代前のラガシュの支配者であったウルニンギルスとピリグメ父子の個人神であった。グデアは，ニンスン神を挙げることで，母方の系譜でラガシュの支配者であったウルニンギルスの家系に繋がることを示した。グデアの子がウルニンギルスであるのは暗合でなく，母方で連なるウルニンギルスの名を継承する意図を持って名付けたのであろう。

99　ウルナンムの系譜は不確かである。ウルナンムと彼をウルに派遣したウルクの王ウトゥヘガルが兄弟であったとする説がある（Wilcke 1974, 180, n. 67）。兄弟説の根拠は，ウルナンム碑文にある「ウルナンム，ウルの将軍，エキシュヌガル神殿（ウルにあったナンナ神の主神殿）の家僕，［破損（彼の兄弟？）］」（RIME 2, 295）の最後の破損部分を，「彼（ウトゥヘガル）の兄弟」と復元することにある。しかし，当該箇所は破損がひどく，「彼の兄弟」と復元するのは推測にすぎないので，これだけでは，ウルナンムをウトゥヘガルの兄弟と断定できない。
　セレウコス朝時代の写本で残る『初期の王の王名表』（Glassner 2005）では，シュルギをウルナンムの子であるとともに，「ウルクの王ウトゥヘガルの娘の子」とする。これによれば，ウルナンムはウトゥヘガルの王女を妃に迎えたことになる。ウル第三王朝時代から1800年も隔たった後世の写本の信憑性が問題になるし，シュルギの系譜に関して，どのような伝承過程があったのか不明であるので，この文書から判断するのはためらわれるが，兄弟という血縁でなく，ウルナンムはウトゥヘガルの女婿であり，姻戚関係で結ばれていたということが事実に近いように思われる。

100　ウル第三王朝の第三とは，『シュメールの王名表』の区分に従い，ウルを王都とした第三番目の王朝の意味である。『シュメールの王名表』が事実に即して王朝を区分したかは疑問であるが，ウル第一王朝はメスアンネパダなどが王であった時代とされ，これは同時代史料から確認できる。問題はウル第二王朝であり，ジャイコブセンの復元によれば，この王朝に属する王はルガルキギネドゥドゥ，ルガルキサルシなどである。しかし，彼らはウルクを本拠とした王で，同君連合としてウルをも支配した王であることが同時代史料から明らかである。『シュメールの王名表』のこの部分の復元は，疑問なしとはしない。第二王朝の存在が不確定であるので，第三王朝の名称も正確とは言い切れないが，慣例にしたがって本書でもウル第三王朝を使用する。

立て述べることにしたのは，第一に，統一国家期の指標である「四方世界の王」と神格化は，第2代シュルギ以降の王が採用するが，ウルナンムは採用しないからである[101]。ナラムシンが革新した王権観が，シュルギ以降に復活する。

　第二に，ウルナンムの王朝創設時のあり方が，アッカド王朝滅亡とそれ以降の混乱期の状況を説明するという利点があることである。さらに，ウルナンムが始めた王讃歌の作成と法典編纂が特筆に値することも，別に節を立てた理由になる。

　将軍としてウルに派遣されたウルナンムは，自立して「ウルの王」になった。ウルクの王ウトゥヘガルが死去してのちも[102]，「ウルの王，シュメールとアッカドの王」を名乗り，ウトゥヘガルが称した「四方世界の王」を継承しなかった。周辺地域への拡大よりも，中心地域の安定的支配を目標としたためと考えられる。「シュメールとアッカドの王」はウル第三王朝時代のあとのイシン・ラルサ王朝時代によく使われる王号であるが，それを最初に名乗ったのがウルナンムである。

　「シュメールとアッカドの王」を名乗ってからのウルナンムは，全シュメールに支配権を確立すべく活動した。まず，王都ウルの都市神ナンナの地位を高め，最高神エンリルの正当な継承者とするために，ナンナ神の系譜を新しく「（最高神）エンリル神の（後継者たる）長子」（RIME 3/2, 40, etc.）と位置付けた。ウルを統一王権の中心都市に相応しく格上げする狙いがあった。

　ウルナンムは，支配の実効性を明示するために，シュメールの諸都市に都市神の神殿を建立した。王都であるウルのナンナ神殿はもちろん，ウルクにイナンナ神殿，ニップルにエンリル神殿，ラルサにウトゥ神殿，エリドゥにエンキ

---

[101] ウル第三王朝治下のウンマでは，神となった歴代の王シュルギ，アマルシン，シュシンと，ウルナンムは区別され，神となった諸王は，「守護神たる王」としてまとめて奉納の対象になっているが，そこにウルナンムを加えることがない。ウルナンムが無視されたのでなく，ウルナンムは，死者を祭るki-a-nag（灌奠所）で奉納を受ける（TENS 130 [S 34]～TCNSU 468 [IS 3]）。

[102] ウルナンムは，ウルに「エンリル神の長子ナンナ神」のために，エテメンニグル（ジッグラト聖塔）を建てたことを記す碑文において，「強き者，ウルクのエン（en unu^{ki}-ga），ウルの王，シュメールとアッカドの王」を名乗る（RIME 3/2, 35）。「ウルクのエン」は，ウトゥヘガルの死によって名乗れる称号であるので，「シュメールとアッカドの王」も，ウトゥヘガルの死後に名乗ったのであろう。さらに，ウルクに特有の「ウルクのエン」を名乗ることは，ウルクをウルナンムの直接支配を意味すると思われる。初期王朝時代にウルクの王がウルを同君連合的に支配したのとは逆に，ウルがウルクを支配することになったと考えられる。

神殿，ケシュにニンフルサグ神殿を建てた[103]。神殿建立以外では，ニップルで城壁を造り，運河を開削した。ウルでも運河を掘っている。さらに，沼沢地の開墾によって広い耕地を生み出し，繁栄をもたらしたと自賛した（RIME 3/2, 43）。

このように，ウルナムは，シュメールの七大神の神殿を建て，シュメールの領邦都市国家の上級支配権を獲得した[104]。ただし，例外があり，ラガシュに都市神の神殿を建てた碑文が残っていないように，ラガシュの安定的支配は次の王シュルギを待たねばならなかった[105]。

ラガシュとの間には長く政治的軋轢とともに，国境問題とペルシア湾交易の権益で対立があった。国境問題では，ウトゥヘガルがラガシュに有利な裁定を下していたが，ウルナムはそれを覆し，ラガシュの領域を奪い，「ニンギルス神との境界運河たるナンナクガル運河を掘った」（RIME 3/2, 64）。この運河の名ナンナグガル（íd-^{d}nanna-gú-gal）は「（ウルの都市神）ナンナは運河の見張り人」という意味であり，グエディンナに対するウルの権益を誇った名称になっている（前田 1982）。ウルがグエディンナの権益を掌握したことは，シュルギ36年のラガシュ文書から知られる。それは，ナンナグガルにそったグエディンナの検地記録である（Pettinato 1970）。その文書の末尾に「検地したギルスにある耕地」とあり，ギルス＝ラガシュ国の耕地とされているが，記録された耕地は，ナンナ神の神官などウルの者に分与されており，ウルがラガシュ

---

103 RIME 3/2, 34-76. ケシュにニンフルサグのための神殿を建てたと書く碑文はニップルから出土し（RIME 3/2, 74），ケシュの所在は不明である。ニンフルサグ神は領邦都市国家アダブの都市神であるが，アダブでなく，ケシュ市のニンフルサグに建てることの意味は不明である。
104 ウルナムがウンマの都市神シャラの神殿を建てた碑文はないが，彼がシャラ神に大理石製の鉢を奉納する碑文はある（RIME 3/2, 80）。
105 ラガシュの支配者ウルアッバ治世の途中からウルナムの年名が使用されるように，ラガシュはウルに服属した時期がある。
  （1） RTC 261, 263: ur-ab-ba énsi，「ウルナムが下（の地方）から上（の地方）まで道を整えた（平安にした）（[m]u ur-^{d}nammu lugal-e sig-ta igi-nim-šè gìr si bí-sá-a）」（Urnammu a）。
  （2） RTC 265: ur-ab-ba énsi，「ウルにおいてニンスン神の神殿を建てた年（[mu é-]^{d}nin-sún [uri$_5^{ki}$]-a ba-dù-a）」（Urnammu d）。
  （3） Cig 1976, n.10: ur-a[b-ba] én[si]，「イシュクル神の神官を占いで選んだ年（mu nin-dingir-^{d}iškur maš-e ba-pà-da）」（Urnammu x）。
  ウルアッバがウルに服属したにしても，ウルアッバのあとに支配者となったウルママとナムマフニは独自の年名を採用し，彼らの治世にウルの王の年名を使用したことは史料から裏付けられない。ラガシュが再度ウルから自立した可能性があり，ウルナムのラガシュ支配は不安定であったと考えられる。

から奪った耕地の記録になっている。ラガシュは，グエディンナを巡る争いで，ウルに敗れた[106]。

ウルとラガシュの利害が対立したペルシア湾交易については，ウルナンム法典前文で，「ラガシュの支配者ナムハニを廃位した？」と記したあとに，「海の端に交易所を置き，交換品を安全にした。マガンの船が戻ってきた」とペルシア湾交易の再開を宣言した[107]。ペルシア湾交易の主要な相手国マガンとの交易再開を，ウルナンムは，法典前文と王碑文（RIME 3/2, 41）に記す。ウルナンムは，ラガシュが掌握していた交易権を奪った。ペルシア湾交易に関わるインダス式スタンプ印章もウルから出土する（クレンゲル 1983）。ウルは，ウル第三王朝時代と次のイシン王朝時代を通じてペルシア湾交易で潤い，ウルのニンガル神殿は交易利益の十分の一の寄進を受けた（クレンゲル 1983）。

ウルナンムは，ラガシュを例外として，ほぼシュメール地方を掌中にした。しかし，中心文明地域のもう一つの地方，アッカド地方の支配は万全でなかった。エラムの王プズルインシュシナクがウルナンムの進出を阻んだためである（第II部参照）。エラムだけでなく，ティグリス川流域から，さらにはアッカド地方まで支配していたプズルインシュシナクに対抗して，ウルナンムは，エラムの本拠地に親征し，撃破し，戦利品を最高神エンリルに奉納した[108]。アッカド地方をエラムの支配から解放したことは，ウルナンム法典の前文にもある。

「そのとき，アクシャク[109]，マラダ，ギリカル？，カザルとその村落，そしてウザルムがアンシャン（＝エラム）の故に奴隷状態にあったが，我が

---

106 ラガシュ（ギルス）のグエディンナを検地したルニンナガルギドマは，ウンマ側のグエィンナも検地した（CHEU 100）。CHEU 100 に記録されたほとんどの耕地は，ウンマの支配領域であったことが別のウンマ文書からも確認できる。ラガシュはグエディンナにおける領有権はほとんどを失い，ウンマとウルの領域になっていたのであろう。
107 筆者は「ナムハニを廃位した」と捉えるが，この箇所の動詞部分は欠損があり不分明である。このテキストを公刊した Yildiz は「ナムハニを殺した」と解釈した（Yildiz 1981）。Roth は「ナムハニを登位させた」と解釈する（Roth 1995）。「登位」という解釈を，Frayne が踏襲する（RIME3/2, 47）。しかし，ペルシア湾の交易権を競う両国であるので，一方の当事者ラガシュの権威を失墜させることで，ウルが掌握するということになる。したがって，「廃位」や「殺す」が想定されても，「登位」という解釈はあり得ないと思われる。
108 「[xx 神のために]，ウルナンム，強き者，ウルの王，シュメールとアッカドの王が，彼（ウルナンム）の生命の故に奉納した。そのとき，エンリル神は，エラムに，――を近付けた？。山岳エラムの国に，自ら戦闘のために出征した。その王，プズルインシュシナクは，アワル，キスマル，マシュカンシャルム，エシュヌンナの国，トゥトゥブの国，シムダルの国，アッカドの国において，人々を [一]。[欠落]。xx，そのロバ 45 [+] 頭を戦利品とした。我が主人

王ナンナ神の力によって，その自由を回復した。」(RIME 3/2, 48)

　アッカド地方をアンシャンの隷属状態から解放したウルナンムであるが，この地方の諸都市で都市神の神殿建立を行っていない。それは，次の王シュルギが実施することになる。アッカド地方の安定的支配は，次の王シュルギを待たねば完成しなかった。

　ウルナンムは，エラムから解放したアッカド地方で測量を実施した[110]。測量は，ギリタブ，アピアク，マラダなどの都市神のために境界を明確にする目的で実施された。ウルナンムの支配に組み込むための施策であろう。解放されたカザル，アピアク，マラダは，ウル第三王朝時代を通じて，ほかの都市とは異なる支配形態を取るようになる。ウル支配下の有力都市は，通常，在地勢力の有力者がなるエンシの支配であるが，カザルなどは，将軍がエンシを兼ね，軍民両政を担った[111]。ウルナンム以後も，ウルの王はこの地域が軍事な要地であるという認識を持っていたのである。

　このようにアッカド王朝崩壊からウル第三王朝成立までに最も強大な勢力に成長したのはエラムであり，その脅威が長く意識されていた。アッカド王朝の滅亡もグティによるのでなく，アッカド地方に進出したエラム勢力によると考えられる。したがって，この時期をグティの時代と命名することは，時代の趨勢を捉えたとは言い難く，不適切である。

エンリル神のために，ニップルに運び，印を付けた（エンリル神の所有とした）。その残りは，我が軍団への贈り物とした」(RIME 3/2, 65-66)。
109　ウンマ (GIŠ.ÙḪ^{ki}) と書かれているが，アクシャク (UD.ÙḪ^{ki}) と書くべきところを写本を作る書記が誤記したと考えられている。
110　測量を記した古バビロニアの写本で残る2枚の粘土板 (Kraus 1955; RIME 3/2, 50-56; 前川 2009b) は破損が大きく，相互に関連させることが困難であるが，少なくとも，カザル運河やズビ川の岸にあるウザルムなど，引用したウルナンム法典前文の部分と共通する地名が現われるので，エラムからの解放直後に測量が実施されたと考えられる。
　　「王たるウルナンムが確定し」たのは，「ギリタブのヌムシュダ神の耕地をヌムシュダ神のために」，「アピアクのメスラムタエア神の境界」，「[　]市のシン神の境界」，「マラダのルガルマラダ神の境界」である。
111　カザル　アビラシャ á-bí-la-ša，エンシ énsi ka-zal-lu^{ki}: Hallo 1960, no.19 (AS 7 iv 30) 〜MVN 13, 874 ([SS])．シャギナ（将軍）šagina ka-zal-lu^{ki}: ^{d}su-^{d}suen/ lugal-kala-ga/ lugal uri$_5^{ki}$-ma/ lugal-an-ub-da-limmú-ba// a-pi-la-ša/ šagina/ ka-zal-lu^{ki}/ ir$_{11}$-zu/ (Kutscher 1968). Cf. la-za-ma-tum é-gi$_4$-a a-bí-la-ša, u$_4$ ka-zal-lu^{ki}-šè i-gin-na-a (Hallo 2008, 112-113 [SS 5 xii 16])．
　　アピアク　シャルムバニ šar-ru-um-ba-ni　エンシ énsi a-pi$_5$-ak^{ki} UDT 127 (AS 5 iii), UDT 128 (AS 8 i 29). 将軍 šagina＜Apiak＞TEL 61 (SS 1 La x)．
　　マラダ　ネネ NE-NE，エンシ énsi már-da^{ki} MVN 3, 286 (SS 8 x), MVN 4, 112 (SS 8 x), NE-NE énsi BIN 3, 592 (IS 1 iv 28). 将軍: lú-bal-ša$_6$-ga/ dumu NE-NE/ šagina/ TCS 1, 13, (see, Maeda 1992)．

ウルナンム法典

　ウルナンム治世の政治状況を中心に見てきたが，ウルナンムが行った特筆すべき事業として法典編纂がある。ウルナンム法典は，イシン王朝の「リピトイシュタル法典」とバビロン第一王朝の「ハンムラビ法典」に継承された（Roth 1995）。

　法典前文に「悪業と暴虐と悲嘆を除き，正義を国土に確立した」とあるように，ウルナンムが法典編纂で目指したのは，王が擁護すべき「正義」を示すことであった。ただし，シュメール語の「正しさ」の意味は変化しており，「悪業と暴虐と悲嘆」に対比される正義（社会正義）の意味を持つようになるのは，そう古いことではない。法典について述べる前に，「正しさ」の意味がどのように変化したかを確認する（前田 1985）。

　シュメール語の「正しさ（si-sá）」とは，もともと「神々への供物を，規則通りに滞りなく行うこと」であった。シュメール語の創造説話は，人間は神に奉仕するために作られたと語る（『人間の創造』五味 1978）。王さえも，「神殿を保持するために王を創り，神々に奉仕するために人間を創った」（Heidel 1951）とあるように，神に奉仕する存在である。その奉仕を滞りなく行うことが「正しい」ことであった。

　意味を転化させ，人倫関係における正しさ，社会正義の意味で使った最初が，ウル第三王朝直前に在位したラガシュの支配者グデアである。グデアは，「完全な牛，完全な山羊を規則通りに整えた」，「良き太鼓を規則通りに整えた」（RIME 3/1, 14, &94）のように，「神々への供物を，規則通りに滞りなく行うこと，整えること」という従来の意味で使うことと同時に，「良きことをなす人が正しいとされ，悪業なす人は武器で滅ぼされる」，（RIME 3/1, 92）のように，新しい人倫関係における正しさの意味でも使った。前3千年紀も末近くになって，初めて，社会正義が強く意識されるようになった。

　「正しい」を意味するシュメール語シサ（si-sá）に抽象名詞を造るニグを付したニグシサ（níg-si-sá）も，グデア碑文にある「正義（níg-si-sá）を高揚し，悪業と悲嘆を屈服させる」（RIME 3/1, 98）が最初であり，（社会）正義に特化した用語として使われた。社会正義を意味する用語が作られたことで，ウル第三王朝時代になると，人間社会における正しさ，社会正義を保持することが王

の責務，義務に加わり，王は人間社会の指導者として人々に正義を明示し，それを遵守させる，この役割が王権の第一の権能と看做された。それを表現したのが法典に記された王権授与の記事である。

ウルナンム法典前文には，

「アン神とエンリル神がナンナ神のためにウルに王権を与えたとき，そのとき，ニンスン神が生みし子にして彼（ナンナ神）が愛する家僕ウルナンムに，彼の正義と彼の定めのために［王侯権を与えた？］［　］」(Roth 1995)

とあり，神々が王権を授けるのは，（社会）正義の実現のためとする。ウルナンム法典では当該箇所に欠損があるが，ウルナンム法典を継承したリピトイシュタル法典とハンムラビ法典では明確に，最高神エンリルが地上の支配権を与える理由を，正義のためと書かれている[112]。

古来シュメールにおいては，王の二大権能を，外に向かっては外敵を防ぐこと，内にあっては豊饒の維持に求めていたが，ウル第三王朝時代になると，内政において，豊饒に加えて，社会正義の擁護が王の本務と位置付けられるようになった。

正義（ニグシサ）が用語として確定する以前の初期王朝時代では，社会の不公正や社会階層の分解による不安定さを是正するために，「寡婦，孤児を力有る者のもとに置かない」と宣言する弱者救済や，債務奴隷から自由民に戻す「自由を与える」ことを，都市支配者は宣言した[113]。社会正義とは，個々の施

---

[112] リピトイシュタル法典：「そのとき，従順な牧夫，ヌナムニル（＝エンリル）神に名を選ばれしリピトイシュタルを，国土に正義を確立せんがため，悲嘆を口から除かんがため，悪業と暴虐（に覆われた）その家（を本来の姿）に戻さんがため，シュメールとアッカドを安寧にせんがために，アン神とエンリル神はリピトイシュタルを国土の王侯として選んだ」(Roth 1995)。
　ハンムラビ法典：「そのとき，アヌム（＝アン）とエンリルは，ハンムラビ，敬虔な君主，神々を畏れる私を，国土に正義を顕わすために，悪しき者邪なる者を滅ぼすために，強き者が弱き者を虐げることがないために，太陽のごとく人々の上に輝きいで国土を照らすために，人々の肌を良くするために，召し出された」（中田 1999）。

[113] エンメテナ：「ラガシュ市に自由を与えた。母を子に戻し，子を母に戻した。借財からの自由を与えた」(RIME 1, 204)。
　ウルカギナ：「ラガシュの市民にして，貸借を負って生きる者，小作料未進の者，返却すべき大麦を負う者，盗みをなした者，殺人を犯した者，そうした罪ある家を清め，それらに自由を与えた。孤児，寡婦を力ある者に与えないことを，ウルカギナはニンギルス神に誓約した」(RIME 1, 264-265)。

策である債務奴隷からの解放や弱者救済を包含し総称する概念と捉えることができる。ただし，社会の公正さと平安を意図することは同じであっても，「自由を与える」ことと，法典における「社会正義」の擁護とは相違するところがある。重要であると思われるので，少し詳しく見ていきたい。

初期王朝時代の「自由を与える（ama gi₄）」ことは，王が債務奴隷の解放を宣することであり，ハンムラビ時代以後に頻繁に布告されることになる債務証書の破棄を命じる徳政令と同じである（Kraus 1958, Charpin 2010）。対象となる債務奴隷は決して非合法な処置でそうなったのでなく，契約や裁判によって奴隷身分に落とされた者であり，それをもとの身分に戻すのであるから，王には合法的な契約や判決を停止もしくは無効にする強い権限が与えられていたことになる。したがって，古バビロニア時代の徳政令は常に，「王の勅令（ṣimdat šarrim）」として公布された。王の発意に基づくのであるが，無制限の王の権利でなく，本来的には，即位などの特別な慶事という機会を除いて宣言できないという制約があった。

それに対して，法典に記された条文は，「正義の定め」としての普遍的な規則，神が定めた守るべき秩序や準則を例示するものであって，ときに言われるような立法権を行使して王が定めた法ではない。ウルナンム以下の3法典は，普遍的な「正義の定め」を人々に知らしめるために作られた。王の責務は，あくまでもその条文に示された社会正義を実行するように人々を導くことにあった。王は決して立法者ではない。

確かに，古バビロニア時代後期になると，ハンムラビ法典は，「ハンムラビの勅令」と表現され（Finkelstein 1969），徳政令などの王の勅令との混同が見られる。この時期になると人々は，ハンムラビ法典に恒久の「正義の定め」を見るのでなく，徳政令と同様に，王の権威や強制力を見た。しかし，ハンムラビ法典は本来的に「（普遍的な）正義の定め」であり，後文で「問題を抱え訴えたいと思う人」に対して，「我が碑は彼のために事例を明らかにするだろう。彼の（事例に関連する）条文を見出し，（不安な）心が穏やかになるであろう」（中田 1999）と呼びかけるように，王自らが定めた法を示すものではない。

王が勅令として公布することと，普遍的な「正義の定め」を知らしめることの相違に着目すれば，楔形文字法典として，ウルナンム法典以下の3法典と

並べられるエシュヌンナ法典が，その性格上，先の3法典と相違することが明らかになる。

ディヤラ川流域に位置するエシュヌンナの王であったダドゥシャが作ったとされるエシュヌンナ法典の冒頭には日付がある（Roth 1995）。破損が多いが，「21日」，「エシュヌンナの王権」，「彼の父の家に」などは読み取れる。ダドゥシャの即位年の年名は，「ダドゥシャが彼の父の家の椅子を継承した年」であるので（Wu 1994, 159），エシュヌンナ法典の冒頭部分は，即位年と月日を表示すると考えられる。

つまり，エシュヌンナ法典は即位という慶事に公表され，冒頭に表示された年月日をもって有効になる法として発布された。エシュヌンナ法典とされるのは，ウルナンム法典などと違って，形式上，王の勅令である。それを示すのが，エシュヌンナ法典第1条の，銀を単位に大麦，ごま油，銅，羊毛などの公定価格を示した条項である。ウルナンム法典以下の3法典の条文に公定価格の規定はない。価格規定は，古バビロニア時代のウルクの王シンカシド，ラルサの王ヌルアダドとその子シンイディナム，アッシリアの王シャムシアダドがなしたように（前田2004b），王が自らの意思で定める規則であるので，王碑文などで示された。エシュヌンナ法典は，王が立法の意志を持って編纂したのであるから，ウルナンム法典以下の3法典の系譜とは異なる伝統のもとにある法＝勅令と言えるのであって，同列に扱えない。

次に裁判との関係を見たい。法典が示す「正義の定め」を制度的に保証する裁判制度は，ウルナンム治世かどうかは不明であるが，ウル第三王朝時代に導入され，専門の裁判官が置かれた（鶴岡2008）。これ以前，初期王朝時代の裁判は，各地において慣習的な規範に基づく仲裁裁判として機能していた。王権が裁判権を取り込むことで，ウル第三王朝時代には裁判文書が多く残ることになった。法典と裁判との関係を見ておきたい。

よく言われるように，法典の個々の条文が実際の裁判に適応されたという証拠はない。そのことで，裁判と「法典」は無関係と見ることが多い。筆者もそのように捉えてきたが，ウル第三王朝時代に，「法典」の編纂と裁判制度の整備が同時並行的に行われているので，無関係と切り捨てることはできないと考えるようになった。この問題を，裁判制度の整備のなかで誕生した裁判官が

シュメール語でなぜ di-ku₅ と呼ばれたかを考えることで，一つの解答が得られる。

裁判官を意味するシュメール語ディク（di-ku₅）は，エラム王プズルインシュシナクの碑文で「正しい定め（儀礼・奉納を規則通りに行うこと）」を DI.KU₅ me-šar-im（dīn mīšarim）と書き（前田 1985），さらに，アッカド王朝時代の碑文に多く現われる「エンリル神の DI.KU₅ によって」や「イナンナ神の DI.KU₅」のように[114]，元来は，神が発する「決定や掟」を意味した。

職名の DI.KU₅ の例は，サルゴン碑文で捕虜となった敵のなかに，王，将軍とともに記されたディクが最初であろう[115]。このディクを裁判官と訳すことが多いが，ナラムシンが捕虜にしたディクは王と将軍と並ぶ役職であるので，ディクも高位の従軍者である。この場合のディクは，裁判を主宰する者でなく，軍事戦略において重大な決定をくだすときに必要な「神の決定（神意）」を知る人と考えられる。この「神意を知る人」ディクが裁判官の名称に転用されたのであろう。

裁判官が知らねばならない神の決定とは，「正義の定め」であるが，それは，もともと慣習法であった。それぞれの地における仲裁裁判は，権威を持つ古老・長老によって行れたのであろうが，ウルナンム法典成立後は，もはや慣習法によることなく，法典において文字で王が提示した条文によって提示されたものである。つまり，神の決定を知る人が裁判官の意味になるのは，法典に示された神の決定である法を理解する者＝裁判官とされたことによると考える。

王権のもとに整備された裁判では，出廷する者は王の権威・権能に従った。誓約は本来神に誓うものであったが，ウル第三王朝時代には，裁判における誓約の言葉として，「王の名において誓う（mu-lugal pà）」という文言が定まった。王権に従うのは裁判の場に出廷する者だけでなく，裁判官も同じはずである。彼らが従うべきは，王が法典の条文に示した神々の決定としての「正義の定め」であり，それを「神の決定を知る人」＝裁判官は熟知して，裁判を行った。裁判官（ディク）をこのように解すれば，ウルナンム法典以下の3法典の条文

---

114 ᵈen-líl, DI.KU₅-šu, i-di-nu-ma（RIME 2, 19, &97）. in DI.KU₅ ᵈINANNA, an-nu-ni-tum（RIME 2, 105）.
115 si-id-ga-ù, ŠAGINA, ba-ra-ah-šum^ki, kùn-du-pum, DI.KU₅, ba-ra-aḫ-šum^ki（RIME 2, 24）.

に法的拘束力はなかったとされることに修正が必要だと感じられる。
　たしかに，裁判文書に法典の引用例はない。たとえば，ウルナンム法典
　　第1条「もし，人が他の人の頭に武器を打ち下ろしたならば，その人は殺される。」
　　第2条「もし，人が強盗を働いたならば，殺される。」(Roth 1995)
に即した判例を見ることはない。それは，当時の裁判文書が，罪の実証と被害者の救済（賠償）に焦点をあて，法典の条文にあるような死刑そのものの量刑を問題にすることがないからである。たとえば，次のような裁判文書がある。この文書には3人の裁判官の名が記される（前田 1995）。
　　「判決文。ウルエアンナの子クリが聖歌僧のババムを殺したことが（ラガシュの支配者職を兼務する）スッカルマフの前で確証された。クリが殺人を犯したことで，彼の財産と彼の妻子は，ババムの子等に与えられた。」(NG 2, 41)
　この判決では，殺人を犯したクリの量刑，ウルナンム法典第1条によれば死刑は記録されず，クリの家族が奴隷として被害者の家族に与えられたことだけを記す。別の判決文書では，
　　「漁師ウルメスの妻パパ，娘メメム，ウルメスの女奴隷ゲメギグナは，ウルメスが強盗を働いたので，漁師のシュルギルガル，ルガルイマフとルマグルラに女奴隷として与えられた。」(NG 2, 42)
とあり，この場合も，強盗を働いたウルメスの量刑は，ウルナンム法典第2条によれば，死刑であるが，それに触れることがなく，罪を犯したウルメスの妻，娘，女奴隷が第三者に奴隷として渡された。与えられた漁師たちが被害者であったかどうかは不明であるが，この場合も，強盗という罪を犯した者の家族が，債務奴隷と同様に，犯罪奴隷として奴隷身分に落とされたことのみを記録した。
　殺人や強盗は，その量刑でなく，犯罪者の家族や財産がほかに移譲される事由としてのみ記される。裁判文書に書かれていないが，罪を犯したクリとウルメスは，裁判官の前で死刑が確定したはずであり，殺人や強盗は死刑という法典の条文は裁判の場において意味を持っていたのである。
　ここで示した二つの裁判文書にあるようにウル第三王朝時代の裁判文書は，

現代の判決文と違って,死刑や量刑を記録しない。裁判文書（di-til-la）とあっても,契約文書と同じく,身分の変更や婚姻などの証書として,後日に問題が起こった場合の証拠になる証書として作成された。裁判文書がこうした内容であるので,法典の条文を直接引用することがない。

王讃歌

　ウルナンム法典とそれに関わる法と裁判について述べてきたが,ウルナンム法典以下の3法典の前文は,別の主題,王権の正当性を示すことでも重要な機能を果たした。その点を次に述べたい。

　3法典ともに,先に引用したように,前文において王権授受に触れ,神々が地上世界の支配権,王権を,まず,王権を担うにふさわしい神（ウルナンム法典ではナンナ神,リピトイシュタル法典ではニンイシンナ神,ハンムラビ法典ではマルドゥク神）と,その神が主神である都市（ウル,イシン,バビロン）に与え,その後に,王権を賦与した都市のなかから,支配を委託するに相応しい人間（ウルナンム,リピとイシュタル,ハンムラビ）を選ぶという構図で描く。王権に相応しい都市と都市神を選ぶことは,『シュメールの王名表』における王権が都市を巡る構図と同じである。

　法典前文にある王権授受の理解に役立つのが,ウルナンムの王讃歌である。ウルナンムは,王の自己表現の手段としてすでにあった王碑文に加えて,王讃歌というジャンルを創成した。以後,イシン・ラルサ王朝時代まで王讃歌は作られることになる。

　ウルナンムが王讃歌を作った意図としては,メソポタミア統合の理念を表現するため,神格化した王を讃えるため,などが想定されてきた。しかし,メソポタミア統合の理念は領域国家期にすでに成立しており,さらに,ウルナンムは自らを神格化することがないので,ともに成り立たない。別の作成意図を探す必要があり,それこそが,法典前文に示された神々によって与えられた王権の正当性を唱うことと考えられる。

　ウルナンム王讃歌はAからIまで番号が振られているが（Flückiger-Hawker 1999),Aは『ウルナンムの死』と題されるようにウルナンムの死を題材にしており,ウルナンム自身が作ったと考えられないので除外し,また,断片であ

るHとIは内容を正確に読み解くことができないので，これも除外して，ウルナンム王讃歌BからGの内容を見れば，讃歌とあるものの，ウルナンムの自讃に偏っておらず，王権を賦与したエンリル神の称揚，さらに王都であるウルとその都市神ナンナを称賛する内容である。それは先に示した法典前文に書かれてある神と都市と王の関係性で示された王権授与の構図に対応する[116]。つまり，ウルナンムが初めて作った王讃歌は，神によって与えられた王権の正当性を前提にして，支配権を授与された王が，賦与した最高神エンリルをはじめとした大いなる神々と，地上世界の統治権を神々から委任されたナンナ神とに誠実に奉仕すること，さらに，地上の支配権を担うという特権的な地位を与えられた都市ウルのために，平安と豊饒の維持に努めること，もしくは努めたことを謳うことが主題である。それは，彼が始めた法典編纂の意図，社会の安寧とそれに寄与することで王権の正当性を示すことに通じる。

　こうした新しい時代を切り開いたウルナンムであるが，ペルシア湾から東地中海岸までの全領土の支配と，整備された統治組織の整備は，第2代のシュルギを待たねばならなかった。

116　ウルナンム王讃歌Bは，法典前文と同様に「エンリル神は人々の中からウルナンムを良き牧夫に選んだ」とあり，その彼に主神殿エクルの建設を命じる。讃歌の最末尾には「ウルをウルナンムが繁栄させるように」とある。このように，王讃歌Bは，ウルナンムの王権授受と，エンリル神殿建立，ウルの繁栄を謳う。
　Cは都市ウルの讃美から始まり，アンやエンリルによって王たるに相応しい能力を授けられたウルナンムが，ナンナ神殿を建立するという内容である。讃歌の最後は「天から私に王権が下された。私は牧夫たるウルナンム，我が讃歌は良し」で終わる。
　Dは，「誰が運河を掘るのか」，「ウルナンムが運河を掘るだろう」で始まり，エンリル神に選ばれたウルナンムが，ウルの繁栄の基礎となる運河を開削することが主題である。この讃歌は，ウルが喜びのうちに日を過ごすと謳い，讃歌Cと同様に，「ウルナンム，永遠の名声をもつ王，あなたの讃歌は良い」と，賛美で終わる。
　EとFは類似し，ウルとナンナ神の主神殿エキシュヌガルが二人称で讃えられる。ウルナンムは，ウルに平安と豊饒をもたらす者とされ，「牧夫たるウルナンムは，シン（＝ナンナ）の神殿へ籠（を運ぶ者），長いラピスラズリのひげを持つ者」と表現される。
　Gは「エンリル神のバルバル」とされる讃歌で，「ウルナンムは　エンリル神の耕地で力を十分に発揮するだろう」とあり，エンリル神の農夫として務めを果たすウルナンムが主題である。

第5章
統一国家確立期・ウル第三王朝

1 シュルギとウル第三王朝の支配体制

ナラムシンを超えるシュルギ

　ウルナンムが創始したウル第三王朝は，5代，約100年（前2110-2003）続く。第2代はシュルギであり，以下，第3代アマルシン，第4代シュシン，第5代イッビシンと継承された[117]。

　ウルナンムに始まるウル第三王朝が，統一王朝に相応しい統治体制を整備したのは，第2代のシュルギのときである。シュルギは，当初，父ウルナンムの王号「シュメールとアッカドの王」を継承したが，治世20年までに，アッカド王朝のナラムシンが創始した「四方世界の王」を名乗るようになる。ナラムシンが始めた王の神格化を復活させたのもシュルギである。統一国家に相応しい王号「四方世界の王」と王の神格化は，ウル第三王朝の諸王によって継承される。そのことで，王朝の鼻祖ウルナンムとは区別して，本章でシュルギ以降のウル第三王朝時代を扱うことにした。

　シュルギは，統一度量衡を制定し[118]，貢納制や統一的会計システムを導入し，

---

[117] 第2代シュルギは確実にウルナンムの子であるが，以後の系譜は，王碑文に記載がないため不確かな点が多い。アマルシンとシュシンをともにシュルギの子とする説がある。極端なのは，アマルシン以下の3代はすべてシュルギの子，つまり兄弟間の継承であったという説である。『シュメールの王名表』が初代から第5代まですべてを父から子への継承と記しており，それを否定する特段の史料はないので，現時点では，そこに書かれた系譜を受け入れるべきであろう。

[118] 穀物などの量を計る単位としては，「シュルギの升（gur-^{d}šul-gi）」，行政経済文書では通常「王の升（gur-lugal）」と書かれる統一升が定められた。1グル（王の升）は，300シラであり，10シラ，すなわち1/30グルが1バン（ban），60シラ＝1/5グルが1バリガ（bariga）と呼ばれた。この計量体系は「アッカドのグル」を継承するものである。
　ウルナンム法典前文によると，シュルギの前に，ウルナンムも銅製の標準升と，重量の基準

統一国家にふさわしい制度を整えることで，ナラムシンが導入した統一国家の理念を，一つの形に作り上げた。ウル第三王朝時代は楔形文字で書かれた行政経済文書が大量に出土した時代として特筆される[119]。シュルギ治世40年頃から急激に文書数が増えるのは，文書主義に基づいた統治体制が整えられたからである（前田2000）。

シュルギは，48年ある治世のなかで，「デールを征服した年」である治世21年を境に，内政重視から外征への転換を図り，それまで主に神々への奉仕としての神殿建立などを採り上げた年名に，エラムやティグリス河東岸の北部地域に対する遠征を頻繁に採用し始めた（RIME 3/2, 91-110）。シュルギは，ナラムシンの創始になる統一国家に相応しい王号「四方世界の王」と王の神格化を復活させただけでなく[120]，ナラムシンが達成したアッカド王朝の最大版図も再現した（図11）。

ウル第三王朝の支配領域は，地中海からペルシア湾までと捉えることができ

となる石製の計量錘を造っている。シュルギは，それを受けて，「シュルギの升」と称するように，自らの名において支配下地域に施行したのである。ところで，ウルナンム法典前文には「銅製のバリガを造り，60シラの升を定めた。銅製のバンを造り，10シラの升を定めた」とある。1バリガは60ℓとされる。升の形態は円柱状であったかもしれないが，直方体を想定すると，各辺が30×40×50cmの容器が必要になる。バンの升については，1バンは10ℓであり，各辺が25×25×16cmの容器になる。この程度なら正確に造ることができたはずである。ウルナンムは，バリガとバンの標準升を造ったが，1グル升に言及がない。1グルは300ℓであり，底辺の縦・横を60×50cmとした場合，高さが1mになる巨大な容器を造らねばならない。家庭用のバスタブより大きな容積を必要とするのであり，こうした大型の銅製標準升は存在しなかったと考えられる。

羊毛や銀などの重さを計る単位マナでは，ウルナンムとシュルギともに，彼らが定めたと書かれた鴨形分銅が出土している。量や重さの単位に比べて，面積や長さの単位は初期王朝時代と大きな差はなかったと思われる。当然，ウル第三王朝支配下の諸都市では共通の面積や長さの単位を使用した。

119　1991年までに公刊された行政経済文書はSigrist&Gomi 1991で知ることができる。2008年にモリナは，公刊されたのが56,361枚であると述べ，未公刊のものを含めればウル第三王朝時代の行政経済文書は約12万枚あるとする（Molina 2008）。公刊文書は，NISABA, CUSASのシリーズなどによって増え続いている。とりわけ，新規のガルシャナ（CUSAS 3）やウルサグリグ（NISABA 15）出土の文書は注目に値する。

120　王の神格化と関連して王の妃をlukurで表現することが始まったと思われる。王の妃は，初期王朝時代以来，妻／配偶者を意味するdamや，王（lugal）に対応する王妃（nin）を名乗っていた。初代ウルナンムの妃が「妻（dam）」を名乗ったように（RIME 3/2, 86），ウル第三王朝時代になってもdamやninは使われる。こうした伝統的な王妃の名称に加えて，王の妃をlukur（王夫人）で表現することは，第2代シュルギに確認され，シュルギ以降の歴代の王もlukurを用いた。すでに指摘されているように（Steinkeller 1981, Sharlach 2008），ルクル（lukur）は，本来神に仕える女神官の名称であり，その意味でのlukurは，すでに初期王朝時代ラガシュの文書に現れている。ウル第三王朝時代にルクルを王夫人の意味に転用したのは，神となった王に仕える女性と捉えること，すなわち，王の神格化の一環としてであろう。

図11 ウル第三王朝の支配領域

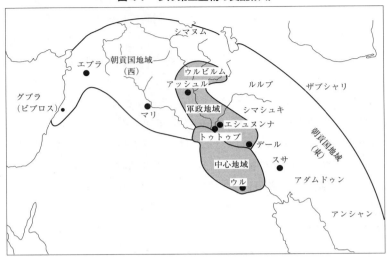

図12 シュタインケラー説

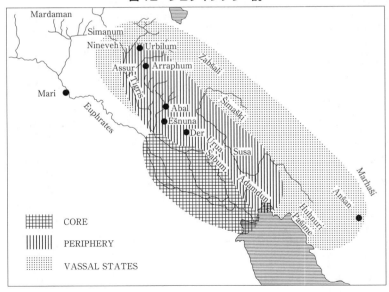

るが (Maeda 1992; 前田 2003), この捉え方は, 通説化しているシュタインケラーの説とは異なる (Steinkeller 1987) (図12)。シュタインケラーは, ユーフラテス川中流域のマリさえ領域に加えない。

　筆者が広い範囲と捉える根拠としたのは, ウルの王への貢納 (「王のための持参」) がシュメール・アッカドの中心地域だけでなく, マリなどの遠隔地の都市からも献上されること, それとは別にグナという名目の貢納が西のエブラ, 東のスサなどから持参されること, さらに, ビブロスやエブラなどからの使節がウルの王のもとに来たことなどである (前田 1990)[121]。ウルの王が, 国々の支配者を, 自らの王号と同等の「王 (ルガル)」で呼ぶことなく, 彼らを対等の王として遇することがなかったことも根拠になる。

　広大な地域を支配する王となったシュルギであるが, その統治は, 中央からの画一的な支配でなく, 中心と周辺の二分法によって区分された形態を採る。文明中心地域と意識されたのがシュメール地方とアッカド地方であり, その外側にある周辺地域は, 独立性の強い朝貢国地域と, 軍事的要地として特別に設定された軍政地域に二分された[122]。このように, ウル第三王朝の支配形態は3区分できる (前田 1990)。

　中心と周辺の二分法ではシュタインケラーと同じであるが, その支配形態の区分では食い違いがある。筆者が周辺を朝貢国地域と軍政地域に二区分するのに対して, シュタインケラーは, 中心と周辺のさらに外側に半独立的な臣従国

　ただし, シュルギの夫人 šu-qur-[tum] を「彼 (シュルギ) の愛するルクル (lukur-ki-ág-gá-ni)」と書く碑文は例外となる (RIME 3/2, 182)。シュルギの称号は「強き者, ウルの王, シュメールとアッカドの王」とあって, この碑文はシュルギ治世早期のものであり, しかも, シュルギには神を示す限定詞が付されていない。神格化以前に, 神に近い存在と認められ, 王夫人をルクルと呼べたと考えるべきか, それともまったく別の理由を考えるべきか？　不明な点である。

　なお, RIME 3/2 には王族のリストがあり (シュルギの妃・夫人 p. 167, アマルシンの妃・夫人 p. 267, シュシンの妃・夫人 pp. 336-337, イッビシンの妃・夫人 p. 375), 参照するのに便利である。

121　王への貢納は, たとえば, MVN 11, 152 に, マリの人とされるアクバニ (ak-ba-ni, lú ma-ri[ki]) が山羊を持参した記録があり, 使節の到来については, ビブロス (グブラ):「グブラの支配者イブダニの使節イバティ (i-ba-ti lú-kin-gi₄-a ib-da-ti ensí-gubula[ki]) (AnOr 7,99; MVN 5,111), エブラ:「エブラの支配者メグムの使節［某］([　] lú-kin-gi₄-a, me-gu-um ensí eb-la[ki]) (Owen & Veenker,1987, 267) がある。

122　1990年の論文で, 軍事的要地として特別に扱われる地域を服属地域と命名し, 朝貢国地域を臣従国地域と命名した。その後の2003年に出版した著書で, 三分法と地域区分に変更はないが, 名称については本書でも使う。服属地域を「軍政地域」に, 臣従国地域を「朝貢国地域」に改めた。

表 14　地域の三区分と貢納

中心地域（文明地域）		（バル［bal］義務）
朝貢国地域	周辺地域	mu-túm-lugal 貢納	グナ（gú-na）貢納
軍政地域	周辺地域		グナ・マナ（gú-na ma-da）貢納

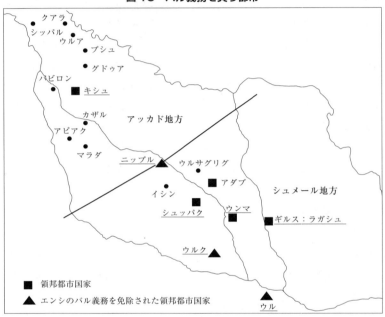

図 13　バル義務を負う都市

を置く。二重でなく，三重の構造で把握するのであろう。筆者とは異なる区分と領域に理解するシュタインケラーを批判的に捉えつつ，中心地域，朝貢国地域，軍政地域それぞれの特徴を貢納や義務に関係させて述べたい（表 14）。

中心地域

　中心地域はシュメール地方とアッカド地方からなり，その範囲はシュタインケラーと同じである。中心地域の主要な都市の支配者に課せられたのがバル義務である（図 13）。バル義務とは，都市支配者の月ごとの輪番義務であって，ニップルにおいて最高神エンリルをはじめとする神々に奉仕することである

(Maeda 1994)。バル義務を果たすのは，シュメール地方では主に領邦都市国家の系譜を引く有力都市，キシュ，アダブ，ウンマ，ラガシュ，シュルッパクの支配者である。王都になったウル，最高神エンリルを祭る聖都ニップル，王朝の父祖の地であるウルクの3都市は特別の扱いを受け，都市支配者のバル義務はなかった。

　領邦都市国家に従属していたことが確認できる都市国家，たとえば，アダブに服属したケシュとカルカル，ウルクに服属したバドティビラとラルサは，ウル第三王朝時代になっても，バル義務を負うことはない。ウンマに服属したキアンとザバラムは，バル義務を云々するまでもなく，ウル第三王朝時代には独立した都市国家でなく，ウンマに一市区として包含されていた。ウル第三王朝は，前の時期の領域国家と同じく，領邦都市国家体制を基礎に統治したのであり，直接統治を志向してはいなかった。

　バル義務は，シュメール地方では，基本的に領邦都市国家であった有力都市に課せられたのであるが，時代が変わるのであるから当然例外はある。ウルサグリグとイシンである。ウルサグリグのバル義務はシュルギ治世でなく，アマルシン3年から確認される。ウルサグリグは，初期王朝時代からニンフルサグ神を祭る都市として存在していたが，覇権争いに加わった記録はない。ウル第三王朝時代になると，ウルサグリグへの王の巡幸が多く記録されており，とりわけシュシン治世からは，年に2度定期的に訪問したようで[123]，ウルの王にとって重要な都市になっていた。ウルサグリグはシュメール都市のなかで最

---

[123] ドレヘム文書では，「王がウルサグリグに行かれた（lugal uru-sag-rig₇^{ki}-šè gin-né）」のように，巡幸記録がある。時期は，3月（MVN 15, 58; NSTROM 1, 148; TCNY 397; TRU 341）と11月（AUCT I, 176; CTOI 2, 404）に限られる。例外としてシュルギ42年10月の文書に王がウルサグリグから戻られたときの宴が記録されている（TRU 284）。シュルギ治世には定期的なウルサグリグ巡幸は未だ慣例になっていなかったと考えられる。ウルサグリグ文書には，王がウルサグリグに来たと明示する記録はないが，メッセンジャーテキストに記録される gir-lugal "king's journey" が，王のウルサグリグ巡幸のことであろう。gir-lugal の記録は，アマルシン7年からイッビシン2年まで残っており，2月と9月にのみ記録される（NISABA 15, 21, 90, 208, 233, 310, 315, 360, 361, 489, 492, 494, 497, 567, 573, 583, 724, 725, 727, 728, 738, 739, 748, 856）。例外的に10月の記録 NISABA 15, 856 がある。
　2月と9月に王の行幸があったことは，犠牲家畜管理人バアガのシュシン4年10月の収支計算書 NISABA 15, 290 の書式からも知られる。この会計簿の冒頭部分は，「304頭の各種の羊，3月末の在庫（304 udu-ḫi-a, é-šu-sum-ma, itu kir₁₁-si-ak）」とあり，7ヵ月前の時点での在庫を繰り越す内容になっている。10月の会計簿に，半年以上前の3月の在庫を計上することは，この3月と10月に，一つの会計簿に一括される共通の何かがあったのであり，それが，王の行幸に付随する神々への奉納であったと考えられる。文書で確認できる実際の行幸は2月と9月であるので，1ヵ月の食い違いがある。会計上の処理が1ヵ月遅れたことなのか，理由は不

も北に位置し，エラムやディヤラ地方からの脅威に対する備えとなることから，地位を向上させたのかもしれない。この推定を裏付けるように近年公刊されたウルサグリグ文書には，エラムとの境になる要衝であり，王族将軍が駐留するデールへの頻繁な往還が記録されている[124]。

イシンは，ウルサグリグよりもさらに遅くシュシン4年にバル義務を果たすようになる。イシンは都市国家としての長い歴史を持ち，イシンからは初期王朝時代の粘土板文書が出土する。アッカド王朝時代では，ナラムシン治世に勃発したウルクを盟主とする反乱軍の構成メンバーであった。しかし，領邦都市国家としての地位は獲得できなかった。ウル第三王朝滅亡後に統一王朝となるのがイシビエラのイシン王朝であるので，シュシン治世にイシビエラがイシンを拠点としたとき，有力都市として認められたと考えられる。

シュメール地方とともに中心地域を構成するアッカド地方では，領邦都市国家の系譜を引くキシュが当然のようにバル義務を負った。そのほかにカザル，マラダ，バビロン，グドゥアなどがシュルギ治世からバル義務を負う都市であった。カザルとマラダは，ウルナンムがエラム支配から解放したとして挙げる都市であり，ウルの王権に結び付けるために早くからバル義務を課していたのであろう。

シュルギ治世からイッビシンまでの全期間を通じてバル義務を負うアッカド地方の都市はバビロンなど10にのぼる。この数はシュメール地方のバル義務を負う都市をはるかに凌駕する。古バビロニア時代にバビロンやシッパルなどを擁して政治経済の中核地域に発展するアッカド地方が，ウル第三王朝時代には，すでに，シュメール地方に対して優位な地位を得つつあったと見ることができる。

シュメール・アッカド地方の諸都市のほかに，バル義務を負う都市としては，本来ならばバル義務を負わない朝貢国地域のスサと軍政地域のエシュヌンナがあった。エシュヌンナは，あとで述べる軍政地域の扇の要のような位置にあっ

明である。ウルサグリグ文書でなく，ドレヘム文書によれば王の巡幸を2月と9月とするので，ドレヘム文書もウルサグリグ文書と1ヵ月の相違がある。その理由としては，年の始まりがドレヘム暦とウルサグリグ暦とで相違したことに求めることができよう。
[124] ウルサグリグのメッセンジャーテキストにおいて，王の使節が向かう地の頻度を見れば，デール，キマシュ，シマシュキ，フルトゥなどが上位を占めるが，第1位のデールが207であり，第2位のキマシュの54や第3位のシマシュキの27を圧倒している。

た。スサは初期王朝時代からエラム地方の中心都市であり続けた。このエシュヌンナとスサは，周辺地域を支配する拠点としての重要性から，中心地域に準じてバル義務が課せられたと考えられる。ただし，スサはアマルシン4年のバル義務が記録されるだけで[125]，恒常的にその任に果たしたことは確認できない。一方のエシュヌンナはアマルシン治世後半から毎年のように，バル義務を果たす[126]。中心地域の諸都市と同列に扱われるようになっていた。

エシュヌンナとスサのその後の動向を見ると，ウル第三王朝最後の王イッビシンのとき，スサを中心としたエラム勢力はウルに侵入し，ウル第三王朝を滅ぼした。エシュヌンナは，ウル第三王朝の滅亡以前に独立し，以後，古バビロニア時代における群雄の一つとして，バビロン，マリなどと覇を争うことになる。バビロン周辺の諸都市の勃興を含めて，古バビロニア時代の勢力地図は，バル義務体制をとるウル第三王朝時代に淵源があり，有力な諸都市は，ウル第三王朝という統一王朝の支配下にあっても，都市の自立性を維持しつつ，次の時代への展望を模索していたのである。

朝貢国地域

朝貢国地域とは，シュメール・アッカド地方である中心地域に対比される周辺地域である。朝貢国地域からは，支配者本人，もしくは使節（lú-kin-gi$_4$-a）がウルの王のもとに来て，「王のための持参」としての家畜や，グナ貢納を捧げた。グナ貢納とは，恭順・服従の証としてウルの王に捧げられた定期もしくは臨時の貢物である[127]。

グナ貢納と使節派遣を基準にすれば，朝貢国地域の範囲は，地中海岸からティグリス・ユーフラテス両川の源流域に分布する諸都市，さらに，ユーフラテス中流域のトゥトゥルやマリ，そしてティグリス川中流域を経て，東ではイ

125　Amar-Sin 4 ix^2: TRU 36,; AAICAB 1,4 322. Amar-Sin 4: PDT 557.
126　Amar-Sin 7 vi: CST 362. Shu-Sin 1 ix: Hallo 1960, no.14; BIN 3,353. Shu-Sin 2 viii: MVN 15,134. Shu-Sin 2 ix: AUCT 2, 254. Shu-Sin 3 viii: Genoillac 1924 ［HG 11］. Shu-Sin 4 viii: Hall 1960, no. 22. Shu-Sin 9 vi: TCL 2, 4691; BIN 3,586. Ibbi-Sin 1 ［　］: YOS 4,73.
127　グナ貢納の意味は，戦利品との対比で言及する碑文を見ることで明確になる。「ザブシャリの国とシマシュキの国々を征服し（たとき），グナ貢納としてアンシャンが持参した大山羊の，その似姿の像を造った」（RIME 3/2 313）。第4代シュシンは，征服したザブシャリとシマシュキからは戦利品として金を奪ったが，反乱地域に隣接するアンシャンは，戦利品でなく，ウルに恭順する証として特別な種類の山羊を献納しており，それをグナ貢納と呼んでいる。

図14 朝貢国地域

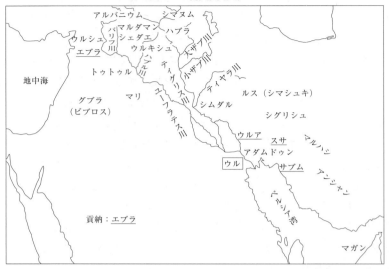

ラン内部のアンシャンに及ぶ。ペルシア湾方面のマガンからも使節が来た。朝貢国地域は，両川地方を取り巻くようにしてウル第三王朝の遠隔地帯を形成した（図14）。

朝貢国地域の都市が負うグナ貢納は，家畜だけでなく多岐にわたる品目であった。木材はエブラから運ばれてきた。エブラはシリア北部にあり，初期王朝時代以来レバノン杉を伐採した杉の山の入口にあたる。特産品の献上であろう。シムダルからのシロップやウルアからの銀については詳細を知り得ないが，それらも特産品の貢納であろう（前田1990）。

同じ朝貢国地域であっても，西と東の地域では様相が異なる。朝貢国地域の西半分，マリの上流部とティグリス川を遡り東地中海岸に至る地域では，そこから派遣されてきた使節たちにウルの王は贈り物を与え優遇した。加えて，臨時のグナ貢納があったとしても，マリを含めてシリア地方の都市からの恒常的な貢納持参の記録がない。ウル第三王朝の直接支配を受けないで，むしろ両者は独立王国間の外交的関係で結ばれていた。

それに対して東のエラム地域では，アダムドゥンに課せられたアマルシン8年と9年のグナ貢納の家畜が1枚の文書（Holma & Salonen 1940, no.30）に

図15 ウル第三王朝の軍事遠征

記録されるように，グナ貢納は年を単位に恒常的に課せられた。東方の情勢は西方に比べて厳しかったのであり，警戒すべき地域であった。この地方への軍事遠征が頻繁に実施され，降嫁などの懐柔政策もこの地域に対して採られた。そこには，ウル第三王朝成立時において強大なエラムの王プズルインシュシナクに対抗せざるを得なかったことや，ウル第三王朝を滅亡に導くのが同じエラムのシマシュキ王朝であるという軍事的政治的状況が反映する。

朝貢国地域の東西の差は，軍事遠征に顕著である。年名から知られるウル第三王朝の遠征先は，図15のように，マルトゥ（アムル）を除いて，すべてティグリス川東岸からイラン高原に及ぶ地域である。その範囲は，軍政地域と，朝貢国地域でも東半分に限定される[128]。ウル第三王朝の領域の東半分は軍事的脅威を受け，不安定要因を抱えた地域である。そうした状況下，ウルの王は，

---

128 ただし，2013年に公刊された粘土板文書（PPAC 5, 7）によれば，シュルギ44年の年名にある「シムルムとルルブムを9度目に征服した」報告（á-ág-gá）を伝えた者に銀2マナが下賜

エラム地方に貢納を課して服属を強制し、諸勢力の分断・孤立化政策を取った。

最遠の地に位置する諸国には降嫁政策が取られた。エラム地方の諸国への降嫁については、第Ⅱ部で述べることになる。ここでは、降嫁が反乱を誘発した例として、ティグリス川の上流部シマヌムを挙げたい。シュシンは、王女をシマヌムに降嫁した。

> 「王女を支配者の息子の妻（エギア é-gi₄-a）としてシマヌムに降嫁した。シマヌムとハブラの国々は、王（シュシン）に敵意を持ち、王女を宮から追放した。彼（シュシン）はシマヌムとハブラの人々を武器で打ち倒した。王女を（シマヌムの）宮に戻した。」(RIME 3/2, 297)

シマヌムは、ウルの王が降嫁することに反発し、反乱を企て、王女を追放したが、ウルの王は、反乱鎮圧のあと、再び王女をシマヌムに戻している[129]。強引な降嫁政策である。

降嫁が反乱の要因になるのは、降嫁を受け入れる側に何らかの変容を迫るほどに重要な意味があったからであろう。この問題を考えるとき、é-gi₄-a という用語が鍵になるのかもしれない。エギアは、父母子と同類の家族呼称とするならば特異な名称である。エギアの例を挙げれば、すでに示したように初期王朝時代ウンマの支配者イルは、ウルルンマがラガシュとの戦闘で敗死したのちに支配者位を継いだ。彼はエンアカルレに始まるウンマ王家の傍系であったので、エンナカルレの直系であるウルルンマの娘バライルヌンを息子ギシュシャキドゥの嫁、つまり、「イルのエギア（息子の妻）」とすることで、傍系であるイルの家系を、ウンマの正統な王統に繋げた。イルの例は、エギアを通じて高貴な系譜と結び付くことの例証となる。グデア時代のラガシュでも、支配権の

されるとともに、「ウルビルムを征服した報告」を伝えた者に銀2マナが下賜され、さらに、「マリを征服した報告」を伝えた者に銀1マナが下賜された。この文書によって、初めて、年名に採用されていないが、シュルギ44年もしくはそのあとの年に、マリは反乱を企て鎮圧されたことが知られることになった。西方の朝貢国地域でも、軍事的脅威がまったくなかったとは言えない。

129 シマヌムに降嫁した王女は、クンシマトゥムと考えられるが、シュシン治世の前、アマルシン5年に、シマヌムの支配者プシャムの息子の妻と記録されている（ku-un-si-ma-tum é-gi₄-a-ni [＝pu-ša-am]: ŠA LVIII, 35 [AS 5 vi 12]）。シュシン1年の文書ではシマヌムの支配者アリバタルの息子の妻と記録され（ku-un-si-ma -tum é-gi₄-a a-ri-ba-tal lú-si-ma-núm^{ki}: PDT 1, 572 [SS 1 ii 22]、ku-un-ši-ma-tum é-gi₄-a a-ar-ba-tal lú ši-ma-nu-um^{ki}: TENS 480 [SS 1 iii 9]）、支配者名が異なっている。それをどう捉えていいのか不明であり、シマヌムの反乱の引き起こしたのがクンシマトゥムの降嫁なのか、それとも別の王女を2代続けて降嫁したことなのか、それについても解答は得られない（Cf. Michalowsiki 1975）。

正当性を母や娘を通じて継承する意図が表現された。

　ウルの王女がエギアとされることは，降嫁を受ける側の支配者がウルの王統に繋がることになる。降嫁の後に反乱を起こしたシマヌムは，降嫁した王女が，友好の証しとしての人質よりも，ウルの王統に繋げるために来たこと，つまり王統の乗っ取りと見ることで，在地勢力の王統が絶たれ，伝統が穢されるという恐怖から反乱が起きたと考えることができる。

軍政地域

　軍政地域は，中心と周辺の二分法に従えば周辺地域の一部であるが，将軍に従う軍団の駐留と，彼らに課せられたグナ・マダ（「国土のグナ貢納」）によって特徴付けられる（前田 1990）。その範囲は，ティグリス川東岸のディヤラ川から大・小ザブ川流域の，トゥトゥブを西端とし，デールを東端とする底辺からウルビルムを頂点とする地帯である。この地域は，アッカド王朝時代のグティの侵入以来，異民族の侵入路であって政治的に不安定な状態にあった。シュルギ治世でも，軍事遠征は，軍政地域のウルビルム，シャシュル，シムルム，カルハルと，それに隣接するルルブ，ハルシ，キマシュに対して実施された。軍政地域は，軍事的に重要視されたことで，朝貢国地域から切り離して特別区として設けられた。

　軍政地域では，民政を握る在地勢力に並んで，中央から派遣された軍団の長（将軍＝シャギナ）による軍事権の掌握という二重構造であった。将軍が軍民両権を握ることもあった。王族将軍も派遣された。さらに，この地域に王の直轄地が設定されており[130]，ウルの王は強力な直接支配を目指した。

　朝貢国地域の支配者に課せられたグナと，軍団に課せられたグナ・マダは，ときに同一視されるが，別の貢納である。その相違が明らかになる例として，シムダルからの貢納がある。シムダル駐留の将軍がグナ・マダを持参するのに対して，シムダルの神官達は，シムダル本来の神殿組織や行政機構を代表して，グナ・マダでなく，グナ貢納を持参した[131]。シムダルは駐屯軍にとっては軍

---

[130] 王の直轄地の設定は，王の MAŠ.EN.KAK (*muškēnum*) の存在から知られる (Maeda 1992, 154-155)。

[131] 将軍のグナ・マダ持参は CT 32, 19-22 [IS 2 iv] に記録されている。一方のグナ貢納の記録は Michalowski 1978, 38 にある：「シムダルの諸神殿のグダ神官の貢納，長はシュイリ (gú-un

表 15　グナ・マダ

	周辺地域の支配者	軍政地域の駐屯軍団
シュシン 3 年以前	gú<-na>（家畜, その他）	mu-túm<-lugal>（家畜）
シュシン 3 年以後	gú<-na>（家畜, その他）	gú<-na>-ma-da（家畜）

政地域であるが，在地勢力からは朝貢国地域という二重性を持つ。周辺地域は，本来，朝貢国地域であるが，その一部を覆うように軍政地域が設定されたのである。

　軍政地域の軍団に課せられたグナ・マダは，本来支配領域全体に共通する「王のための持参」としての貢納であったのを，シュシンが治世3年に名称を変更したものである。持参家畜の頭数など実態はそのままである。時間的変化を考慮してグナ持参者とグナ・マダ持参者を区別して図式化すると，表15のような関係表ができあがる。

　周辺諸地域の支配者は，臨時にか定期的にかグナの名目での貢納を課せられていた。これは，シュシン3年以降においても変化がない。その一方で，軍政地域に展開する駐屯軍団の兵士は，シュシン3年以前にあっては，「王のための持参」の名目で家畜を持参した。それが，シュシン3年以降に，彼らの貢納は他と区別されグナ・マダなる名目で持参されるようになった[132]。

　グナ・マダについて，シュタインケラーは，周辺地域のなかでも軍事的に重要な地点に駐屯する軍隊に課せられた税であると捉えた。この説明自体問題はない。しかし，図12（140頁）にあるように，彼がグナ・マダを持参する区

---

guda₄ èš-didli si-mu-dar^{ki}, ugula šu-i-li）」．

132　問題は，ウル第三王朝時代の貢納システムのなかで，なぜティグリス河東岸のディヤラ川や下ザブ川流域に駐屯する軍団からの家畜持参をシュシン3年になって初めてグナ・マダと命名し，独立項目としたかである。主要な要因は当然軍事であろう。この地域は，アッカド王朝時代のグティの侵入以来，エラムを含めた異民族がメソポタミアに侵入するときの経路になっている。その意味で防衛上の最重要地域であった。シュシン3年という時期は，シュシン4年の年名がマルトゥの侵入から国土を守る「マルトゥの城壁を築いた年」でるように，国土の防衛が強く意識されていた時期である。軍団の強化とグナ・マダの創設は関係するのであろう。
　軍政地域のグナ・マダが朝貢国地域に課せられたグナと異なった貢納であることは確かであるが，グナ・マダもグナと命名されている限り，朝貢国地域の支配者に課せられたグナの特徴，その在地の支配権を承認した上で，その恭順を強いるために課せられた貢納という特徴を共有するはずである。そうであるならば，シュルギ治世以来ティグリス河東岸に展開していた軍団に忠誠を誓わせる目的と同時に，当該地区での徴税権や徴発権を認めるという権限の拡大を承認した上で，グナ・マダが設定されたと考えられる。

域をエラム地方にまで広げて周辺地域と呼び，中心地域に対比させた領域図を描くことは賛成できない。

　シュタインケラーの領域図と筆者の領域図が相違するのは，筆者はグナとグナ・マダを別の貢納として区別するのに対して，シュタインケラーは，グナはグナ・マダの省略形として同一の貢納と捉え，筆者が想定する軍政地域と，朝貢国地域であるエラムとを同一の周辺地域に括ることにある。シュタインケラー説に対して，筆者は，グナとグナ・マダとが別種の貢納であること，グナは服従・恭順の証としてウルの王に贈られるものであり，貢納品目は家畜に留まらず木材，シロップ，銀などと多岐にわたることを挙げ，軍政地域からのグナ・マダとエラムの支配者たちのグナはまったく異なる貢納であると批判したことがある（前田 1990）。

　こうした論拠とは別に，エラムのグナ貢納と兵士数を論じたミカロスキの論文（Michalowski 2008）が，エラムからのグナ貢納がグナ・マダでないことを逆に証明するので，その点を述べたい。ミカロスキの論文は，シュタインケラーの説，エラムからのグナもグナ・マダであり，兵士300人あたり1頭の牛と10頭の羊の比率で持参されたとする説に基礎を置く。ミカロスキは，それによって，スサに課せられたグナ貢納の55頭の牛から，16,500人の兵士を算出する。羊をベースに計算すると，そこに書かれた1,814頭の羊は，54,420人の兵士からの持参となる。ミカロスキは，エラム各都市のグナ貢納から算出した兵士数を表に纏めるが，そこには，50,400人，185,700人，54,420人，39,540人，36,000人の数値が挙がる。3万人や5万人の兵士，ましてや18万人の兵士は，エラム地方の一都市の兵士数としてはあまりに多く，現実にはあり得ない。

　これらの数値が過多であることをミカロスキも承知しており，シュタインケラーの計算がエラムには適応できない可能性を認めながらも，最後には，その兵士数が現実に合致することを証明しようとする。ミカロスキの論文は，本人の意図に反して，グナとグナ・マダとが異なる貢納であることを端的に示すものである。それは，また，エラムとティグリス川東岸地域が同一地域として同一の貢納を課されたというシュタインケラーの前提が成立しないことを示すものでもある。筆者が提示したエラムを朝貢国地域に置き，軍政地域と区分した

ことのほうが有効な理解であろう。
　以上，シュルギが達成した支配領域を，中心地域，朝貢国地域，軍政地域の3区分で，その特徴を見てきた。それを，王が直接支配するかどうかの視点から要約すれば次のようになる。
　ウルの王が直接支配を試みたのは，将軍を派遣して軍政両権を掌握させた軍政地域のみであり，中心地域も朝貢国地域も独立した都市・国家から成り立っていた。周辺地域にある朝貢国がウルから離反する可能性は常にあった。そのことで，シュタインケラーはウル第三王朝の版図をマリ以南と狭く捉えたのであろう。しかし，在地勢力の有力者が支配する独立的な都市国家は朝貢国地域だけでなく中心地域にも存在した。このことが，ウル第三王朝を中央集権国家と見なせない証拠になる。
　周辺地域と中心地域の区別なく支配領域すべてに課された「王のための持参」の特徴からも，ウル第三王朝が中央集権的国家でなかったことが見える。「王のための持参」は支配する全領域を対象にするが，住民に課せられた地税・人頭税でなく，各地の支配層と，将軍などウルの王に直属する者らの家畜貢納である。ウルの王が，支配領域の全域・全住民に対する収奪，土地台帳を基礎にした地税と，戸籍をもとにして人頭税を課すという一円支配を目指すことはなかった。

2　ウルの王の権威と大権

王の神格化

　ウル第三王朝第2代シュルギ以降の王は，「四方世界の王」を名乗り，地上世界における唯一の王を宣言した。しかし，領域国家期の王が領邦都市国家の特権的地位を認めて出発したという限界を，ウル第三王朝も打破できず，中央集権体制を築くことはなかった。理念と支配の実態は乖離する。ウルの王が有する権威と大権について，王の神格化，祭儀権，軍事権から，支配の実態との乖離に焦点を当て，見ていきたい。
　最初に，王の神格化を取り上げる。王の神格化に伴って，王権の象徴が王杖から王冠に変わったことは，ナラムシンのところで指摘した。王の神格化を復

活させたシュルギの王讃歌 A にも次のような文章がある。

「アン神が大いにして正当なる王冠を我が頭上に戴かせ，ラピスラズリのごとくに麗しいエクル（ニップルのエンリル神殿）において（エンリル神は）王杖を執らしめ，輝く聖堂において，固められた基礎を持つ王座が，その頂を天に高める。」(Klein 1981, 200)

シュルギの王讃歌は，王の偉大さを，王冠，王杖，王座の 3 点セットで語る（前田 1999b）。この 3 点セットで王を讃えることはウル第三王朝時代から始まるが，王冠が筆頭にくる。王冠は，神々の父アンが授けるように，意味するのは神たる王である。

円筒印章などの図像史料では，神々は角のある冠を被ることで識別された。同じ王冠を，王は神となったことを象徴して被る。一方，初期王朝時代以来王の象徴であった王杖は，ウルナンムの王讃歌で「すべての民を正しく導く聖なる王杖」(Flückiger-Hawker 1999, 240) と謳われるように，王の指揮権・統治権を象徴するものとして機能し続けた。

王冠が王権の象徴になることで，ウル第三王朝時代に，即位の儀式は戴冠の形式を採るようになった[133]。イッビシンは，王都ウルでの戴冠だけでなく，ウルとともに特権的な地位にあったニップルとウルクにおいても戴冠の儀式を行った[134]。イッビシンだけでなく，ウル第三王朝の戴冠は三都で行われるのが慣例であったと思われる。

神格化に伴って造られた神たる王の神殿は，ナラムシンでは王都アッカドにのみあり，支配下諸都市に建てられた証拠はない。対して，ウル第三王朝時代には，王のための神殿はラガシュやウンマをはじめ支配下諸都市に建てられた（前田 2016a）。ラガシュにあったシュルギの神殿は，都市神ニンギルスなどの神殿組織が行政の単位として機能しているなかで，最大規模の一つである（前川 1989）。加えて，ラガシュやウンマには複数のシュルギ神殿があった[135]。

133　アマルシンの即位：「王が王冠を授けられたときに」(AAICAB I, 4, 365)。
134　イッビシンの即位：「ウルにおいて，イッビシンが王冠を授けられたとき」(UDT 100)，「王がニップルからウルクに行き，イッビシンが王冠を授けられたとき」(Sollberger 1957, 48: MAH 19352)。「イッビシンが王権を手にしたという良き知らせ (á-ág-gá-sig$_5$ ^{d}i-bi-^{d}suen-e nam-lugal šu-ti-a) を運ぶ (DU-a)」王の使節に銀環が与えられた記録がある (D'Agostino & Pomponio 2005, 178)。各地に王の交代が告げられたのであろう。

神たる王は，その祭月を設定することでも讃えられた。神たる王を祭る月を，ナラムシンは設定しておらず，ウル第三王朝時代が最初になる。「シュルギ神の祭の月」は，ラガシュでは7月に，ウルでは8月に，ウンマでは10月に置かれた。「アマルシン神の祭の月」はウンマの暦の7月，「シュシン神の祭の月」は，プズリシュダガンの暦の8月であった（Sigrist & Gomi 1991, 375）。当然，当該月には，神たる王の祭がそれぞれの都市で実施された。

神格化の限界

神格化は，他を圧倒する王の権威を，支配下諸都市の支配者に認めさせるのに有効である。しかし，一方で，王の神格化には限界があった。ナラムシンの神格化が，守護神的な役割を期待されて始まったことはすでに述べたが，ウル第三王朝時代も同様であり，王の神格化が，他都市の支配者を凌駕する絶大な権力の象徴であるとしても，支配下諸都市では，守護神であることが期待された（前田 2012）。

ウンマにおいて，「守護神たる王たち（^{d}lama-lugal-ke$_4$-ne）」と括られたシュルギ，アマルシン，シュシンが，月齢祭，月の満ち欠けに準じた3日月，6日月，7日月，満月の祭の主宰者であり[136]，月齢を正すことで，ウンマに平安と豊饒がもたらされることが期待された。極言すれば，諸都市の利益のために，神たる王は存在する。少なくとも支配下の諸都市では，そのように解されていた。

王の神格化の限界は，5代の王を数えるウル第三王朝を通して，エンリル神を祭るニップルの暦に神たる王を祭る月が置かれないことに現われる。最高神エンリルの権威を畏怖したためであり，神となったとしても王は，最高神と同等の絶大な権力を獲得できなかった。

統一国家期の指標の一つである王の神格化は，エンリル神と同等な最高権者

135　ラガシュでは，ギルス市区を除く，ラガシュ，ニナ，グアッバ，キエッシャ，キヌニルの5市区にシュルギ神殿があった（Gelb 1976, 44-45）。ウンマでは，ウンマ市区，アピサル市区，アンズバッバルに神殿があり，ウンマの都市神シャラの主神殿にもシュルギ像が置かれていた（前田 1997）。
136　初代ウルナンムは，「守護神たるウルナンム」と書かれることはない。ウルナンムは神となっておらず，シュルギ以下の王と同列に扱われることはない。ウルナンムの祭儀は，死者を祭る灌奠所（ki-a-nag）で行われた（前田 1999b）。

としての王を表現するのでなく，大いなる神々の庇護のもと，その下位にあって，支配領域の安寧を保証する守護神になることであった。メソポタミアにおける王の神格化は，エジプトの神王のような絶対的な権威の象徴でなく，大いなる神々に奉仕する守護神的な性格に終始した。ウルナンムの王讚歌で表現された地上の支配権を授与された王が，賦与した最高神エンリルとウルの都市神ナンナ神に誠実に奉仕すること，そのことが，シュルギ以降に王が神格化されても否定されないで，むしろ，王の重要な責務として意識された。

祭儀権

ウルの王は，最高神エンリルなどの大いなる神々を祭る権限，祭儀大権を握った。王の文書管理人がエンリル神のサンガ（最高神官）を兼ねたように[137]，ニップルのエンリル神殿はウルの王の管轄下にあった。ニップルの都市神としてでなく，地上世界の王エンリル神として祭った。エンリル神の独占的な祭儀権を掌握することが，神から地上世界の支配を委任されたのは，唯一，ウル第三王朝の王であることの証明になるからである。

シュルギが，治世39年に，支配下各地から持参される貢納家畜を集め，管理するための施設をプズリシュダガン（遺跡名ドレヘム）に造ったことは，中央パンテオンの神々を祭る祭儀権に関わる[138]。プズリシュダガンの貢納家畜管理施設の造築目的については，シュルギが，支配下の諸地域・諸都市を経済的に統合する再配分システムを構築し，その要となる再配分センターとして造ったと解されることがある（Steinkeller 1987）。しかし，シュルギが経済中心の再配分システムを構築する意図を有したとは思えないし，何よりも，神々への奉納は，再配分システム全体の中では一部分にすぎないと断定的に述べ，王の貢納賦課権や祭儀権を副次的に捉える見解は，的を射たとは言えない。

---

[137] 王の文書管理人ルガルアジダはエンリル神のサンガを兼ねた。（円筒印章の銘）「強き王，ウルの王，四方世界の王であるイッビシンが，彼の奴僕，王の文書管理人であり，エンリル神のサンガであるルガルアジダに（この印章を）与えた（^{d}i-bí-^{d}suen/ lugal-kala-ga/ lugal uri$_5^{ki}$-ma/ lugal an-ub-da-límmu-ba-ke$_4$// lugal-á-zi-da/ GÁ-dub-ba lugal/ sanga ^{d}en-líl-lá/ ir$_{11}$-da-ni-ir/ in-na [-ba]）」(Sollberger 1965, 28-29)。

[138] プズリシュダガンの家畜貢納組織が創設される以前には，王妃シュルギシムティ，王のために神々への奉納をもっぱら司るナル，エンシのバル義務を含めて対外関係を調整するナラムイリ，この三者が中心となって貢納家畜は管理されていた。逆に言えば，これらを統合する目的でプズルイシュダガンの家畜管理組織が造られたとも言える（Wilcke 1992）。

プズリシュダガンの貢納家畜管理施設には、支配下の各地から運ばれてきた「王のための持参」の牛・羊などが1年に6万頭から8万頭集まった。それを王の家畜管理人が集中的に記録し、王室所有の別の家畜飼育場に移すためにウルなどに送ることも多かったが、神々への犠牲として支出も重要であった（前田 1989a, 1989b, 1989c, Maeda 1989）。

　シュルギが、王都ウルでなく、ニップルに近いプズリシュダガンに造ったように、貢納家畜管理施設は、ニップルに祭られる最高神エンリルをはじめとする神々への犠牲家畜を用意するためであり、貢納システムと祭儀システムを結合させることが主目的であった[139]。

　シュルギのあとに来る王も、支配下の諸地域から持参された貢納家畜をプズリシュダガンに集め、王の名において神々に捧げるために、プズリシュダガンから支出した。プズリシュダガンの貢納家畜管理施設とは、王が、ニップルのエンリル神をはじめとした神々の祭儀権を排他的に掌握していることを明示する施設である。

　最高神エンリルを祭ることに関係しては、ウルの王による三都巡幸も重要である（前田 2015）。シュルギ治世に確認されないで、アマルシン治世以降のことであるが、ウルの王は、王都ウル（都市神はナンナ）、父祖の地ウルク（都市神はイナンナ）、聖都ニップル（都市神はエンリル）を月を単位に頻繁に巡幸し、王自らが神々に犠牲を捧げた（lugal ku$_4$-ra）。そこには一定のパターンがあり、月末までニップルに居て、月初めにウルクを経由してウルに戻り、月半ばに再びウルからウルクを経由してニップルに行った[140]。

　王の三都巡幸において、王自身が神々に犠牲を捧げるのであるが、そのなかでも重視されたのが巡幸の最終目的地であるニップルにおけるエンリル神と妻

---

[139] 貢納家畜が犠牲家畜となる例を一つ示せば、ルガルアンカからの「王のための持参」である1頭の若羊が、アマルシン5年12月26日に記録されている（Amorites 18）。この若羊は、同じ日に、「1頭の若羊　アン神（へ）、ルガルアンカの貢納、ババンシェンがマシュキム職、26日、アッパシャガから支出、12月、アマルシン5年」（TCNY 134）として、アン神のために犠牲家畜として支出された（前田 1989b）。

[140] ドレヘム文書（CT 32, 16-18）によれば王の巡幸日程は次のようになっている：2日、（ニップルから来て）ウルクに滞在し、神殿に犠牲家畜を捧げた。2日以降のある日にウルに戻り、8日、ウルの7月の月名になっている「播種のアキトゥ（祭）」の宴。11日、ウルの近郊にあるナンナ神の神域ガエシュに行った。15日にウルからウルクに出発し、19日にウルクのイナンナ神殿の諸神を祭ったのち、ウルクからニップルへと出立した。そのあと、王はニップルに

神ニンリルへの犠牲奉納である。王は特権として祭儀大権を行使したのであるが，それは，毎月の三都巡幸という過重な負担を強いられることでもあった。

王妃の役割

祭儀大権の掌握に関連しては，王妃の役割も無視できない。アマルシンの王妃アビシムティが行った祭儀の革新によって，国家祭儀における王妃の役割を見たい（前田 2010）。

アビシムティは，夫のアマルシン治世と同様に，息子シュシンが登位してからも，実弟ババティの協力を得て宮廷内に隠然たる勢力を持った。祭儀に関して，アビシムティは，イナンナ女神を重視して，新規に，イナンナ神のためのウナアの祭，イナンナ神を祭る諸都市への巡幸，それに聖婚儀礼を行うようになった。

新設された祭の一つ，ウナア「(月が) 臥す日」とは，新月前の朔，月がまったく見えないときのことである（前田 1992b，前田 2010a）。当時の暦は，月が見え始める新月を第1日とするので，ウナアとは前月の最後の日になる。ウナアの祭は，アマルシン4年から確認され，アマルシン治世と次のシュシン治世ではアビシムティが主宰し，イッビシン治世ではイッビシンの王妃ゲメエンリルが主宰した。つまり，代が替わったシュシン治世でも，シュシンの王妃クバトゥムでなく，太后となったアビシムティが続けて主宰した。ウナア祭にかけるアビシムティの並々ならぬ意欲を読み取ることができる。

ウナアの祭が注目されるのは，月齢の祭であるにもかかわらず，月の神ナンナでなく，イナンナ神のためであり，それもシュメール古来の戦闘の神イナンナでなく，豊饒の神としてのイナンナのためであるという点にある[141]。イナンナ神に捧げられたウナアの祭とは，新月前の朔のとき，宇宙の循環が正常に繰り返されることを保証する豊饒儀礼である。イナンナ神は，当然豊饒神であ

留まり，21日と28日にニップルのエンリル神殿とニンリル神殿に犠牲家畜を持って入った。
MVN 10, 142 も，基本パターンは同じであり，月の初めにウルクでイナンナ神を祭り，ウルに戻って，再び11日にウルクに出発，16日まで滞在。16日からニップルに滞在。王の船は遅れて，ウルからニップルに回航されている（CT32, 16-18 においても同じ）。

141 イッディンダガン讃歌：「「(イナンナ神は) 新月にメを完全たらしめるもの」，「諸国の運命を定めるために，最初の日を正しく見極めるために，ウナアにメを完全たらしめるために，新年の祭の日に，人々はわが女主のために寝所をつくる」（Reisman 1969, 148, & 159-160）。

表16　豊饒祭と国家祭儀

時期	形式	神	主体
初期王朝時代	神々の婚礼	都市神と配偶神	都市国家の祭儀
ウル第三王朝時代	聖婚	イナンナ神とドゥムジ神	国家祭儀
古バビロニア時代	神々の婚礼	国家神マルドゥク	国家祭儀

ることが期待された。

　アビシムティは，息子シュシンが王位に就いた頃から，イナンナ神を都市神とするシュメール都市ウルク，バドティビラ，それに，ウンマの一市区になっているザバラムを巡幸し，イナンナのための奉納儀礼を行うようになった[142]。イナンナ神を祭る聖地の巡礼，それが第二の革新である。アビシムティが諸都市においてイナンナ神を祭ったのは，それぞれの都市における都市神としてのイナンナ神でなく，国家祭儀の一つとして，ウル第三王朝の領域全体の豊饒と安寧を祈願するためである。

　第三の革新として，アビシムティの主導のもとにシュシン治世に始まったのが，豊饒神イナンナの聖婚儀礼である。聖婚儀式とは，新年になったときに行われる祭である。ドゥムジ神の役を果たす王とイナンナ神との婚礼儀式の形式を採り，豊饒・多産を祈り，豊かな国土と平安な日々を保証するものである。聖婚儀式については，存否を含めて多くに議論があるので，私見を述べておきたい。

　農耕儀礼に付随した豊饒祭は，ウルク期のウルクの大杯に描かれたように，早い時期に成立していたことは確かである。豊饒祭は，それぞれの都市において，主に都市神と配偶神の結婚という形式で行われた（表16）。聖婚儀礼に見られるイナンナ神とドゥムジ神の結婚は，イナンナ神を都市神とするウルク，もしくはドゥムジ神を都市神とするバドティビラにおいて，神々の婚礼の一形

142　ドレヘム文書から確認される都市は，ウルクとバドティビラである。ウルク：MVN 13, 849 (AS 5 i), TCNY 357 (AS 9 iii), MVN 18, 108 (SS 9 x)。バドティビラ：BIN 3, 215 (SS 1 iv)。アダブ，ニップル，キシュについては不明であるが，ザバラム巡幸については，ザバラムを領域に取り込むウンマの文書から確認される。
　　ニップルのイナンナ神については，王が直々にニップルのエンリル神とニンリル神に犠牲の牛を捧げるとき，イナンナ神への牛の奉納もあり，そこではアビシムティがギル職を果たす例がある（CDLI P200528 [SS 3 iii 6]）。

式として行われたはずである。しかし，イナンナ神を都市神としない都市国家で，イナンナ神の婚礼儀式が行われたとは考えられない。

聖婚儀礼を考えるとき，都市国家で行なわれていた古くからの豊穣儀礼と混同してはならないのであって，シュメールの聖婚儀式は，その要素として①主役たるイナンナ神とドゥムジ神，②ドゥムジ神の代役たる王，③新年の儀式，の特徴を備えていること，さらに，都市の祭儀でなく，国家祭儀であることに留意しなければならない。こうした要素を備えた聖婚儀礼は，統一国家確立期のウル第三王朝時代になってアビシムティによって創始された。

祭儀権の優越性と限界

統一王朝としてのウル第三王朝は，二大神である最高神エンリルと豊穣女神イナンナを王と王妃が祭ることで，国家祭儀として制度化した。王は，国家祭儀を主宰するとともに，さらに，支配下諸都市の祭儀権も掌握した。それを端的に示すのが，神殿建立の権限を都市支配者（エンシ）から奪ったことである。都市支配者は，神となった王の神殿を建てることはあっても，もはや都市神をはじめとした都市の神々のために神殿を建てる権限はなかった。

ただし，ウルの王が持つ祭儀大権には限界があり，諸都市の伝統的な祭の体系を変更することができなかった。王の祭儀権はシュメール諸都市の伝統を尊重し，諸都市の協力を得ることで成り立っていた。それについては，次節で述べたい。

軍事権

王権の責務の一つが外敵を防ぐことであり，そのための軍事大権をウル第三王朝の王は掌握した。軍事権を過去に遡って整理すると次のようになる。都市国家分立期では，都市国家は独立国であるので，当然軍事権は都市支配者にあった。次の領域国家期になっても，都市支配者（エンシ）は軍団指揮権を依然保持していた。しかし，それは領域国家の王（ルガル）が掌握する上級軍事権に制約されており，支配下諸都市の軍団は王によって統括された。さらに時代が下った統一国家確立期のウル第三王朝時代になると，シュメール都市の都市支配者に，もはや軍団指揮権はなく，王に直属する軍団のみが存在し，王が

軍事大権を握った。

　シュメール都市国家の軍事集団は本来，戦時に戦闘集団になり，平時には灌漑労働などに従事する労働集団という軍事・労働集団であったが，ウル第三王朝時代には，軍事・労働集団の機能が分解し，都市支配者（エンシ）は，灌漑などの活動に必要な労働集団を掌握するのみで，軍事集団の機能は軍団が担い，王が掌握した。軍団を率いるのは王直属の将軍（シャギナ）である。

　ウルの王は，支配下諸都市に基礎を置かない王直属の軍事組織を創設し，フリ系などの異民族出身者などを将軍とした。周辺異民族であるエラムとマルトゥも，王朝にとって有用な軍事要員であった。ウル第三王朝時代の行政経済文書に現われるエラムとマルトゥは，異民族表示ではあるが，多くの場合，王朝にとっての軍事要員であることを示す特殊な使われ方をした。アマルシンは，王の親衛隊である「アマルシンのガルドゥ」を組織化したが，アマルシン7年に征服した異国のフフヌリの兵士を加わえており[143]，外国の兵士を取り込んで組織が強化された。

　王の直属軍は，中心地域の有力都市に対して，兵士徴発権を持たなかった。ウンマ文書によれば，兵士として軍団に徴発された者について，ウンマの支配者が軍団長である将軍（シャギナ）に返還を要求した（前田1994）。ウンマに対する将軍の徴発権がなかったことで，エンシが不法として返還を要求できた。つまり，王直属の軍団は，シュメール・アッカド地方の諸都市と，ある面で対立する関係にあったことになる。

　ウル第三王朝が編成した軍団の詳細は知り得ないが，アッカドの王サルゴンが率いた軍団の編成組織と同様に，ある程度の想定は可能である（表17）[144]。軍団各級の指揮官は，アッカド軍組織の各級より1ランク下げて，シャギナは軍団長，ヌバンダは大隊長，「60人（隊）のウグラ」は中隊長，ウグラは小

143　gàr-du lú-ḫu-úḫ-nu-ri^{ki}-ke$_4$-ne（BIN 3, 402 [AS 8 vi 10]）.
144　表の作成に際して考慮したのは，軍事組織ではないが，シュメール都市ウンマの労働集団である。それらは20人前後が1隊を形成し，ウグラに統率される。そして，5〜10人のウグラが共同で労働に従事することが多い。こうした労働集団のあり方と，ウンマ文書の一つは，将軍アブニの配下にある6人のヌバンダと，各々のヌバンダのもとにいるウグラを最小で4人，最大で9人挙げる。さらに，行政経済文書から，ヌバンダのもとに，「60人（隊）のウグラ」の存在が確認される。

表17　ウル第三王朝の軍団編成

1軍団	（=6大隊）	1,080人	軍団長：シャギナ（将軍）
1大隊	（=3中隊）	180人	大隊長：ヌバンダ
1中隊	（=3小隊）	60人	中隊長：「60人（隊）のウグラ」
1小隊	（=2十人隊）	20人	小隊長：ウグラ
1十人隊		10人	十人隊長：シェシュガル

隊長である。シャギナが率いる軍団の兵員数は約1,000人になる。この数値は推定値であり，アッカド王朝時代の軍団と同様に，実際の兵員数に一致するという確証はない。推測を重ねることになるが，ウル第三王朝の直属軍の総数は，10軍団として約1万人，20軍団として約2万人が考えられる。

軍事遠征

シュルギは，将軍指揮下の軍団を駆使することで，治世21年のデール征服以後，治世最後の48年「ハルシを征服した年」に至るまで，毎年のように周辺地域へ遠征軍を送った。シュルギだけでなく，彼以後のウル王も，周辺地域への遠征を実施するが，中心地域であるシュメール・アッカドの都市を征服した記録はない。最後の王イッビシンの治世が24年続くなかで，治世早々の2年から数年のうちにシュメール・アッカドの諸都市はウルの支配から次々に離反した。そのときにも，離反する都市に対する軍事行動の記録はない。事実として中心地域の諸都市に対するウルの軍事行動がなかったのか，それとも記録されなかっただけなのか，不明な点である。

軍事遠征で敵に勝利することは王の功業として特筆すべき事柄であるので，多く年名に取り上げられた。ウル第三王朝時代の年名では，当該年の王の治績でなく前年の年名に使われた勝利を続けて使用することが2例ある。一つがシュルギ34年の「アンシャンを征服した年」と次の35年「アンシャンを征服した次の年」であり，二つ目が，シュルギ46年の「キマシュを征服した年」と47年の「キマシュを征服した次の年」である。34年に征服したアンシャンはエラム地方南部の有力な都市であった。それを平定したことで，エラム支配の道が拓かれたことを顕彰する目的で2年連続して年名としたのかもしれ

ない。アンシャンの征服が特別の功業と見なされたのであろう。

　46年と47年の年名に挙がるキマシュは軍政地域の東部地域にある。46年の文書に「キマシュの支配者を捕虜にしたとき」（CTOI 1, 428）とあるので、敵対する支配者を捕虜にしたほどの大勝を顕彰するために、次の年47年の年名に残したのであろう。ただし、シュルギ48年の年名は、「ハルシを征服した年」であるが、ときに「ハルシとキマシュを征服した年」とキマシュを加えて表記する。48年になっても、キマシュは完全に征服されていない。年名に採用された王の功業には、実態と評価に一致しないものもあったことになる。

　実施された軍事遠征のすべてが年名に採用されるわけではない[145]。年名に採用されない遠征もあったが、ウル第三王朝の書記はそれを正確に数えた。シュルギ44年の年名は「シムルムとルルブを9度目に征服した年」である。シムルム遠征は、シュルギ25年の年名が初見（1度目）であり、26年が2度目、32年が3度目とある。しかし、4度目から8度目までの遠征は年名に採用されていない。33年から43年の11年間のどの年に遠征が実施されたかは確認できないが、44年を9度の遠征と書くことができたのは、ウル第三王朝の書記が、その期間の5度のシムルム遠征を正確に記録していたからであろう。

　遠征が終わると、将軍達は勝利の証である戦利品を献上した。戦利品は家畜や奴隷であった。奴隷について言えば、シュルギ44年のルルブ遠征ののち、「ルルブの戦利品である女奴隷たち」が王都ウルに送られてきた（UET 3, 1763）。アマルシン4年には、シュルトフムの戦利品である女奴隷が、ウンマの都市神シャラに献上された（Scheil 1927, 45; YOS 4, 67）。戦争捕虜は、主に女性であり、奴隷としてウルやウンマなど各地の神殿に献納された[146]。

　戦争勝利の報告、遠征の吉報（á-ág-gá-sig$_5$）を伝えた者に、王が銀や衣類・羊毛を下賜した記録がある[147]。戦勝を祝う宴も催された。例を示せば、シュ

---

[145] 年名に示されるアマルシンの功業は、軍事遠征が2, 6, 7年の3年であり、ほかは、神官の選任や神の玉座を造ったことなど、神に奉仕することが3～5, 8～9年の5年である。シュシンが軍事遠征を年名に採用するのは、3, 7年の2年だけである。
[146] 家畜の例としては、「ハルシを征服した年」であるシュルギ48年に、将軍たちが、「ハルシの戦利品」としての牛と（SAT 2, 611）、「キマシュとハルシの戦利品」としての羊を（TPTS 1, 60）献上する記録がある。奴隷や家畜の他に、シュルギ45年の年名になっているウルビルム征服のあと、将軍たちが「ウルビルムの戦利品（nam-ra-ak ur-bil-lum^{ki}-ma）」として献上した「青銅製で柄が石製の羊を屠る刀」がある（TrDr 86）。珍しい例となろう。

ルギ 46 年に，「キマシュの支配者を捕虜にしたとき」，エンリル・ニンリル神殿に牛が犠牲として捧げられ，王の宴（kaš-dé-a, gišbun[KI.BI]）が催された[148]。戦争捕虜をウンマの都市神シャラに献納したアマルシン 4 年のシャシュルとシュルトフム征服では，征服を祝って，王の宴が，ウルでは 7 月に，ニップルでは 8 月に催された[149]。

軍事権の限界

　ウルの王は，直属軍による戦勝を，王が催す祝宴や戦利品の奉納によって，上は大いなる神々，下は支配下諸都市の支配者に誇示できた。しかし，その軍団は周辺異民族などからなる直属軍であり，シュメールの有力都市を基盤としないことや，周辺に広がる朝貢国地域の諸都市は，独立的であり，その支配者は依然として軍事指揮権を保有していたこと，そうした点に，ウル第三王朝の王権が有する軍事権の限界がある。

3　ウルの王と領邦都市国家

ウルの王と領邦都市国家の微妙な関係

　前節では，ウル第三王朝の王が，統一国家の王に相応しく，国家祭儀を主宰し，軍事権を発揮して支配領域の安寧に尽くしたこと，それにもかかわらず，中央集権体制の整備という点では限界があったことを示した。その限界性は，

147　á-ág-gá<-sig$_5$>si-mu-ru-um^{ki} [lu-lu]-bu-um^{ki} a-rá 10 lá 1-kam ba-ḫul-a mu-DU-a（PPAC 5, 7 [S 44 or 45]）.
　　á-ág-gá<-sig$_5$>ur-bí-lum^{ki} ḫul-a mu-DU-a（PPAC 5, 7 [S 44 or 45]）.
　　á-ág-gá<-sig$_5$>ma-rí^{ki} ḫul-[a] mu-DU-a（PPAC 5, 7 [S 44 or 45]）.
　　á-ág-gá-sig$_5$ ša-aš-šú-ru^{ki} ḫul-a DU-a（AnOr 1, 83 [AS 2 i]）.
　　á-ág-gá-sig$_5$ ša-aš-ru-um^{ki} ḫul-a DU-a（UTAMI 4, 2316 [AS 6]）.
　　á-ág-gá-sig$_5$ si-ma-núm^{ki} ḫul-a DU-a（MVN 16, 960 [SS 3]）.
148　「フルティを征服したときの宴（kaš-dé-a u$_4$ hu-ur$_5$-ti^{ki} ba-ḫul）」（AUCT 1 683 [Sg 46a iii]）.「キマシュを征服したときの宴（kaš-dé-a u$_4$ ki-maš^{ki} ba-ḫul）」（YOS 4, 74 [S 46 ii]）.「2 度目にフルティを征服したときのニップルでの宴（KI.BI šà nibru^{ki} u$_4$ ḫu-ur$_5$-ti^{ki} a-rá 2-kam-aš ba-ḫul）」（BPOA 7, 2852 [S 46] iv]）.「キマシュのエンシを捕虜にしたときのエンリル・ニンリル神殿での宴（KI.BI é-^{d}en-lil ^{d}nin-lil, u$_4$ énsi ki-maš^{ki} in-ma-dab$_5$-ba-a）」（CTOI 1 428 [S 46a v 3]）.
149　「アマルシンがシャシュルとシュルトフムを征服したときのナンナ神の宴（kaš-dé-a ^{d}nanna, u$_4$ ^{d}amar-^{d}suen-ke$_4$ ša-aš-ru^{ki} ù šu-ru-ut-ḫu-um^{ki} mu-ḫul-a）」（Riedel 1913, 208a [AS 4 vii]）.
　　「アマルシンがシャシュルとシュルトフムを征服したときのエンリル・ニンリル神の宴（kaš-dé-a ^{d}en-lil-^{d}nin-lil, u$_4$ ^{d}amar-^{d}suen-ke$_4$ ša-aš-ru^{ki} ù šu-ru-ut-ḫu-um^{ki} mu-ḫul-a）」（TrDr 2 [AS 4 viii]）.

領域国家期の「国土の王」が，自立的な領邦都市国家の存在を認めたという王権の来歴に由来する。本節では，王権の限界性が顕著に現われる領邦都市国家の系譜を引くシュメールの有力都市との関係を見たい。

最初に（1）有力都市のエンシの出自に注目し，ついで，（2）王の祭儀大権に関連させて，神殿建立と有力都市における祭，さらにバル義務を見たい。（3）都市行政の面では，直営地経営，裁判制度，会計システムから，王とエンシの関係を見て，最後に，（4）ウルの王と領邦都市国家の支配者とが疎遠であったことを指摘したい。

（1） 領邦都市国家の支配者（エンシ）

領邦都市国家の系譜を引くシュメールの有力都市は，ウル第三王朝時代になっても自立的存在であった。そのことは，端的に支配者（エンシ）職を在地勢力の有力者が占め，ウルの王による直接統治ではなかったことに現われる。ここでは，ウンマ，ラガシュ，ニップルの3都市の支配者を，その出自が在地層か，ウルから派遣された者かを見てみたい（表18）。

ウンマの支配者

最初にウンマのエンシ（支配者）であるが，最初期であるウルナンム治世やシュルギ治世の前半では，アフアを別にすれば，支配者の名は確認できない。アフアもその在位期は不明である。シュルギ治世の後半になれば，シュルギ28年に在位していたアッバム，29年と30年に在位が確認できるウルギギル，30年と31年に確認できるクリがいた。彼らは短期間にエンシ職を交代した（前田2008）[150]。

クリの後にエンシとなったウルリシ，そして，アカルラ，ダダガの3人は，円筒印章で自らをウルニギンガルの子としており，兄弟間でのエンシ職継承で

---

[150] ウンマのエンシの登位順序を論じた論文（前田2008）のあと，クリの在位期をシュルギ33年までとすべき文書BPOA 7, 2848（S 33 vii）が2009年に公刊された。前田2008では，クリの在位期はシュルギ32年まで確認でき，シュルギ33年からウルリシがエンシになったとした。BPOA 7, 2848（S 33 vii）に押された印章 ku-li/ énsi/ umma^{ki}/ kù-ga-ni/ dub-sar/ dumu ur-^{d}šul-pa-è/ ir$_{11}$-zu/ から，クリは，シュルギ33年までエンシであり，その年のうちにウルリシと交代したとなり，クリとウルリシの間に別のエンシの入る余地はなく，クリを継承したのがウルリシと認められる。

表18　有力都市の支配者

ウンマ		
a-ḫu-a		Sg？
ab-ba-mu		Sg？-28
ur-^{giš}gigir		Sg 29-30
ku-li		Sg 30-33
ur-^{d}li$_9$-si$_4$	son of ur-nì gin-gar	Sg 33-AS 8
a-a-kal-la	son of ur-nì gin-gar	AS 8-SS 7
da-da-ga	son of ur-nì gin-gar	SS 7-IS 2？

ラガシュ		
ur-^{d}lama		Sg？-38
al-la		Sg 38-40
ur-^{d}lama		Sg 40-AS 3
^{d}nanna-zi-šà-gal	zabar-dab$_5$	AS 3-4
^{d}šára-kam	sa$_{12}$-du$_5$ lugal	AS 4-7？
ir$_{11}$-^{d}nanna	sukkal-maḫ	AS 7-IS？

ニップル		
lugal-engar-du$_{10}$	son of ur-me-me	Sg？
ur-^{d}nanibgal	son of lugal-engar-du$_{10}$	Sg 36？-Sg 45
lugal-me-lam		AS 1-9
nam-zi-tar-ra	son of ur-^{d}nanibgal	SS？-？
da-da	son of ur-^{d}nanibgal	SS 5？-IS 8？

あった。つまり，シュルギ33年まで，ウンマのエンシ職をめぐる有力家系間の抗争があったとしても，それ以後，イッビシン治世まで，一つの家系がエンシ職を独占した。アッバム以降，ウンマのエンシ職に就いた者にウルの王によって派遣された者は確認できない。それ以前に在位したアフアを含めて，彼らは在地有力層の出身であろう。

　ウンマのエンシについては，シュシンによるウルの王位を簒奪する動きに連動して，アカルラが，兄弟であるウルリシからウンマの支配者を奪おうとしたという説がある。筆者も一時この説に傾いたこともあるが，今は，成り立たないと考える。ウルの王がシュメールの有力都市のエンシ職継承に介入する事例が，ウンマにあるのかの問題に関わるので，詳しく見ておきたい（前田2008b）。

　アカルラがエンシ権を奪おうとしたという説の根拠は，ウンマの支配者アカルラをウルの王シュシンの下僕と記す円筒印章，「シュシン，強き王，ウルの王，四方世界の王，アアカルラ（a-a-kal-la），ウンマのエンシ，あなたの奴僕」が，アマルシン6年から8年の日付があるウンマ文書に押さえていることにあ

　なお，シュルギ33年の文書SANTAG 6, 375に押された印章は，[ur-^{d}li$_9$-si$_4$]/ énsi/ umma^{ki}/ kù-ga-ni/ dub-sar/ dumu ur-^{d}šul-pa-è/ ir$_{11}$-zu/ のように，欠けた部分をウルリシと復元して翻字されているが，BPOA 7, 2848 と同じ[ku-li]/ énsi/ umma^{ki}/ kù-ga-ni/ dub-sar/ dumu ur-^{d}šul-pa-è/ ir$_{11}$-zu/ と訂正する必要があろう。

る[151]。アマルシン治世に，シュシンを王とした円筒印章が実際に押されたのであれば，シュシンの王位簒奪と，アカルラがウルリシとウンマのエンシ権を争ったことが事実となろうが，この説には従えない。

　この問題は，アカルラが自らの名をどのように綴ったかを見ることで解答が得られる。アカルラは，エンシになる前から，支配者一族として活躍しており，その時期に彼が使用した円筒印章の銘は「アカルラ（a-kal-la），書記，クシュ職のウルニギンガルの子」である。アマルシン8年にウルリシに代わってエンシになり，王であるアマルシンの奴僕とする円筒印章を造ったときも，「アマルシン，強き王，ウルの王，四方世界の王，アカルラ（a-kal-la），ウンマのエンシ，あなたの奴僕」のように，a-kal-la と綴る。彼が，円筒印章や行政経済文書において a-kal-la でなく，a-a-kal-la と安定的に綴るのはシュシン治世になってからである。エンシとしてウルの王シュシンの奴僕を称したアカルラの円筒印章は，当然に，a-a-kal-la と綴られる。

　もし，アカルラがアマルシン6年時点でウルの王シュシンの奴僕とする円筒印章を造ったならば，アマルシン8年にアマルシンの奴僕とする円筒印章を造ったときと同じく，a-kal-la と綴ったはずである。しかし，アマルシン治世の文書に押された円筒印章は，シュシン治世に使われたのと同じく a-a-kal-la と綴られている。つまり，アマルシン治世の文書に押されたアカルラの円筒印章は，アマルシン治世でなく，シュシン治世に造られた円筒印章である。

　シュシン治世に造られたアカルラの円筒印章が，アマルシン6年の年名が記される文書に押されたのは，王位を巡るアマルシンとシュシンとの政争に関与するのでなく，アカルラがウンマのエンシに就いたアマルシン8年からシュシン治世初頭にかけて，前任者ウルリシの財産に関係する文書を過去にさかのぼって点検する作業が行われたからであり，その過程で押された。アカルラが，未だエンシに就任していないアマルシン6年の文書（SAT 2, 926）に，アマルシンの奴僕とするアカルラの円筒印章が押されているのも，アカルラがエンシに就任した8年以降のアマルシン治世に行った再点検のためであった（前田

151　アマルシン6年：UTI 3, 1845。アマルシン7年：BPOA 6, 948。アマルシン8年：BPOA 6, 788; BPOA 6, 1461; MVN 14 503; Nik 2, 346; TCNY 344; UTI 4, 2565, UTI 5, 3174。この問題を扱った論文に，Allred 2010 がある。

2008c)。こうした事例では，文書作成時点を，文書に書かれた年名でなく，押された円筒印章によって判断すべきである。

したがって，ウルリシとアカルラの兄弟間で，エンシ職を巡る争いがあったとは考えられず，ウルの王アマルシンとシュシンの間に想定されてきた王位を巡る争いも，それを明白に示す史料はなく，ウルの王がウンマのエンシ職の継承に関与した確かな事例は，今のところないということになる。

ニップルのエンシ

ウンマのエンシ職を，在地勢力の有力家系が独占したことを述べたが，ニップルのエンシ職も，基本的に在地の有力家族が独占した。独占したのは，ニップルのイナンナ神殿を基盤とするウルメメの一族である。シュルギ治世から，ウルメメの子ルガルエンガルドゥ，その子ルガルナニブガル，ルガルナニブガルの子ナムジタルラとダダが前後して支配者職を継承した (Zettler 1984)。

同一家系が独占するのであるが，アマルシン治世には，この家系に属さないルガルメラムがエンシ職に就いた。王が交代して，シュシン治世になると，再びウルメメの家系に戻ったので，ウルの王アマルシンが強引にルガルメラムを就けたと考えられる。ウルの王権がニップルのエンシ権に介入した例となろう。しかし，それも，王が交代すれば，再び在地有力者の家系に戻されており，ニップルの自立性は保たれた。

ラガシュのエンシ

ウンマやニップルと相違して，ラガシュではウルの王による介入が顕著である。ウル第三王朝の草創期に，ウルの王ウルナンムがラガシュの支配者ナムマフニを廃位に追い込んだあと，シュルギ治世の前半期に，ラガシュの支配者としてウルニンスン，ウルニンマルキ，ルギリザルなどが確認されるが，就いた年と在位期間は不詳である。ラガシュにおいてシュルギ治世前期までの都市支配者に不明なところが多いのは，隣国ウンマと同様である。シュルギ治世後半に在地勢力の有力者であったウルラマがラガシュのエンシ職に就いた。

ウルラマは，一時的な交代を経験するけれどもアマルシン3年までその地位にあった。以後ナンナジシャガル，シャラカム2人がエンシを務める比較

的短い期間を経て，イルナンナが就き，彼は，イッビシン治世まで長期間その職にあった。

ウルラマはすでにシュルギ治世38年から40年に1度その地位から離れているので，ウルラマとウルの王との間に軋轢があったことが推定される。ウルラマの在位を中断するように支配者職にあったアルラは，ウルの王から派遣された高官であった可能性がある[152]。アマルシン治世になって，ウルラマのあとに支配者となったナンナジシャガルとシャラカムも，在地の有力者でなく，中央から派遣された者である。ナンナジシャガルは王に仕える zabar-dab$_5$ であり，シャラカムは王の直営地測量人であった（Maekawa 1996）。2人の在位年数は短く，少し混乱があったのであろう。そのあと，ウルの王宮において最高官職の一つスッカルマフ職にあったイルナンナが，ラガシュのエンシ職を兼務した。ラガシュ支配の切り札として派遣されてきたのである。つまり，アマルシン3年以降，ラガシュのエンシ職は中央から派遣された高位の者が占めた。

イルナンナがラガシュの支配者になるのは，ウルの王がラガシュの政治的安定を目指すと同時に，スッカルマフの主要な任務である対エラム政策の要地となるのがラガシュであることも考慮されていた。ラガシュの行政経済文書の最末尾に文書の内容を保証するようにイルナンナの名を記すとき，常に「スッカルマフ，（ラガシュの）支配者（sukkal-maḫ énsi）」と書き，ラガシュ国内の統治には無関係なスッカルマフ職を除外することなく，都市支配者（エンシ）の前に置いて明示した。

ウルの王とエンシ

以上，ウンマ，ニップル，ラガシュにおける都市支配者のあり方を見てきた。

---

152 アルラ（al-la）については，次のような推定が成り立つ。ラガシュの隣接都市ウンマにおいて，シュルギ21年の年名は mu níg-ŠID-ak al-la である。ウンマではそれ以後のシュルギ22年から25年まで，「níg-ŠID-ak al-la の次の年」のように21年の年名を基準に数えており，ウルの王が指定するのとは異なる年名を使用し続けた。níg-ŠID-ak al-la は，「アルラの会計簿」の意味に解釈でき，シュルギ21年の通常の年名「エンリル神とニンリル神の神殿のクル耕地と会計簿を整えた年」と関連し，ニップルにおけるエンリル神殿とニンリル神殿の組織を整理したのがアルラという人物であったと考えられる。この解釈が正しければ，シュルギ38年から40年にラガシュのエンシをウルラマから交代したアルラは，ニップルの行政改革に辣腕を発揮した人物と同一であって，ラガシュをウルの統制下におくためにウルから派遣されてきたのであろう。

ウルの王がエンシ職の継承に介入しようとしたことは確かであり，ウルの王は都市に介入する機会を窺い，好機がくれば，手を拱いて傍観するはずもなかった。

ラガシュは，ウルの王との緊張関係が厳しく，そして長く続いた。初代ウルナンムは，ラガシュと領土を争い，グエディンナを奪い，ウルの領土とした。ウルナンム法典の前文には，ラガシュの支配者ナムハニ（ナムマフニ）を廃位したとある。支配に組み込まれるのを善しとしないで抵抗するラガシュに，廃位という，ウルの王の直接的介入が窺える。それを傍証するように，ナムマフニの碑文において，彼の名が人為的に削られた形跡があるとされる（RIME 3/1, 194）。シュメールの有力な都市国家のなかで最後までウルの王に抵抗したのがラガシュであったことで，ウルの王は，常にラガシュへの介入を窺っていたと見ることができ，ほかの都市以上に直接的な支配を目指すことになったと考えられる。

ラガシュという例外があるにしても，領邦都市国家の系譜にあるシュメールの都市では基本的に在地勢力の有力家系がエンシ職を独占する動きを見せており，ウルの王から自立した側面を有することが確認される。

(2) 王の祭儀大権とエンシ

王の祭儀大権に関わって，シュメールの有力都市との関係を見たい。この場合も，ウルの王と支配下にある有力なシュメールの都市との関係は単純でない。ウンマ文書によりながら，最初に，都市神シャラの神殿建立について述べ，そのあとで，ウルの王が，ウンマにおける祭儀権を直接掌握する努力をしながらも，それを完全には達成することができず，ウンマの協力があって可能になったことを指摘したい（前田 2008a）。

シャラ神殿の造営

ウンマの都市神シャラの神殿建立は，第4代の王シュシンの功業として最後の年，9年の年名になっている。ウルの王が持つ祭儀大権の行使として造営された。しかし，ウンマ文書によれば，シュシン5年から知られるシャラ神殿造営の人員や資材はウンマで準備されており[153]，その造営を監察するため

にウルから派遣されウンマに常駐する人物の存在は確認できない。シャラ神殿建築作業にウルの王が直接関与するのは，王宮の建築師集団を派遣したことぐらいである。

　神殿造営の人員や資材の管理は，ウンマの人であるルガルニルが統括した（前田 2000c, 前田 2008a）。王宮から派遣された建築師集団への油支給でも，このルガルニルが確認の印章を押すことから，彼がシャラ神殿造営における責任者であったと見られる。

　ルガルニルは，ウンマの高官である文書管理人ウルシャラの子であるが，父の職務を継承しないで，アマルシン 8 年にシャラ神殿の奉納物を管理する職に就いた。その後に，マルサや工房にも関与するようになった。マルサは造船所のような施設と考えられており，関連する多くの作業所が付属していた。工房には鍛冶工などの職人が所属していた。ルガルニルは，シャラ神殿造営に寄与するために，シュシン 5 年以降，資材集積所・補給所としてのマルサと，職人の工房をも一元的に統括する役職を担ったと考えられる。

　ウンマのエンシであるアカルラは，シャラ神殿造営の節目，基台や定礎を据える祭儀に関する文書において，捺印者や物品の支出者となっており，神殿造営全般を監督する地位にあったことは間違いない。つまり，ウルの王が誇示する神殿建立も，エンシをはじめとした支配下諸都市の多大な負担によって初めて実行可能であり，完成させることができた。

都市の伝統的祭

　ウルの王が有する祭儀権の限界は，諸都市の祭儀を直接掌握していないことにも現れる。それを示すのが暦である。ウル第三王朝は，王都であるウルの暦に基づく統一暦を支配領域に広めようとした。統一暦がプズリシュダガンの貢納家畜管理施設のような直轄地や周辺地域において使用されたことは確認される。しかし，シュメールの有力都市は，統一暦を受容せず，領邦都市国家以来の伝統を受け継ぐ独自の暦を使用し続けた（Cohen 1993, Sallaberger 1993）。

153　シャラ神殿造営に関わる文書はアマルシン 8 年からある。筆者は，アマルシン 8 年に始まるシャラ神殿造営とは，シュシン 4 年に竣工したシャゲパダ神殿のことであり，シュシン 9 年の年名に採用されたシャラ神殿造営は，シャゲパダ神殿が完成したあとすぐに，つまり，シュシン 5 年に工事が始まったと考えている（前田 2008a）。

都市独自の暦は，閏月の置き方も相違した。統一暦において閏月のある年が，支配下の都市では平年であるという食い違いがあり，都市間で年によって年初が相違することがあり得た。諸都市が独自の暦を使うことは実際上も不便であり，統一的支配の観点からしても，ウル第三王朝時代は，その基本的な暦さえ整備できなかったことになる。

　シュメールの有力都市は，ウルの王が定めた統一度量衡を受容した。それは，都市間の関係を円滑にする上で役立つのであり，その点で諸都市に利するものであり，受け入れやすい改革だったからである。それに対して，統一暦を受容しなかったのは，暦が都市国家的伝統にとって重要な役割を担っていたからである。シュメール諸都市の月名は，たとえば，ウンマの1月から6月が，

　　1月「収穫の(祭の)月」　　　　　　　　4月「初穂の祝いの(祭の)月」
　　2月「煉瓦を煉瓦型に置く（祭の）月」　5月「RIの（祭の）月」
　　3月「(収穫) 穀物をカルに置く（祭の）月」 6月「播種の（祭の）月」

であるように，当該月に実施されるウンマ固有の祭をその名とする。シュメール諸都市が伝統的暦を維持するのは，都市独自の祭の体系を守るためであり，伝統に合致しないで，伝統を破壊するかもしれない統一暦は，到底，受容できなかった。

　ウンマを例にとって，シュメールの有力都市で行われていた祭がどのようなものであったかを示したい。ウンマで実施された祭は，大きく，年ごとに繰り返される祭と，月ごとの祭に二分される（前田2004a）。年ごとの祭は，1年12ヵ月の月名に従う都市神シャラのための祭であり，月ごとの祭は，月の満ち欠けに従った月齢祭である。

年ごとの祭

　年ごとの祭は，ウンマでもそのほかの都市でも月名に，収穫と播種が必ずあるように，農業暦に従った豊穣祈願的性格を有する。ウンマでは，1年の農作業を，犂耕，播種，耕地での仕事，収穫の4期間として捉えた。直営地に関わる耕作集団の1年間の労働を集計した労働計算書では，農事暦の最初となる犂耕でなく，収穫作業がまず記録され，そのあとに，犂耕，播種と続く（前田1979）。それは，ウンマの1月の月名の通りに，年初が収穫期だったからで

ある。

　実際の収穫作業，穂苅，脱穀，倉庫納入は，ほぼ3月までに終わる。ウンマの4月が「初穂の祝いの月」であるのはそのためである。農作業としては，収穫作業の完了を待たず，3月には耕地を整地するための犂耕が始まっていた。播種は6〜7月である。その後，耕地での仕事として，鍬仕事や草刈りが行われた。

　年ごとの祭にウルの王が介入するのが，「王の供犠」である（前田 2012）。この供犠は，毎月でなく，年に5回，1，4，6，8，11月に実施された。「王の供犠」とあっても，王が神に犠牲を捧げるためにウンマに来ることは皆無に近く，名代としてウンマに来た王の酒杯人が，規則通りに行っているかを監視した。

　「王の供犠」が対象にするのは，ウンマの都市神シャラ，それも，いくつかあるシャラ神殿のなかでも主神殿のシャラ神のみであり，そのほかの神々に捧げられることはない。逆に言えば，王は都市神を把握するだけで，それ以外の諸神を祭ることはウンマの伝統に任せた。さらに，「王の供犠」のための犠牲家畜がウンマの犠牲家畜管理人から支出されたように，王が祭儀権を行使するとき，ウンマ側の協力が必須であった。

　「王の供犠」に付随して，年ごとの祭に新しい形式の祭儀が加わった。「王の供犠」は年に5回あったが，その内の4，8，11月に行われた「神々への王の供犠のなかでのエシュエシュ祭儀」である。この祭儀で，奉納を受ける神々は，ウンマの二大神，都市神シャラとアピサル市区の主神的地位にあるニンウラ神を筆頭にした20の神々である。二大神に次ぐ3番目がエンキ神，4番目がウルの都市神シン（ナンナ）神である。5番目のニンスン神はウルの王の個人（家系）神である。ウルの王との関係が深い神が上位に並んでおり，最後の20番目が神となった王シュルギである。アマルシン治世になると，21番目にアマルシンが加わり，さらにシュシン治世には，22番目としてシュシンも奉納を受ける神となる（Sallaberger 1993: Tabelle 90）。このように，「神々への王の供犠のなかでのエシュエシュ祭儀」は，ウルの王の意向が強く働いた祭儀である。

月ごとの祭

　次に，月ごとの祭であるが，月齢祭は，おおむね，新月，6日月，7日月，15日月（満月）に行われた。月齢祭にも，年ごとの祭と同様に，王権の介入による変化が認められる（前田 2012）。第2代シュルギ治世まで，月齢祭は都市神シャラのための祭であった。次のアマルシン治世になると，シャラ神の祭のほかに，神たる王シュルギとアマルシンのための月齢祭が加わり，さらに第4代シュシン治世には，グラ神も奉納の対象になった。グラ神は治癒神であり，イシンの都市神ニンイシンナと同格とされた神である。つまり，シュシン治世には，①都市神シャラ，②神たる王シュルギ・アマルシン・シュシン，③グラ神を中心とする諸神への奉納，という三つの祭儀が行われ，月齢祭が鼎立した。神たる王とグラ神のための二つの月齢祭は，ウルの王からの働き掛けによってウンマで実施された祭であろうが，その意図などは不明である。

王の介入

　ウンマの例を見てきたが，最初に挙げた「王の供犠」とそれに付随するエシュエシュ祭儀は，ウンマの伝統的な二つの祭儀，月の満ち欠けに応じた月々の祭と，月名に因んだ年々の祭に対して，第三の祭として創設された。月齢祭も新規に二つが加わるが，シャラ神祭という本来の形態を壊すことはない。

　このように，ウルの王は，シュメールの有力都市におけるその都市固有の祭儀に介入を試みた。しかし，限界があり，全面的に王都ウルの祭儀を諸都市に押し付けるような中央集権的な画一化は見られない。都市の伝統的な祭体系を遵守し，捧げるべき家畜をウンマが用意するように，物理的にも諸都市の協力を得ることで成り立っていた。

バル義務

　次に，シュメールの有力都市（領邦都市国家）が王から自立的であったことを，バル義務から見たい。バル義務には一つの奇妙な点がある。都市支配者がバル義務としてエンリル神をはじめとした中央パンテオンの神々に犠牲を捧げることは，ウルの王が保持する祭儀大権に抵触したのではないかという点である。

この折り合いをどう付けていたのかが問題になる。仮に、都市支配者が果たすバル義務が、祭儀大権を行使して最高神エンリルなどの大いなる神々に捧げる王のために、犠牲家畜を準備するだけならば、バル義務用の家畜はすべて、ほかの貢納と同じく、プズリシュダガンの貢納家畜管理施設に送らねばならない。しかし、そうした事例は記録されない。

都市支配者がバル義務として家畜をプズリシュダガンに送るのは、「塩漬け肉用と乾し肉用」の羊だけであり、その数も常に11頭である[154]。それを裏付けるように、ウンマ文書の一つで、バル義務として支出された家畜、牛107頭、ロバ1頭、羊・山羊1,446頭を記録するなかに、「塩漬け肉用〈と乾し肉用〉の11頭の穀肥羊」がある（AAICAB I, 2, 1935-534; Sharlach 2004, no.4）。ウンマの支配者がバル義務を果たすとき、プズリシュダガンの家畜管理施設に送ったことが確認できるのは、この11頭の羊だけであり、それを除いた1,500頭以上の牛、羊・山羊などは、ウンマの支配者が直接神々のために支出した。このことから、王の祭儀とは別に、都市支配者が自らの責任において、ニップルのエンリル神をはじめとした中央パンテオンの神々に家畜を奉納したことは確実である。

逆に、ウルの王は、都市支配者のバル義務を援助するために、家畜をプズリシュダガンの家畜管理施設から都市支配者に支出した。王が援助するのであるから、都市支配者は、王の承認のもとに神々への奉納を実施したことは確実であり、バル義務によるエンリル神などへの家畜奉納は、王に敵対する行為を意味しない。王の承認を受けたことに感謝して王に献上されたのが、11頭の「塩漬け肉用と乾し肉用の穀肥羊」であろう。

ウンマ文書に、ウンマの支配者がプズリシュダガンから受け取った牛と、バル義務に使用された牛とをシュルギ45年と46年の2年分記録するのがあり[155]、両者の牛の数が比較できる。それによれば、プズリシュダガンからは

154　グドゥアのエンシは、シュルギ46年7月に果たすべき「定期奉納」であった「塩漬け肉用と乾し肉用（mu mu-du-lum ù uzu-ḫad-šè）」の11頭の穀肥羊を、1年遅れのシュルギ47年7月に持参し、それを、家畜管理人のナシャが受領した記録がある（MVN 15,101）。別に、アダブのエンシ（Hallo 1960, no.2）、ウンマのエンシ（CCTB 1, 39）カザルのエンシ（TRU 116）、ギルスのエンシ（TRU 117; CCTB 1, 39）、各々が「塩漬け肉用と乾し肉用」として持参した羊をナシャが受領する記録がある。羊の頭数は11頭である。ギルス（ラガシュ）の支配者は年に2度、1回について2ヵ月のバル義務を負うが、その月々に11頭、2ヵ月で22頭になっている。

合計 105 頭の牛がウンマに送られてきて，ウンマではバル義務として 304 頭が支出された。

プズリシュダガンから ウンマへ		ウンマにおけるバル支出	
シュルギ 45 年	57 頭	シュルギ 45 年	147 頭
シュルギ 46 年	48 頭	シュルギ 46 年	157 頭
合計	105 頭	合計	304 頭

　王の家畜管理施設プズリシュダガンから送られてきた牛 105 頭は，バル支出の合計 304 頭の 1/3 を満たすにすぎない。残り 2/3 はウンマの公的経営体に属する牛の飼育人からの支出や，ウンマの有力者から徴収した牛によって充当された。都市支配者は，バル義務用の家畜の多くを自らの責任において，都市内で調達した。

　バル義務を負う都市支配者が，自己の責任において義務を果たしたことは，会計処理の仕方からも知ることができ，ラガシュ文書で明らかになるが，バル義務に関する支出は，特別会計とも言うべき会計処理がなされ，一般会計とは別であった。シュルギ 44 年 11 月と閏 11 月の 2 ヵ月の「2 度目のバル義務」を記録する文書（RTC 305）では，収入の項目の最初に，「シュルギ 44 年 6 月（から）の繰り越し」とある[156]。前月でなく，5 ヵ月前の 6 月からの繰り越し

155　TCL 5,5671 に記録されたシュルギ 46 年にナラムイリから支出された牛については，SETDA 182 と Sharlack 2004, no.1 が対応する。

TCL 5,5671 obv iii18- rev.i 3	SETDA 182	Sharlach 2004, no.1
36 gu₄-niga	36 gu₄-niga	36 gu₄-niga
2 gu₄-a-am	2 gu₄-a-am-niga	2 gu₄-a-am-niga
4 gu₄-ga, ezem-gu₄-si-sá	4 amar-gu₄-ga, ezem-gu₄-si-su	4 amar-gu₄-ga, ezem-gu₄-si-su
6 gu₄-niga, sag-gu₄-é-ᵈen-líl-lá	mu-túm-lugal	mu-túm-lugal
gu₄-é-gal	ki na-ra-am-ì-lí-ta	ki na-ša₆-ta,
ki na-ra-am-ì-lí-ta	bal-[ur-ᵈli₉-si₄]en[sí-umma^ki-ka],	bal ur-ᵈli₉-si₄ énsi-umma^ki-ka,
gìr ba-ša₆	ba-an-zi	ba-an-zi
<itu>	itu-mašda-kú	itu-mašda-kú
mu-ús-sa ur-bí-lum^ki ba-ḫul	mu-ús-sa ur-bí-lum^ki ba-ḫul	mu-ús-sa ur-bí-lum^ki ba-ḫul

Sharlach 2004, no.1 は「王のための持参」家畜をナシャがウンマのエンシのために支出した記録であり，それが SETDA 182 では，ナラムイリからの支出となっている。この 2 文書に記されたのは，グシスの祭のときに「王のための持参」として貢納された牛のなかからウンマの支配者ウルリシのために支出した牛である。TCL 5,5671 に記録されるエンリル神殿に奉納される牛 6 頭は記録されていない。この牛は，「王のための持参」家畜からの支出でなく，「王宮の牛 gu₄-é-gal」，すなわち，王の家産とされた家畜からの支出である。ウル第三王朝時代に，王の家産と家政組織は é-gal と表現されたと考えられる。

156　RTC 305 末尾の月名はラガシュの itu še-kin-ku₅, itu diri še-kin-ku₅ であるが，「シュルギ 44 年 6 月（から）の繰り越し」の場合は，統一暦 6 月の itu á-ki-ti を使っている。

が計上される。ラガシュは年に2度、各々2ヵ月のバル義務を負う特殊な都市であるが、シュルギ44年では、5月と6月の2ヵ月に1度目のバル義務を果たしたことは別の文書（PDT 1, 425）から確認できる。第1回のバル義務に関わる会計簿を6月で締め、その残高が、半年後の第2回目のバル義務の会計簿に「繰り越し」として計上されたのである。

　バル義務を果たすことは都市支配者に過大な負担を強いた。しかし、課された経済的負担を考慮しても、王の祭儀大権を侵すような神々への奉納を都市支配者が行うことは、支配―非支配の関係からは説明できない制度である。シュメール・アッカドの諸都市の支配者がバル義務によって最高神エンリルを祭ることは、領邦都市国家の系譜を引く都市はウルとともに主体的政体であるという自尊心に裏打ちされており、それをウルの王が認めることで成り立つ。バル義務は、領邦都市国家の伝統を堅持するシュメールの有力都市の自立性が背景にあると言わねばならない。

ウルとウルクのバル義務

　バル義務に関して、領邦都市国家の系譜を引く都市のなかで、ウルの王が特別視したニップル、ウル、ウルクの支配者にバル義務が課されなかったことを、再度取り上げたい。ニップルにエンシが存在したことは述べたが、ウルとウルクにも、各々僅少であるがエンシがいたこと示す文書や碑文がある。彼らにバル義務が課されなかったのは確かである。しかし、都市として見た場合、ウルとウルクにもバル義務が課されていた。その義務を果たすのが、エンシでなく、サンガ・シャブラである。サンガ・シャブラは、神殿組織の最高責任者であるが、「祈る人」ではない。とりわけ、サンガを「神官」と訳す場合があるが、神殿の責任者であるとしても、組織としての神殿を統括する者、行政官的存在であった。ラガシュやウンマでエンシが果たすバル義務を、ウルやウルクでは、サンガ・シャブラが負った[157]。

---

[157] ウル：「ナンナ神のシャブラのバル、ニングブラ神のシャブラのバル（bal šabra ^{d}nanna, bal šabra ^{d}nin-gubla）」（Dhorme 1912, SA 17）。「バルのために、ナンナ神のシャブラが受領した（mu bal-šè, šabra-^{d}nanna i-dab$_5$）」（Or SP 47/49, 81）。「ウルのシャブラたちのバルのための支出（zi-ga-bal šabra-[uri$_5^{ki}$-ma-ke$_4$-ne？]）」（BIN 3, 198）。「ウルのシャブラたちのバル（bal šabra uri$_5^{ki}$-ma-ke$_4$-ne）」（PDT 2, 1122）。

バル義務を果たすシュメールの有力都市ウンマやラガシュなどの支配者は，ウルの王の祭儀権を承認しつつ，都市固有の祭りを執行する者であった。その点に着目するならば，ウルとウルクの都市神の祭儀は，ウルの王が国家祭儀の一つとして執行する権利を有しており，両都市には，ラガシュやウンマのエンシが有したような都市神を祭る権限を持つ者がいなかったことになる。代わって，在地勢力の有力層であるサンガ・シャブラが，ウルとウルクという都市を代表してバル義務を果たした。義務を果たす者が相違するとしても，領邦都市国家の系譜を引く有力都市国家には，ニップルを例外として，すべてバル義務を果たす権利が同等にあったことになる。

　このことから，次の二つが明らかになる。一つは，ウルの王から特別視された都市ウルとウルクのエンシは，同じエンシと称しても，ラガシュやウンマのエンシとは職分が相違したことである。ウルのエンシであるルガルマグルレは，「（ウルの）警護長（nu-bànda en-nu-gá），ウルのエンシ」を名乗る（RIME 3/2, 326）。将軍が軍政と民政を司るように，ルガルマグルレの職務も，王の廷臣として，都市を警護する意味での都市長官であった。ウルクの場合も，証拠はないが[158]，ウルと同等の職分であって，ラガシュやウンマのエンシとは異なると考えられる。

　二つ目が，バル義務を，プズリシュダガンの貢納家畜管理施設の機能と同等に，支配下の諸地域・諸都市を経済的に統合する再配分システムの一つと捉える意見への反論としてである。領邦都市国家の系譜を引きながら，バル義務を負わない唯一の都市がニップルである。ニップルにバル義務がないのは，バル義務の核にニップルのエンリル神を祭ることがあるからと想定できる。このことから，バル義務は，筆者が主張するように，再配分システムではなく，エンリル神への奉納を核とした神々への奉仕義務であることが明白になる。

　ウルク：「アン神のシャブラのバル（bal šabra an）」（Dhorme 1912: SA 17）。「ウルクのシャブラたちのバルのための支出（zi-ga bal šabra-unu^ki-ke₄-ne）」（TRU 36）。

158　ラガシュのメッセンジャーテキストに記録されるウルクの支配者アタカルシュ（lú a-da-ka-al-šu énsi unu^ki: ITT 5, 6815）の活動はまったく不明である。ウルクには，王族の将軍（šagina）が常駐しており，彼らが市政をも管轄したと考えられる。

(3) ウルの王と都市行政

家政的経営の直営地

　ウルの王が支配下の諸階層に課す義務や貢納は，基本的に家畜であった。家畜であることは，神々への犠牲家畜を第一義にして，そこから派生したのだろうが，それは別にして，重要なのは，貢納に穀物が含まれないことである。

　ウルの王は，支配した領域の全住民から穀物税を徴収することはなかった。穀物は，税や貢納でなく，直営地に依存した。シュメールの都市支配者は，公的な経営体（家政組織）の経済基盤を直営地に置き，その収穫穀物を使った。ウル第三王朝でも直営地からの収穫穀物に依存し，ウルの王は，各都市に広大な直営地を設定した[159]。

　各都市の直営地で収穫された全穀物の半分が王のものとされ（前川1966），収穫穀物が頻繁にニップルやウルに船で運ばれたことは，ラガシュとウンマの文書が記録する（前田1979b，前田2000b）。ウルの王権の経済基盤として必要不可欠なのが，こうした各地に設定された直営地であった。それは，同時に，直営地からの収穫穀物の残った半分が当該都市の取り分になることでもある。直営地は，ウルの王と同様に，都市の支配者にとっても必要不可欠な経済基盤なのであり，都市の行政経済組織は，直営地によって支えられていた。

　各都市に設定された直営地の特徴としては，次のことが言える。直営地耕作は一般市民の夫役労働や，農民の請負でなく，支配者の行政経済組織（家政組織）に組み込まれた専門集団が行った（前川1966）。それは，初期王朝時代に確認できる直営地を根幹とした支配者の家政組織がウル第三王朝時代の都市でも機能していたことの現れである。したがって，直営地はウルの王の直轄領ではない。各地に設定された直営地の管理は，ウルの王でなく，当該都市の支配者が責任を持った。耕地の測量や収穫大麦の調査を「王の書記」や「王の直営地測量人」が行うことがあっても，王が，農作業や耕地を管理するために常駐する直属の僚吏を派遣することはなかった。

---

[159] 前川和也によれば（前川1989），ウルの王は，直営の耕作地6ブルに休閑地や耕作人の封地などを含めた20ブルの面積を1ユニットとした同一基準を用いて，ウンマでは100ユニットを，ラガシュでは，480ユニットの直営地を設定した。

直営地の耕作と管理は当該都市の支配者に全面的に依存しており，都市支配者の協力なしに直営地経営は成り立たない。つまり，ウルの王は，祭儀権を都市に依存して行使したと同様に，直営地経営も都市に依存した。

　ラガシュとウンマを例に取れば（前田 2003b），都市支配者は，直営地耕作人の組織化を図り，直営地耕作人が必要とする犂やそれを引く牛やロバの供給を円滑にするために，工房の職人，牛飼・ロバ飼の仕組みも整備した。さらに，直営地の生産性は灌漑に依存しており，灌漑設備を保全するための労働割り当ても整然となされた。両都市ともに，何らかの意味で直営地運営や家畜管理に関わる文書が多数作成されており，都市支配者（エンシ）の最も重要な責務の一つが直営地経営であったことが窺える。

　直営地耕作人の組織化という場合，その形態はラガシュとウンマで異なる。ラガシュでは，神殿の名のもとに，播種から収穫まで，種麦と収穫量の穀物量と動員される労働力が丹念に記録された。ただし，神殿が中心であるとしても，神殿経済を意味しない（前川 1966）。

　ラガシュは，本来独立した都市であったギルス，ラガシュ，ニナと，ペルシア湾に面しているグアッバの４大市区を中心に形成された巨大な複合都市であり，「ギルス市区からグアッバ市区まで」の全領域を一括管理する会計簿を作成し，会計上，「ギルス市区」，「ニナに至る運河」，「グアッバ市区」に三区分して記録した。ギルス市区，グアッバ市区は市区の名の通りであるが，「ニナに至る運河」の会計は，ニナ市区，ラガシュ市区，キヌニル市区を範囲とした。神殿は，エンシを頂点とする全市区を包含した行政経済組織にあって管理運営を担う下部の組織という位置付けになる。

　ラガシュの神殿が行政経済組織であることは，神殿組織の構成メンバーから知ることができる。神殿組織の上位に位置付けられるのは，全体の統括者である最高職サンガ・シャブラ，文書管理の要である文書管理人，経済の根幹をなす直営地の管理を担当する直営地測量人，物品の管理に当たる倉庫長である（Maekawa 1999）。神を祭る神官職を挙げることはなく，行政経済的機能を果たすことが求められていた。

　ウンマは，ラガシュのように神殿が組織の核になることなく，四つの耕作区，ダウンマ，アピサル，ムシュビアンナ，グエディンナに分け，それぞれに直営

地耕作人を置き，収穫穀物や犂耕用家畜も，耕作区別に記録された。ラガシュとウンマの行政区分の相違は，それぞれの都市のエンシが都市行政組織のどこを押さえようとしたかの相違として現れる。

ラガシュにおいてエンシのウルラマは，3人の息子を，各々，ナンシェ神殿，シュルギ神殿，ニンマルキ神殿の最高管理職であるサンガに補任した（Maekawa 1996）。それぞれの市区において中心的な役割を果たす有力な神殿組織を取り込むためであろう。

一方，ウンマでは，ラガシュと異なり，支配者の子が神殿のサンガに就いた証拠はなく，神殿を直接支配することはない。支配者一族は，別の動きを取る。ウンマのウルリシはエンシ職に就く前は倉庫長であった。ウルリシが都市支配者になるとともに，彼の兄弟であるイルが倉庫長になった。支配者ウルリシのもう一人の兄弟ウルエエは，ウンマにおける二大市区の一つアピサル市区の行政全般の責任者という重責を，遅くともシュルギ35年からシュシン5年まで務めた。支配者ウルリシの別の兄弟，アカルラは，支配者職をウルリシから受け継ぐが，それ以前に，銀の管理を担当した。銀の管理は，彼の兄弟であるダダガに引き継がれたあと，ウルエエの子ルカルラに，さらに，ダダガの子グドゥドゥが順次継承した（Maeda 1996）。

このように，ウンマにおいては，支配者一族が行政経済組織の重要な役職を独占する方向を示した。神殿が行政経済組織の中核であったラガシュとは異なり，市区単位に運営されており，市区ごとの行政経済組織の中枢となる部局の掌握に努めたのである。

ウンマとラガシュでは，神殿か市区かという差があるにしても，都市行政をエンシが握る体制であったことは同じである。直営地経営に現れるウルの王とシュメールの主要都市との関係は，祭儀権で見たのと同様であり，都市支配者の協力のもとに初めて実効的になる。ウルの王とシュメールの有力都市との微妙な関係は，裁判権についても言える。

裁判制度

ウル第三王朝の王は，各都市の裁判制度を整備し，専門の裁判官を任命した。しかし，都市における実際の裁判制度の運営は王の専権とは言えないもので

あった。鶴岡宜典は，ラガシュの裁判権をウルの王と在地勢力の二項対立で考察して次のように結論した（鶴岡 2008）。在地の有力者であったウルラマがエンシ職にあったときは，エンシである彼が裁判権を有した。それが，中央から派遣されたスッカルマフのイルナンナがラガシュのエンシ職を兼務する時期になると，王が任命した裁判官による審議の制度が整備され，ウルの王がラガシュの裁判権を掌握するようになった。その場合も，裁判官には王に直属する者だけでなく，在地出身の者が〈緩衝材として〉組み込まれた。王権の権威のもとにある裁判制度も，在地勢力の協力なしには機能しなかった。ここにも，祭儀権と直営地経営であらわになった統一王権とシュメールの有力都市との相互依存関係，もしくは微妙な関係が見られる。

会計システム

次に，シュルギが実施した統一王朝の統治制度を整備するための会計文書の刷新に，シュメールの有力都市がどのように対応したかを見たい。

ウル第三王朝時代には，会計簿の用語と様式が定まり，収入・支出の記録だけでなく，収支計算書，在庫調査書など各種の会計簿が多く作成された。会計簿だけでなく法律文書などを含めて，この時代の楔形文字文書は約 12 万枚が出土したとされており，今から 4000 年前，地球上で，古代オリエント世界以外に，文字を使用した地域がなかったことを思えば，驚異的な文字史料の数である。

ただし，文書が，現在のように厳密な様式に従って作成されたわけではない。吉川守が，ウンマの行政経済文書に現れる特有語句（Umma Terminology）の研究の可能性を指摘して，ラガシュなど他都市でも同様の研究を行う必要性を説いたように（Yoshikawa 1992, Yoshikawa 1993），文書の形式と用語に地域差があった。たとえば，ウンマでは，a-ru-a は人間（奴隷）を献納するときにのみ使用し，家畜や物品の場合は貢納・献上についての一般的な用語である mu-túm を用いた。それに対して隣接するラガシュにおいては，神々への献納は，人も物もすべて a-ru-a で表記した。

様式についても都市相互で異なることがある。エラム方面に向かう伝令などへの食料支出記録であるメッセンジャーテキストを例に取れば，ラガシュ文書

では，受給者の行き先や目的が書き込まれるのに対して，ウンマ文書では，これもウンマ独特の用語である「向こう側（エラム）から」，「向こう側へ」と書かれる場合もあるが，基本的に行き先や目的を記録しない。

統一会計システムのもとで記録すべき文書の種類を王がウルから指示するにしても，それぞれの都市は，ある程度自由に書式を設定した。都市間で文書作成上の用語や様式の相違があることから，文書を作成する書記は，各々の都市において，独自のカリキュラムにしたがって養成されていたと考えられる。逆に，ときに推定されるような，ウルやニップルに中央行政学院のような書記学校が設置され，統一的な会計文書作成技術を教えるために，各都市から書記を集めたとは考え難い。

ウルの王と伝統的諸都市との関係を統治権・祭儀権に関わる事項から見てきた。ウルの王は，ウルもその一つにであった領邦都市国家の伝統を継承するシュメールの有力都市の自立性を認め，その協力を求めて統治や祭儀を実行した。そこに前3千年紀シュメールの時代における統一王権の限界が露呈する。さらに，ウルの王は，一円支配よりも，伝統的な家政組織原理に基づいた権力基盤の強化を図っており，到底，ウル第三王朝時代に中央集権体制が成立したとは言えない。

(4) ウルの王とエンシの疎遠な関係

ウルの王とシュメールの有力都市とを権力関係として見た場合，両者の立ち位置が微妙であったことが示せたと考えるが，両者の間は，むしろ，疎遠であったと言える。そのことを，王子・王女の通婚，in-na-ba 印章の下賜，銀環下賜から示したい。

婚姻関係

王女の結婚に関しては，先に見たように，最遠の国，アンシャン，マルハシ，ザブシャリ，シクリシュ，シマヌムや，バシメなど周辺諸国の支配者や支配者の子との結婚（降嫁）が見られる。それ以外に確認できる結婚相手は，スッカルマフ[160]，将軍（シャギナ）[161]，騎上伝令[162]，そのほかに宮廷の高官と思われる人の子である[163]。王女と結婚する相手として，シュメールの有力都市の支

配者とその子は確認できない。ウルの王は，領邦都市国家であった有力都市の支配者との通婚を認めなかった，もしくは積極的でなかった。

王子も，アン神の最高神官，将軍，聖歌僧，ザバルダブ職にある者など，王や王宮に従う者の娘と結婚する例があるだけで[164]，シュメール都市の支配者の娘と結婚した例が見出せない。

---

160 スッカルマフ：「スッカルマフのイルムの息子の妻ゲメエアンナ（géme-é-an-na é-gi$_4$-a ir$_{11}$-mu sukkal-maḫ）：CTOI 2, 9（AS 2 xii 10）。ゲメエアンナが王女であることは，CTMMA 1, 17（AS 4 vii）に王女の1人にゲメエアンナがいることから確実である。
　Frayne は，スッカルマフが王女シャトマミと結婚し，その子がシュアダドであるとする（RIME 3/2, 267）。それは文書の誤読による。典拠となった文書 MVN 11, 192（AS 2 viii 4?）は，次のような内容である。
　　1 gu$_4$-niga, nir-i-da-gál,　　1頭の穀肥牛，ニルイダガル（が受領）
　　1 gu$_4$, ša-at-ma-mi,　　　　1頭の牛，シャトマミ（が受領）
　　šà níg-mí-ús-sá sukkal-maḫ,　　スッカルマフの婚資のなかから（の支出）。
　　u$_4$ 4?-kam, ki ^{d}en-líl-lá-ta, ba-zi　　4日，エンリルラから支出された。
つまり，この文書は，スッカルマフの婚資（níg-mí-ús-sá）として持参され，プズリシュダガンの家畜管理組織の牛管理人であるエンリルラの管轄に帰した牛のなかから，ニルイダガルとシャトマミに支出した記録であり，スッカルマフが王女シャトマミを娶った証拠にはならない。
　シャトマミの子にシュアダドがいたことは，それを記録する文書があり（šu-^{d}adad dumu ša-at-ma-mi dumu-munus-lugal: ŠA VII: 7 [AS 5 vi 5]），確実である。しかし，王女シャトマミの子とされるだけで，父の名は書かれておらず，不明であり，スッカルマフが父であるとは言えない。
161 将軍ハシブアタル：ハシブアタルのエギア，ニンヘドゥ（nin-ḫé-du$_7$ é-gi$_4$-a ḫa-ši-ba-tal: TRU 110）（S 47 Dr xii 4）。ニンヘドゥが王女であったことは，CTMMA 1, 17（AS 4 vii）に王女として挙がるので確実である。ハシブアタルは，将軍（TCL 2, 5488 [S 46 iv]）とも，マルハシの人（支配者）（BIN 3, 12 [S 46 ix 18]）とも書かれる。マルハシの支配者が将軍職を兼務したのであろう。
　将軍ニルイダガル：「ニルイダガルのエギア，王女（dumu-lugal, é-gi$_4$-a nir-i-da-gál）」（AAICAB I, 2, 1971-362 [AS 7 Umma]）によって，名は不詳であるが，王女をエギアとしていたことは確かである。ニルイダガルが将軍であることは，SAT 1, 3（S 47 La x），AUCT 1, 942（AS 2 iii），MVN 6, 300（<>La）から知られる。さらに，婚資（níg-mí-ús-sá）である 138 頭の牛と 1,898 頭の羊は，KM 89262: CDLI P235015（AS 5 ii 2）に記録されている。
162 騎乗伝令（rá-gaba）ヌルシャマシュの子エンリルアルシュの婚資が，王女シャトシンの家に運ばれている（níg-mí-ús-sá ^{d}en-líl-al-šu dumu nu-úr-^{d}UTU, é-ša-at-^{d}suen-šè: MVN 11, 155 [SS 7 viii 1]）。エンリルアルシュやその父ヌルシャマシュには，職名を特定する付記はない。シャトシンへ婚礼の贈り物が届けられた前年に，王から 30 頭の牛を下賜された人物に「騎乗伝令（rá-gaba）」のヌルシャマシュがいる（Owen 1979）ので，同一人物と考えられる。
163 CTMMA 1, 155 は，ルガルマグルレの妻，シャルムバニの妻，ウルニギンガルの子ルナンナの妻となった王女を記録する。ウルニギンガルの子ルナンナは，ゲーツェが将軍を考察する中で挙げているが（Goetze 1963），明確に「将軍」であったとする史料は見つかっていない。王女の結婚相手である3人は将軍であった可能性が高いとしても，その職を確定することは困難である。同様に，王女シェリブトゥムの相手トゥブトゥブの身分も不明である（níg-mí-ús-sá tu-bu-tu-bu, ki še-li-bu-tum-ma-šè: AUCT 1, 110 [AS 1 xi 2]. Cf. še-li-bu-tum dumu-munus-lugal: Klein 1990, p. 32 [AS 4 vii 22], Klein 1990, p. 28 [AS 5 viii 3]）。
164 （将軍）フバア（の娘）：「王子イニムナンナの婚資をフバアの家へ（níg-mí-ús-sá inim-^{d}nanna dumu-lugal, é ḫu-ba-a-šè）」（TCL 2, 5563 [AS 1 i 30]）。フバアを将軍と明記する文書に，CST 42（S 33 v），MVN 3, 236（AS 7 xii），TCT 1, 728（SS 2 La）がある。シュルギ 45 年に，ギルスのエンシからウルの兵士へ大麦が支給されたとき，兵士の長として é-a-ba-ni, ḫu-ba-a, a-pi-la-

つまり，王が婚姻によって緊密な関係を図るのは，王宮の高官や将軍たちであり，婚姻によって中心地域の都市支配者との関係強化を志向した形跡はない。ウル第三王朝時代には「王家と有力家系は婚姻関係によって統合された」と指摘される場合があるけれども（Mihalowski 1991, Beld 2002），それは一般論としては同意できる面もあるが，王家の通婚相手に，領邦都市国家の系譜にあるシュメールの有力都市が選ばれなかったことを，等閑視してはならない。

下賜印章

次に，in-na-ba 印章を受領する者であるが，ウル第三王朝時代の円筒印章は，形式によって3分類できる。第一が，印章保持者の名と，父の名，役職などのすべて，もしくは一部を記す印章である。これが通常の形式である。

第二が，印章保持者が，ウルの王や都市支配者などの上位者に対して，「あなたの奴僕」と記す印章である。

第三が，ウルの王が円筒印章を授与した（in-na-ba〔字義「(王が) 彼に与えた」〕）ことを明記する印章である。in-na-ba 形式の円筒印章は，王が下賜した印章であるので，ここでは，下賜印章と呼ぶ。

シュメール諸都市の支配者は通常，先に示したウンマの支配者アカルラの円筒印章が例になるように，第二の形式，王に対して「あなたの奴僕」とある円筒印章を使用した。この形式よりも緊密な関係を示すのが，ウルの王が直々授けたことを明記する第三の下賜印章である。例を挙げれば次のような印章である。

「シュルギ，強き者，ウルの王，四方世界の王が，シムルムの支配者（エンシ），彼（シュルギ）の奴僕であるセルシュダガンに（この円筒印章を）

ša が記録されている（HLC 12: 52 [S 45 La]）。同じ年，1,200 の矢じりなどの武器をフバアとアピラシャが受領した記録もある（TIM 6, 34）。

聖歌僧ダダ（の娘）：「王子アミルシュルギの婚資を，聖歌僧ダダの家へ（níg-mí-ús-sá a-mi-ir-^{d}šul-gi dumu-lugal, é da-da gala-šè: AUCT 1,418（AS 2? viii 25)）。

アン神のシャブラ職のルニンシュブル（の娘）：「王子ルバウの婚資を，アン神のシャブラ神官のルニンシュブルの家（へ）（níg- mí-ús-sá ur-^{d}ba-ú dumu-lugal, é lú-^{d}nin-šubur šabra an-na-šè)」（MVN 3, 232 [AS 6 x 14]）。

ザバルダブ職（にある者の娘）：「王子アフニの婚資を，ザバルダブの家へ（níg- mí-ús-sá a-ḫu-ni dumu-lugal-ka é zabar-dab$_5$-šè)」（TCSD 336 [AS 2 iv 10]）。

与えた」

シムルムの支配者セルシュダガンは軍政地域において重要な役割を果たした。その役割の重要性から下賜印章が王から与えられたのだろう。

下賜印章において，身分や職名がわかるのは現時点では23人である（Mayr &Owen 2004）。その内訳は，王の夫人（妃）2人，王女1人，エンリル神のサンガ職2人，文書管理人1人，海の商人1人，王の家畜管理人1人，王の料理人1人，酒杯人3人，ウル第三王朝の最高官職であるスッカルマフ2人，スッカル4人，将軍3人，王に近従するザバルダブ（zabar-dab$_5$〔鏡持？〕）1人，それに，引用したシムルムの支配者セルシュダガンである[165]。下賜印章保有者の23人のなかには，シュメール都市の支配者はいない。

銀環下賜

最後に取り上げる銀環下賜は，ドレヘム文書に記録された王によって与えられた銀環である。ドレヘム文書の銀環授与記録に最初に注目したのはミカロスキである（Michalowski 1978b）。筆者もミカロスキに刺激され，論文をまとめ

165　1）é-a-ni-ša lukur-kaskal-la「妃エアニシャ」
　　2）géme-^{d}nin-líl-lá（lukur）「妃ゲメニンリルラ」
　　3）ME-^{d}ištaran dumu-munus-lugal「王女メイシュタラン」
　　4）lugal-á-zi-da/ sanga ^{d}en-líl-lá「エンリル神の最高神官（サンガ）ルガルアジダ」
　　5）sag-^{d}nanna-zu/ sanga? ^{d}en-líl-lá「エンリル神の最高神官（サンガ）サグナンナズ」
　　6）ur-nigin-gar/ GÁ-dub-ba「（王の）文書管理人ウルニギンガル」
　　7）lú-^{d}en-líl-lá/ ga-eš$_8$ a-ab-ba-ka「海の商人ルエンリルラ」
　　8）lugal-[　]/ kuš$_7$ lugal-ka「王の家畜管理人ルガル［　］」
　　9）uri$_5$[^{ki}]-ki-du$_{10}$ muhaldim[-lugal]「王の料理人ウルキドゥ」
　　10）a-bí-a-bi-ih sagi「酒杯人アビアビフ」
　　11）nu-úr-^{d}adad sagi「酒杯人ヌルアダド」
　　12）^{d}suen-a-bí-šu = ^{d}suen-a-bu-šu sagi「酒杯人スエンアビシュ」
　　13）ir$_{11}$-^{d}nanna sukkal-maḫ「スッカルマフのイルナンナ」
　　14）[　]^d sukkal-maḫ「スッカルマフの［　］」
　　15）lú-^{d}šu-^{d}suen sukkal「伝令ルシュシン」
　　16）^{d}nin-[líl]-ama-mu/ sukkal「伝令ニンリルアマム」
　　17）ur-ša$_6$-ga sukkal「伝令ウルシャガ」
　　18）pu[zur$_4$]-^{d}en-líl-lá/ sukkal「伝令プズルエンリルラ」
　　19）ba-ba-ti（šagina）「（将軍）ババティ」
　　20）šu-káb-da šagina「将軍シュカブタ」
　　21）^{d}šul-gi-ḫa-zi-is/ šagina「将軍シュルギハジス」
　　22）^{d}nin-líl-zi-mu zabar-dab$_5$「ザバルダブ職のニンリルジム」
　　23）ṣé-lu-uš-^{d}da-gan（énsi si-mu-ru-um^{ki}）「（シムルムの支配者）セルシュダガン」
　　24）a-na-^{d}šu-^{d}suen-da-gi$_5$-il「アナシュスエンダギル」

た（前田 1994a）[166]。その目的は，ミカロスキが，銀環授与を，マリノフスキらの人類学者の名を挙げ，「再分配経済」や「贈答関係」「互酬関係」から把握しようとすることへの批判であった。シュメールの経済や社会を「互酬関係」で読み解くのは一つの潮流であったし，今もその傾向が認められるが，もう少し文書に即して具体的に考察する必要性を感じたからである。

銀環下賜は，たとえば，聖歌僧が王に奉仕をすることに対して為され，また，商人が貴石をもたらし，神官が王の像の製作に関わりなど，何ごとかを為したことで銀環が下賜された。王に対する奉仕の見返りとしての褒賞であろう。もう一つ，外国からの使節への銀環下賜や，さらに，病気の平癒を願っての下賜，王妃アビシムティの行幸の平安を願っての下賜ように，祈祷や平安や安全を祈る意味もあった。

こうした目的で銀環を下賜された者としては，周辺諸国からの使節を別にすれば，王宮に仕える者や軍人がいた。具体的には，聖歌僧，聖楽人，格闘士，占い師？，理髪師，伝令，犠牲家畜管理人，王女の乳母，スッカルマフ，騎乗伝令，伝令，将軍アブニ所属の兵士，商人，スッカルマフ配下の縮絨工（lú ášlag），医師の妻，船頭，書記，エリドゥのエンキ神のエン神官などである。

王から銀環を下賜された者のなかに，シュメールの有力都市の支配者はいない。確かに，グドゥアの支配者グデアが病床に臥したとき，回復を願って銀環が下賜された。例外になると考えることができるが，しかし，グドゥアはアッカド地方でも北に位置した都市であり，領邦都市国家の系譜を引くシュメールの有力都市ではない。王子・王女の婚姻相手と下賜印章の受領者と同様に，銀環下賜でも，王とシュメールの有力都市との関係が希薄であるという特徴を指摘できる。

以上，王子・王女の通婚範囲，下賜印章，下賜銀環から，ウルの王とシュメールの有力都市（領邦都市国家）の支配者との関係を見てきた。そこに現れる特徴は，ウルの王は，王権を支えるのは宮廷の高官や将軍であるとして，

---

[166] 以後に公刊された銀環下賜文書は以下の通りである。BPOA 7, 2806（AS 2 xii）：ur-^{d}hendur-sag lú KAxŠU-KAxŠU への下賜。NSTROM 1, 177（AS 4 ii）：ma-at-i-lí rá-gab šu-i への下賜。SAT 3, 1277（SS 2 v）：イシンの２神，^{d}da-mu, ù ^{d}šu-maḫ への王と太后アビシムティの奉納（a-ru-a）。BPOA 7, 2887（SS 3 ii）：スッカルマフのイルムに従属する ir$_{11}$-^{d}ba-ú lú ášlag。YBC 15528（Paoletti 2012, p.559）（［　］）：「ザバルダブに従属する a-da-làl na-gada へ，彼が雌羊を神殿に奉納した（ku$_4$）とき」。

シュメールの伝統的都市国家の支配者をそれに含めないことである。王権と領邦都市国家の都市支配者との間は，そうした意味で疎遠な関係であった。ウルの王は，権力基盤を宮廷とともに直属の将軍と軍団に置き，支配下諸都市，とりわけシュメールの有力都市に期待しなかった。

(5) ウルの王を支える者

　ウルの王が権力基盤と期待した王族や将軍に関係しては，ウルナンム法典前文に載る記事が注目される。

> 「我が将軍たち，我が母たち，我が兄弟たちのために，彼らの家族（su-a：家産）を据えた。[——] を置かなかった。夫役を課さなかった。」(Roth 1995)

　これによれば，ウルナンムは，王族の特権的な地位を保証する経済基盤としての家政組織を認め[167]，さらにその組織の所属員については夫役義務を免除した。

　王族は，「我が母たち，我が兄弟たち」と表現される。王には複数の妃がいたので，それを「我が母たち」と称したのだろう。それに加えては「我が兄弟たち」とあるのみで，王の姉妹に言及しない。王女の家政組織が，妃である母からの財産相続によって形成されたことで，あえて，王女や王の姉妹に言及し

---

[167] 王妃が独自の家政組織を形成していたことは，文書から確認できないが，シュルギの王夫人（lukur）であるエアニシャには彼女のシャブラを名乗る者がおり（lú-du$_{10}$-ga šabra é-a-ni-ša: SETDA 131 [S 46], PDT 1, 99 [S 47]），シャブラは神殿や組織の長を意味するので，シャブラが監督する組織があったことは疑えない。王夫人に属した者が，その夫人の死後，次代の王妃のもとで働く例が知られる。シュルギの王夫人ゲメニンリルラに仕えていた者，スッカル職のヌヒイル（nu-ḫi-AN）と，犠牲家畜飼育人のウルイギアリム（ur-^{d}ig-alim kuruš₇da）を，ゲメエンリルラがシュルギに殉じたあと，次代のアマルシンの妃（nin）アビシムティが引き継ぐ。シュルギ治世には nu-ḫi-AN は，ゲメエンリルのための定期支給（sá-dug$_4$ gemé-^{d}nin-lil-lá）のマシュキムを果たし（TRU 278, CST 115, Michalowski 1979, p.172），ゲメニンリルのためにウシを受領した（SETDA 8）。アマルシン治世には，アビシムティのスッカルと明示され（Sollberger1956, p.31），アビシムティへの定期支給にマシュキム（SRD 15）やギル（NISABA 8, 373）の役割を果たした。ウルイギアリムがゲメニンリルのために働く記録は，Šilejko1921, p.134, BIN 3, 516 にあり，アマルシン治世になって，「王妃の犠牲家畜飼育人（kurušda-nin）」と明示され（SRD 19, TRU 126），アビシムティのために働いた（Nik 2, 488, SRD 19, TRU 126）。王族の家政組織が改編され，新規に造られたアビシムティの家政組織に，前代の王夫人ゲメニンリルラの組織に所属していた者が加えられたのである。
　王の妃に仕える者が所属を変える例としては，王夫人エアニシャに関わったリムイリを挙げることができる。シュルギの妃の１人エアニシャは，ゲメニンリルやシュルギシムティとは異なり，シュシン治世まで生き，家畜の定期支給（sá-dug$_4$）を受けていた。それに関わるのがリ

なかったのかもしれない[168]。

　ウルナンム法典の記事で特に注目されるのが，王族を挙げる前に，まず「将軍たち」を挙げ，彼らにも家政組織を認めたことである。将軍は王権を支えることから，特権を付与された。王権と将軍の結び付きは，即位に関わって軍関係者の集会があったことからも確認できる。イッビシンが前王シュシンの葬儀をシュシン9年9月に執り行ったあと，10月に，ニップル，ウルク，ウルで王冠を授かる儀式を行った。ウルで王冠授与があった直後，王が留まるウルにおいて「集会に出席したウグラ，ヌバンダたちのために」牛と羊が支出されている[169]。新しく即位した王イッビシンに軍団の幹部（ウグラ，ヌバンダ）が忠誠を誓う儀式があったと思われる。これに対して，シュメール諸都市の支配者が一堂に会して臣従を誓う儀式があったことは史料から確認できない。

　ウルナンム法典前文の家政組織記事は，土地と人を一円的に支配する中央集権体制でなく，それに対置される王の家政組織の拡充によって王権を強化する方向性を示すものである。王族，王に従う将軍や，宮廷の高官の家政組織や土地・家畜の保有は，王都ウル近辺に限られることなく，周辺地域を含めた各地

　ムイリであり，シュシン2年まで確認できる（AUCT 1, 162 [SS 1 iv], AUCT 1, 79 [SS 1 x], BIN 3, 555 [SS 2 ii] = am (rím)-i-li, MVN 15, 287 [SS 2 x]）。リムイリはシュシン治世後半には，シュシンの王妃クバトゥムのために働いている（AUCT 1, 159 [SS 7 xii + i] é-udu ku-ba-tum-šè, ri-mi-AN i-dab₅, TPTS 1, 40 [SS [ ] xii] é-udu ku-ba-tum, ri-mi-i-lí i-dab₅）。リムイリは，エアニシャが死亡することで，クバトゥムの家政組織に鞍替えになったのであろう。

　なお，ミカロスキーは，シュシンの王妃クバトゥムの潅奠場への奉納がシュシン6年にあったとし，クバトゥムはこの時点で死亡していたと考える（Michalowski 2005, 72, note 19）。しかし，根拠となった文書（ARRIM 2, 3）では，2 udu-niga ki-a-nag tá-ku-ma-tum lukur-lugal, šà é a-mur-AN rá-gab, a-mur-AN rá-gab maškim とあって，クバトゥムでなく，タクマトゥムの潅奠場である。この潅奠場は騎乗伝令（rá-gab）のアムルイルの家にあることから，タクマトゥムはアムルイルの親族であろう。少なくとも，王妃クバトゥムの潅奠場の記録ではない。クバトゥムの死は，シュシン9年12月17日の日付がある太后アビシムティとともに潅奠場で祭られた記録によって（Steinkeller, 1981, 98 [SS 9 xii 17]: ki-a-nag a-bí-si-im-ti, ki-a-nag ku-ba-tum），シュシンの死と同時期とすべきであろう。

168　王女シャトシンについて，婚礼の贈り物がシャトシンの家に持参されたことから，自己の家＝家政組織を持っていたことは確実である。それだけでなく，ラガシュに30ブルの耕地を保有し（Maekawa 1992, no.85），軍政地域にあったと推定されるカックラトゥムに牛・ロバを保有していた（DC 1, 267）。シャトシンの家産組織は，王都ウルにあったと考えられるので，シャトシンは少なくとも，ウル，ラガシュ，カックラトゥムの各地に財産を有していた。

　王女シャトシンの母と推定されるニンカルラもラガシュに財産を有していた（前田 1981b, Maekawa 1987b）。その財産の全体像は摑みきれないし，シャトシンの30ブルの耕地が母であるニンカルラの財産からの贈与であったことを示す資料はないが，その可能性は高い。つまり，女性の財産が父系でなく，母から娘へと相続された可能性がある。

169　mu ugula nu-bànda pu-ḫu-ru-um-ma gub-ba-šè,—, šà uri₅^{ki}-ma (MVN 18, 108).

に設定された。都市国家的伝統に縛られる都市支配者には、基本的に他都市に財産を設定することは不可能であり、各地に財産を保有することは、都市を越える支配を成就したウル第三王朝の王と王宮に属する者にして初めて可能になる。その意味で統一王朝の優越性を示すと言える。

ウル第三王朝を貫く基調は、ウルの王が地上における唯一の王を自認し、中央集権体制を目指したとしても、それを阻止するのが独立自尊の都市国家的伝統であるという、統一王権と伝統的都市の相克である。

この節で述べてきたウル第三王朝時代におけるウルの王と領邦都市国家の系譜を引くシュメールの有力都市との権力関係は、見過ごされてきた視点である。その視点から王権理念と支配の実態との乖離に焦点を当てることは、この時代を知るための問題点を浮かび上がらせるという点で、今後の研究においても重要な役割を果たすだろう。

4　ウル第三王朝の滅亡

ウル第三王朝最後の王イッビシン

ウル第三王朝は、第5代イッビシンの治世24年に滅んだ。滅亡は24年であるが、王朝の弱体化は、イッビシン即位早々に表面化していた。彼が即位して数年のうちに、ウンマやラガシュなどシュメールの有力都市はウルの支配から離れ、王の祭儀権の根幹に関わるプズリシュダガンの家畜管理施設も3年に機能を停止した。

イッビシンの支配地が縮小したことは、イッビシン6年の年名にある「ニップルとウルの大いなる城壁を造った年」から知られる。イッビシンは、ニップルとウルの城壁造りを偉大な業績として、6年から治世8年までの3年間、年名に使用した。本人が誇るにしても、聖都ニップルと王都ウルを守るだけであり、前王シュシンが治世4年に造った「マルトゥの城壁」が中心地域全土を守るためであったのに比べれば、その差は歴然である。イッビシンは、ニップルとウル以外の都市の防衛を放棄したのであり、それは、シュメールの有力都市の離反が相次いだ結果であろう。

ニップルの城壁築造から5年後の治世11年には、政治環境はいよいよ厳し

さを増し、ニップルは、イシンの王イシビエラの支配下に入った。この頃には、ウルの王が支配するのはウルと南のエリドゥのみであり、ウル第三王朝は統一王権でなく地方政権に没落していた。ウル第三王朝に代わって中心地域のほとんどを支配したのがイシンを本拠とするイシビエラである。

　五味亨は、イッビシン治世の10年代以降にウルの物価が高騰したことを、ウルの行政経済文書から証明した（Gomi 1984）。高騰の原因としては、旱魃などの自然災害も考えられるが、第一に挙がるのは、シュメール諸都市が離反し、それらの都市に設定されていた直営地からの穀物をはじめとした幾多の物品のウルへの供給が途絶したこと、つまり、王朝体制が機能不全に陥ったことであろう。

　ウル第三王朝が滅亡する直接的な原因は、エラムを統一したシマシュキ朝の王キンダトゥがウルに侵寇し、ウルの都市神ナンナの像を掠奪し、ウルの王イッビシンをエラムに連れ去ったことである。滅亡を誘引した異民族の侵入としては、直接的な要因となったエラムのほかに、マルトゥがあった。ウルの王イッビシンが受け取った手紙に「いまやすべてのマルトゥが国土のなかに入り込んでいます。多くの大いなる城壁が占領されました」（Michalowski 2011, 416）とあるように[170]、マルトゥが西から侵入を繰り返しており、それも滅亡を早める要因であった。外敵マルトゥとエラムについては、第II部で述べるので、ここでは、イシビエラの勢力拡大過程だけを見ることにする。

イシンのイシビエラ

　イシビエラは、イシン王朝の創始者である[171]。彼は、ウル第三王朝が滅び

170　城壁（BÀD or URU）と読んだ文字は不鮮明であり、ミカロフスキは倉庫（URUxNÍG）と読む。
171　イシビエラの系譜は不明である。ウルの王イッビシンの手紙に、彼を「マリから来た者」（Michalowski 2011, 463-464）と記すことから、マリの王族出身と解される場合があるが、それは疑問である。「マリから来た者」が表現するのは、マリ＝マルトゥ＝蛮族の連想である。ウルの王イッビシンは、権力を脅かすイシビエラに対する嫌悪感から、蛮族たる遊牧民マルトゥの出自である彼は王権を担うに相応しくないという拒絶的な蔑視表現を用いた。ここではマリの王族出身であるかどうかは問題になっていない。
　さらに、イシビエラは、一介の兵士としてイッビシンに仕え、以後、位階を高め、王となったと説明されることもある。それも疑問である。イシビエラが文書に現れるとき、彼はイシンを本拠にした支配者である。マルトゥの諸集団の長がウルの王に仕えたように、イシビエラもそうした有力なマルトゥ集団の長であったと考えられる。

表 19　ウルの王イッビシンとイシンの王イシビエラ

ウル王イッビシン	治世	治世	イシン王イシビエラ
即位	1		
「シムルムを征服した年」	3		
「王女をザブシャリの支配者と結婚させた年」	5		
「ニップルとウルに大城壁を造った年」	6		
ニップルにおける年名使用の最後	8	(1)	
「アンシャンの門戸であるフフヌリに進軍した年」	9		
	11	4	独自の年名（自立）とニップル支配 ギリタブ征服
	13	6	ニップル暦使用（独立）
エラム遠征「スサとアダムドゥン，それにアワンの国に嵐のごとく吼えたて，1日にして打ち砕き，その王（エン）を捕虜とした年」	14	7	大麦購入 ニップルのエンリル神への奉納
「マルトゥが服従した年」	17		
カザッルからの手紙	19	12	ディヤラ地方も勢力圏 アピアクのネルガル神への奉納
	21	14	アンシャンからの外交書簡
エラムの侵攻	22	15	ウルクにおいてエラムを撃破 マラダの都市神への奉納
「異国に群がる猿が攻撃してきた年」	23	16	ラルサに武器を運ぶ
ウル第三王朝の滅亡	24	17	
		19	ディルムンとの通好 エラム王キンダトゥの使節
		24	ボルシパ遠征
		25	ウルの解放
		28	ウルのナンナとニンガルの玉座への奉納

る前に，すでに，シュメール・アッカド地方のほとんどを勢力下に置いていた（表19）。ウルからの離脱・自立を明確に意思表示したのが，ウルの年名を辞め，彼独自の年名を使ったことであり，治世4年（イッビシン11年）のことである[172]。彼の年名使用にはそれ以前と異なるところがある。年名に採用する事

172　イシビエラの年名については，BIN 10 と van der Mieroop 1988 において van der Mieroop が提示し，それを修正した Sigrist 1988 の順序に従う。イッビシン 24 年の次の年に，イシビエラ 18 年が来ることは，つまり，イシビエラ初年が，イッビシン 7 年とする編年は，UET 1, 292 に従っている。

続は，ウル第三王朝は，当該年の王の功業を選んだのに対して，イシンのイシビエラは，前年の功業を年名に採用した。これ以降，古バビロニア時代を通じて，前年の功業を年名に採用することが慣例になった。

　最高神エンリルを祭るニップルでも，イシビエラの年名が 4 年から文書に記されるようになる（van de Mieroop 1987b, 123）。ウルに代わってニップルを支配するようになった。

　イシビエラは，4 年の独自の年名採用に続いて，6 年に本拠地イシンにおいて，それまで使っていたウル暦（統一暦）を止め，ニップル暦を採用した（BIN 9, 502 etc）。イシン王朝が採用したニップル暦は，以後メソポタミアにおける標準暦となった。ウル暦からニップル暦への転換は，完全独立と，新たな王朝の開始を意図したはずである。

　イシビエラを創始者とするイシン王朝は，ウルの王イッビシン治世の半ばに成立していたと捉えることができる。

　イシビエラの支配領域については，アッカド地方の都市ギルタブを征服し，アピアクとマラダの都市神に奉納しており[173]，バビロンの南に位置するボルシッパに関しては，イシビエラ治世では軍旅の記録があり，次の王シュイリシュの 1 年の文書にボルシッパへの贈り物の記録があるので[174]，イシビエラ末年においても完全に服従してはいなかった。アッカド地方での支配はこの辺りが境界であった。北のティグリス川・ディヤラ川方面では，スビル（スバルトゥ）の侵入を阻止し，エシュヌンナなどの王を地位を保全した。そのことをカザッルの支配者からウルの王イッビシンに宛てた手紙が報告する。

> 「彼（イシビエラ）は，スビルの支配者ジンヌを捕らえ，ハマジを攻略した。エシュヌンナの支配者ヌルアヒ，ケシュの支配者シュエンリル，そしてバドジアッパ（ボルシッパ）の支配者プズルトゥトゥをその場所に戻した。」
> （Michalowski 2011, 440）

173　ギルタブ：4 年　ギルタブ征服（年名）
　　アピアク：12 年　アピアク市のネルガル神への奉納（BIN 9, 453）
　　マラダ：　15 年　ルガルマラダ神の門柱（BIN 9, 426）
　　　　　　　23 年　ルガルマラダ神の女祭主を選任した年（年名）
　　　　　　　　　　ルガルマラダ神の女祭主の家（BIN 9, 534），ルガルマラダ神殿（BIN 9, 532）
174　ボルシッパ遠征　24 年　BIN 9, 415 (kaskal bar-zi-pa^{ki}-šè), BIN 9, 479 (kaskal bar-zi-pa^{ki}-ta gur-ra)
　　　　　　　　　　27 年　BIN 9, 391 (kaskal bar-zi-[pa])
　　ボルシッパへの贈り物（níg-šu-tag$_r$-a）：BIN 9, 452 [Šu-ilišu 1]

アッカド地方からディヤラ地方の秩序は，ウル第三王朝の王イッビシンでなく，イシンの王イシビエラによって回復・維持されたのである。
　この手紙から，イシビエラが，ウル第三王朝の滅亡を待たずに強大な支配権を握ったことを知るのであるが，カザッルの支配者は別のこととして，イシビエラが，全土の王を自認し，「私（イシビエラ）の王（主人）エンリル神は，国土の牧夫（＝王）権をその言として私にお与えになった」と述べ，ティグリス河の岸とユーフラテス河の岸は言うに及ばずハマジからマガンの海に至るまでがイシンの支配下にあると豪語したことを報告する。
　この手紙はイッビシン19年ころに書かれており[175]，ウルの滅亡にはまだ5年ある。すでにこうした時期に，イシンのイシビエラは国土の牧夫（＝王）を名乗り，ディヤラ地方までに支配権を拡大するだけの実力を有していた。イシビエラが誇示したその実力は王号にも反映し，イシビエラはウルの滅亡以前に，「四方世界の王」を自称した[176]。ウルから離反し，勢力を拡大するイシビエラであるが，ウルの王イッビシンとの関係は常に敵対的であったわけではない。

エラムの侵寇

　ウルを滅亡に導いたのは，エラムの王キンダトゥである。キンダトゥの本格的なメソポタミアへの侵寇は，イッビシン22年に始まり，最終的に24年にウルは滅亡する。エラムがウルの攻撃を開始する1年前のイッビシン21年，これはイシンのイシビエラ治世14年のことであるが，この年のイシン文書に，「アンシャンからの手紙」を入れた袋の記録がある[177]。どのような内容の外交書簡であったかを知る由もないが，エラム王キンダトゥは，侵寇以前から，ウルからの独立を果たしたメソポタミアの権力者イシビエラに対する外交攻勢を活発化させていたのであろう。
　エラム王キンダトゥのイシンに対する外交攻勢は功を奏せず，イシビエラは，

175　この手紙では，イシビエラ12年の年名に採用されるイシン市の城壁イティルパシュヌの築造が言及されている。その事業が行われた11年（＝イッビシン18年）か，年名に採用された12年（＝イッビシン19年）の手紙と推定される。
176　「四方世界の王」とする円筒印章がイシビエラ15, 16年の文書に押されている（BIN 10,124 [IE 15], BIN 9,125 [IE 16]）。さらに，神格化と関連しては，イシビエラを「彼の国の神」と形容する円筒印章が，イシビエラ24年の文書（BIN 9, 108; 109; 111）に押されている。
177　BIN 9,302:「捺印されたアンシャンからの手紙を入れた革袋（kuš-du$_{10}$-gan [ti-bal-a] DUB-ra-a ù-na-a-du$_{11}$ an-ša-an^{ki}-ta gá-gá-dè）」。

エラムの侵寇が本格化したイビッシン治世 22 年には，ウルの王イッビシンとともにエラムと戦い，それを翌年の年名に採用し，「シマシュキとエラムの兵士を打ち倒した年」とした[178]。

　ウルとイシンは，異民族エラムとマルトゥの脅威に対しては協同歩調を取っていた。ウルの王イッビシンが，治世 14 年（イシビエラ 7 年）に，エラム全土を支配したキンダトゥの脅威を除くためにエラム遠征を実施したとき，イシンの王イシビエラは，翌年の年名を「マルトゥの町を征服した年」としたように，西方マルトゥと戦った。西と東からの脅威を取り除くため，ウルが東のエラムを，イシンが西のマルトゥを討つという共同作戦であったと考えられる。

　ウルの王イッビシンが，本格的に侵寇してきたエラム軍とどのように戦ったかを示す史料はない。イシビエラの戦いをイシン文書から知るのみである。イッビシン 22 年におけるイシビエラの戦闘については，一つのイシン文書が，「ウルクにおいてエラムを打ち倒したときに失った武器」を記録し[179]，別の文書が，「エラムを打ち倒したときのマルトゥへの贈り物」を記録する[180]。エラムとの戦闘のために，イシビエラは，友好的なマルトゥを自軍に引き入れたのであり，マルトゥ諸集団の援助を仰いで勝利し得たのだろう。次の年 16 年（＝イッビシン 23 年）4 月には，ウルクよりもさらにウルに近いラルサへ武器と盾を運んだ記録が残る[181]。

　イシビエラは，ウルクとラルサの線まで南下してエラムと対峙しており，それより上流にあった王都イシンや聖都ニップルで戦った記録はなく，エラムがイシビエラの支配領域深く侵入した形跡はない。ウルクもすでにウルを離れてイシンの勢力圏内に入っていた[182]。エラムは，メソポタミアに侵攻したとき，

---

[178] アンドレ＝サルビニは，「エラムの王キンダトゥがイシンの王イシビエラと同盟して，彼らが，ウルの王国を消滅させ，最後の王イッビシンを捕虜としてエラムに連れ去った」と述べる（André- Salvini 1992, 262）。誤解であろう。
[179] BIN 10, 124:「44 の刃が青銅のザミリトゥム武器，エラムと戦ったとき，ウルクで失われた（44 ^{giš}zà-mi-rí-tum eme-bi urudu, ú-gù-dé šà unu^{ki}-ga, u$_4$ NIM ba-ab-ra-a)」。
[180] níg-ba mar-tu u$_4$ ^{giš}tukul NIM-a ba-sig-ga-a（BIN 9, 152）. イシビエラのもとでマルトゥが軍務に就く例としてはほかに，マルトゥがニップルにおいて任務に就くことで銅製の武器を王の贈物として受領すること（BIN10,118: 1 ^{urudu}zà-mi-rí-tum〉 e-li-ra mar-tu, u$_4$ nibru^{ki}-šè u$_4$-da de$_5$-a), イシン市警固に従事するマルトゥへの俸給（Ferwerda 1985, no.16: šà-gal mar-tu ki en-nu-gá šà i-si-in-na) がある。
[181] BIN 9, 338: 20 ^{urudu}zà-mi-rí-tum, 20 ^{kuš}ga-ba-bu-um, larsa^{ki}-šè.
[182] イシンによるウルク支配がいつから始まるのか断定できない。もし，イシビエラ 6 年の年名「イナンナ神の寝台を造った年」がウルク市の主神イナンナに関わるのであれば，自立

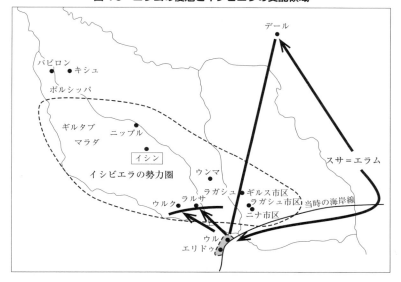

図16 エラムの侵寇とイシビエラの支配領域

全メソポタミアを征服したわけでなく，弱体化していたウルとその周辺を占領したにすぎない（図16）。

イシビエラは，エラムの北進を阻み，支配領域の大部分を守ることができた。しかし，エラムが，ウルを征服し，ウルの都市神ナンナの像とともにウルの王イッビシンをアンシャンに連れ去り，長期にわたることになる占領を阻止できなかった。ウル第三王朝はイッビシン24年に滅びた。

ウルの解放

8年に及ぶエラム支配からウルを解放したのは，イシビエラである。彼の26年の年名は「ウルを占拠するエラムを打ち倒した年」である。これは前年の事件であるので，ウルの解放はイシビエラ25年の事件である。イシビエラの讚歌には，エラムの王キンダトゥの名を挙げ[183]，対エラム戦争とウルの解放を主題にしたと思われるものがある。エラムがウルを占領していた期間中の

早々にウルクを支配していたことになるが，ニップルのイナンナ神殿の可能性もあるので断言はできない。

ことであるが, イシビエラ19年のイシン文書 (BIN 9, 382) にキンダトゥ (ki-in-da-du) とイダドゥ (i-da-du) の使節とそれぞれの従者 (lú-ús-sa-ni) にサンダルと革袋を支給した記録がある。イダドゥはキンダトゥの子で王位を継ぐ者である。エラムの侵攻前と同様に, ウルを占領するエラムとイシンのイシビエラとの間で外交交渉があったことが知られる。同じ19年には, ペルシア湾交易路で繋がるディルムンの舟がイシンに到着し, ディルムンへの贈り物が商人に託された (BIN 9, 403; 404. BIN 10, 129)。この時期ウルはエラムに占領されており, ペルシア湾交易のイシン側窓口として, ウルを挙げることはできない。長くウルとペルシア湾交易を争っていたラガシュがイシンの支配下にあることで, ディルムンの舟が, ラガシュを経由してイシンまで来たのだろう。ここからも, イシンの支配領域は, ウルク, ラガシュの線まで広がっていたと見ることができる。つまり, メソポタミアに侵寇したエラムの支配地は, 広く取っても, ウルとその南のエリドゥに限られていた。

イシビエラがエラムによるウル占領を終わらせたあと, 治世28年のイシン文書に, ウル第三王朝の崩壊後初めてのウル関連記事, ウルの都市神ナンナとその妻神ニンガルの玉座への奉納が記録された (BIN 9, 28)。ウルの都市神と妻神の玉座を造ることは, 翌年29年の年名に「ナンナ神とニンガル神の王座を作った年」として採用された。

イシビエラ31年の年名は, 「ウルの基台を強固にした年」である。ウルの基台とは, 何を意味するのか, ナンナ神殿のそれか不明確であるが, ともあれ, この年名は, イシンによるウルの支配が固まったことを表現することは確かである。イシン王朝は, 以後, ウル第三王朝の後継王朝であることを自認するようになる。つまり, ウルの解放はイシビエラによる統一王朝創設の出発点でなく, 帰結点である。

ウル第三王朝の滅亡は, 本書が重視する領邦都市国家の観点からは, 次のような意味を持つと考えられる。ウル第三王朝の滅亡後, 前二千年紀の初頭に成立したのがイシン王朝とラルサ王朝である (表1, 2頁)。それぞれの王朝の首

---

183 「海の端であるバシメから, [　] であるザブシャリの端まで, エラムの門であるアラワから, [　の] マルハシまで, エラムの人キンダトゥ [は　　]」(van Dijk 1978, 189-208: segment C)。

都となったイシンもラルサも古いシュメール都市であるが，領邦都市国家に数えられない。前2千年紀になってイシンやラルサ王朝が成立することは，領邦都市国家の系譜を引かない都市国家が王朝を建てたことになる。逆に，領邦都市国家の伝統を保持するウル，ウルク，ニップルなどは，もはや統一王朝の王都になることはない。領邦都市国家の政治的優位性が失われること，それが前3千年紀を特徴付けたシュメール的伝統社会の終焉を象徴する。その意味で，ウル第三王朝の崩壊と，その伝統を継承するのが領邦都市国家でないイシンであることは，メソポタミア史において一つの画期になる。

　ウル第三王朝からイシン王朝の転換について，もう1点述べておきたい。この転換を，シュメール人からアッカド人への民族交代と捉えることについてである。イシン王朝時代に，使用言語がシュメール語からアッカド語に急速に変わったことは事実である。しかし，イシン王朝もラルサ王朝も，その正統性をシュメール人の王朝であったウル第三王朝の後継王朝であることに求めており，シュメール人とアッカド人という民族対立は意識されていない。領邦都市国家の伝統は消失しても，文明を担ったシュメールの伝統は継承されるべきものとして尊重された。「はじめに」で述べたように，民族は，当時にあっては主要概念として機能していなかった。

第 II 部

周辺地域──周辺異民族：
エラム，マルトゥ，グティ

第6章
エラム

1 はじめに

　メソポタミアから見て東のイラン高原にエラム (NIM＝elam) がある。この地方に住む人々をシュメール人は野蛮な民と見なした。しかし，エラムは文字の使用の点からもメソポタミアと同時平行的に文明を開花させた地域である。原エラム文字は前3200年頃から使用され，スサに限らず，アフガニスタン近くまで，イランの広い範囲で見つかっている (Potts 1999)。これらすべての地域が，前3千年紀に政治的に統合されることはないが，メソポタミアが都市国家から統一国家へと展開したように，エラムも同じ都市国家から統一国家への過程を歩んだ。その過程を追うことが本章の主題になる。

　もう1点，エラムにおける統一への動きのほかに，エラムがメソポタミアとどのような関わりを持ったかにも着目する。エラムはシュメールと文化的に深い関係にあるが，政治的には初期王朝時代以来しばしば敵対関係にあった。エラムとの対立は，ギルガメシュなどを主人公にしたシュメール語の英雄物語が主題とした。歴代の王朝と王の名を記した『シュメールの王名表』でも，大洪水後の最初のキシュ第一王朝の王エンメバラゲシは，「エラムの国をその武器で打ち負かした者」と付記される (Jacobsen 1939)。エンメバラゲシは，英雄たるウルクの王ギルガメシュに対峙する一方の雄とされる。英雄的功業を発揮する場所にエラムを挙げることから，対立が古くからあったと意識されていたことは間違いない。

　同時代史料である王碑文や行政経済文書にもエラムとの関係が記されており，それをもとに前3千年紀におけるメソポタミアとエラムの関係を，初期王朝時代，アッカド王朝時代，ウル第三王朝時代に分け，時代の変遷のなかで捉え

たい。

　史料はシュメール語・アッカド語に限定される。エラム側の史料が相対的に少なく，またエラム文字の解読という障壁があるからである。

2　初期王朝時代

外夷のエラム

　先に述べたように，『シュメールの王名表』にキシュの王エンメバラゲシがエラムに遠征したと書かれてある。しかし，それは伝説であり，史実と捉えることはできない。同時代史料において，エラムとの関係を最初に言及するのは，ラガシュのウルナンシェ朝の第3代の王エアンナトゥムの碑文である。彼の王碑文から見ていきたい。

　ラガシュにウルナンシェ朝が成立した時期は，シュメール都市国家のなかから周辺の諸都市を取り込んで有力となった領邦都市国家が互いに激しく争う時代である。ラガシュでは隣接するウンマとの国境紛争が長期化していた。エアンナトゥムの治世に，ウンマとの争いは以前になく苛烈であった。ウンマが諸都市を味方にしてラガシュに攻撃を仕掛けたからである。この戦闘を記述するなかに，エラムが登場する（図17）。

　まず，エアンナトゥムが戦ったメソポタミアの諸都市を挙げれば，ウンマ，それと同盟するウルとウルク，さらに北に位置するキシュとアクシャクとマリ，マリがユーフラテス川上流部の最遠の地にある。これらの諸都市の軍が，ラガシュの領域に侵入してきた。敵として相手陣営にあるキシュは，それまで，ラガシュ－アダブ同盟に加担して，その後ろ盾となっていた。ラガシュは，味方であったはずのキシュが敵として侵入したように，四面楚歌，存亡の危機に陥ったが，エアンナトゥムは侵入してきた敵をことごとく破ることで，逆に，ラガシュをシュメール都市のなかで最強の国と認めさせることができた。禿鷹碑文は，エアンナトゥムのこうした功業を顕彰して作られた。

　エアンナトゥムはラガシュに攻め込む勢力として，エラムも挙げる。エアンナトゥムは，エラム勢力であるスサ，ウルア，ウルアズ，ミシメ，アルアを撃破した。

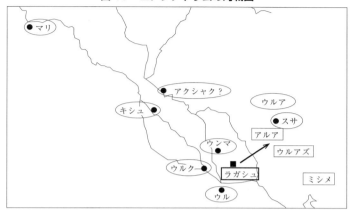

図 17　エアンナトゥムの対戦国

「スサを武器で打ち倒した。ウルアの標章とその先頭に立つ支配者を武器で打ち倒した。[ウルアズを征服し，その支配者を殺した。ミシメを征服した]。アルアを破壊した。」[184]

この時期，シュメールをなかにして，西のマリと東のエラムまでの範囲が政治的に連動する世界となっていた。しかし，シュメール都市ウンマが異質な周辺地域の代表とされるエラムの諸都市と同盟関係にあったと想定することは困難である。エラムは，ウンマが有力なシュメール諸都市と語らってラガシュに攻め込んだことを好機として，軍を進めたと考えられる。

エラムの侵入とエラムへの遠征

エアンナトゥムは，ラガシュに侵入したエラムを撃ち，逆にエラムに遠征し，諸都市を破った。侵寇したエラムとの戦いについて，エアンナトゥムの一つの碑文は，

「エラム（NIM-ŠUBUR[ki]）とウルアをアスフル運河で武器で打ち倒した。キシュ，アクシャク，マリをニンギルス神のアンタスルラで武器で打ち倒した。」（RIME 1, 148）

184　RIME 1, 139: Rev. vii 3'-viii 3'. 引用文において欠けた部分の一部は，別の碑文 RIME 1, 147: iv 12-19 で補なった。

とある[185]。エアンナトゥムは、北西から攻め込んできたキシュ、アクシャク、マリを、ラガシュの都市神ニンギルスの聖所が置かれたアンタスルラで撃退する一方で、東から攻め込んだエラムとウルアをアスフル運河で打ち倒した。アンタスルラとアスフル運河の正確な位置は不明であるが、2代前の王ウルナンシェが開削しており (RIME 1, 91)、ラガシュ領内であった。

エアンナトゥムは、領内に侵入したエラム勢力を破ったあと、エラム地方に軍を進め、ウルアズ、ミシメ、アルアを征服した。これらの都市は、図17にあるように、スサ周辺の地域に比定される。当時のシュメール人にとって、エラムという言葉によって想起する地域は、イラン高原全域でなく、スサ周辺に限られていたと考えられる。エラム (NIM) は、一般的用法として、シュメール地方やアッカド地方に対比されるような、イラン高原の広い範囲を指す。しかし、エアンナトゥムが記すエラムは、ウルアと併記されるので、地域名でなく、都市名である。この場合のエラムがスサを指したことについては、エラムが指す地域の時代的変遷として、あとで述べることにする。

エラムとの敵対関係を示す史料として、エアンナトゥム治世ではないが、エラムがラガシュに侵入したことを記す手紙がある。その手紙を見ておきたい。

「ニンマルキ神のサンガ（最高神官）であるルエンナが言うこと。ニンギルス神のサンガ（最高神官）であるエンエ（ン）タルジに［言いなさい］。600のエラム人がラガシュから財宝をエラムに持ち去った。［ニンマルキ神の］サンガであるルエンナは、［　］において戦い、エラム人を武器で打ち倒した。［後略］。」(Michalowski 1993)

この手紙の年代は、エアンナトゥム2世の治世5年と考えられる[186]。ラガシュの都市神ニンギルスの最高神官（サンガ）職にあったエンエンタルジは、

---

[185] エラムは、楔形文字では通常 NIM^{ki} と表記されるが、エアンナトゥムは NIM-ŠUBUR^{ki} と表記する。なぜそのように表記するかは不明である。
[186] この手紙の作成年代については、未だ年代が確定できないとする説 (Prentice 2010) や、ウルカギナ5年とするフォルク説 (Volk and Kienast 1995) がある。確定できないという説はおくとしても、フォルク説は吟味しなければならない。フォルクの説は、引用文のあと、ここでは省略した部分に書かれた鍛冶工の長ニグルヌドゥと、ウルカギナ治世の大麦支給表に現れ、鍛冶工を所管する同名の者とを同一人物と指定することが根拠である。しかし、同名異人である可能性もあり、根拠としては弱い。何よりも、フォルクの説では、ウルカギナ治世にニンギルス神のサンガ職が存在したことになる。それは事実と異なる。エアンナトゥム2世のあとにエンシとなったエンエンタルジとその子ルガルアンダ、ルガルアンダの王位を簒奪したウルカギナの3代は、エンシがニンギルス神殿を管理しており、ニンギルス神のサンガ職は存在しな

王朝の鼻祖ウルナンシェの兄弟に発する王家の傍系にあって，エンアンナトゥム2世を継いでラガシュの支配者（エンシ）になった（表6，46頁）。彼が未だ，ニンギルス神のサンガ職であった時点で，エラムの侵入という国事に関する報告を受け取るのであり，すでに支配者と同等な権力を有していたと見ることができる。

　手紙の差出人は，ニンマルキ神のサンガ（最高神官）である[187]。ニンマルキ神殿は，ラガシュのなかでも最南のペルシア湾に面したグアッバ市区にあった（図5，40頁）。報告されたエラムの侵入は海に面したグアッバ市区のことであり，エラムは，陸路でなくペルシア湾岸に沿って侵入したと考えられる[188]。

　この手紙が報告するエラムの兵士数は600人である。当時にあって，600人とはどれほどの規模なのだろうか。参考になるのがアッカドのサルゴンが

いからである。したがって，ニンギルス神のサンガとあるこの手紙は，エンエンタルジ以降に書かれたのではなく，それ以前の手紙としなければならない。そして，手紙に治世5年とあることから，エンメテナ治世5年ではニンギルス神のサンガは，エンエンタルジでなく，彼の父ドゥドゥであるので，この手紙が書かれた時代とは置けない。したがって，第6代エンアンナトゥム2世治世5年の文書とするのが妥当である。

[187] 初期王朝時代には未だ4大市区の一つグアッバ市区は形成されていなかったが，その主神であるニンマルキ神のサンガ神官の序列は高い。ラガシュの支配者妃はミルクと麦芽を食する祭において定期的にラガシュ国内の高位にある者の妻に与えられた。下表のように，授与される人とその序列は簒奪者ウルカギナの登場の前後で異なり，権力基盤に変動があったことが知られる。たとえば，ウルカギナ治世になると，宰相的地位にあるスッカルマフ，妃の出身地であるパシルラ市区の最高神官（サンガ），妃の経営体の最高責任者である家宰（ヌバンダ），妃に所属する商人長などが順位を上げ，一方で，以前に授与されていた耕地管理人と，ニンギルス神の大書記がウルカギナ治世には消える。この問題は別にして，ニンマルキ神のサンガは，常にナンシェ神サンガに次ぐ第2位の位置を占めており，ラガシュにおいて重要な地位にあったことが理解できる。

ウルカギナ2年（TSA 5）の上位10人			ルガルアンダ5年（DP 132）の上位10人		
dam sanga ᵈnanše	1	1	dam sanga ᵈnanše	1	1
dam sanga ᵈnin-mar^{ki}	2	2	dam sanga ᵈnin-mar^{ki}	2	2
dam sukkal-maḫ	3	11	dam sanga ᵈdumu-zi	3	5
dam ba-nga pa₅-sír-ra	4	22	dam lú-ᵈba-ú engar	4	–
dam sanga ᵈdumu-zi	5	3	dam dub-sar-maḫ ᵈnin-gír-su	5	–
dam sanga é-babbar₁₁	6	6	dam sanga é-babbar₁₁	6	
<dam>gala-maḫ nina^{ki}	7	23	dam gala-maḫ lagaš^{ki}	7	38
dam sanga ᵈnin-DAR	8	9	dam amar-ezem	8	19
dam en-ig-gal nu-bànda	9	–	dam sanga ᵈnin-DAR	9	8
<dam>gal-dam-gàr	10	25	dam gàraš-maḫ	10	11

この表にニンギルス神のサンガが現われないように，ニンギルス神のサンガという役職は，エンエンタルジからウルカギナの治世にかけては存在しない。

[188] エラムへはデールを経由する陸路が重要であったが，湾に沿った海路も主要な交通路であった。エンエンタルジの次のルガルアンダ治世5年に，アアグリグジなる人物のためにエラム地方のミシメ（mi-ši-me^{ki}）にビールが運ばれた記録がある（DP 164）。彼はペルシア湾ルートを利用してのエラム行きであったと考えられる。

シュメール諸都市を征服したときの兵士数である。サルゴンは，9軍団5,400の兵でシュメール遠征を決行した。単純計算であるが，1個軍団は600人になる。この数値を参考にすれば，侵入したエラムの兵士600人とは1個軍団の規模であり，小規模な略奪行ではない。軍団規模のエラムの侵攻がなぜ行われたか。その間の政治的な事情などは一切不明であるが，シュメールとエラムの都市／国家の間に，恒常的な敵対関係があったことは確かである。

早くからメソポタミアと同じ政治世界を形成したエラムであるが，メソポタミアから見れば周辺地域であり，中心地域と同等に扱われることはなかった。そのことで，王碑文において，都市の征服や破壊を示す動詞ḫulは，華夷の二分法から，蛮族と見なしたエラムの都市に使われるが，文明地域のシュメール都市に対しては禁忌として明示されない。たとえば，エアンナトゥムの甥で2代後の支配者エンメテナは，ウンマ軍を戦場で撃破し，敗走する敵の支配者ウルルンマをウンマ市内まで追い，殺したと記しており，侵入できたウンマ市を破壊したことを誇ってよさそうであるが，そのことを碑文では触れない。エアンナトゥムも，当然，中心地域の諸都市，キシュ，ウル，ウルク，ウンマを「ḫul（征服・破壊する）」と書くことはない。その一方で，エラムは野蛮な民であり，神々の保護を受けない地域に住むのであるから，その都市を征服・破壊したと記しても，何ら神に対する冒瀆にはならなかった。

3　アッカド王朝時代

エラムへの本格介入とエラム諸勢力

初期王朝時代ラガシュの王エアンナトゥムの碑文とエンエンタルジ宛の手紙をもとに述べたように，都市国家分立期においてシュメール諸都市とエラムとは恒常的な敵対関係にあった。次の領域国家期の王，エンシャクシュアンナとルガルザゲシが，エラムに対してどのように行動したかを示す史料はなく，不明である。

本格的なエラム征服は，ルガルザゲシを破ってシュメールとアッカド両地方の支配を果たしたサルゴンから顕著になる。アッカド王朝の初代から第5代まで，サルゴン，リムシュ，マニシュトゥシュ，ナラムシン，シャルカリシャ

表20 エラムの王，将軍，エンシ

	ルガル	シャギナ	エンシ	di-ku$_5$
Parahši	0	0		0
NIM (Elam)	0	0	0	
Huzi- [ ]			0	
Gunihaha			0	
Širihim			0	
戦利品	bu-un-ba-an^{ki}, gàr-ne-ne^{ki}, ḫé-ni^{ki}, sa-li-a-mu^{ki} a-wa-an^{ki}, sa-bu-um^{ki}, šu-si-im^{ki}, URUxA^{ki}			

リ，それぞれの治世におけるエラム政策を順次見ていきたい（前田1984）（図10, 103頁）。

　サルゴンはシュメール地方を支配し得たことで，次の遠征先をエラムと定めた。サルゴンの年名には，「サルゴンがウルアを破った年」や「サルゴンがエラムを破った年」があり，エラム遠征がシュメール遠征後の重要な課題になっていたことが窺える。年名に挙がるエラムとウルアは，エアンナトゥムが撃破したエラム勢力であった。年名が示すのはスサ地域への遠征である。

　サルゴンは，年名だけでなく，王碑文の多くにエラム遠征を取り上げ，敵対したエラム王の名などを詳細に記述する。碑文に記されたエラムのルガル（王），エンシ（都市支配者），シャギナ（将軍：軍事補佐職）を地名／都市名で整理すると表20のようになる。

　エラム地方の支配者のなかで，王（ルガル）を名乗るのはパラフシ（バラフシ）とエラムであり，ほかは，支配者（エンシ）とある。ルガルとエンシの格差は，メソポタミアの領域国家期に始まっており，そこでは，都市国家を超える王の称号をルガルとし，王に服属する都市国家の支配者の称号を画一的にエンシで示すようになっていた。サルゴンがエラムに遠征したとき，メソポタミアと同等にルガルの権威のもと，それに従属する支配者がエンシであるという形態が，すでにエラムにもあったことが知られる。

　さらに，将軍（シャギナ）職もメソポタミアにおいて国土の王の軍事権を補佐する役職として新設されていた（前田1994）。エラム地方にも将軍職が導入されており，将軍は，王を名乗るパラフシと，エラムにのみ従っており，王の

軍事権を補佐する役職と考えられる。エラムの将軍サナムシムトは，別の箇所で，エラムの支配者となっている。彼は，エラム王のもとで，シャギナとエンシを兼務した。このように，エラム地方においても，メソポタミアの動向と同調するように，王権が順当に進展していた。

サルゴンのエラム遠征時には，王を名乗るバラフシとエラムの二大勢力があった。バラフシは，メソポタミアから見てより奥地に本拠を置く勢力である。一方のエラムの王については，サルゴン碑文に，エラム王ヒシプラシニの子ルヒシャンの名がある。ルヒシャンは，『エラムの王名表』(Scheil 1931) にアワン王朝第8代として挙がるルヒシャンと同一人物であると考えられる。このことから，エラム王とはアワンを本貫とした王と認められる。

サルゴンは，アワンを本拠としたエラム勢力と，より奥地のパラフシ勢力の二大勢力を破ることで，「全土の王サルゴン，エラムとパラフシを征服せし者」を自称した (RIME 2, 23)。サルゴンからエラムへの本格的な介入が始まったのであり，その遠征は，初期王朝時代とちがって，明白に政治的支配を目的としていた。

サルゴンの子リムシュは，王位継承の直後に勃発したシュメールの反乱を平定したあとの治世3年に，エラム遠征を実行し，先王サルゴンが撃破したとするアワンとバラフシのうち，遠方にあってなお勢力を維持するバラフシを破ることで，エラムにおけるアッカドの支配を確立した。

「エラムの国土でバラフシの王座を砕いた。全土の王リムシュはエラムの主になった。エンリル神が彼に王権を授けて3年目である。」(RIME 2, 53)

リムシュは，支配の確立を，支配権を象徴する王座を砕くと表現した。サルゴンが始めたエラム遠征は，リムシュによる支配権の確立に至った。

リムシュを継いでアッカド王朝第3代の王になったマニシュトゥシュ治世，エラム支配は安定していた。エラムの支配者エシュプムは，「エシュプム，エラムのエンシ」の銘を刻んだ円筒印章を残すが，この印章とは別に，

「マニシュトゥシュ，全土の王（のために），エシュプム，彼（マニシュトゥシュ）の奴僕が，ナルティ神に（この像を）奉納した。」(RIME 2, 82)

と書く碑文を残す。同時期，ティグリス川上流のアッシュルの支配者であった

アズズにも，エプシュムが残した碑文と同一の形式の碑文がある。

> 「マニシュトゥシュ，全土の王（のために），アズズ，彼（マニシュトゥシュ）の奴僕が，バルシシ神に（この銅製槍先を）奉納した。」(RIME 2, 82)

エシュプムもアズズも，彼らが有したはずの称号，エラムやアッシュルの支配者（エンシ）を碑文に明示することなく，マニシュトゥシュの奴僕と自称する。彼らはアッカドから派遣されたのでなく，在地勢力の親アッカド派の有力者であったと考えられる。その彼らが記す銘文は，マニシュトゥシュに従属する側面を強調しており，周辺地域にアッカドの強力な支配が及んでいたことの証しになる。

安定したエラム支配を背景に，マニシュトゥシュは，さらに遠い地に軍を送り，アンシャンとシェリフムを征服し，下の海（＝ペルシア湾）を渡って32の都市を破った[189]。

マニシュトゥシュが，征服した都市として挙げるアンシャンは注目に値する。アンシャンは，スサと並んでエラム地方における二大中心都市になる。そうしたアンシャンの初出が，このマニシュトゥシュ碑文である。彼がアンシャンまで遠征し，支配したことで，エラムという用語は，スサ周辺だけでなく，アンシャンまでのイラン高原を指すようになり，エラムとしての一体化が進む。

マニシュトゥシュの子で第4代の王となったナラムシンの治世，エラム支配は安定していた。一方，彼はペルシア湾口にあったマガンを破り，

> 「マガンを征服し，マガンの王（en）マニウムを捕らえた。」(RIME 2, 117)

> 「ナラムシン，四方世界の王（が奉納）。マガンの戦利品である鉢。」(RIME 2, 100)

のように，マガンの王を捕虜にして，戦利品をウルなどで神々に奉納した。この遠征は，マニシュトゥシュが行った「下の海を渡って」の遠征の延長線上にあると見なすことができ，マガンが，ペルシア湾方面ではアッカド王朝が遠征した最遠の地である。

---

189 「マニシュトゥシュ，全土の王が，アンシャンとシェリフムを征服したとき，下の海（ペルシア湾）を船でわたった。海をわたった都市，戦いのために集まった32に勝利した。そして，彼らの市々を征服し，その支配者たちを打ち倒した。そして，（兵を）奮い立たせて，銀の鉱山まで服従させた」(RIME 2, 75-76)。

アッカド王朝の絶頂期であるナラムシンのあと、第5代の王になったシャルカリシャリ治世になると、アッカド王朝によるエラム支配の事情が変わる。エラムについて、シャルカリシャリの年名には次のようにある。

> 「シャルカリシャリが、エラム（NIM^{ki}）とザハラとの戦いを、アクシャクの前面においてなし、勝利した年。」(RIME 2, 183)

エラム勢力と戦ったアクシャクは、アッカド地方の北辺と考えられ、エラムは、中枢であるアッカド地方に侵入したことになる。この侵寇はアッカド王朝の統治に重大な影響を与えたはずである。『シュメールの王名表』によれば、アッカド王朝はシャルカリシャリのあと「誰が王で、誰が王でなかったか」という無政府状態を3年経験した。こうしたアッカド王朝の弱体化は、外寇が主要な要因かもしれない。無政府状態のあと、なお2人の王、計36年、アッカド王朝は延命する。

スサ周辺地域を指すエラム

アッカド王朝のマニシュトゥシュがアンシャンまでを支配したことで、エラム（NIM）が指し示す地域が変化した。時代をさかのぼって、エラム（NIM）が指す範囲を確認したい。

初期王朝時代のラガシュの支配者エアンナトゥムがエラム遠征を記すとき、一つの碑文（禿鷹碑文）で「スサを武器で打ち倒した」と記すが、別の碑文では、「深き山のエラムを武器で打ち倒した」とスサを深き山の「エラム」に置き換えて表現した。

碑文1 (RIME 1, 139)
[　　]
スサ（su-sín^{ki}-na）を
武器で打ち倒した。

ウルア市の標章と
その先頭に立つエンシを
武器で打ち倒した。
死体の塚を築いた。

碑文2 (RIME 1, 147)
エアンナトゥムは
深き山のエラム（NIM）を
武器で打ち倒した。
死体の塚を築いた。

ウルア市の標章と
その先頭に立つエンシを
武器で打ち倒した。
[　　]

このことから，初期王朝時代では，エラム（NIM）はスサの同義語として使用されたこと，エラム地方とは本来的にスサとその周辺を含む地域を指す呼称であって，のちの時代のようなイラン高原全域を示す用語ではなかったことが知られる。

　エアンナトゥムより数代後のウルカギナ治世に書かれたラガシュの商人の記録によれば（Lambert 1953），商人たちは，交易のために，シュメール都市のアダブ，ニップル，ウンマ，ウルクや，遠くデール，ディルムンに行った。エアンナトゥムが征服と記したウルアズで，商人は奴隷を購い，王妃の菜園で働かせるために園丁に配分した（前田 1995）。エラム方面が商人の活動の場であり，「エラム」に行った商人の記録は多い（Nik 1 85, 214, 292, DP 423）。しかし，主要な都市スサに行ったと記すことがない。スサを避ける理由はなく，行かなかったとは考えられない。商人の記録にある「エラム」とは，エアンナトゥム碑文と同様に，イラン高原を指す呼称でなく，スサを指して使われたと見るのが妥当である。

　アッカド王朝時代になっても，エラムはスサとその周辺地域を指した。サルゴンは，スサを本拠にした王や将軍を「エラムの」王や将軍と記した。エラムがスサを中心とした地域を指したことを端的に示すのが，エラムのルガル（王）のもとで都市を支配するエンシの1人が「エラムのエンシ」とされることである。この場合のエラムが，シュメールやアッカドと対比される広い領域でなく，一つの都市／国，スサを指すことは間違いない。

　さらに，サルゴンとリムシュが自称した「エラム（NIM）とバラフシの征服者」において，バラフシと対比されるエラムも，イラン高原西南部全域を示すものでない。初期王朝時代以来の伝統的用法であるスサとその周辺を指示する。リムシュ碑文にある「エラムの諸都市を征服し，それら城壁を壊した」は，一見，イラン高原の諸都市のように，広い意味に採れそうであるが，エラム遠征を記した二つの碑文を対照させれば，その可能性は否定される（表21）。

　問題になる「エラムの諸都市を征服し，それらの城壁を壊した」は，表21のリムシュ碑文Bの6にある。碑文Aは，パラフシ（バラフシ）の撃破を主題にし，エラム関係記事を示さない。つまり，碑文Bは，碑文Aに，エラムとザハラとの戦いを追加して作られた。

表21 リムシュ碑文の比較

	リムシュ碑文A（RIME 2, Rimuš 7）	リムシュ碑文B（RIME 2, Rimuš 6）
1	リムシュ，全土の王がパラフシの王アバルガマシュと戦った。	リムシュ，全土の王がパラフシの王アバルガマシュと戦った。
2	（ザハラとエラム）	そして，パラフシとともに戦闘に参加したザハラとエラムと戦った。そして，16,212人の兵士を打ち倒し，4,216人を捕虜にした。そして，エラムの王エマフニシを捕らえた。そして，エラムの——すべてを捕らえた。
3	彼の将軍シドガウを捕らえた。	パラフシの将軍シドガウを捕らえた。
4	（ザハラ）	そして，ザハラの将軍シャルガピを捕らえた。
5	（それは）アワンとスサの間にある川で（のことであった）。そして，町（パラフシ?）において，死体の塚を築いた。	（それは）アワンとスサの間にある川で（のことであった）。そして，町（パラフシ?）において，死体の塚を築いた。
6	（エラム）	そして，エラムの諸都市を征服し，それらの城壁を壊した。
7	そして，エラムの国土でパラフシの王座を砕いた。そのことで，全土の王リムシュをエラムの主となった。エンリル神は彼を信認した。	［エラムの国土で］パラフシの王座を砕いた。そのことで，全土の王リムシュはエラムの主となった。エンリル神は彼を信認した。
8	（ザハラとエラム?）	エンリル神が王権を授けて3年目のことである。打ち倒し，捕虜にした兵士は合計9,624人である。
9	ウトゥ神とイラバ神に誓って，それらは嘘でなく，真実である。	ウトゥ神とイラバ神に誓って，それらは嘘でなく，真実である。
		（以下略）

　こうした構図を認めれば，碑文Bの8にある「打ち倒し，捕虜にした兵士は合計9,624人である」の数値と，その前2にある「16,212人の兵士を打ち倒し，4,216人を捕虜にした」との不整合がなぜ起こったかの説明がつく。9,624人の兵士数とは，ザハラとエラムとの戦いで打ち倒したものや捕虜の合計数であり，その前に書かれた16,212人などの数は，ザハラとエラムの戦いとパラフシとの戦いで得た捕虜などの数を合計した人数と捉えることができるからである。碑文Bの作者は，ザハラとエラムの戦いを書き加えたとき，誤ってもとの人数をそのまま書き写したのだろう。

　一見広い領域と見える「エラムの諸都市を征服し，それらの城壁を壊した」にあるエラムは，スサを指すことに間違いない。都市が複数になっているのは，

スサを中心とした地域がエラムであり，その地域にあってスサに従属する都市があったからであろう。

　リムシュは，エラムに支配権を確立したことを，「バラフシの王座をエラム人の面前で砕いた。全土の王リムシュはエラムの主になった」と書いたことは先に示した。ここにある「エラムの主」のエラムは，イラン高原全土を指す可能性がある。しかし，直接的には，エラムの最高神インシュシナク神の主神殿があることで，特権的な地位を認められていたスサを中心とした地域の意味であろう。

　エラムの使い方について，さらに見ておきたい。リムシュの次に王となったマニシュトゥシュ治世，彼に臣従したエプシュムの円筒印章に「エシュプム，エラムの支配者（énsi NIM^{ki}）」とある。彼は，スサとその周辺の地域をエラムと称する伝統的な用法を踏襲する。シャルカリシャリは，エラム（NIM^{ki}）とザハラの軍勢とアクシャクで戦った。この場合もエラムはザハラと並列表記されるので，エラムはイラン高原西南部全域を指すのでなく，スサの政治勢力のことである。

アンシャンまでの広領域を指すエラム

　初期王朝時代からアッカド王朝第5代シャルカリシャリ治世まで，エラムが指す範囲は，スサそれ自体かその周辺地域であった。スサは，王や支配者の称号に現れず，リムシュの碑文において，「アワンとスサの間」のように地名としてのみ現れる。

　エラムをスサと同義的に使用する伝統は，シャルカリシャリ治世か，その後のある時期に消失し，両者は明確に区別されるようになる。アッカド王朝崩壊後にラガシュの支配者になったグデアは，エラム遠征について次のように記す。

> 「エラムであるアンシャンの町（uru an-ša-an NIM^{ki}）を武器で打った。その戦利品を，ニンギルス神のために（主神殿である）エニンヌ神殿に運び入れた。」（RIME 3/1, 35）

　「エラムであるアンシャンの町」のように，エラムを添えることは，エラムがスサとその地域を指すという伝統的な用法でなく，アンシャンまでの広い範囲を指して使うようになったこと示す。同時に，グデアが「エラム」をあえて

書き込むことは，イラン高原の広い範囲を指すエラムという用法が，未だ常識とされていないこと，すなわち，その変化が，グデア期か，そう遠くない時期に起こったことを示唆する。

　アンシャンをエラムと捉えたラガシュの支配者グデアは，「エラム人はエラムから来た。スサ人はスサから来た。マガンとメルッハはその異国から木材を筏に組んで（持ってきた）」(RIME 3/1, 78) のように，スサとエラムを明確に区別して表現した。むしろ，スサの特異性を強調したと言えるかもしれない。

　メソポタミア側からの視点でなく，アッカド王朝崩壊後に自立したエラムの王たちも，スサとエラムを明確に区別した王号を用いるようになる。彼らが称した「スサの支配者，エラムの国の将軍」では，最高神インシュシナク神の神殿があるスサを王都にして，エラム＝イラン高原全域の軍事指揮権を掌握した王が表明される。

　つまり，エラム (NIM=elam) がスサとその周辺地域を指すことから，アンシャンまでのイラン高原全土を示す用法への変化は，アッカド王朝のシャルカリシャリ治世頃であり，それ以降に一般化した。リムシュやマニシュトゥシュが，アンシャンを含むイラン高原全土を支配領域に組み入れたことによって，その領域を指示する用語が必要とされ，スサに鎮座する最高神インシュシナクの権威の及ぶ範囲が拡大することで，アンシャンまでのイラン高原をエラムと呼ぶようになったと考えられる。それは，また，エラムの人々に，イラン高原を一体と見る政治的地理観の形成を促したはずである。

4　プズルインシュシナクによるエラム統一

プズルインシュシナクの在位期

　アッカド王朝は，ペルシア湾に至るイラン高原を支配したが，シャルカリシャリ以降，その勢力は急速に後退する。代わって，スサに自立した王が登場した。その代表格がプズルインシュシナクである。彼はザクロス山脈にそった広大な地域を支配し，アッカドの王ナラムシンが全世界の支配を標榜して名乗った「四方世界の王」を継承する意志を示した。それによって，プズルインシュシナクは，広大な地域の統合はもとより，エラムが世界を支配すべき一つ

の中心であることを誇示した。これは、メソポタミアの人々によって押し付けられた中心と周辺の図式の枠を超えようとすることであり、その意味で重要な転換点である（前田 1993b）。

　プズルインシュシナクの重要性は、あまり認識されてこなかった。エラムをテーマとして催された国際アッシリア学会の大会報告総括部分において、このような問題関心からの提言はない（de Mayer, et al. 1991）。プズルインシュシナクの業績が着目されなかった理由の一つは、彼の在位期がアッカド王朝の盛期であるナラムシン治世後半からシャルカリシャリにかけての期間に設定されていたことにある（Sollberger 1971）。この時期設定では、盛期にあるアッカド王朝からの自立が強調されるだけである（Carter & Stolper 1984）。プズルインシュシナクの在位期は、史料の再解釈によって訂正されることになった。

　それは、フォルクが、ラガシュの王プズルママの碑文に、プズルインシュシナクの名が認められると指摘したことに始まる（Volk 1992）[190]。この碑文にはエラム地方にあったガルネネも記されているので、スサの王プズルインシュシナクとガルネネの支配者によるメソポタミア侵入を撃退したことを記念して作ったと推定される。少なくとも、この碑文からスサの王プズルインシュシナクがプズルママと同時代人であることが明らかになる。

　プズルママの在位期が、ナラムシンとシャルカリシャリの治世に在位したルガルウシュムガルのあとであることが確実であり、さらに、ルガルを名乗る以前、アッカドの支配の下で支配者（エンシ）を名乗っていた時期に書かれたプズルママのアッカド王宛の手紙があり（Michalowski 1993）、それによって、プズルママがエンシを名乗った時期を、アッカド王朝最後の2王ドゥドゥやシュドゥウル時代に置くことができる。したがって、プズルママが王を名乗る時期の碑文に同時代人として書かれたエラムの王プズルインシュシナクは、ナラムシンやシャルカリシャリの治世でなく、アッカド王朝が弱体化したドゥドゥやシュドゥウルが王である時期に在位したことになる。

---

190 「スサ（[MUŠ].ERIN^ki）の[プズ]ル[インシュシナ]ク、ガルネネの［　］セガアン、xx［破損］、［破損］。［エンリル神が名を選んだ者］、ニンギルス神が力を与えた者、エンキ神が知恵を与えた者、ニンフルサグ神が清い乳を飲ませた者、イナンナ神が良き名を命名した者、ガトゥムドゥグ神が生んだ子、［破損］、［破損］、彼の生みの母はニンシュブル神、彼の神はシュルウトゥラ神、プズルママはラガシュの王（ルガル）である」（RIME 2, 272）。

プズルインシュシナクの在位期間は長く，ウル第三王朝の創始者ウルナンムと同時代人であることも，イシンから出土した古バビロニア時代の写本であるウルナンム王碑文から確認される。このウルナンムの碑文については，あとで引用する。

このように，プズルインシュシナクの在世期は，通説とされてきたアッカド王朝の盛期であるナラムシンとシャルカリシャリの治世でなく，アッカド王朝時代末期からウル第三王朝草創期までに置くことができる。

四方世界の王を希求するプズルインシュシナク

プズルインシュシナクの碑文がスサから出土した。その一つに支配領域に関係するアッカド語碑文がある。

「プズルインシュシナク，スサの支配者（énsi），エラムの国の将軍（šagina ma-ti NIM^{ki}），シムピイシュフクの子が，キマシュとフルトゥムの国が彼に敵対し進軍してきたとき，敵を捕らえた。そして，フプサナ市を破壊した。（以下70以上の町の名が挙がる）。彼は，1日にして（それらの都市を）彼の足下に屈伏させた。刃向かって来たシマシュキの王のように，プズルインシュシナクの足下に捕らえた。インシュシナク神は，彼の祈りを聞き入れ，──」（FAOS 7, 321-324）

プズルインシュシナクは，この碑文で，スサの支配者，エラムの国の将軍と表記し，明白にエラムをスサと区別して，エラムをイラン高原の広い範囲を指して使っている。そうした時代に彼は生きた。彼は，キマシュとフルトゥム（フルティ）を撃退し，多くの町を屈伏させた。キマシュはザクロス山脈も北，下ザブ川上流域に比定され，フルティもそのあたりにあった。キマシュ，フルティは，この後のウル第三王朝時代になっても有力な勢力であり，ウルの王が軍事遠征を実施した。この碑文では，ウル第三王朝を滅亡に導くほどの強力な王朝を建てることになるシマシュキもすでに服属したとあり，プズルインシュシナクは北の主要な勢力を服従させた。彼が屈伏させたとして挙げる多くの都市については比定が困難であるが，スサから見て北に勢力を拡大したことは確かである（図18）。

プズルインシュシナクの支配領域は，ここに書かれた地域よりも広く，メソ

図18 プズルインシュシナクの最大版図

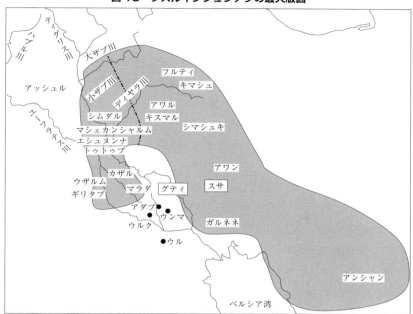

ポタミア地方に及んでいたことがウル第三王朝初代ウルナンムの碑文から知られる。そのウルナンムの碑文は，イシンで発見された古バビロニアの写本として伝えられた（Wilcke 1987）。

「ウルナンム，強き者，ウルの王，シュメールとアッカドの王が，彼の生命の故に奉納した。そのとき，エンリル神は，エラムに，——。山岳エラムの国に，自ら戦闘のためにおもむいた。その王，プズルインシュシナクは，アワル，キスマル，マシュカンシャルム，エシュヌンナの国，トゥトゥブの国，シムダルの国，アッカドの国において，人々を——。——，[ ]と，ロバ45［＋］頭を戦利品となし，我が王エンリル神のためにニップル市に運び，点検した。その残りは我が軍団への分け前とした。」
(RIME 3/2, 65-66)

ウルナンムがエラムの王プズルインシュシナクの名を挙げるので，彼がウルナンムと同時代時人であることが確認される。この碑文に記されるプズルイン

シュシナクの支配領域は、ティグリス川東岸地域のエシュヌンナやトゥトゥブまで拡大しており、「アッカドの国」も支配した。アッカド地方をエラムが支配したことについては、『ウルナンム法典』に「そのとき、ウンマ（＝アクシャク）、マラダ、ギリカル、カザルとその村落、そしてウザルムがアンシャンの故に奴隷状態にあったが、私（ウルナンム）の主ナンナ神の力によって、その自由を回復した」（RIME 3/2, 48）とあり、プズルインシュシナクは、スサを本拠に、アンシャンまでのイラン高原全域を支配下に置いていた。

史料から知り得るプズルインシュシナクの支配領域は、彼一代に限られるにしても、本拠地であるスサを中心に南のアンシャンまでのエラム地方と、さらにエラムの外、ディヤラ川流域からアッカド地方まで及んだ。それは、アッカド王朝の衰退と滅亡という権力の空白を利用して拡大した結果である。

広大な地域の支配を達成したプズルインシュシナクは、自らの碑文に次のように書く（André & Salvini 1989）。

「彼の主（インシュシナク神）のために、プズルインシュシナク、強き者、アワンの王、シムピイシュフクの子が、インシュシナク神が彼を選び、四方世界を統治するために彼に与えた年に、階段踏石を奉納した。」（FAOS 7, 333-334）

この碑文で、プズルインシュシナクは「アワンの王」を自認する。のちに編纂された『エラムの王名表』では、アワン王朝最後の王、12代目の王としてプズルインシュシナクが挙がる。サルゴンやリムシュに敗れたアワン勢力が、プズルインシュシナクのもとで再興したのであろう。

この碑文で重要なのは、プズルインシュシナクが、スサの都市神であり、かつエラムの最高神であるインシュシナク神から、四方世界を与えられたと述べることである。「四方世界の王」は、アッカド王朝第4代の王ナラムシンが初めて採用し、統一国家期の指標になる王号である。プズルインシュシナクが王号「四方世界の王」を採用したことを示す史料はないが、この碑文の内容から彼がそう名乗る碑文が将来出土する可能性は否定できない。プズルインシュシナクは、シュメールやアッカドなどの中心地域からは、野蛮な周辺地域と見なされたエラムが、現実の支配でも、理念上でも、メソポタミアと対等、もしくはそれを超えたと宣言する最初の王である。

プズルインシュシナク前後のエラム王

　初期王朝時代やアッカド王朝時代に在位したであろうエラムの王は，不明なことが多い。この間に在位した王については，『エラムの王名表』(Scheil 1931) を参照する場合がある。『エラムの王名表』は，最初にアワンの 12 人の王を記し，その後にシマシュキの王 12 人の名を記す。アワン王朝，シマシュキ王朝ともに王の名のみであり，治世年数や続柄の記載はまったくない。アワン王朝の最後 12 番目の王がプズルインシュシナクとあるので，続くシマシュキ王朝はウル第三王朝時代からイシン王朝時代と平行することになる。シマシュキ王朝の部分については，ウル第三王朝時代のエラムを検討するところで触れることにし，ここでは，アワン王朝の部分を見たい。

　『エラムの王名表』に挙がるアワン王朝の王は次のようになっている。

　1　pi-e?-li?　　　　　7　ki-ik-ku-si-me-te-im-ti
　2　ta-a-ar?　　　　　8　lu-uḫ-ḫi-iš-šà-an
　3　uk-ku-ta-i-iš　　　9　ḫi-še-ip-ra-te-ep
　4　ḫi-i-qat-taš　　　10　ḫi-e-lu
　5　šu-šu-un-ta-ra-na　11　ḫi-ta-a
　6　pa-pi-il-ḫu-uš　　12　puzúr-^{d}inšušinak

　この表に現われる王の中で同時代史料によって確認もしくは関連する記事があるのは，第 12 代の王として挙がるプズルインシュシナクのほかには，2 王である。プズルインシュシナクは，すでに述べたように，自らの碑文に「アワンの王」と記すので，アワン出自の王であると自覚していたことは確かである。

　プズルインシュシナク以外の 2 王のうち，『エラムの王名表』に第 8 代の王として挙がる lu-uḫ-ḫi-iš-šà-an は，サルゴン碑文にエラムの王 ḫi-si-ib-ra-si-ni の子として挙がるルヒシャン (lu-uḫ-iš-an) と関係付けられ，第 9 代に挙がる ḫi-še-ip-ra-te-ep も，このエラム王 ḫi-si-ib-ra-si-ni と関係付けられている。こうした同定が可能であるにしても，即位の順序は，サルゴン碑文と『エラムの王名表』では逆転しており，齟齬がある。逆に，スサの支配者として同時代史料から確認されるエシュプム，エピルムピ，イリシュマニの 3 人は，『エラムの王名表』に現れない。アッカド王朝の傀儡政権として忌避されたのかもしれないが，『エラムの王名表』に記されたアワン王朝の諸王については，同時代

史料から確認されることがほとんどないのであり,『エラムの王名表』のアワン王朝の部分は史実性が疑問視される。したがって,『エラムの王名表』をもとに編年を組み立てることはできない。

同時代史料で存在が確認されるエラムの支配者のうち,エシュプムは,すでに見たようにアッカドの王シャルカリシャリと同時代である。エシュプムの称号は,「エラムのエンシ (énsi NIM^{ki})」であり,スサをエラムで表示する旧来の用法を継承する。

あとの2人,エピルムピとイリシュマニについて,ランベールは,エピルムピの在位期をナラムシン治世に,イリシュマニをシャルカリシャリ治世に措く (Lambert 1979)。しかし,時代を特定する史料はない。エピルムピは,ナラムシンが初めて採用した王の形容辞「強き者」を名乗っているので,ナラムシンと同時期とするよりも,あとに置くべきであろう。

プズルインシュシナクは「スサの支配者」と「エラムの国の将軍」という称号を用いたが,この称号は,エピルムピとイリシュマニも名乗った。この王号から,登位順序を考えたい。

　エピルムピ (Epir-mupi)
　「エピルムピがスサの支配者 (énsi šu-šín^{ki}) になった (年)」(FAOS 7, 318)
　「エピルムピ,エラムの国の将軍 (šagina ma-ti NIM^{ki})」(FAOS 7, 319)
　イリシュマニ (Ilišmani)
　「イリシュマニ,スサの支配者 (énsi MÙŠ.ERIN^{ki})」(RTC 122)
　「イリシュマニ,書記,エラムの国の将軍 (šagina ma-ti NIM^{ki})」(FAOS 7, 320; copy: Potts 1999, 110)

まず問題になるのが,エピルムピとイリシュマニの在位が,プズルインシュシナクの前か後かである。「スサの支配者,エラムの国の将軍」を名乗る者がもう1人いる。ウシュムガルである。彼の部下の円筒印章に「ウシュムガル (は),スサの支配者,エラムの国 (ma-da NIM) の将軍。アガウシュ職のルガルエヌンナ (はあなたの奴隷)」とあるように (FAOS 7, 319),国土をシュメール語 ma-da で書く。エラム地方でシュメール語が一般化する時期を考えれば,ウシュムガルの在位期はウル第三王朝時代になる。

これに対して、「国土」をアッカド語 ma-ti で書くエピルムピとイリシュマニは、ウル第三王朝時代以前に置ける。さらに、プズルインシュシナクはウル第三王朝の創始者ウルナンムと同時代人であり、そのあとにエピルムピとイリシュマニを置くとすれば、ウル第三王朝時代に在位したことになり、「国土」をシュメール語の ma-da で書かれるはずであるので、エピルムピとイリシュマニは、プズルインシュシナク以前に在位したはずである。

　エピルムピ、イリシュマニ、プズルインシュシナクの登位順序を考える目安として、スサの表記がある。スサは、アッカド王朝第２代の王リムシュまで初期王朝時代の伝統のままに šu-šín^{ki} と綴っていた。エピルムピも šu-šín^{ki} と表記する。それに対して、ウル第三王朝時代に在位したウシュムガルは MÙŠ.ERIN^{ki} と表記する。スサの表記は、šu-šín^{ki} が古く、それに代わるように MÙŠ.ERIN^{ki} は新しく使われた[191]。

エシュプム	énsi NIM^{ki}	
エピルムピ	énsi šu-šín^{ki}	šagina ma-ti NIM^{ki}
イリシュマニ	énsi šušin (MÙŠ.ERIN)^{ki}	šagina ma-ti NIM^{ki}
プズルインシュシナク	énsi šušin (MÙŠ.ERIN)^{ki}	šagina ma-ti NIM^{ki}
ウシュムガル	énsi šušin (MÙŠ.ERIN)^{ki}	šagina ma-da NIM^{ki}

こうしたスサの表記の違いから、登位順序を考えるならば、初期王朝時代の伝統のままに šu-šín^{ki} と書くエピルムピが最も早く、MÙŠ.ERIN^{ki} と書くイリシュマニとプズルインシュシナクがそのあとになる。

　シャルカリシャリ治世以降にアッカド勢力がイラン高原から撤退するなかで、アンシャンに至る広域のエラムを支配する在地勢力としての王が出現したが、その登位順序は、最初に、エピルムピ、そのあとにイリシュマニとなる。エピルムピについては、酒杯人など、彼の臣下が「あなたの奴僕」と記す円筒印章があり（FAOS 7, 318-319）、王権に相応しい組織の存在が推測される。エピルムピが、アッカドの王シャルカリシャリとアクシャクで戦ったエラムの王かもしれないが、証拠となる史料はない。少なくとも、アッカド王朝がナラムシン

---

[191] ただし、初期王朝時代ラガシュの文書（DP 370, 371）に、ある種の植物繊維を gu MÙŠ.ERIN^{ki}（スサの亜麻？）と表示する例がある。異国スサの珍しい繊維の意味であろう。早くから、スサを šu/su-šín^{ki} でなく、MÙŠ.ERIN^{ki} で表示することが行われていたと考えられるが、両表記の差が何によるかは不詳である。

のときに最大版図を達成したあと，イラン高原からアッカド勢力が後退するなかで，エピルムピやイリシュマニのようなエラムの在地勢力の有力者が台頭して，スサを都にして独立を果たしたと見ることができる。

そのあと，イラン高原全土の支配と，さらなる領土拡大に邁進したのがプズルインシュシナクとなろう。長いプズルインシュシナクの治世のあと，ウル第三王朝の初代ウルナム，もしくは第2代シュルギの治世早々にエラム王であったのが，ウシュムガルである。

5　ウル第三王朝時代

ウル第三王朝とエラム

ウル第三王朝とエラムとの関係は，初代ウルナムが，ディヤラ川流域やアッカド地方においてエラム王プズルインシュシナクと対峙することに始まる。ウルナムはエラム勢力をメソポタミアから排除し，エラムに侵寇したが，エラム地方の本格的な支配を目指す動きは，第2代の王シュルギ治世の後半である。

シュルギは，48年の治世のなかで，最初の20年は，ウルナムの施策を継承して，神殿建立など，内政に重心を置いた。治世21年に，エラムとの境界にあって軍事的要衝であるデールを征服したことで，周辺地域への活発な遠征が行われるようになった。エラムへの本格的な介入はこれ以降となる。

本節では，ウル第三王朝の支配体制の中でのエラムの位置付けをしたあと，シュルギ21年以降のウル第三王朝によるエラム支配を，ウルの王によって派遣されたスサのエンシ（支配者）とスッカルマフ，それと在地有力者層との関係から述べたい。

シュルギ治世の内政から外征への転換

ウル第三王朝の支配領域は，中心地域，朝貢国地域，軍政地域に三分された。エラムは，周辺地域の朝貢国地域の東半分であり，隣接する軍政地域とともに軍事遠征が頻繁に実施され，降嫁などの懐柔政策が採られた地域である。そこには，軍政地域を設定したのと同じ理由，ウル第三王朝成立時において強大な

エラムの王プズル・インシュシナクに対抗せざるを得なかったことや，ウル第三王朝を滅亡に導くのが同じエラムであるという軍事的政治的状況が反映すると思われる。つまり，ウルの王にとって警戒すべき地域であった。

シュルギは，21年にエラムとの軍事的要衝であるデールを征服し，確保したことで，エラムへの本格的な介入が可能になった。この年以降の年名は周辺地域への征服記事で埋まるようになる。ウル第三王朝によるエラム支配の形態を見る前に，すでに述べたのであるが，再度ウル第三王朝の軍事遠征の特徴を述べておきたい（図15，148頁）。

年名や行政経済文書から知られるウル第三王朝が実施した軍事遠征は，そのほとんどがティグリス川東岸からイラン高原に及ぶ地域に限られる。この範囲は，軍政地域と，朝貢国地域でも東半分であり，西，つまり地中海方面への遠征は最後の王イッビシン17年の年名にあるマルトゥだけであり，極端に少ない。異民族の侵入に備えて軍政地域を設定したことに連動して，軍政地域とそれに接するエラムの支配が安定しなかったことに起因するのだろう。シュルギが実施した遠征が東に偏るのであるが，それも，スサなどのエラムの中心地域でなく，軍政地域とその周辺に集中し，ウルビルム，シャシュル，ハルシ，ルルブ，キマシュ，シムルム，カルハルが対象になった。なかでも，シムルムに対する遠征は，9度を数える。

シムルムは，シュルギ44年の9度目の遠征によって，ウルに臣従した。シムルムの支配者セルシュダガンがシュルギに忠誠を誓ったことは，特別な下賜印章をシュルギから授与されたことで知られる（Mayr&Owen 2004）。セルシュダガンは，長く軍政地域において主要な役割を果たした。彼の死後[192]，イッビシン3年に軍政地域の安定要因であったシムルムが反乱を起こしたことで，異民族侵入の阻止という軍政地域が持つ意味が失われた。シムルムの離反は，統一王朝としてのウルの屋台骨が根底から揺らぎ出したことを示す。

---

[192] シムルムのエンシであるセルシュダガンがシュシン治世にも活躍することは，彼の部下の円筒印章「セルシュダガン，シムルムの支配者，アルアの子でシャブラ職にあるイラクシュカルはあなたの奴僕」がシュシン3年と5年の文書（PDT 2, 1355, 1365, 1327, 1375）に押されていることから知られる。セルシュダガンによる「王のための持参」はシュシン9年（MVN 8, 175），イッビシン1年（PDT 246）に記録されるが，持参者がシムルムの支配者か別人かの判断は難しい。セルシュダガンの記録は，シムルムが反乱を起こしたイッビシン3年以前のイッビシン1年までしかないことは確かである。

軍政地域でなくエラム地方では，シュルギは，当初，降嫁政策を重視した。シュルギ18年の年名は「王女をマルハシの王妃とした年」である[193]。シュルギが王女を降嫁したマルハシは，アッカドのサルゴンやリムシュと戦った有力な勢力パラフシ／バラフシのことであり，エラム地方でも最遠の地にある。マルハシへの降嫁は，積極的な対外政策に転換するシュルギ21年以前であり，降嫁政策によってエラム諸勢力との関係を模索したのだろう。

　マルハシは，シュルギ治世以降，ウル第三王朝最後の王イッビシン治世まで，長く友好的な態度を取り続けた。ウルの王のもとに来たマルハシの使節の記録が多く残る[194]。そのなかでも，地理的に対極に位置するユーフラテス川上流部のエブラとマリの使節ともども，贈り物を受けた記録が注目される[195]。ウル王が下賜する意図は，西の遠隔地エブラとマリ，それに東の遠隔地マルハシによって，ウルの支配領域を範囲を示すことにあったと考えられるからである。最後の王イッビシン治世になっても，多くのエラム諸勢力がウルから離反し，反逆するなかで，マルハシは友好関係を維持した[196]。

　シュルギ18年のマルハシへの降嫁のあと，シュルギ30年の年名が，「王女

---

[193] mu lí-wir$_x$-mi-ta-šu dumu-munus-lugal nam-nin mar-ḫa-ši^{ki} ba-íl (Schneider 1936, 14). ただし，この年名は，後世に作成された年名リストにあるのみで，同時代文書からは見つかっていない。

[194] マルハシの使節 (lú-kin-gi$_4$-a) への家畜下賜の記録：S 46: viii 6 (Delaporte 1911, no.1), S 48: viii 12 (Lafont, 1980, 3), viii 13 (PDT 419), AS 1 v 29 (MVN 15,194), viii 17 (MVN 1,124), AS 3 xii 28 (CST 286), AS 4 i 6 (TCL 2,5506), i 14 (MVN 3,228), ii 25 (AUCT 2,278), iii 22 (TLB 3,25), v 4 (AnOr 7,99), v 9 (MVN 5,111). AS 5 v 9 (PDT 2,1171), vii 5 (MVN 5,113), viii 11 (PDT 126), viii 12 (MVN 15,199), viii 24 (MVN 1,142), AS 6 i [　] (TrDr 27), ii 24 (CST 466), iv 1 (CST 468), iv 5 (MVN 13,635), iv 6 (TRU 344), iv 9 (JCS 7,p.104), iv 26 (MVN 11,146), viii 2 (MVN 13,539), viii 3 (Delaporte 1911, 191), viii 5 (ŠA XXX: 26), SS 3 x 1 (AUCT 2,154), SS 6 ii- (CTNMC 7).

[195] アマルシン4年5月6日 (MVN 18,99) と9日 (MVN 5, 111) に，東方の最遠の地マルハシの使節と西方の最遠の地エブラ，マリ，トゥットゥル，グブラの使節に羊が下賜された。

[196] イッビシンがエラム遠征を実施したとき，マルハシはウルに敵対しないことを誓う貢納として「メルッハの斑犬」を献上した (RIME 3/2, 374)。「メルッハの斑犬」のメルッハとは現在のインドの地にあたり，珍重すべき贈り物である。前王シュシンはザブシャリとシマシュに遠征したとき，反乱地域に近接するアンシャンから，恭順・服従の証としてグナ貢納の大山羊を受けた。イッビシンもマルハシが反乱に加わらないことを誓って捧げたグナ貢納を受けたのである。

　この文書が記録された年代は，イッビシン9年のフフヌリ遠征のときと14年のエラム遠征ときの二つの可能性があるなかで，後者と考えられる。根拠は以下の通りである。前王シュシンは，グナ貢納として贈られた大山羊に似せて像を造り，ニップルのエンリル神に奉献した。イッビシンはメルッハの斑犬に似せて造られた像を，エンリル神でなく，ウルのナンナ神に奉献した。ニップルのエンリル神殿に奉納できなかったことで，ナンナ神に捧げたのであり，マルハシのグナ貢納は，9年よりも，ニップルの支配を喪失した時期である14年のスサ遠征のときと見るのが妥当である。

をアンシャンの支配者（エンシ）に嫁がせた」のように降嫁を取り上げる。アンシャンに関しては，シュルギ34年の年名に「アンシャンを征服した年」があり，アンシャンは王女の降嫁の4年後に反乱を企て鎮圧された。最遠の地であるシグリシュにも，王女の1人が，「シグリシュの人（支配者）の妻」と書かれたシュルギ48年の文書（NISABA 8, 371）が残るので，降嫁がなされていた[197]。

シュルギが実施したエラム地方への軍事遠征は，シュルギ27年のハルシ征服が最初であり，王女の降嫁への反発から勃発した反乱を鎮圧した34年のアンシャン征服を別にすれば，少し間を置いたシュルギ46年から48年にかけて，ハルシ，キマシュ，フルティへの遠征があった。これらは，エラムであっても軍政地域に接する地域にあり，この地域はプズルインシュシナクの勢力拡大によってエラムと意識されるようになっていた。こうした情勢が軍政地域を設定させた理由と考えられる。一方，エラムの中核となる地域，スサやその近隣への遠征をシュルギは行っていない。懐柔策が取られたのであろう。

シュルギ30年にアンシャンの反乱を鎮圧したとき，アンシャンの戦利品を，エラムの有力な勢力であったアダムドゥンの支配者が王の家畜管理人に運んだ記録がある[198]。アンシャンへの遠征軍にエラムの在地勢力が加わっていたこ

---

[197] シグリシュの使節への家畜下賜は，シュルギ48年（BIN 3, 518），アマルシン1年（PDT 473），シュシン6年（Amorites 22）に記録される。ラガシュのメッセンジャーテキストには，年代は不明であるが，ウルから来たシグリシュのエラム（兵）への支給が記録される（TuT 216）。シグリシュは，シュシン7年のザブシャリ征服において，征服される国の一つに挙がる（RIME 3/2, 303; 310; 311）。使節などの記録は少ないが，シュシン7年に反乱に加担するまでは，ウルに敵対する明白な態度を取っていなかったと考えられる。

[198] Farber 1995, no. 6:「44頭の各種の羊，死体，アンシャンの戦利品，アダムドゥンの支配者ウルギギルから（44 udu-ḫi-a ba-ug$_7$, nam-ra-ak an-ša-an^{ki}, ki ur-^{giš}gigir énsi a-dam-dun^{ki}-ta）」。文書の日付はシュルギ33年11月である。遠征はシュルギ33年に始まっており，年末までに成果を上げていた（Cf. Steinkeller 2007, 226, &no.45）。ミカロスキはアンシャン征服と戦利品の運搬に関わる文書として，RTC 328を挙げる（Michalowski 2008, 116）。この文書には年次の記載はない。しかし，シュタインケラーが指摘するように（Steinkeller 2007），アダムドゥンの支配者としてur-^{giš}gigirが記録されるので，シュルギ30年頃の作成と考えられる。さらに，月の記載は閏11月（itu-diri še-KIN-ku$_5$）とあり，先の文書が11月であるので，月としては1ヵ月後の文書となる。シュルギ33年のラガシュは閏月を置く年であった（RTC 420）ので，RTC 328がシュルギ33年である可能性は十分にある。
　この文書は，メッセンジャーテキストに分類でき，アダムドゥンの支配者ウルギギルの配下であるアフニ（a-ḫu-ni, lú ur-^{giš}gigir énsi a-dam-dun$^{<ki>}$）のほかに，アンシャンの支配者シェリブムの伝令イッディンイシュクル（i-din-^{d}iškur, ra-gab, še-li-bu-um, énsi an-ša-an^{ki}）が，エラム兵11人（NIM 11）とともにアンシャンから来た（an-ša-an^{ki}-ta DU-a）ときに，パンの支給を受けている。これが，戦後処理のために派遣されてきたアンシャンの使節だと指摘するミカロスキに従いたい。

とが確実視されるのであり、懐柔策は功を奏していた。

話が変わるが、シュルギは、王讃歌において、東のエラムや、ペルシア湾の先にあるメルッハ、西はマルトゥ、北はスバルトゥという周辺異民族の言語を解し、通訳を介することなく直接会話ができたことを誇る (Shulgi Hymn B. Klein 1981)。誰もが多言語を話せるとは限らないので、言葉の障壁を超えるために通訳 (eme-bal) を職業とする者が当然存在した。ウル第三王朝直前のラガシュ文書に、軍旅に出る通訳、西方遠くシリア地方のエブラから来た人のための通訳、東方のマルハシやフフヌリから来た人のための通訳が記録される[199]。ウル第三王朝時代の文書からは、マルハシやマルトゥの通訳が知られる[200]。インドにあったメルッハの通訳を職務とする者の円筒印章も残されている (Boehmer 1965, 世田谷美術館他編 2000, 110)。

エラムの諸勢力

シュルギが支配地を拡大したエラム地方には、プズリインシュシナクの権勢が消滅したことで、在地の支配者（エンシ）を戴いた多くの都市／国があった。そうしたなかで、ウルの王が重要視したエラムの都市／国は、ラガシュから出土したメッセンジャーテキストから理解される（前田 2010a）。メッセンジャーテキストとは、エラム方面に向かう、もしくは帰ってきた王の伝令や兵士などへの食料支出記録である。ラガシュとは別に、ウンマと、近年公刊されたウルサグリグ出土のメッセンジャーテキストがある。ラガシュとウルサグリグのメッセンジャーテキストでは、受給者の行き先などが書き込まれるのに対して、ウンマの記録では、ウンマ独特の用語である「向こう側（エラム）から」、「向こう側へ」と書かれる場合もあるが、基本的に行き先や目的を記録しないので、そこからはエラム支配の動向を知ることができない。ここで取り上げるラガシュのメッセンジャーテキストも、地名を記すことで有用であるにしても、多くが年を表示しないので、ウルの王とエラム諸都市の関係の時代的変化を追うことはできないという史料の限界がある[201]（図19、表22）。

---

[199] 軍旅に出る通訳 eme-bal kaskal (MVN 6, 55; 58)、エブラの通訳 (MVN 6, 247)、マルハシとフフヌリの通訳 (MVN 6, 83)。
[200] マルトゥの通訳 (TrDr 81)。マルハシの通訳 (Amorites 22)。

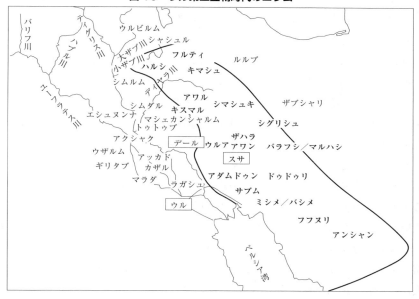

図 19　ウル第三王朝時代のエラム

表 22　メッセンジャーテキストに現れるエラム諸都市の頻度

ラガシュ

1	Susa	437
2	Adamdun	155
3	Sabum	150
4	Anšan	148
5	Urua	91
6	Huhunuri	30
7	Kimaš	30
8	Simaški	19
9	Zaul	7
10	Duduli	4
11	Giša	4
12	Bašime	3
13	Manhili	1

ウルサグリグ

1	Der	207
2	Kimaš	54
3	Simaški	27
4	Hurtum	18
5	Harši	18
6	Sigriš	8
7	Susa	5
8	Zidahrum	4
8	Zitian (zidanum)	4
10	Adamdun	2
10	Buli	2

ラガシュ出土のメッセンジャーテキストによれば，伝令（sukkal）などの行き先は，圧倒的にスサが多く，ついで，アダムドゥン，サブム，アンシャン，ウルアの順になる。ウルアはスサ近くにあり，アダムドゥンとサブムは，アンシャンとスサの間を埋めるような地域にある。ウルの王は二大都市スサとアンシャンを扼する地としての重要性を認めたのであろう。

　伝令などが頻繁に往還したスサは，エラムにおける中心都市である。シュメール・アッカド地方がエンリル神を最高神とし，シリア地方がダガン神を最高神としたように，エラム地方ではスサのインシュシナク神がその地位にあり，スサは特別な地位を与えられた。そのことによって，スサの都市神インシュシナクがプズルインシュシナクに四方世界を授けた。歴史的に特殊な位置を占めるスサを，ウル第三王朝はエラム支配の要として重視し，支配者（エンシ）を派遣した。それについては後述する。

　ウルサグリグ出土のメッセンジャーテキスト（NISABA 15）からもエラム経略の別の側面が明らかになる[202]。「王の使節（lú-kin-gi₄-a lugal）」と明示された人が往還した地の頻度を表22に示した。

　ラガシュ出土のメッセンジャーテキストではデールへの往還を記録しなかったが，ウルサグリグからの往還ではデールが圧倒的に多い。スサはラガシュでは最多であるが，ウルサグリグのメッセンジャーテキストでは7番目と下位にある。ラガシュにあってウルサグリグのメッセンジャーテキストにない主要な都市／国は，アンシャンとフフヌリである。

　つまり，ラガシュのメッセンジャーテキストがスサを重視し，その近隣都市を対象にしつつ，アンシャンに至る全エラム地方を範囲とするのと違って，ウルサグリグでは，スサより南には派遣されることが稀であり，デールを拠点にシマシュキ，ハルシ，ジダヌムなどのエラム地方からディヤラ川流域や小ザブ川流域（軍政地域）の国々を範囲とする。ウルの王は，ウルサグリグに，軍政

201　Manderによれば，ギルス出土のメッセンジャーテキストのなかで公刊されたのが約1,300枚であるのに対して，未公刊のものが約2,220枚ある（Mander 2008）。ここに挙げた数値は，全体の3分の1を占める未公刊史料抜きの結果であるので，ここで利用するような一般的な傾向を知り得ても，細かい議論はできない。

202　ウルサグリグは，アッカド地方でも最も北に位置したと推定されるが，正確な場所はわかっていない（NISABA 15）。

地域との繋がりから，デールの後方に位置する拠点都市としての機能を期待したのであろう[203]。

エラムの在地有力者層

ウル第三王朝時代の行政経済文書に記される NIM（エラム）は，特殊な使い方をする。ウル第三王朝は，東のエラムと西のマルトゥを軍事要員として活用した。ウル第三王朝時代の行政経済文書，とりわけ，メッセンジャーテキストでは，都市や国の名が書かれるにしても，民族・地域を示す用語としては，エラムとマルトゥのほかは現れない。北のスバルトゥは，東のエラムと西のマルトゥと同等に異境世界を表すが，行政経済文書に書かれることがない。当然のこととして，シュメールもアッカドも明示されることはない。

文書に現れるエラムとマルトゥは，中心文明地域から見て異民族という区分はそのままであるにしても，王朝にとって有用な軍事要員であることを示す特殊な使われ方である。ウル第三王朝時代の行政経済文書にエラム（兵）(NIM) を伴って約 30 の地名が現れる[204]。その大半が比定困難であるが，そこにはキマシュ，フルティが含まれる。プズルインシュシナクが，ティグリス川東岸の

---

[203] 軍政地域とエラム地方を扼する拠点都市デールには，王族将軍が常駐した。シュルギ治世には王子ウルシンであり，アマルシン治世には，王になる前のシュシンがデールの将軍であった。ウルシンについては，彼の部下の円筒印章銘に，「ウルシン，ウルクとデール（BÀD.AN^{ki}）の将軍，マシュムはあなたの奴僕」とあり，シュシンも，同様に，彼の部下の円筒印章「シュシン，デール（BÀD.AN^{ki}）の将軍，書記と［　］のシュルギイリはあなたの奴僕」とあることから，デール駐留の将軍であったことが知られる。引用した二つの円筒印章に記される (BÀD.AN^{ki}) を，ミカロスキは，エラムとの境界に位置するデール（BÀD.AN^{ki}）でなく，ウル近郊のドゥルム（BÀD^{ki}=BÀD.AN^{ki}）であると考える (Michalowski 1977)。彼は，ドゥルムは BÀD^{ki} とも BÀD.AN^{ki} とも表記されたと想定し，ウルクとドゥルムが，王族将軍が派遣される重要な都市であったと捉えた。ウルクと並ぶ BÀD.AN^{ki} は，ウルク近郊でなければならないと考えたからである。この前提自体，シュシンの叔父ババティやスッカルマフ職にあるイルナンナが，遠隔地の将軍職やエンシ職を同時に兼ねている事例を示す，根拠にならない。

この印章に記された BÀD.AN^{ki} がデールであることは，ウルシンとシュシンが持参する熊から明らかになる。熊を証拠に挙げることは邪道かもしれないが，シュメール・アッカドの諸都市から熊を持参した例がなく，周辺地域の支配者やそこに駐留する将軍に限定されるので，証拠として十分に意味を持つ（前田 2008）。

王子ウルシンは，シュルギ 44 年以降シュルギ 48 年まで熊を持参した記録がある。シュシンが熊を持参することはアマルシン 1 年から 6 年まで確認される。したがって，ウルシンとシュシンが将軍として駐留するのは周辺地域のデールであり，ウル近郊のドゥルムとするミハロスキの説には従わない。

[204] RGTC 2, 311. NIM の項参照。その表に加えるに，NIM du$_8$-da-šu-in^{ki} (MVN 19, 8), NIM gi-zi-ḫu^{ki} (MVN 17, 132), NIM ḫu-ù-šà-um-tum^{ki} (NISABA 3, 26), NIM ši-ki-bar^{ki} (MTBM 195) がある。

キマシュやフルティまでを領域に加えたことで，エラムとされる地域が北に広がり，小ザブ川あたりまでがエラムと認識されていた。

エラム（兵）の表記は通常，「シマシュキのエラム（兵）NIM šimaš^{ki}」のように，地（都市）名で表記する。例外として，支配者名を付す場合があり，それが，ドゥドゥリのフリバルである。「ドゥドゥリのエラム（兵）NIM du$_8$-du$_8$-li^{ki}」と書くことよりも，「フリバルのエラム（兵）NIM hu-lí-bar」と記すことの方が多い。僅少ながら，アダムドゥンの支配者である「ウバアのエラム（兵）」と，サブムの支配者である「アブムイルムのエラム（兵）」も知られる[205]。彼らは，個人の名で表現されるほどに，在地勢力の支配者として名を馳せた（Goetze 1953）。アダムドゥン，サブムと同様に，ドゥドゥリも，北のスサと南のアンシャンの中間にあり，ウルのエラム支配にとって協力する有力者の存在が不可欠であったと考えられる。

ドゥドゥリの支配者フリバルは，妻が王女であり（MVN 13, 735），ウルの王からは信頼される存在であった。フリバルは，アマルシン6年からシュシン3年にかけて幾度となくウルの王のもとに行き，王からの下賜である家畜を受領した[206]。

---

[205]「ウバアのエラム」（TCTI 2, 2690）。「アブムイルムのエラム」（DAS 184, Berens 83）。
[206] ドゥドゥリの人や使節はシュルギ47年から記録されるが，ドゥドゥリの人フリバルは，シュルギ48年7月に貢納家畜を奉納することが最初の記録であり（Deimel 1922 [Wengler 25]），シュシン3年まで記録が残る（CST 423）。ただし，アマルシン1年の3月には，フリバルでなく，フンティバがドゥドゥリの人と彼の使節が家畜を下賜される（PDT 594）。使節を派遣するので，フンティバがドゥドゥリの支配者であったと考えられる。同じ1年の6月にドゥドゥリの人フリバルの使節への下賜が記録されるので（Alvernini, & Foster 2010, no.3），3月から6月の間にフリバルはドゥドゥリの支配者（エンシ）職に就いたと考えられる。フリバルは，使節を派遣するよりも，自らが頻繁にシュメールの地を訪れており，下賜された家畜を受領した。周辺地域の支配者の行動としてはあまりほかに例を見ないと思われる。AS 6 ix（TCSD 237），AS 7 i（MVN 8,126），viii（CUCT 117），AS 8 v（SANTAG 7, 114），xi（Goetze 1953, 1），AS 9 viii（MVN 15, 190），SS 1 iii（TENS 480），x（Alvernini, & Foster 2010, 20），2年2月（TPTS 2, 321, YOS 4, 71. 貢納家畜の持参：PDT 1, 597），12月（Owen 1997:Nesbit D），SS 3 i（CST 415, PDT 487），ii（SETDA 173），v～viii（SAT 3, 1401, PDT 2,1152, Hermitage 3, 370, BIN 3,561, BIN 3,562, PDT 2, 1238, Goetze 1953, 2, TRU 351, CST 423）に記録が残る。

なお，アマルシン7年1月の文書としたMVN 5,95（=SAT 2, 316）は，同じ省略形の年名（mu-ús-sa ša-aš-ru^{ki} ba-ḫul）を使うシュルギ43年の文書とされ，そこに記されたdumu-munus lugalのša-at-^{d}šul-giをシュルギの王女と捉えることがある（RIME 3/2, 168）。しかし，文書の年代がシュルギ43年でないことは，家畜を支出するシュママの活躍時期がアマルシン治世のみであり，シュルギ治世には確認できないことから確かである。アマルシン7年の文書であるので，王女ša-at-^{d}šul-giはアマルシンの王女の可能性が大である。

サブムは，アマルシン治世以降，アブムイルムが支配者であった[207]。彼は，ある時期から，ドゥドゥリの支配者フリバル以上に，エラム地方において有力者になっていた。「サブムの支配者アブムイルムの手紙（＝命令書）に従って，フリバルのエラム（兵）がサブムから来た」（NISABA 22, 10）とあるように，フリバルの兵の動員を命じることができた。ウルの王は，ドゥドゥリの支配者フルバルやサブムの支配者アブムイルムのような信頼できるエラムの有力者を使って，エラム諸勢力の反抗に備えた。

アダムドゥンは，表22にあるように，王の伝令が多く訪れるエラム地方の有力都市である。アダムドゥンは王への奉仕として，グナ貢納を納め，プズリシュダガンへの家畜貢納も積極的に行った[208]。シュルギ治世に支配者であったウルギギルがアンシャン遠征に積極的に参加したのち[209]，アダムドゥンの支配者職に就いたウバアは，あとで述べるように，エラムにおける橋頭堡と兵

MVN 5,95（＝SAT 2, 316）は，そこに書かれた mu ḫu-li-bar énsi du$_8$-du$_8$-li^{ki}-šè, dub-sag uru-a ku$_4$-ra-ni も注目される。dub-sag uru-a ku$_4$-ra-ni は「dub-sag, 彼が町に入ったとき」と解釈され，この場合の dub-sag とは何かが問題になるからである。dub-sag は通常 egir「あと」に対する「はじめ」と解釈される。たとえば，na-ap-tá-núm u$_4$ 15 dub-sag, na-ap-tá-núm u$_4$ 14 egir-a（SAT 2, 367）とある場合，前者は「月の初めの15日の神饌」，後者は「月の後半の14日の神饌」の意味になる。ただし，dub-sag をはじめ／前半の意味に用いるとき，名詞の u$_4$（日）や bal（バル義務）が前に置かれるので，それがない MVN 5,95 の用例は別の意味として捉える必要がある。dub-sag uru-a ku$_4$-ra-ni には，ドゥドゥリのフルバルのほかに，マルトゥのナプラヌム（Na-ap-la-núm mar-tu）（PDT 2, 1172），シャシュルの人アリドゥブク（A-ri-du-bu-uk lú ša-aš-ru^{ki}）（Jursa & Payne 2005, 1 [SS 7 xii 7], CST 455 [SS 9 xii 14]），シマヌムの人イプフハ（Ip-ḫu-ḫa lú si-ma-núm^{ki}）（Sollberger 1956, no.5）のような周辺異民族の長が行為者として記されるので，一つの解釈として，「主要な粘土板文書とともに，彼が町（＝ニップル？）に入ったとき」と，周辺異民族が，シュメール・アッカドの最高神エンリルに臣従を誓う文書を奉じる行為と捉えることができよう。

207 サブムのエンシとしては，a-bu-um-AN のほかに，ta-la-bu（AnOr 1, 299 [- Um ii]），še-li-bu-um（MTBM 76 [- La x]），^{d}šu-^{d}suen-ba-ni（ITT 2 1030 [La ii]）がいる。^{d}šu-^{d}suen-ba-ni は，その名からシュシン治世以降のエンシであることは確かであろうが，イルナンナの前か後かは判断できない。ta-la-bu と še-li-bu-um の在位期は不明である。

208 シュルギ45年：ウバアを長とするアダムドゥンの兵士が計1,740頭の羊・山羊と牛を持参（Amorites 6）。

シュルギ46年：アダムドゥンのエンシであるウバアが6,190頭の羊・山羊をドレヘムの家畜管理所に納める（šu-gíd）（Nik 2, 483 [S 46 viii]）。アダムドゥンのエンシであるウバアが持参した羊・山羊のなかで384頭の死したものとその革の納入（TRU 107 [S 46 viii], TRU 277 [S 46 viii], PDT 1, 39 [S 46 viii]）。ギル職の bù-ú-da-ki がアダムドゥンのエンシの兄弟であることが，PDT 1, 39 から理解される。

シュルギ47年：アダムドゥンのグナ貢納，ウバアが持参したもの。7,200頭の牛，1,393頭の羊・山羊，225頭の死亡した羊（Michalowski 1978, 42 [S 47 ix 30], PDT 1, 18 [S 47 ix]）。

アマルシン8年9年：ウバアを長とするアダムドゥンの兵士が持参するグナ貢納。アマルシン8年 1,200頭の羊，アマルシン9年 1,100頭の羊と100頭の山羊（計1200頭の羊・山羊）（Holma & Salonen 1940, no.30 [AS 8, 9]）。

站基地の保全を期待されたと考えられる。

スサのエンシ

　エラムには多くの地域勢力があり，シュルギは，エラム各地の勢力を降嫁政策によって懐柔し，軍事行動をも辞さない構えで，エラム支配の強化を図った。なかでも重要な施策が，エラム地方の政治宗教の中心であるスサに支配者（エンシ）を派遣することであった。ラガシュのメッセンジャーテキストでは，軍事要員となる NIM（エラムの兵）を出す 30 以上の地名が挙がるが，そこにスサはない[210]。ウルが派遣したエンシによって直接統治するスサは，それ以外のエラム諸都市とは扱いが異なった。

　スサに派遣されたエンシとして，現在知られる最初の者はウルキウムであり，ついで，ザリクム，そのあとにベリアリクである。スサの支配者職に就いたこの 3 人について見ていきたい（前田 2010a）。

　現時点では，ウルキウムが，シュルギによってスサの支配者として派遣されたことが確認できる最初の人物である。ウルキウムはシュルギ 33 年にスサの支配者職にあった[211]。1 年前のシュルギ 32 年に将軍ウルキウムが記録されており[212]，ウルの王は，将軍をスサの支配者に補任した。ウルキウムがスサのエンシであった時期と思われるシュルギ 34 年に，アンシャンが反乱し，鎮圧された。ウルキウムは，アンシャンの戦利品を王の家畜管理人に運んだことが記録される。アダムドゥンの支配者などを動員して反乱の鎮圧にあたったので

209　アダムドゥンの支配者としてナブダがいる。「アダムドゥンの支配者ナブダの人バガ（ba-ga lú na-bu-da énsi a-dam-dun$^{<ki>}$）」（RTC 325）。この文書にはスサの支配者ザリクも記されているので，ナブダの在位期は，シュルギ 40 年前半，つまり，ウルギギルとウバアの間に位置すると考えられる。

210　ただし，ウンマ文書 SAT 3, 1726（SS 6 xii）には NIM su-sín-na^{ki}-me が，NIM mar-ḫa-ši^{ki}-me と並列して記録される。ここでのスサのエラムは，スサの支配者に直属する兵士と考えられる。

211　ur-ki-um énsi šusin^{ki} へのビール支給（RTC 329 [S 33 La iv]）。年代は確定できないが，スサに行く ur-ki-um énsi šusin^{ki} への支給記録もある（RTC 322 [La vi]），323 [La vii]）。シュルギ 34 年の文書に，将軍の子（＝将軍補佐官？）とされる者とともに，ウルキウムの兄弟ダグが支給を受ける記録がある（RTC 324 [S 34 La ix]）。このウルキウムはスサの支配者となった者のことであろう。

212　lú-kin-gi$_4$-a, ur-ki-um šagina（NSTROM 2, 326 [S 32 Um ix]）。将軍ウルキウムの使節へのパンの支給を記録するが，この文書に書かれた最初の項目は「将軍の食卓のための支給（pad gal-gal ^{giš}banšur šagina）」である。この年の年名に採用されたシムルム征服を祝うためか，もしくは翌年の年名にあるカルハル遠征のための宴と考えられる。

第 6 章 エラム　233

図 20　スサとアッシュル

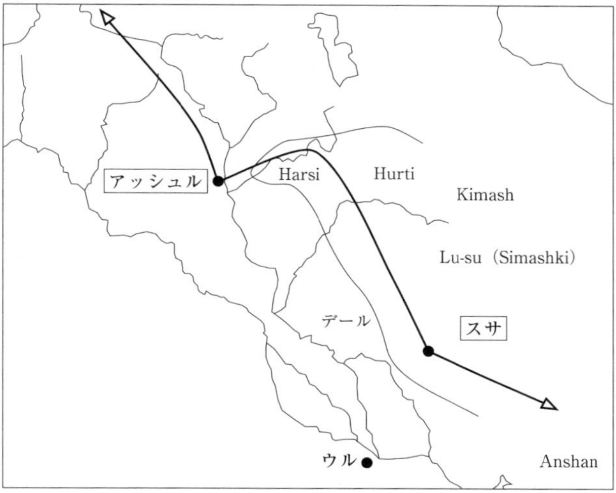

あろう。

　ウルキウムのあとのスサの支配者として知られるのは，ザリクム（za-rí-qum/za-rí-iq）である。ウルキウムとザリクムの間に別の支配者が存在したかどうかは不明であるが，ザリクムの在位は，少なくともシュルギ 40 年からアマルシン 5 年まで確認される。ザリクムはアッシュルの将軍を兼務した[213]。スサから 500 km を越える遠距離にあるアッシュルの将軍を兼務することは，一見奇異に感じられる。しかし，アッシュルとスサは遠く離れても，プズルインシュシナクによるイラン高原の統一に伴って，地域呼称であるエラムが指し示す地域がアッシュル近くまで延びていたのであり，スサとアッシュルを結ぶ要路は，小ザブ川をアッシュルまで下る最後の行程を除けば，すべてエラム地域に属する（図 20）。当時の地理観からは，スサの支配者がアッシュルの将軍を兼務す

---

[213] ザリクがスサとアッシュルの両方で任務に就いたことを最初に指摘したのはハッローである（Hallo 1956, 224）。ただしハッローの提示には問題点がある（前田 2010a）。第一に，大隊長格のヌバンダ職にあるザリクを同一人物とするが，このザリクは別人であり，エシュヌンナに近いイシム・シュルギを本拠にした者と考えられる（za-rí-iq nu-bànda: Langodn, Baby.7, 3 [AS 1 iii 13]，SET 10 [AS 5 ix 11]，CT 32. 19-22 [IS 2 iii 29] (i-šim-^{d}šul-gi^{ki}), TJA: JES 337 [ ]）。第二に，ザリクは，スサからアッシュルへ，再びアッシュルからスサに職務地を変えたとされ，この説が受容されている（Potts 1999, 132, & 135）。しかし，重要な職責を頻繁に変えることは

ることに不自然さはない。
　ザリクムがスサの支配者とアッシュルの将軍を兼務したのは[214]，スサとアッシュルを結ぶ要路の安全確保のためであろう。この路は政治的・軍事的に不安

不自然である。確かに，シュルギ42年からアマルシン2年までの期間，スサのエンシであるザリクの史料はない。しかし，ザリクだけでなく，ザリクからスサのエンシを引き継いだはずの者についても史料は沈黙する。史料の偶然性を考慮する必要があり，現時点で確実なのは，ザリクはスサの支配者であり，アッシュルで何らかの職責を果たしていたとすべきであろう。
　スサのエンシ職にあるザリクとアッシュルにおいて任務に就くザリクは，同一人物とする考え方に対して，ミカロスキは，別人とする（Michalowski 2009, 152）。根拠とするのは，lú-地名で表記されるのは，朝貢国地域の在地支配者のみであり，王が任命した官職を有した者には適応できないことであり，したがって，「アッシュルの人」と書かれるザリクは，アッシュル在地の支配者であり，スサの支配者であり，王が任命したザリクとは別人になる。重要な指摘であるが，ザリクはスサのエンシが本職であり，アッシュルでの役職はあくまでも兼務であるので，単にlú（人）と書かれたと考えることもできる。
　ミカロスキ論文で重要なのは，基礎となる文書の年代を明確にしたことである。ゲーツェがNebraskaとMississippiとして引用した2文書について，Nebraska=Amorites 18=NSTSDU 58=Owen 1993, 146-148と，Mississippi=YOS 15, 158であることを指摘する。さらに，ザリクをアッシュルのエンシと記す文書YBC 7278は，ハッローが引用するのみで，未だ公刊されておらず，史料的に確実性を持たなかった。この文書は年名が欠けているが，ハッローはシュルギ48年と推定した。それに対して，YBC 7278が従士lú-ús-saを併記するという内容の類似性から，ミラノが校訂したMVN 18, 659と同一時期に作成されたとして，Amorites 18をはじめ，YBC 7278; YOS 15, 158; MVN 18, 659すべてをアマルシン5年の文書と認める。これは正しい指摘であろう。

	Susa	Asshur	
S 40	za-rí-iq énsi. šušin^{ki}-šè		TIM 6, 6 (S 40 xi)
S 41	dam za-rí-iq ensi šusin^{ki}		AUCT 1, 954 (S 41 vii)
S 44		za-rí-iq lú-aš-šur$_x^{ki}$	MVN 13, 706 (S 44 ix 29)
S 47		za-rí-iq lú-aš-šur$_x^{ki}$	CST 193 (S 47 x 25)
AS		za-ri-qum šagina ^{d}aš-šir^{ki}	RIME 3/2, 278
AS 3	za-rí-iq šušin^{ki}		PDT 2, 1266 (AS 3 xii 19)
AS 4	bal za-rí-iq šušin^{ki}		PDT 557 (AS 4)
	za-rí-iq énsi šušin^{ki}		Scheil 1915, 134 (AS 4 vi)
AS 5	za-rí-qum$_x$ (LUM) énsi šu-sim^{ki}		TCNY 366 (AS 5 Um)
		za-rí-iq lú aš-šur$_x^{ki}$	UCP 9/2, 36 (AS 5 xii 18)
		za-rí-iq lú a-šur$_x^{ki}$	Amorites, 18 (AS 5 xii 22)
		za-rí-iq l[ú] a-[šir^{ki}]	YOS 15, 158 ([AS 5?] 17)
		[za-rí]-iq énsi a-šir^{ki}	MVN 18, 659 ([AS5?)
		za-rí-iq énsi aš-šur$_6^{ki}$	YBC 7278 ([AS 5?])

　ザリクをアッシュルのエンシと表記するのは，アマルシン5年のみである。さらに，ザリクをアッシュルでなく，スサのエンシと記すのはアマルシン5年のTCNY 366が最後である。このことから，スサのエンシであるザリクはアッシュルにおいても責務を果たしていたが，アマルシン5年末にスサのエンシから，アッシュルのエンシに転出したのであろう。アマルシン5年以前のアッシュルにおけるザリクの職務は，彼の碑文にあるようにシャギナ（将軍）であったと考えられる。

214　ザリクが将軍であることは，行政経済文書に例証がなく，ザリクがアマルシンの長寿を願ってニンエガル神の神殿を造ったことを記す碑文から確認される。「ニンエガル，彼の女主人の神殿を，アマルシン，強き者，ウルの王，四方世界の王の生命のために，ザリク，アッシュルの将軍（ŠAGINA ^{d}a-šùr），彼の奴僕が，彼の生命のために，建てた」（RIME 3/2, 278）。

定な地域を貫通しており，軍用道路としての機能を果たすと同時に，イランから北メソポタミアを通ってアナトリアや地中海に達する交易路の一部でもある。この要路の警備がスサの支配者に委ねられた。

ザリクムの在位期間，ウルの王は，積極的にティグリス川東岸地域に遠征軍を送った。年名から知られる遠征先は，シャシュル（シュルギ42年），シムルム（44年），ウルビルム（シュルギ45年とアマルシン2年），キマシュ（46年），ハルシ（48年）であり（図15, 148頁），年名に採られなかったが，アマルシン4年のシャシュル遠征も，行政経済文書から確認される[215]。

スサの支配者としてエラム地方全体を所管し，アッシュルの将軍を兼務するザリクムは，頻繁に実施されたティグリス川東岸への遠征において，重要な役割を果たしたと考えられる。ティグリス川東岸地方との関わりでは，スサ出土の文書に，ディヤラ川地域にあったジダヌムの支配者のために，王の使節がザリクムから油を受領する記録がある[216]。

ザリクムは，スサの支配者として都市行政にも関与したはずであるが，ここで示すことができるのは，スサ出土の契約文書の末尾に「そのとき，ザリクムが支配者（エンシ）」と書き込む例のみである（Dossin 1927）。シュメール都市ウンマの契約文書に，「そのとき，アフアがウンマの支配者」や「そのとき，ウルリシがウンマの支配者」のように，スサの文書と同様の書き込みがある（Steinkeller 1989）。契約文書の写しは公的な場所に保管されており，末尾に都市支配者の名を記すのは，都市行政を総覧する都市支配者がその責任を持つことを意味する。ザリクムはそうした役割をスサで果たしたのだろう。

スサのエンシ職をザリクムから受け継いだのがベリアリクである。彼がシュ

215　戦利品：TCL 2, 5545（AS 4 viii 29）。戦勝の宴：Riedel 1913, 208（AS 4 vii），TrDr 2（AS 4 viii）。なお，「シャシュルを征服したという良き報告を伝えたルガルアンドゥルへの贈物（níg-ba lugal-an-dùl, á-ág-gá-sig₅, ša-aš-šú-ru^ki hul-a DU-a)」と記す AnOr 1, 83 に，アマルシン2年の年名が記されるが，アマルシン6年の文書 UTI 4, 2315 に同じ níg-ba lugal-an-dùl, á-ág-gá-sig₅, ša-aš-šú-ru^ki hul-a DU-a が記録されることから，これは，アマルシン6年の年名をアマルシン2年の年名と誤解したコピーミスかもしれない。

216　MDP 10, 73 125（AS 5）「(油)ラシのために，ザリクムから，王の使節アダラルが受領した。ジダヌム市のアブラトにおいて（mu ra-si-šè, ki za-rí-iq-ta, a-da-làl lú-kin-gi₄-a lugal, šu ba-an-ti, šà a-bu-la-ad^ki, in zé-ti-an^ki)」。zi-da-núm^ki の人（支配者）ラシについては，ドレヘム文書において，アマルシン1年（Delaporte 191, SA 72）からアマルシン4年（SETDA 154）まで確認できる。アマルシン8年のドレヘム文書 MVN 1 113 では，ラシの子ヘティ（ḫé-ti dumu ra-si）とあり，この時点で，ジダヌムの支配者はヘティに交代していたと考えられる。

シン治世に在位したことは，彼の子シュシンダンの円筒印章から確かである。

「シュシン，彼の主人，ウルの王，四方世界の王，ベリアリク，酒杯人 (sagi)，スサの支配者，シュシンダン，彼（ベリアリク）の子。」(de Graef 2005)

この円筒印章に明記されるように，ベリアリクは，スサの支配者と同時に，(王の) 酒杯人であった。彼は将軍ではない。ニップル近郊のプズリシュダガンに置かれた貢納家畜管理施設で，酒杯人を名乗るベリアリクがシュルギ42年から活動していた (TCNY 278)。スサのエンシとなるベリアリクであろう。アマルシン5年なのか6年なのか不分明であるが，ベリアリクはザリクムの後任としてスサの支配者になった[217]。彼の在位期は，シュシン9年，もしくはイッビシン1年まで続く[218]。

ベリアリクがスサの支配者に就任した直後の時期に，ウルの王は，シャシュル（アマルシン6年）やフフヌリ（アマルシン7年）に軍事遠征を敢行した[219]。しかし，ベリアリクは，彼以前のウルキウムやザリクムと違って，将軍（シャギナ）でなく，文官的な酒杯人からの転身である。彼は，軍を指揮することなく，後方兵站支援に専念したはずである。軍事行動の実動部隊は，スッカルマフの指導のもとにエラム在地の有力者が指揮した。たとえば，アマルシン8年の文書に，前年のフフヌリ遠征で獲得されたエラム（兵）捕虜5人を連行してくる者として，エラム地方にあったドゥドゥリの支配者フリバルの部下がいることから[220]，実動部隊の指揮官として在地の有力者フリバルを挙げることができる。

---

217 アマルシン5年に，スサの支配者ザリクと並んでベリアリクの奉納家畜が記録される (CTOI 2, 83 [AS 5 iii 26] : 2 udu-niga 5 sila$_4$, be-li-a-ri-ik, 2 udu-niga, 2 udu a-lum-niga, 1 sila$_4$, za-ri-iq)。翌6年に，スサにある穀肥羊の集積所に移送された3,600頭の穀肥羊を受領している (Nik 2, 479 [AS 6 iii 9] : 3,600 udu é-udu-niga šà šusin^{ki}, be-lí-a-ri-ik, i-dab$_5$, gìr ur-^{d}nidaba)。Cf. TAD 16 [AS 6 iv] : 150 udu é-udu-niga- šè, ⟨šusin^{ki}⟩, be-lí-a-ri-ik, i-dab$_5$, gìr ur-^{d}nidaba.
218 SETDA 189 ([IS 1?]) : 40 gu$_4$-niga, 300 udu-niga 4-kam-ús, 628 udu-niga gu$_4$-e-ús-sa, 41 máš-gal-niga gu$_4$-e-ús-sa, 1 sila$_4$, be-lí-a-rí-ik énsi šusin^{ki}.
219 アマルシン6年のウンマ文書 (PPAC 4, 290) には，スサの国とエラムの国の捕虜 (lú-dab$_5$-ba ma-da šušin^{ki} ù ma-da NIM^{ki}) への穀粉支給 (šà-gal) が記録される。エラム地方でも反乱が発生していた。
220 「5人の捕らえられたエラム（兵），武装者バアとフリバルに従属するエグシャは，捕虜にしたエラム（兵）と来た (5 NIM dab$_5$-ba-me, ba-a lú-^{giš}tukul, e-gu-ša lú ḫu-lí-bar, NIM dab$_5$-ba-da mu-da-gin-na-me)」 RTC 380 (AS 8 xii)。

スッカルマフ (sukkal-maḫ)

　エラムにはウルの王に協力する在地有力者がいたが，彼らに命令を下すことができたのがスッカルマフである。ラガシュ出土のメッセンジャーテキストによれば，有力なエラム都市ドゥドゥリやサブムがスッカルマフの手紙（命令書）によって兵を動かした[221]。

　スッカルマフの命令書によるとされるのは，サブムとドゥドゥリ以外では，ギシャのエラム（兵）をギシャから来た，シマシュキのエラム（兵）がシマシュキから来たことなどがある[222]。さらに，こうした在地勢力だけでなく，スッカルマフの命令書によって王直属の軍を構成するマルトゥがサブムへ，将軍がスサへ行っている[223]。スッカルマフ職のイルナンナは，エラム地方の有力者層や将軍の上位にあって命令を下すことができた。

　スッカルマフは，「伝令（sukkal）の長（maḫ）」の意味である。スッカルマフが，ウルの王宮における最高官職の一つであることに間違いなく，ウルの王の軍事や外交を輔佐し，難問が続出するエラム政策において重要な役割を果たした。スッカルマフのイルナンナが主導することで，ウルのエラム政策が一つの転換をむかえた。

　スサの支配者として派遣された者が，軍を指揮できるザリクムから行政官である酒杯人ベリアリクに変わったことも，エラム支配の形態が変化したことの

221　フリバルのエラム（兵）が，スッカルマフの命令書によって，ドゥドゥリへ行った，もしくはドゥドゥリから来たと書く文書は，DAS 75, 82; Jean 1922, 39, 41; TCTI 2, 3242, 3403。
　　サブムのエラム（兵）が，スッカルマフの命令書によって行動した記録は，DAS 79; Delaporte 1904-5, no.7; MVN 2, 223, TCTI 1, 668, TCTI 2, 3203 にある。
　　スッカルマフは，フリバルのエラム（兵）を本国ドゥドゥリでなく，サブムから来させること（NIM ḫu-li-bar-me, sa-bu-um^{ki}-ta gin-né, ù-na-a-du$_{11}$ sukkal-maḫ' [RTC 382]）や，ドゥドゥリの支配者フリバルの妻は王女であるが，サブムに行かせる命令書も出した（dam ḫu-li-bar, ù-na-a-du$_{11}$ sukkal-maḫ, gìr da-núm-ma-zi-at lú-^{giš}tukul, sa-bu-um^{ki}-šè gin-ne-ne [NISABA 13, 89]）。
222　NIM gi-ša^{ki}-me, gi-ša^{ki}-ta gin-né, ù-na-a-du$_{11}$ sukkal-maḫ-ta (Jean, 1922, 39).
　　NIM ši-ma-aš^{ki}-me, gìr lú-uru-ni (lú ^{giš}tukul), ši-ma-aš^{ki}-⟨?⟩ gin-né, ù-na-a-du$_{11}$ sukkal-maḫ (TCTI 2, 3446).
　　「シマシュキのエラム（兵）は，スッカルマフの手紙によって，武装者ウルイシュクルがギル。シマシュキに行った人たち（NIM ši-ma-⟨aš⟩ gi$_4$^{ki}, ù-na-a-du$_{11}$ sukkal-maḫ-ta?, gìr [ur-^{d}iškur] lú ^{giš}tukul, ši-ma-⟨aš⟩ gi$_4$^{ki} ⟨-⟩ gin-ne-ne)」（TEL 52）。
223　「伝令であるマルトゥたち，ギルは，武装者イルレイブ，スッカルマフの手紙によって，サブムに行った人たち（mar-tu lú-kas$_4$-me, gìr ir$_{11}$-re-ib lú ^{giš}tukul, ù-na-a-du$_{11}$ sukkal-maḫ-ta, sa-bu-um^{ki}-šè gin-ne-ne)」（TCTI 2, 3443）。
　　「将軍イティルム，スッカルマフの手紙によって，スサに行った（i-ti-lum šagina, ù-na-a-du$_{11}$ sukkal-maḫ-ta, šušin^{ki}-šè gin-né)」（ICP varia 48）。

現れであると考えられる。ベリアリクがアマルシン6年にスサにある集積所に入れるための3,600頭の穀肥羊を受領したことに触れたが[224]、その羊は、プズリシュダガンの貢納家畜管理施設からの移送であり、ベリアリクの職務が、スサにおける兵站業務であったことを窺わせる。ベリアリクの上位にあって、エラム支配に深く関わるイルナンナの動向を追いたい（前田 2010a）。

　アマルシン7年に、イルナンナがスッカルマフ職に加えて、ラガシュの支配者（エンシ）職を兼務したのは、シュメールの有力都市のなかで、最後まで抵抗してウルの支配下に入らなかったラガシュの処遇が問題になってのことである。それだけでなく、ラガシュがエラムとの最前線に位置することから、対エラム政策も加味した人事であった。ラガシュの行政経済文書の最末尾に文書の内容を保証するようにイルナンナの名を記すとき、常に「スッカルマフ、（ラガシュの）支配者（sukkal-maḫ énsi）」とある[225]。ラガシュの国内統治に無関係なスッカルマフ職をラガシュの支配者の前に置いて示し、対エラム政策に積極的に関与する姿勢を明らかにした。

　シュメール都市のなかで最も東にあるラガシュは、エラムとの最前線という特殊な位置にあった。初期王朝時代、ラガシュの商人はエラム地方に行くとき、デール経由の陸路とペルシア湾を利用した海路を使った（Lambert 1953）。近年、イランで見つかったグデアの碑文には、エラム地方の都市アダムドゥンに神殿を建てたことが記されていた[226]。シュメール地方からエラムへは、デールを経由する陸路が重要な交通路であったが、ラガシュからはペルシア湾岸に沿って行けば、陸路より早くエラムに到達する。この海路ではエラム地方の最

224　3,600頭の羊を王の使節ウルニダバが移送したのであるが、翌月にも、同じウルニダバによって、150頭の山羊がプズリシュダガンからスサの穀肥羊の集積所に送られ、ベリアリクが受領している（TAD 16）。

225　BPOA 1,27; ITT 2, 720; 810; 871; 897; 928; 932; 988; 1034; 3541; 3547; ITT 3, 5276 + 6570; 5279; 5286; 5629; 5657; 6046; 6447; 6463; 6541 + 6829; 6575; Pettinato 1969, no.70; TCTI 2, 2818.
　　なお、王の下賜（in-na-ba）印章では、ラガシュのエンシは省略され、スッカルマフのみを名乗る（Mayer & Owen 2004）。イルナンナの奴僕を称する部下の円筒印章でも同じく、スッカルマフが称号であり、ラガシュの支配者を明示しない（CTMMC 45; ITT 2, 952; ITT 5, 6998）。

226　「グデア、ラガシュの支配者、ニンギルス神のエニンヌ神殿を建てた者が　アダムドゥンの dúr（？）であるナンシェ神、彼の女主のために、彼女の Ù-KID-UD を建てた（gù-dé-a, énsi, lagas^{ki}, lú é-ninnu, [^{d}nin-gír-su]-ka, in-dù-a, ^{d}nanše, dúr（？）, a-dam-dun^{ki}, nin-a-ri, Ù-KID-UD-ga-ni, mu-na-dù）」（Stève 2001）。

初の上陸地点となるのがアダムドゥンであったと考えられる。グデアはエラムに進出するための橋頭堡としてアダムドゥンの支配を目指したのであろう。

ウル第三王朝時代のラガシュ文書からもラガシュとアダムドゥンを結ぶ海路があったことが知られる[227]。先に，アマルシン7年のフフヌリ遠征で獲得した捕虜をドゥドゥリの支配者が護送したことを示したが，それとは別に，ラガシュのメッセンジャーテキストに，「13人の兵士，捕虜となったフフヌリのエラム（兵）。アダムドゥンから来た」（RTC 354）という記録がある。護送するのは将軍と思われるアブニであるが，彼は，アダムドゥンから来たとされているので，海路によってラガシュに着いたと考えられる。ラガシュは，ウル第三王朝時代にもエラム計略の重要な拠点であり続けるのであり，ここにスッカルマフがラガシュに赴任する理由の一つがある。

スッカルマフは，ウルの王を補佐して対外政策に重要な役割を果たした。それが鮮明になるのがシュシン治世である。スッカルマフの家に置かれたシュシンの像がそのことを示している。シュシンの即位早々に造られた「下の海から上の海の征服者たる王」と命名された王の像のためのラピスラズリを，スッカルマフに支出した記録があり（Sollberger 1983, 74），同年の文書に「スッカルマフの家にあるシュシンの像」が記録されることから（SETUA 172），「下の海から上の海の征服者たる王」と命名された王の像が，スッカルマフの所にあったことは確かである。

「下の海から上の海」までの地域は，領域国家期では，「国土の王」が支配すべき中心文明地域のことであり，武力的な制覇よりも，安寧や豊饒を王が保持する地を表現した。シュシン像の名が「下の海から上の海」までの武力的な支配を強調するのは，東のエラムと西のマルトゥなど，周辺の民族が跳梁することを抑制するという意味合いがあったはずである。征服王を強調する銘文を持つシュシンの像を，スッカルマフが保持するのであり，これは，即位したシュシンの軍事的強攻策を支持し，積極的にそれを担う意志を示すためであろう。

イルナンナは，神たる王シュシンのためにラガシュに神殿を建てたことを記

---

[227] アダムドゥンの船頭への定期的大麦支給（Maekawa 1999, no.129）。ラガシュからアダムドゥンに20人が20日をかけて干し肉を船で運ぶ記録（TEL 216）。ドゥドゥリの支配者が帰国するとき船を使った記録（MVN 15, 190）。

念して作った碑文に，次のような各種の称号を並べた。

　「イルナンナ，スッカルマフ，ラガシュの支配者，エンキ神のサンガ，ウザルガルシャナの将軍，バシメの将軍，サブムとグテブムの国の支配者，ディマトエンリルの将軍，アル・シュシンの支配者，ウルビルムの将軍，ハマジとカルハルの支配者，ニヒの将軍，ルス（シマシュキ）とカルダの国の将軍，彼（シュシン）の奴僕。」(RIME 3/2, 323-324)

　称号は「スッカルマフ，ラガシュの支配者」から始まる。ラガシュにおいてイルナンナが行政経済文書に書かせたのが，この称号である。エンキ神のサンガ（最高神官）に続けて，多くの将軍職と支配者職を並べ，最後に，ウルの王シュシンに臣従を誓う「彼（シュシン）の奴僕」と書く。ここには比定が困難な地名も含まれるが，エラム関係では，有力都市バシメ，サブム，シマシュキがある。スサは含まれない。王によって派遣されたベリアリクがスサの支配者であったからだろう。軍政地域であるティグリス川東岸では，ウルビルムとハマジがある。イルナンナがいつからこうした都市／国の支配者職や将軍になったかを，ティグリス川東岸のハマジ，ウルビルム，ついで，エラム地方のバシメ，サブム，シマシュキについて確認したい。

　ティグリス川東岸地域では，イルナンナはウルビルムの将軍，ハマジの支配者を名乗る。ウルビルムは軍政地域の最北に位置し，アマルシン2年まで反乱を繰り返した。アマルシン治世に，王女がウルビルムの支配者の子の妻（エギア [é-gi₄-a]）になっており (NSATH 297)，ウルの王は降嫁政策によって宥和を図った。シュシン7年になると，グナ・マダ貢納が課せられたウルビルムの軍団の記録に，イルム (ir_{11}-mu) が軍団長とある (DC 1, 6)。イルムはイルナンナの別名であり，シュシン7年にはウルビルムの将軍職についていたことが確証される。

　イルナンナがエンシを名乗るハマジは，小ザブ川上流部のザクロス山脈沿いにあったとされる。アマルシン2年には，「王がハマジの支配者ナムハニの子ルナンナの家で宴を催し」(Sollberger 1956, 12) ており，友好関係が築かれていた。シュシン7年には，ウルビルムと同様に王女が支配者の子の妻になっている[228]。降嫁がなされたのだろう。したがって，少なくともシュシン7年まで，イルナンナがハマジの支配者職に就く余地はない。

次にエラム地方の都市について，イルナンナが将軍となったバシメは，初期王朝時代のエアンナトゥムが言及するミシメのことであり，古い伝統を持つ。ウルの王女がバシメの支配者の妻になっており[229]（Steinkeller 1982, 241），エラム地方における重要な都市の一つである。シュシン6年の文書に，バシメの羊がスッカルマフから支出された記録があり（TLB 3, 34），この頃にイルナンナがバシメの将軍職に就いたと考えられる。

イルナンナがエンシ職に就いたサブムは，先に述べたように，アブムイルムが有力な都市支配者として権勢を振るった。シュシン8年の文書（MVN 15, 187）にサブムの支配者として記される a-ḫu-um-me-lum がアブムイルムのことであれば，この時期まで在位したことになり，イルナンナのエンシ就任はそれ以後になる。

イルナンナが将軍を名乗るシマシュキについては，シュシン7年のザブシャリの反乱を，シュシン碑文が，「ス人（＝シマシュキ人）が，ザブシャリの国の，アンシャンの境界から上の海まで，イナゴのように蜂起した」（RIME 3/2, 303）や，「ザブシャリの国とス人（シマシュキ）の国々を征服したとき」（RIME 3/2, 313）と記すように[230]，シマシュキの反乱でもあった。イルナンナがシマシュキの将軍を務めるのは，戦後処理のためであろう。

このように，イルナンナが碑文に記した各種の称号のすべてを名乗り得たのは，シュシン治世でも末期，8年か9年である。つまり，シュシン7年のザブシャリ遠征以後のことになる。イルナンナは早い時期からスッカルマフ職にあり，アマルシン7年にはラガシュの支配者職をも兼務し，東方政策に大きな影響力を持っていた。そのことは確かである。加えて，シュシン7年のザブシャリとシマシュキの反乱ののちに，在地の有力支配者アブムイルムがいたサ

---

[228] 「ウルイシュクルのエギアであるダブルハットゥムがハマゼに行ったとき，（物品は）船に置かれた（da-bur-ḫat-tum, é-gi₄-a ur-ᵈiškur, u₄ ḫa-ma-zé^{ki}-šè, i-gin-na-a, má-a ba-na-a-gub）」（PDT 1, 454 [SS 7 xi 29]）。
　ハマゼの支配者 ur-ᵈiškur は，アマルシン7年から確認される（Hallo 1960, no.9）。アマルシン2年に記録される lú-ᵈnanna dumu nam-ḫa-ni と ur-ᵈiškur の関係は不明である。系譜関係はないのであろう。

[229] 「バシメの人（支配者）シュダバニの妻，王女のタラムシュルギの家（へ）（é tá-ra-am-ᵈšul-gi dumu-mí-lugal, dam šu-da-ba-ni lú-ba-šim-e）」（Steinkeller 1982, 241 [S 48 viii 2]）。

[230] lú su/ su.a^{ki} がシマシュキを指すことは，シュタインケラーが明らかにしている（Steinkeller 1988）。

ブムを直接統治するなど，積極的な介入によって，ウルビルムを北端とする軍政地域からエラム地方の広い領域に直接的な政治・軍事力を行使する者になった。

　ウル第三王朝は，本来シュメール・アッカドの伝統を継承して，直接支配でなく，在地勢力の有力者の権威を認めた統治を目指していた。イルナンナが各地の都市／国を支配するような直接統治は，伝統に反する施策である。シマシュキの台頭によって，エラム諸国がウルから離反する動きがあり，それに対処するための強硬策をあえて採用したのだろう。そのことがかえって，エラム諸国の反発を招き，イルナンナが主導する体制は長く続かず，最後の王となるイッビシンに代わってまもなく崩壊した。この時期については，シマシュキ王朝の成立として，別に節を立て論じることにしたい。

6　シマシュキ王朝の成立

シマシュキの台頭

　ウル第三王朝によるエラム支配は，イッビシンの即位早々に終焉を迎えた。エラム支配の要であったスサでは，イッビシンの年名の使用は3年で終わり[231]，以後使用されない。代わって，「エバラトが王（になった）年」，「エバラトが王（になった）次の年」のように，エバラトが王として即位し，独立王朝の指標となる年名を採用した[232]。エバラトの奴僕と称する臣下の円筒印章

231　スサ出土の粘土板にある記載された年名（de Graef 2008, 68, note 4）:
　　AS 4: mu en-maḫ-gal-an-na ba-ḫun-gâ　　　MDP 10, 126.
　　AS 5: mu en-unu$_6$-gal ^{d}inanna ba-ḫun　　MDP 10, 125; MDP 28, 454.
　　SS 2: mu má-dàra-abzu ^{d}en-ki ba-dím　　　MDP 28, 467.
　　SS 4: mu-ús-sa-a si-ma-núm^{ki} ba-ḫul　　　MDP 28, 410; MDP 54, 1.
　　SS 5: mu-ús-sa bàd mar-tu ba-dù　　　　　MDP 54, 2, 3.
　　SS 7: mu ^{d}šu-^{d}suen lugal uri$_5^{ki}$-ma-ke$_4$　　MDP 54, 4, 5.
　　　　　mu ma-da za-ab-ša-li$^{<ki>}$ mu-ḫul
　　SS 8: mu má-gur$_8$-mah mu-ne-dù　　　　MDP 54, 6, 7, 8?
　　IS 1: mu ^{d}i-bí-^{d}suen lugal　　　　　　　MDP 54, 9, 10, 11, 12.
　　IS 2: mu en ^{d}inanna máš-e pà-da　　　　MDP 10, 121.
　　IS 3: mu-ús-sa en ^{d}inanna unu^{ki} maš-e in-pa　MDP 18 79.

232　エバラトの年名（de Graef 2008, 68, note 5）:
　　mu e-bar?-at? lugal: MDP 18, 199.　　　mu ^{d}i-a-ba-ra-at lugal mu-ús-sa-bi: MDP 23, 292.
　　mu-ús-sa i-ab-ra-at lugal: MDP 23, 291.　mu-ús-sa e-ba-ra-at lugal: MDP 23, 296.
　　mu-ús-sa i-a-ba-ra-at lugal MDP 23, 295, 297, 298, 299, 300, 301, 302, 304.

もスサから出土する (MDP 10, 4)。イッビシン治世早々にウルの支配から離脱したのであり，スッカルマフのイルナンナが主導するエラム統治体制は崩壊した。

スサで王となったエバラトとは，『エラムの王名表』に記されたシマシュキ王朝の12人の王のなかで，第3代の王として挙がる e-ba-ar-ti と同一人物であろう。

『エラムの王名表』シマシュキ王朝 (Scheil 1931)

1) gi-ir-na-am-me
2) ta-zi-it-ta
3) e-ba-ar-ti
4) ta-zi-it-ta
5) e-[   ]-lu-uḫ-ḫa-an
6) ki-in-da-at-tu
7) i-da-ad-du
8) dan-lu-ḫu-ra-te-er
9) e-ba-ar-ti/ i-da-[   ]
10) i-da-ad-du
11) i-da-at-tu na-pi-ir
12) i-da-at-tu te-im-ti

12 LUGAL^{meš} šà ši-ma-aš-šu-ú

『エラムの王名表』にシマシュキ王朝第6代の王として挙がるキンダトゥが，ウル第三王朝を滅ぼしたエラムの王であり，第7代のイダドゥはキンダトゥの子である。シマシュキを母体として，スサからアンシャンに至るエラム全域を統一する（シマシュキ王朝の）キンダトゥとイダドゥが，すでにイッビシン治世の初頭に姿を見せていた。王朝成立に至るシマシュキの動向をシュルギ治世から順次見ていきたい（前田 2010a. Cf. Stolper 1982, Steinkeller 2007）。

シマシュキは，プズルインシュシナクが北に勢力を拡大する過程で服従させた勢力であったが，ウル第三王朝になっても，第7章で述べる異民族マルトゥと同様に，支配に服さない異民族として，「シマシュキの戦利品 (nam-ra-ak lú SU)」を強制徴発される対象になっていた。シマシュキの戦利品は，シュルギ46年，47年，48年に記録される[233]。48年のシマシュキの戦利品に関しては，ディヤラ川流域に位置するエシュヌンナの支配者が輸送責任者である。スサやアンシャンに拡大したシマシュキでなく，北に位置するシマシュキの本貫地が

---

[233] TPTS 1, 130 (S 46 v):「牛皮，シマシュキの人ダバドゥの戦利品，王子シュエンリルから (kuš-gu₄ nam-ra-ak da-ba-du lú-SU, ki šu-^{d}en-líl-lá dumu-lugal-ta)」。MVN 13, 672 (S 47 i²):「シマシュキの人が——したとき，分け与えた (u₄ lú-su-a^{ki} mu-tag-tag-a im-PI-e-éš)」。Michalowski

強制徴発の対象であった。

　アマルシン治世には，シマシュキから来た使節への下賜の記録が増える[234]。それとは別に，ウルの王に奉仕するシマシュキのエラム（兵）が，ラガシュのメッセンジャーテキストにアンシャンなどを凌駕した最多の頻度で現れる[235]。これはアマルシン以降にシマシュキの有力層の一部がウルに友好的な態度へと変化させたことを意味する。

1979, 175 ［HSM 911.3.102］（Sg 47 ii）：「シマシュキの人の戦利品のなかから（šà nam-ra-ak lú-su）」。Šilejko 1921, 134（Sg 47 ii）：「シマシュキの人の戦利品のなかから（šà nam-ra-ak lú-su）」。PDT 2, 802（S 47 v）「シマシュキの人の戦利品（nam-ra-ak lú-su）」。CTOI 1 355l（S 48）：「（死んだ牛（gu₄ ba-ug₇）シマシュキの人の戦利品から，——，エシュヌンナの支配者カルラムがギル職（šà nam-ra-ak lú-su-ka, – gìr kal-la-mu énsi áš-nun^{ki}）」。

234　lú- SU/ SU.A^{ki}

ba-da-ti-na lú-SU^{ki}	PDT 2, 1120（AS 4 ii 2）
ba-tu-uk-ra-at dumu i-ab-ti lú-SU.A^{ki}	AUCT 2, 280（AS 6 xii）
da-šu-uk lú SU.A^{ki}	TrDr 83（AS 5 vii）
ga-ra-da-du lú-SU	Delaporte 1911:SA 200（AS 4 x 28）
gu-du-me-ri-iš lú-SU.A^{ki}	PDT 1, 411（［　］11）
ḫu-un-^{d}šul-gi lú-SU.A^{ki}	PDT 1, 411（［　］11）
i-ù-ša dumu me-[　] lú-SU	Amorites 21（SS 6 ix 14）
i-ù-ša-na-ág lú-SU	YOS 4, 71（SS 2 ii），CST 415（SS 3 i 19）
lu-lu lú-SU.A^{ki},	UDT 44（AS 5 i）
NE-ÙR-ra lú-SU	MVN 13, 529（AS 1 ix 21）
ru-uš-dam dumu ba-ak-ti lú-SU	MVN 11, 140（AS 5 ix 9）

使節（lú-kin-gi₄-a = lkg）

S 46 i	6	（DC 1, 274）	é-da-la lkg ba-ar-ba-na-zu lú-SU.A
AS 3 i	11 +	（TCL 2,5559）	zu-bu-uš lkg i-a-ab-ra-at lú-[SU^{ki}]
AS 3 vii	27	（AUCT 1,415）	a-hu-um-AN lkg lú-SU
AS 5 xii	22	（AUCT 2,318）	zu-bu-uš lkg i-ab-ra-at lú-SU.A^{ki}
AS 6 ii	24	（CST 466）	zu-bu-uš lkg i-ab-ra-at lú-SU^{ki}
AS 7 vi	12	（TCNSD 229）	du-li-a lkg i-ab-ra-at lú-SU^{ki}
AS 7 vi	13	（Delaporte 1911, no.12）	du-li-a lkg i-ab-ra-at lú-SU^{ki}
AS 8 i	18	（BIN 3,477）	da-bu-du-uk lkg i-ab-ra-at lú-SU
AS 8 i	＜　＞	（MVN 13,636）	da-bu-du-uk lkg i-ab-ra-at lú-SU
AS 8 xii		（ŠA LXV:57）	bu₆-šu-ut lkg i-ab-ra-at lú-SU.A^{k}
AS 9 ii	26	（SET 366）	ba-ab-du-ša lkg i-ab-ra-at lú-SU
SS 2 xi	24	（Genouillac 1924, no.30）	ba-ab-du-ša lkg i-ab-ra-at lú-SU.A^{ki}
			šu-tu-un-gu lkg ki-ir-na-mi lú-SU^{ki}
SS 2 xii	14	（Owen 1997, 371）	ba-ab-du-ša lkg i-ab-ra-at lú-SU^{k}
SS 3 iv	12	（NSTROM 1, 149）	ba-ab-du-ša lkg i-ab-ra-at lú-SU^{k}
			šu-tu-un-gu lkg ki-ir-na-mi lú-SU^{ki}
SS 5 ［　］		（TPTS 2, 2）	i-im-zi lkg i-ab-ra-at^{ki}, lú-$^{kin-gi_4-a}$ki-ir-na-me
SS 6 ii	-	（CTNMC 7）	i-a-da-az lkg ki-ir-na-me zu-ur-zu-ra lkg i-ab-ra-at, lú-SU^{ki}-me-éš

235　ラガシュのメッセンジャーテキストに現われる軍事要員たるエラム（兵）の頻度から上位5位を並べると，1）シマシュキ 99，2）ドゥドゥリ 73，3）アンシャン 72，4）サブム 47，5）キマシュ 45 のようになる。ドゥドゥリの 73 には，「フリバルのエラム」も集計した。

ウル第三王朝時代の貢納家畜管理施設プズリシュダガン（現在名ドレヘム）の文書には，シマシュキの人（支配者）とされる者が複数記録される。たとえば，シュルギ46年には，シマシュキの人バルバナズ（ba-ar-ba-na-zu）の使節への家畜下賜の記録がある[236]。彼はこの文書以外には記録されない。シマシュキは，多くの支配者がその領域内の諸地域を支配する小君主（豪族）連合の形態を採っていたのであろう。こうしたなかで，重要な支配者を選び出すとすれば，『エラムの王名表』に名を残す王に基づいて選ぶのが有効である。

　　Kiriname（『エラムの王名表』では初代）
　シュルギ46年，シマシュキとは書かれないが，gu-ri-na-meが3人の奴隷を献納する（MVN 12, 125）。シュシン2，3，5，6年に，エバラトの使節に並んで，ki-ir-na-meの使節が記録される（注234参照）。エバラト，キリナメともにシマシュキの人と明記される。

　　Dazite（『エラムの王名表』では，第2代と第4代が同名のta-zi-it-taとある）
　アマルシン8年の1文書，シュシン2年の2文書において[237]，シマシュキのエバラトの使節とともに，アンシャンの人ダジテの使節が記録される。ダジテは常にアンシャンの人と記録される。

　　Ebarat（『エラムの王名表』では第3代）
　エバラトはシュルギ44年（CTOI 1, 171）からシュシン6年（CTNMC 7）までドレヘム文書に記録がある[238]。多くはシマシュキの人と明記される。同時代史料から確認されるシマシュキの支配者のなかで，エバラトが最も頻繁にウルの王に使節を派遣しており，彼がシマシュキの代表格の支配者であったと考えられる。エバラトがイッビシン3年以降にスサの支配者となったことがスサ出土の文書から確認できる。

　『エラムの王名表』に挙がるシマシュキ王朝の初代から第4代までの王と同

236　この文書で，支出に際してのギルの役割をGÚ.URUxGUの牧夫シュアダドが果たしている。彼は，別の文書でシマシュキとアンシャンからのGÚ.URUxGU貢納に合わせて，GÚ.URUxGUを支出する者として記録される（CTOI 1, 171）。バルバナズもGÚ.URUxGUを持参したのであろう。シュタインケラーはGÚ.URUxGUをふたこぶラクダと解釈する（Steinkeller 2007, 219, no.16）。
237　アマルシン8年（BIN 3, 477）。シュシン2年（Genouillac 1924, no.30; Owen 1997, Nesbit D）。
238　シュタインケラーは，シュシン8年までとする（Steinkeller 2007, 218）。しかし，8年の文書には，エバラト市のエラム（兵）（NIM i-ab-ra-at^{ki}-me [TEL 46]）とあり，支配者エバラトの史料として数えることはできない。

名の者を,同時代史料である行政経済文書から拾った。第1代とされるキリナメは,シュシン6年まで文書で確認されるように,第2代ダジテや第3代エバラトと同時代を生きたことになる。『エラムの王名表』の登位順序は事実でなく,後世に何らかの意図を持って編纂されたと見るべきである。

ウル第三王朝とシマシュキとの関係が大きく変化したのがシュシン7年である。シュシン7年の年名「ザブシャリを征服した年」に対応するシュシンの王碑文に,

「そのとき,シマシュキとザブシャリの国々,そのアンシャンの端から上の海までイナゴのように蜂起した。」(RIME 3/2, 303)

とあり,ザブシャリ遠征はシマシュキへの遠征でもあった。シマシュキは明白に反ウルの対場を鮮明にして戦いを挑んだ。そして敗れた。敗れたシマシュキの指導者がエバラトであろう。シュシン6年を最後に,エバラトはウル第三王朝の行政経済文書に記録されない。イッビシン治世になって,エバラトは,エラムの中心都市スサの王になり,シマシュキの勢力を拡大した。

一方,『エラムの王名表』に初代として挙げるキリナメは,シュシン治世にエバラトとともにウルに使節を派遣しており,エバラトと並ぶシマシュキの有力支配者であった。しかし,エバラトとは異なり,シュシン治世までシマシュキ本貫地の支配者の1人として活躍したと考えられる。

アンシャン

スサとともにエラムの二大中心都市であるアンシャンは,シュシン7年のザブシャリとシマシュキの反乱に組しなかった。ザブシャリとシマシュキからは戦利品が運ばれたが,アンシャンについては,ウルの王シュシンが,

「ザブシャリの国とシマシュキの国々を征服し(たとき),アンシャンがグナ貢納として持参した大山羊の,その似姿の像を造った。」(RIME 3/2, 313)

ように,恭順・服従の証としてのグナ貢納をウルの王に捧げた。アンシャンは,ウルの王に敵対したシマシュキと異なり,討伐の対象にならなかった。最初から反乱軍に加わらなかったか,もしくは早期に反乱側から離れて,ウルに恭順した。

シュシン 2 年まで確認されるシマシュキ出自のダジテが，この時期まで，アンシャンの支配者であったと思われる。ダジテはシマシュキ出自であるが，反乱を企てた同じ出自のエバラトと共同歩調を取らなかった。先に見たように，スッカルマフ職のイルナンナは多くのエンシや将軍職を名乗るが，シマシュキの将軍を名乗っても，アンシャンに関わる称号を名乗らない。ウル第三王朝は，友好的なダジテの地位をそのまま認めたのである。

　過去にさかのぼってアンシャンの動向をまとめると，シュルギ治世，ウルの王女の降嫁と反乱ののち，シュルギ30年代にシェリブムという支配者がいた (RTC 328)。在地の支配者と考えられる。44 年に，アンシャンの人とされるḫu-un-da-ḫi-še-er の使節が (CTOI 1, 171)，また，アマルシン 2 年頃にはアンシャンの人 bí-in-zi の使節が[239]，ともにシマシュキの人エバラトの使節とともに家畜を持参した。彼らはシマシュキ出自のアンシャンの支配者であろう。

　こうした使節の派遣から言えることは，シマシュキは，シュルギ治世の末までに，スサでなく，まず，南に離れたアンシャンに勢力を伸ばしたことである (図21)。ただし，『エラムの王名表』がダジテを王として挙げるように，アンシャンにシマシュキの強固な権力基盤を築いたのは，アマルシン 8 年からアンシャンの人（支配者）として確認されるダジテであろう。ダジテのもとアンシャンに拠るシマシュキ勢力は，ウル第三王朝に友好的であり，スッカルマフによる一括支配体制のなかでも，それに従い，ウルに恭順であった。

　シマシュキ出自のエバラトがスサの支配者になったことで，イッビシン 4 年時点で，エラムの二大都市アンシャンとスサはともにシマシュキ出自の王の支配下に置かれることになった。ただし，同じシマシュキ出自であるにしても王統は別であり，スサとアンシャンでは対ウル政策も一致していなかった。シマシュキ王朝成立を理解する一助として，ウル第三王朝最後の王イッビシン治世のエラムの動向を見たい。

アンシャンとスサ

　イッビシン治世のエラムに関連した事項は表 19（192 頁）のようになる。

---

[239] A 5477: Steinkeller 2007, 224, note 40. シュタインケラーはこの文書をアマルシン 2 年と推定しており，それに従う。

図21 シマシュキの拡大

　イッビシン３年の年名はシムルム遠征である。シュルギ治世以降，軍政地域の安定要因となっていたシムルムが叛旗を翻したことは，軍政地域におけるウルの支配体制が弛緩していたことを示す。

　イッビシン５年の年名は，７年前のシュシン７年に反乱を起こし鎮圧されたザブシャリの支配者への王女降嫁である。この降嫁は，両国の安定的な関係を築くためと同時に，スサがエバラトのもとに独立したことで，その背後に位置するザブシャリの帰趨がエラム政策を左右すると認識されたためと考えられる。

　９年にウルの王はフフヌリに遠征軍を送った。20年前，アマルシン７年にもフフヌリの遠征があった。そのときは，降伏したフフヌリの支配者に旅行用の穀粉とビールの支給がなされており，フフヌリからの捕虜の一部は，アマルシンの親衛隊に加えられていた。フフヌリは，敗北後，全体として恭順の姿勢を示した。それに対して，イッビシン９年の場合，フフヌリは「アンシャンの国の閂（門戸）」と表現されており，遠征の最終目標はアンシャンであった。フフヌリは反ウルの姿勢を明白にするアンシャンと行動をともにしていた。

　この間に，イシビエラがイシンで独立を果たしており，ウル第三王朝の弱体

化が白日のもとに曝された。そうしたなか，ウルの王イッビシンは，治世14年にエラム遠征を行った。シュメール諸都市が離反したのちに，ウルの王がエラムへの軍事遠征をなし得たのは，新王朝を建てたイシビエラとは軍事衝突に至らず，対エラムや対マルトゥの対外政策では協調したことによる。

14年の年名には，スサ，アダムドゥン，アワンの国を屈服させたとある。アワンはスサに近く，アダムドゥンは，ウルのエラム支配においてスサとアンシャンを睨んだ要衝であり重視されてきたが，その地に反乱が起きた。これ以降，ウルのエラム支配は，完全に実態を失った。14年のエラム遠征のあと，西方マルトゥとの戦いがあって，イッビシン22年からエラムの本格的な侵攻が始まり，最終的に24年にウルは滅亡する。

22年の年名は「嵐がウルを覆った年」であり，エラムが侵攻してきた。イシビエラ16年の年名が前年（15年＝イッビシン22年）に実施された遠征を採った「ルス（＝シマシュキ）とエラムの兵士を打ち倒した年」であるので，エラムの侵攻に対して，イシンの王イシビエラは，ウルの王と共同で戦った。

これが，イッビシン治世における対エラム関係の推移である。このなかで，9年と14年のイッビシンのエラム遠征には少し奇妙なことがある。メソポタミアに近いスサへの遠征が14年に行われ，それに先立つ9年にスサより遠方のフフヌリとアンシャンへの遠征が実施されたことである。

スサはイッビシン3年以降，シマシュキ出自のエバラトの支配のもとウルの支配から離れた。もし，スサが明確な敵としてウルと対峙したならば，陸路であればフフヌリとアンシャンへの遠征路の半ばにスサが位置し，戦わずに通ることはできない。海路でも，上陸すれば北と南の二方面に敵を迎え撃つことになるので，この遠征は不可能であったはずである。ウルとスサの関係，さらに，エラムの二大都市スサとアンシャンとの関係がどうなっていたかが問題になる。

イッビシン9年に「アンシャンの門（門戸）」であるフフヌリ遠征が実施されたとき，同じシマシュキ出自であるが，スサにエバラト，もしくはその後継者のフトランテムティがいて，アンシャンには別系統の支配者が存在した。スサで王となったエバラトは，前回の敗北の轍を踏まないために，イシンに独立王朝を樹立したイシビエラがウルの征服を意図しなかったように，ウルとの戦

争を望まなかったのであろう。それに対して，アンシャンに拠る別のシマシュキ王家は，ウルに対して強硬政策を採り，ウルの遠征を招いた。このウルへの敵対を意図したアンシャン王が，宥和派のダジテから代わったキンダトゥであったと考えられる。

　ダジテはウルに対して友好的であった。彼がアンシャンの支配者になったアマルシン治世よりあと，友好の証となるウルの王女がアンシャンに行く記録がシュシン5年にある。メッセンジャーテキストにおいて，アンシャンのエラム（兵）の記録がシマシュキについで多いのは，ダジテがウルに協力的な姿勢を示したことの現れであろう。

　一方のキンダトゥはウルを滅亡に導く王であり，彼が本拠としたのがアンシャンであったことは，エラムがウル攻撃を開始する1年前のイシビエラ14年（＝ウルの王イッビシン21年）のイシン出土文書に，「アンシャンからの手紙」を入れた袋の記録があり（BIN 9, 301），さらにウルの王イッビシンが連れ去られた先がアンシャンであったことから知られる。キンダトゥはアンシャンを本拠にしてスサを含む全エラムの支配を達成することになるのであり，最初のウルへの反抗がイッビシン9年であったと考えられる。このとき，スサのシマシュキ王家の王（エバラトもしくはフトランテムティ）は，キンダトゥに味方せず，ウルの王に恭順したのであろう。

　それから5年後のイッビシン14年に実施されたスサ遠征は，アンシャンを本拠としていたキンダトゥが，宥和派であるスサのエバラト，もしくはその後継者（フトランテムティ）に代えて，子のイダドゥを送り込み，アンシャンとスサが共同して対ウルの強硬策を強めたことによると考えられる。つまり，キンダトゥが，アンシャンとともに，エラムの最高神インシュシナクを祭るスサをも領域に組み入れたことで，プズルインシュシナクが達成したエラム全土の支配が再現された。そのことがあって初めて，キンダトゥは，ウル第三王朝を滅亡に導く軍事行動を起こすことができたと考えることができる。

　ウル第三王朝滅亡の2年後，イシビエラ19年のイシン文書にキンダトゥとイダドゥの使節への支給記録がある（BIN 9, 382）。イダドゥは，ウルへの侵寇時に，すでに重要な役割を果たしており，キンダトゥとともにメソポタミアの有力な王朝に成長したイシンのイシビエラとの間で外交交渉を行っていた。

表23　シマシュキ王朝の成立

	Susa	Shimashki	Anshan
シュルギ	Urkium Zariq	Girnamme	
アマルシン		Ebarat	
			Dazite
シュシン	Beliarik		
イッビシン	Ebarat		Kindattu
	Kindattu Idaddu		

シマシュキ王朝の成立

　エラムの二大都市であるアンシャンとスサをともに支配する王の出現，つまり，シマシュキ王朝の成立は，キンダトゥを待たねばならない。これが結論である。この結論を補強するイダドゥの碑文がある（CUSAS 17, 18）。この碑文は次のような内容である。シュメール語で書かれた碑文としては定型から外れるところがあり，検討を要する。

(1)　ᵈi-da-du, dumu-dumu ᵈe-ba-ra-at, dumu ᵈki-in-da-du
「イダドゥ，エバラトの子の子（dumu-dumu），キンダトゥの子」

(2)　sipa ᵈutu, ki-ág-ᵈinanna, lugal an-ša-an^{ki}, lugal si-ma-aš-ki ù NIM-ma
「ウトゥ神の牧夫，イナンナ神の愛する者，アンシャンの王，シマシュキとエラムの王」

(3)　ki-te-en-ra-ki-id-da-bi, sukkal-maḫ NIM-ma ù te-eb-bi-ir, árad-da-a-ni, mu-na-dím
「エラムのスッカルマフ，大書記，彼の奴僕であるキッティンラキタビが彼のために作った。」

　シュメール語碑文では，初期王朝時代以来の形式として，たとえば，「アクルガル，ラガシュの支配者，ラガシュの支配者であったウルナンシェの子」のように，王名，称号，系譜の順で記す。イダドゥの碑文では，そうした形式でなく，系譜（1）を先に書き，称号（2）「ウトゥ神の牧夫，イナンナ神に愛さ

れる者，アンシャンの王，シマシュキとエラムの王」がその後に記される。

　(2) の部分に記されたイダドゥの王号は，アンシャンを王都にして，シマシュキとエラム両地方を支配する王を示す。エラムと並立して本貫の地であるシマシュキを挙げることに特徴がある。問題は，称号の前に書かれてある (1) 系譜の部分である。

　(1) の部分を，シュタインケラーは，「イダドゥ，エバラトの孫，キンダトゥの子」と読み，エバラト―キンダトゥ―イダドゥ3代が直系で結ばれていることが証明されると考えた (Steinkeller 2007)。しかし，そうは言い切れない。シュメール語碑文で3代の系譜を記そうとすれば，「ウルナンシェ，ラガシュの王，グルサルの子のグニドゥの子」のように，祖父・父を「N, N_2 (祖父) の子である N_1 (父) の子，N, dumu N_1, dumu N_2」という形式で表記できる。そのことで直系の系譜が描ける。

　それに対して，イダドゥの碑文では，父，祖父の位置が逆転する。この書記法では，「エバラトの子の子」であるイダドゥと，「キンダトゥの子」イダドゥの系譜が示されるだけで，エバラトとキンダトゥが父子であるとは明示されない。したがって，直系の関係を示すには，不適切な形式である。さらに，シュタインケラーが，「孫」と訳した dumu-dumu も，シュメール語碑文では見かけない用語である。確かに，アッカド語の「$m\bar{a}r\ m\bar{a}ri$ (孫)」に対応する形で，dumu-dumu と表記することはあるが，それは古バビロニア時代以降の表記法であって，この碑文が書かれたウル第三王朝時代前後の時期では異例である。

　このような特殊な書き方をした理由を考えるとき，参照できるのが，前12世紀のエラムの王シルハクインシュシナクがスサのインシュシナク神殿の建立に関わった初期の王達を顕彰する碑文である (König 1977, 110: 48§2)。シルハクインシュシナクは，初期の王をイダドゥから始めており，そのこと自体，シマシュキ王朝の創始者がイダトゥであることを示し重要である。ここで注目すべき記述は，「イダドゥ，フトランティプティの妹の子 (ru-ḫu-ša-ak)」という系譜である[240]。イダドゥの母方の伯父とされるフトランテプティは，スサ出土文書の年名に現れ，エバラトのあとにスサの支配者になったと考えられる

240　ru-ḫu-ša-ak については Hinz & Koch 1987, 1045-1046; Glassner 1994 を参照。

表24 エバラトとキンダトゥ

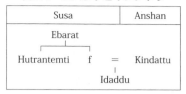

フトランテムティのことであろう[241]。フトランテムティを置くことで，表24のような系譜が描ける。

表24に示した系譜では，イダドゥはキンダトゥとエバラトの王女との間に生まれた子になる。キンダトゥはエバラトの義理の息子であり，直接的な血縁関係はない。キンダトゥの子イダドゥの母方の祖父がエバラトということになる。シルクインシュシナクというはるか後世の王の碑文であるが，同時代史料と齟齬がなく，事実を伝えていると考えることができる。つまり，キンダトゥとエバラトは父子でなく，別の王家に属した。

イダドゥの碑文に戻れば，シュタインケラーが「イダドゥ，エバラトの孫，キンダトゥの子」と訳したなかで，問題になる「エバラトの孫」は，直系でないことを示すために，「エバラトの子（娘 [dumu]）の子 (dumu)」と表記したと考えられる。

イダドゥの碑文に記された系譜において，父キンダトゥに先んじてエバラトを挙げることには意味があるはずである。その点について，王号の面から考えたい。ウル第三王朝以前の時期，アッカド王朝からの独立を果たしたエラム王は，「スサの支配者，エラムの国の将軍」を名乗った。最高神インシュシナクから地上の支配権を与えられた王は，スサの王を名乗り，支配領域はエラム全土の軍事権の掌握を意味する「将軍」で示した。イダドゥは，引用した碑文では「アンシャンの王」を名乗るが，「スサの支配者，エラムの将軍」も復活させた (Thureau-Dangin 1907, 180)。イダドゥの子タンルフラテルと，タンル

---

241 フトランテムティがスサの王であったことは，スサ出土文書に記された年名，「フトランテムティの銅像を造った年（mu ᵘʳᵘᵈᵘalan ḫu-ut-ra-an-te-im-ti ba-dím）」(MDP 24, 385) から確認できる。

フラテルの子イダドゥ2世も「スサの支配者」を名乗り，称号としてアンシャンの王を採用しない。

これに対して，イダドゥの父キンダトゥは，アンシャンの王を名乗ったことは同時代史料から確認できるが[242]，スサの王を名乗った事例はない。

キンダトゥの子イダドゥが系譜の最初にエバラトの「子（娘）の子」を挙げるのは，統一王朝に相応しくスサを王都にするために，エバラトの子フトランテムティからスサの支配権を奪うことの正当な理由として，エバラトとの血縁的な関係を強調したいがためであろう。キンダトゥは実力でエラム全土の支配を可能にしたが，その子イダドゥになって，統一王朝に相応しい体裁を整えるために，王都をアンシャンからスサに移し，伝統的な王権観にしたがった王号を名乗ることになった。

シマシュキ王朝は，キンダトゥを祖として，その子イダドゥのときに実現した王朝である。このことから，『エラムの王名表』にある「シマシュキ朝の王統譜」が疑問視される。近年，「シマシュキ朝の王名表」の信憑性を認める傾向にあるが（Sallaberger & Schrakamp 2015），キンダトゥ以前の王として挙がるキリナメなどがウル第三王朝時代の文書から同名の者が確認されたとしても，シマシュキ朝が実態として存在しないのであるから，彼らがシマシュキ朝の王であったとは言えない。『エラムの王名表』の「シマシュキ朝」の部分については，「アワン王朝」の部分と同様に，史実を反映するものではないとすべきであろう。シュマシュキ朝の系譜は，王朝を創始したキンダトゥとイダドゥのときか，それ以後に成立した可能性が大である。その際，キンダトゥ以前の王として，系譜的関係を無視して，シマシュキの有力な支配者を加上しただけと考えることができる（Cf. Steinkeller 2014）。

7　まとめにかえて

ウル第三王朝は，エラム全土を直轄地にすることなく，在地勢力の有力者層を活用しつつ，最初はスサに派遣した将軍を中心に，ついで，シュメール都市

---

242 「イマズ，アンシャンの王（lugal an-ša-an[ki]）キンダトゥの子」（Potts 1999, 147: MDP 43, 1679）。

ラガシュを本拠とするスッカルマフによる軍事・政治両面の一元的掌握という形で統治した。ウル第三王朝最後の王イッビシン治世早々にスサを失うことで，エラムの統制は弛緩した。こうした状況のもと，アンシャンを本拠としたシマシュキ勢力が台頭する。

シマシュキ王朝が成立し，強大な勢力となって以後，エラムは，イシン・ラルサ王朝時代を通して，メソポタミアに政治的影響力を有し，前2千年紀後半には，チョガ・ザンビルに自らの名を採った新都を建設したウンタシュナピルシャや，メソポタミアに侵攻しハンムラビ法典などの戦利品をスサに持ち帰ったシュトゥルクナフンテなどが活躍する最盛期を迎える。こうしたエラムの動向を可能にした土台は，メソポタミアが都市国家から統一国家へと発展したと同様に，アッカド王朝末期のプズルインシュシナクと，ウル第三王朝滅亡時のキンダトゥによって達成された全エラムの統合があった。

『エラムの王名表』では，シマシュキ王朝のキリナメを初代とするが，スサとアンシャンを核として全エラムを支配するシマシュキ王朝の創始者はキンダトゥであり，その子イダドゥが王朝の体制と王権理念を整えた。イダドゥは，母方からはエバラトの王統に，父方からキンダトゥの王統に連なり，エラム全土を統一する王に相応しい系譜を獲得した。つまり，キンダトゥとその王子イダドゥのもとで，いわゆるシマシュキ王朝が実態として成立した。イダドゥが伝統と見なしたのはアッカド王朝滅亡後のプズルインシュシナクによる全エラムの統一によって生み出された王権観である。その意味で，前3千年紀末が，エラム史のなかで一つの画期と言える。

第7章
マルトゥ

1 はじめに

マルトゥ mar-tu とアムル *amurru*

　前章で述べたエラムがイラン高原に統一王権を樹立してメソポタミアのシュメール・アッカドに対抗する勢力となったのに対して，マルトゥは，西から中心文明地域を脅かした勢力である。このマルトゥの動向を追うのが本章の課題である。マルトゥ Mar-tu という名称は，楔形文字の表記によるもので，シュメール語の用法であり，アッカド語ではアムル（*Amurru*）と呼ばれる。本書では，マルトゥで統一して表記する。

　マルトゥ研究は，主にマリ文書によってユーフラテス川中流域からシリア地方で活躍したマルトゥ（アムル）を対象としてきた（Kupper 1957, Anbar 1991）。それは，遊牧民マルトゥの族的組織とそれを取り込もうとするマリの王権との関係からの研究が中心であり，初期イスラエルの族長時代の解明を課題とするような旧約聖書研究と深い関わりを持つ。ここでは，別の視点からマルトゥを検討したい。

　つまり，移動してくる民族がシュメール・アッカドの伝統に培われたメソポタミア文明にどのように関わるのか。伝統への同化と自民族の独自性との関わりを問題にしたい。とりわけ，政治主体が都市にあるというシュメール・アッカドの伝統的理念（前田 1996a；前田 2009c）に対抗して，遊牧民マルトゥが独自の地歩を固めるために，都市に根ざさない氏族制度を基盤とした族長体制を前2千年紀前半のメソポタミア社会に認知させた，それを示すことが主眼になる（前田 2003b；前田 2009b）。

　本章が対象とするのは前3千年紀の最後から前2千年紀前半の，ウル第三

王朝時代，イシン・ラルサ王朝時代，それにハンムラビの時代である。地理的には，マリ以西は除外し，シュメール・アッカド地方に居住するマルトゥである。

本題に入る前に，マルトゥの用法について述べておきたい。現在では，マルトゥを西セム系の言語を話す人々の総称として使う。この用法は，シュメール・アッカドの人々がマルトゥ（アムル）を西セム系の遊牧民の総称として使ったことを踏襲する（Beaulieu 2005）。しかし，マリより西のシリア地域においては，マルトゥ（アムル）をこのような意味で使わない。マリなどで使用された西セム系の遊牧民を総称する用語は，マルトゥ（アムル）でなく，もっぱらハナ（Hana）であった（Anbar 2005）。

ハインペルによれば，西方において，マルトゥ（アムル）は，西方セム系の二大氏族であるヤミン（Yamin）とシマル（Sim'al）のなかで，シマルの一氏族か，シマルの一氏族ヤバス（Yabasu）の下位氏族を指した（Heimpel 2003）。地理的には，前2千年紀後半に，アムル（マルトゥ）王国が地中海沿岸地域に建てられるように，もっとも西に離れた氏族を指した。西方の遊牧民の意味では同じであるが，視座が，シュメール・アッカド地方にあるのか，マリなどのユーフラテス川中流域にあるのかによって，指示する地域が異なった。つまり，マルトゥを西セム系遊牧民の総称とするのは，シュメール・アッカドの文化のなかで形成された華夷の区分に基づく独自の用法である。西方セム系の遊牧民にとってのマルトゥは，自称でなく，外から与えられた名称であった[243]。

遊牧の民マルトゥ

現代では，民族概念を基準にして，マルトゥ，アッカド，シュメールを民族として認識し，彼らが話す言語がセム系の言語であるのかどうか等々を重視する傾向がある。しかし，アッカド人が同じセム系の言語を話す遊牧の民マルトゥを周辺異民族と賤しめ，まったく異なる言語を話すシュメール人を文明を

---

[243] 本書ではシリア地方を対象としないが，その地のテルマルディフ（エブラ）遺跡から出土した文書に記録されたマルトゥ（Archi 1985）は注目される。なぜなら，エブラ文書は，セム系遊牧民を，ハナでなく，南部メソポタミアで成立した他称であるマルトゥで表記するからである。それは，エブラ人が書記術などをシュメールから借用したのと同様に，華夷の区分によるマルトゥという用語もそのまま借用したことを示す。

担うことでは同等と見るように，古代メソポタミアの人々が抱く民族観と現代の民族観との間に大きな落差がある。

シュメール人によるマルトゥ蔑視は，言語や人種によらず，都市生活を知らない遊牧民として生きることに向かった。したがって，遊牧生活を離れ，都市的生活を享受するマルトゥは彼らの出自が問題にされることはなく，蔑視の対象にならない。シュメール人やアッカド人は，民族よりも，華夷の二分法，都市を中心とした文明の有無が重要な区分であり（前田 1996b），言語や民族の相違が基準になっていない。つまりは，現在の民族概念でもって古代メソポタミア史を理解してはならないと考える。

マルトゥの躍進

マルトゥは，前2千年紀前半のイシン・ラルサ王朝時代になると，シュメール・アッカド地方においてラルサ，バビロン，ウルクなどの主要都市に王朝を建てた（Edzard 1957, Charpin 2004, Goddeeris 2005）。メソポタミアの統一を果たしたバビロン第一王朝の王ハンムラビもマルトゥであり，彼に敵対した者もほとんどがマルトゥ系の王である。こうした時代になっても，依然として，マルトゥという名称には文明を持たない蛮族の意味が含まれていた。その反映がハンムラビ法典に窺える。ハンムラビ（前1792-1750年）は，ハンムラビ法典前文や後文で，長文であるにもかかわらず自らの出自であるマルトゥにまったく言及しない。とりわけ，支配領域を誇示するために諸都市とその都市神を列挙した部分にマルトゥが含まれないことは示唆的である。ハンムラビ法典は，ウル第三王朝のウルナンム法典を源流とするのであり，シュメールの伝統を継承する。伝統的な見方からは蛮族であるマルトゥを，中心地域を構成するアッカド人と同列に扱えなかった。

マルトゥは，古バビロニア時代に，政治的に大きな力を持ち，メソポタミアの諸都市に自らの王朝を開いた。しかし，文化的にはシュメール・アッカド文化を継承し，伝統の保持に努めた。使用言語も伝統のアッカド語であり，アムル人独自の文化は認められない。

こうした伝統的なマルトゥ観は，ハンムラビより4代あとの王アンミツァドゥカ（前1646-1626年）のときには，変わっていた。アンミツァドゥカが

公布した徳政令では、マルトゥがアッカドと併記され、同格に扱われるようになった (Kraus 1984)。

> 「大麦であれ、銀であれ、アッカド人もしくはアムル（マルトゥ）人に、利子付きで貸し付け、もしくはメルケートゥで貸し付けたものは、だれであれ──。」

　これは第5条であるが、アッカド人とアムル人を並列するのは、このほかに、第3条、第第6条、第8条、第9条にある。「アッカド人」と並列されるとき、蛮族マルトゥの観念は、完全とは言えないにしろ払拭された。その意味でマルトゥがメソポタミアにおいて社会的・政治的に認知されたことを示す。蛮族扱いを受けた前3千年紀のシュメールの時代から、前2千年紀、マルトゥが文明の一翼を担うものに上昇したバビロン第一王朝の後半の間に起きた変化は重大である。

　問題設定は次のようになる。シュメール・アッカドの人々が抱く異民族観からの他称であったマルトゥが、マルトゥの自称となり、ついには、マルトゥがアッカド人と並んでメソポタミア文明を担う民と見なされるようになった。この変化を、前3千年紀末から前2千年紀前半にかけての時期に、マルトゥが政治勢力として自立する過程として捉えること、そして、この変化の要因をウル第三王朝時代からの歴史的状況のなかに見出すことである。

　考察の起点はウル第三王朝時代であるが、この時期のマルトゥを考察する前に、それ以前の時期においてマルトゥが史料にどのように現れるかを見ておきたい。

ウル第三王朝時代以前のマルトゥ

　マルトゥが独立した政治勢力としての同時代史料に現れるのは、アッカド王朝時代（前2260–2100年頃）である。それ以前の初期王朝時代では、ファラ文書に下級労働者としてマルトゥ出自の者が記録されている (TSŠ 648, WF 78)。これらは、初期王朝時代にマルトゥがシュメール都市に居住していたことの証明になるにしても、シュメール・アッカドに対抗するに足る勢力の形成を意味しない。

　アッカド王朝時代になっても、サルゴンなど初期3代の王の治世ではマル

トゥに言及がなく、アッカド王朝が最大版図を形成する第4代ナラムシンの時期になって、マルトゥとの戦闘が初めて記録される。ナラムシンは次のように記す。

> 「シシルでティグリス川を渡り、シシルからユーフラテス川側へ、(そして)、ユーフラテス川を渡り、マルトゥの山、バシャルまで(行った)。」

> 「ナラムシンは、ユーフラテス川からマルトゥの山であるバシャルに至った。──。イナンナの神意？により、強き者ナラムシンは、マルトゥの山バシャルにおいて戦闘に勝利した。」(RIME 2, 91-92)

ユーフラテス川の上流部、エブラや杉の森への遠征を敢行し戦果を得たのは、言われてきたような初代サルゴンでなく、ナラムシンである。ナラムシンは、北メソポタミアからシリアにかけての遠征の最後に、マルトゥとバシャルで戦った。

ナラムシンを継いだシャルカリシャリの年名の一つが「シャルカリシャリが、マルトゥをバシャルで破った年」である。彼の治世は、ナラムシン治世に達した絶頂期が過ぎて、シュメール・アッカド地方の支配を維持するものの、グティ、エラム、マルトゥの脅威に直面した。そのなかで、マルトゥとの戦いは、依然として、前王ナラムシンと同じくバシャルであった。

バシャルは、現在のビシュリとされ、ユーフラテス川のマリよりさらにさかのぼった地方であり、マルトゥの原郷とされる地域である。アッカド王朝の版図から言えば、ナラムシンが拡張した領域の外縁である。この時期のマルトゥは、アッカド王朝にとって辺境に姿を現した勢力にすぎない。マルトゥがシュメール・アッカド地方において統一王権を脅かすほどの侮れない政治勢力になるのは、ウル第三王朝時代からであり、アッカド王朝のナラムシンとシャルカリシャリのときは、マルトゥが勢力を拡大する開始時期に当たる。

2 ウル第三王朝時代

「マルトゥの戦利品」

アッカド王朝末期と滅亡後の混乱から、再び統一を果たし、ウル第三王朝を創始したのがウルナンムである。ウルナンムにとって、統合の過程での最大の

障害は，前章で述べたように，ディヤラ地方からアッカド地方にかけての地域を占拠していたエラムである。ウルナンムはマルトゥに言及しない。

　第2代の王シュルギ以降になると，マルトゥは現実の脅威であった。シュルギと次王アマルシンは，「クルたるマルトゥの戦利品（nam-ra-ak kur mar-tu）」と呼ばれる貢納を毎年のように強制した。貢納とは言え，マルトゥに必ずクル（山岳，周辺地域）を付すように，敵対者と見なした者への強制貢納である。マルトゥの戦利品は，現在のところ，シュルギ治世末期（40, 44, 46, 47, 48年），それにアマルシン治世（1, 4, 5年）に記録がある[244]。

　マルトゥの戦利品は，会計区分としては，「王のための持参（mu-túm lugal）」に集計され（表14, 143頁），プズリシュダガンの貢納家畜集積所に集められた（前田1989）。「王のための持参」家畜は，神々への奉納を前提とするので，大家畜では牛，小家畜では羊が通例である。そのなかで，「マルトゥの戦利品」には，ロバと山羊が多く，牛の例がない[245]。「マルトゥの戦利品」と，ほかの「王のための持参」との間で家畜の種類が相違する。

　シュメール語神話『エンキ神と世界秩序』に，「（マルトゥは）町を造らず，家を造らない者。エンキ神は，マルトゥに山羊とロバ（máš-anše）を贈り物として与えた」（Benito 1969）とある。マルトゥに与えられた山羊とロバの連称は，辞書的には「野のけもの」を表現する[246]。文明の民と自認するシュメール人が家畜を羊と牛で代表させることと対称的である。遊牧民マルトゥが実際に飼育するロバと山羊を収奪したのであろうが，非文明的な kur mar-tu を象

---

[244] シュルギ40年：NOSTROM 1, 50（S 40 v）; YBC 11456（unpublished. Cf. Michalowski 1976, 81）
　シュルギ44年：BIN 3, 321; Erm 14738（Sallaberger 2004, 447＝CDLI P 212046（S 44 ii）
　シュルギ46年：SRD 9; NSTROM 1, 53.
　シュルギ47年：Lieberman 1968, no.57; CTOI 1 336; PDT 2 802; NISABA 8, nos.253-254.
　シュルギ48年：CTOI 1, 287＝Amorites15.
　アマルシン1年：Limet 1955, no. 11.
　アマルシン4年：SAT 2, 800.
　アマルシン5年：PDT 1, 32.

[245] ロバ：Erm 14738（Sallaberger 2004, 447＝CDLI P 212046）, NSTROM 1, 53; Lieberman 1968, 57; CTOI 1 336; NISABA 8, nos.253-254; CTOI 1, 287; Limet 1955, no. 11.
　山羊：NOSTROM 1, 50; SRD 9; PDT 2 802.
　山羊とともに羊も持参されるが，その場合，通常の羊でなく，「尾の太い羊 gukkal」が多い（Sallaberger 2007a, 448）: gukkal：SRD 9; NSTROM 1, 53; SAT 2, 800; PDT 1 32。

[246] CAD B, 313: būlu 2. wild animals. MÁŠ.ANŠE ＝ bu-u-lu.

徴するものとして，ロバと山羊が集められたとも考えられる。こうしたマルトゥの戦利品は将軍達が持参しており[247]，強制徴発と軍事的制圧が意図されていた。

「マルトゥの城壁」

時代が進むとともにマルトゥの脅威が増大したことは，第4代の王シュシン4年の年名にある「ティドヌムを防ぐマルトゥの城壁」の築造によって知られる。マルトゥの活動は，もはや，将軍達の強制徴発行動では抑えきれなくなっていた。城壁建設の責任者シャルムバニがシュシンに宛てた手紙には，

「ティドヌムを防ぐ大城壁を造るようにという指令が私のところに届きました。あなたは私に目を向け（次のような）訓令を与えました。『マルトゥが国土を蹂躙しているので，城壁を造り，その通路を断つように。[中略]。』アブガル運河の岸からシムダルの国に至るまで，兵士を配置した？長さが26ダンナ（約280 km）であるその城壁を造り，二つの山の間に達したとき，私が（城壁を）造ることを，山に居住するマルトゥは知りました。シムルムは，援助のために来ました。山の間であるエビフに戦うために進軍しました。しかし，私は，かごを担ぐ（に十分な）兵士さえ見つけることができません。」(Michalowski 2011, 398-399)

とある[248]。

この手紙は同時代史料でなく，後世に伝承された写本であり，事実をどこま

---

247 「マルトゥの戦利品」を持参する者のなかで，将軍（šagina）と明記されるのは lú-^{d}nanna である（CTOI 1, 287）。そのほかに，ギル職を果たす a-bu-ni と ḫu-un-ha-ab-úr（BIN 3, 321; SRD 9）が将軍であったことは別の文書から確認される（a-bu-ni šagina BIN 3, 374 [AS 2 iii 3], ḫu-un-ha-ab-úr šagina TrDr 86 [S 45 vii 17]）。

持参する nu-i-da（Erm 14738）は，アマルシン治世に，イシムシュルギの兵士の長として記録される者と同一人物であろう（Szachno-Romanowicz 1935, no. 6 [AS 4 xi], SET 10 [AS 5 ix 11], Owen 1997, 369: Nesbit A [AS 8 iii 13]）。

NSTROM 1, 53 に記される ur-^{d}en-lil は，ヌバンダの上位にあるので将軍であろうが，確認できない。

248 この手紙で，シャルムバニは gal-zu ukkin（集会の知者）と呼ばれる。gal-zu ukkin はウル第三王朝時代の行政経済文書には現れないが，シュルギ宛の手紙では，a-pí-la-ša が gal-zu ukkin とされている（Michalowski 1976, 136: 6; 148: 14）。シャルムバニとアピラシャともに行政経済文書では将軍 šagina として現われる（šar-ru-um-ba-ni šagina: TEL 61 [SS 1 La x], MVN 3, 257 [SS 3 iv], á-pí-la-ša šagina: RTC 317 [SS 1]）。将軍であるシャルムバニとアピラシャが gal-zu ukkin（集会の知者）と呼ばれるのであるから，gal-zu ukkin とは，市民会や若者会のような一般集会の指導者を意味するのではなく，遠隔地において複数の将軍もしくは複数の軍団

図22 マルトゥの城壁と「敵意あるマルトゥ」

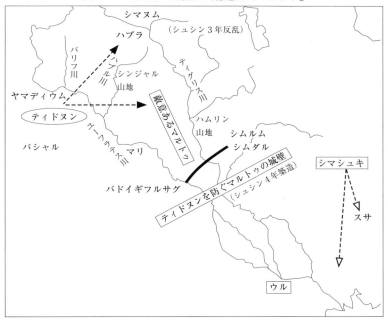

で伝えているかが問題になるし，城壁の遺構も発見されていない。したがって，推測にすぎないが，「マルトゥの城壁」の位置は，図22のように，アブガル川の岸からディヤラ川流域のシムダルまで，ユーフラテス川とティグリス川との間を塞ぐように造られたのであろう（Sallaberger 2007b）。その長さは，手紙では26ダンナ（約280km）とある。イングランド北部を横断して築かれたハドリアヌスの城壁と同様に，異民族マルトゥの侵入を防ぐための施設と想定しても大きな間違いにはならないと考える。

この手紙によれば，シュシンの命令でマルトゥの城壁造りが始まると，マル

を指導する軍事職と考えられる。
　軍団指揮官たちが集会（ukkin/ puḫrum）を持つことは，イッビシンが即位のためにウルで王冠を授与された直後，王が留まるウルにおいて「集会に出席したウグラ，ヌバンダたちのために（mu ugula nu-bànda, pu-ḫu-ru-um-ma gub-ba-šè）」牛と羊が与えられたことから知られる（MVN 18, 108）。新しく即位した王イッビシンに軍団の幹部（ウグラ，ヌバンダ）が忠誠を誓う儀式があったと思われる。

トゥがそれに気付き，城壁に近いハムリン山地であるエビフで反撃に出たので，ハムリン山地近くのシムルムの支配者は，マルトゥと戦うためにエビフに進軍した。引用文の後半は，シムダルの支配者も協力してマルトゥの城壁造りに兵士を送ってきたとある。シムルムもシムダルもウルの王のために働く。シュシンから城壁造りを命じられた責任者，手紙の差出人シャルムバニは，城壁造りさえままならず，ましてやマルトゥ討伐の軍を派遣できないでいる。この苦境をシュシンに訴え，増援を要請することが，この手紙の趣旨であろう。

マルトゥの城壁造りの記録を，同時代の行政経済文書に探すのは困難であるが，関連すると思われる文書はある。シュシン3年に，先の手紙の差出人と同名のシャルムバニの命令書によって油を運ぶ軍団の兵のために大麦を支給した記録である[249]。油は食用でもあるが，労働するときの日焼け止めなどに支給されることも多い[250]。シュシン3年は，マルトゥの城壁が完成する1年前であるので，この大麦支給は，マルトゥの城壁造りに関係する可能性があり，そうであるならば，引用した後世に伝えられた手紙の信憑性をも保証することになる。

シュシン4年にマルトゥの城壁は造られた。彼を継いでウル第三王朝最後の王となったイッビシンに宛てた手紙で，イシンの王イシビエラは，

「異邦人マルトゥ（mar-tu lú-kur-ra）があなた（イッビシン）の国土に入り込んでいるという報告を私（イシビエラ）は受けています。（王が買い付けを命じた）72,000グルの大麦のそのすべてをイシンの市内に運び入れました。いまやすべてのマルトゥが国土の中に入り込んでいます。多くの大いなる城壁が占領されました。マルトゥのためにその大麦を――。彼らの強さに私は対抗できません。」（Michalowski 2011, 416）

と苦境を訴えた[251]。この手紙の返書と思われるイッビシンからイシビエラ宛

---

[249] 「87グル200シラの大麦，軍団の兵士（エリン）のために油を運ぶ者が受領した。シャルムバニの粘土板文書によって，ルウトゥに支出した（87.3.2. še gur, érin ugunim-ma, i il-la-ne, šu ba-ab-ti, šà DUB šar-ru-um-ba-ni, lú-^{d}utu-ra ba-an-na-zi）」（MVN 3, 257）。

[250] ウンマのシャラ神殿造営工事に係わる建築師たちに支給された油について，一つの文書（SANTAG 6, 244）は，「シャラ神殿（の建設）に従事する大工が塗油した（šitim é-^{d}šára-ka gub-ba íb-šeš$_4$）」と，食用でなく，労働時の日除け用であることを明確に記す。塗油用としては，病気になった女奴隷に，「飲ませるために（nag-nag-dam）」のビールとともに，「塗油するために šeš$_4$-dè」油を支給する記録もある（SAT 3, 1718）。

の手紙では，

> 「（シュシンが造ったマルトゥの城壁の守備拠点）バドイギフルサグの将軍プズルヌムシュダに，おまえはなぜ，異邦人マルトゥ（mar-tu lú kúr-ra）が我が国土のなかに侵入することを許したのか？ 今まで，武器で打つことをおまえに伝えなかったというのか。国土には無力な者しかいないのか。なぜ，マルトゥに対抗できないのか。」(Michalowski 2011, 434)

と，イシビエラに対して，マルトゥに対する防御の甘さを非難した。シュシンが造った城壁は，マルトゥの侵入を防げなかったのであり，マルトゥの脅威は減ずることなく，むしろ増大していた。

イッビシン治世3年の文書に，マルトゥ遠征（kaskal mar-tu）に行く兵士に大麦を支給する記録がある。支給大麦量から軍団規模の遠征であったと考えられる[252]。ただし，この年の年名は，ディヤラ川方面の「シムルムを征服した年」であり，マルトゥ遠征は年名に採用されない。この例のように，年名に取り上げられないが，マルトゥの脅威を除くための軍事行動が，イッビシン治世にも頻繁に実施されていただろうことは想像に難くない。

ウル第三王朝はイッビシン24年にエラムがウルに侵入することで崩壊する。東のエラムと同時に，西方からのマルトゥの脅威もまた，ウル第三王朝を滅亡に導く要因であった。

---

[251] この手紙が書かれたのはイッビシン14年と考えられる。書かれた理由は，「イシン市とカザル市への遠征を，穀物を購入するために，私にお命じになった」とあるように大麦購入用の銀を託されたイシビエラが，購入した大麦をウルに送れないことをイッビシンに弁明するためである。この内容に対応するイシンに送られた購入用銀の記録がイッビシン13年（＝イシビエッラ6年）のウル文書（UET 3,702）にあり，次のイッビシン14年（＝イシビエッラ7年）には，イシビエラ使者とイシン市の人々がウルに来た（UET 3,1421）。このときの使者が手紙を持参したとして，内容上矛盾がない。つまり，この手紙は，イッビシン14年の作成と捉えることができる。

なお，（前田1992a）で，OECT V 28-9を手紙4と分類したが，この手紙の後半である（Michalowski 2011, 424）。訂正したい。そこには，イシンとニップルの警護をつつがなく行っているとある。前年のイッビシン13年には，ニップルがイシンの支配下に入っているので，手紙作成の時期を考えるとき，問題はない。

[252] 「532グル30シラの大麦，158グルのエンメル麦，軍団の兵士たちが，マルトゥの遠征に行くとき受領した。捺印はルナンナとイシュクンエア（532.0.3. še gur, 158.0.0. ziz gur, érin ugnim^{ki}-ma-ke$_4$-ne, u$_4$ kaskal mar-tu-šè i-ri-ša-a, šu ba-ab-ti, DUB lú-^{d}nanna, ù iš-ku-un-é-a）」(Owen 1973, 135: UNC 7 [IS 3 vii])。

ルナンナは別の文書でシムダルに駐留する将軍として現れる（Owen 1973, 136, note 53 [SS 1]; UET 3, 75 [SS 1]）。シムダルに関係するルナンナは，Michalowski 1982, no.2 [SS 8]; PDT 1, 170 [SS [ ]] に記録される。将軍ルナンナの子エンナムシュルギは，NRVN 1, 176 [IS 3]

敵対するマルトゥの所在地

　シュルギとアマルシン治世に「マルトゥの戦利品」の名目で貢納を課したマルトゥの所在地を特定することは，マルトゥの脅威がウル第三王朝の支配地域のどの範囲に及んでいたかを知るために必要である。候補地として，マルトゥの原郷バシャルや，ティグリス川東岸からスサ地方に至る山麓地帯などが挙げられていた。ザラベルガーは，彼以前の諸説を紹介した後，遊牧民の拡大方向などを考慮して，「マルトゥの地」とは，ハムリン山地からシンジャル山地までの広い範囲を指すとする（Sallaberger 2007a）。彼の指摘は，次に挙げる根拠から適切と考える（図22，263頁）。

　バシャルが不適切であることは次のことから言える。バシャル地域を含むシリア方面への軍事遠征は，ウル第三王朝の王が頻繁に実施した東や北への遠征と対称的に，史料から確認できない。こうした地方に，「マルトゥの戦利品」を徴収するために将軍を頻繁に派遣したとは考えにくい（Sallaberger 2004）。さらに，あとで述べるようにシリア地方には，ヤマディウムのようにマルトゥの国と呼べる政体が成立しており，そこからの戦利品であれば，氏族名・国名が書かれるはずである。マルトゥの国でなく，その周辺に遊牧するマルトゥを長駆して討伐することはウルの王にとって労多く益の少ない行為であり，そうした討伐軍を派遣することはないであろう。

　リーバーマンは，マルトゥの戦利品と，それが記録された文書にある年名の軍事遠征とを関係させ，年名で明らかになる軍事行動の対象域であるティグリス川東岸にマルトゥの居住域を求める（Lieberman 1968）。しかし，両者は，別の軍事行動であり，直接的な関係はない。

　に捺印する（en-nam-^{d}šul-gi/ dumu lú-^{d}nanna/ šagina）。
　イシュクンエアについては，同年のラガシュ文書（ITT 2, 976）に同様の記録がある。表面は破損して裏面のみが読めるが，「そして遠征から帰った（兵士たち）が受領した。捺印は将軍のイシュクンエア（ù kaskal-ta DU-[?], šu ba-ab-ti, DUB iš-gu-un-é-a šagina）」とある。押された円筒印章の銘「イッビシン，強き王，ウルの王，イシュクンエア，ヌバンダ，クルビラクの子（は），あなたの奴僕（^{d}i-bí-^{d}suen/ lugal-kala-ga/ lugal uri$_5^{ki}$-ma// iš-ku-un-é-[a] / nu-bànda/ dumu kur-bi-la-[ak]/ ir$_{11}$-zu）」では，ヌバンダ（大隊長）とあるが，粘土板には，明確に将軍と記されている。
　支給されたのは532グル30シラの大麦と158グルのエンメル麦である。当時一般的であった兵士1人への定期支給である月40シラと同量の穀物支給であり，3ヵ月の遠征であったとすれば，エンメル麦を除いて，大麦だけでも1,330人の兵士への支給となる。これは，2人の将軍が率いる2軍団の遠征であったのだろう。

先に引用したシュシン宛の手紙に,「山 (ḫur-sag) に居住するマルトゥは (それを) 知りました」とある。それを「山の間 (の地域)」に理解して, ミカロスキは, Adheim 川がハムリン山地を二分して貫通する地域を想定する (Michaloski 1976)。これが, のちの研究者によって, 敵意あるマルトゥの所在地をティグリス川東岸に求める根拠にされた。

さらに, 敵対するマルトゥの居住地をティグリス川東岸からスサ地方に至る山麓地帯に比定することは, 人名分析によって, この地域の人口に占めるマルトゥの比率が高い事実も根拠となっている (Streck 2004, Steinkeller 2007)。

しかし, 西の地方を含意するマルトゥが, エラムを含む東の地域を指すことは当時の人々の四至観からは考え難い。ティグリス川東岸やスサ地方に居住するマルトゥが記録されるのは, ウルの王が軍事的要衝と見なした軍政地域と朝貢国地域の東半分 (エラム) における軍団や在地勢力の補助軍として「友好的な」マルトゥを大いに活用した結果であろう。

シュシンが築造した「マルトゥの城壁」も, ティグリス川東岸やスサ地方が不適切であることの根拠として挙げてよい。この城壁は, 図22 (263頁) に示した位置関係から, 西や北西からの侵入に備えるものであることは確かである。ティグリス川東岸やスサ地方は, むしろ,「マルトゥの城壁」によって防御される地域であり, そこに居住するマルトゥの反乱に備える形にはなっていない。敵意あるマルトゥは,「マルトゥの城壁」の西や北西地方にいたと見るべきである。

敵意あるマルトゥの戦利品を徴発することは, シリア地方でも, ティグリス川東岸やエラムでもなく, ザラベルガーが述べるように, ハムリン山地を一方の端に, もう一方をシンジャル山地とした地域, つまり, マルトゥの城壁の外, 西はハブル川を境界として, ティグリス川西岸に沿ってシンジャル地方からタルタル涸川あたりを遊牧するマルトゥ集団が対象になったと考えられる。

シュシンが, マルトゥの侵入を防ぐために築造した城壁は,「ティドヌンを防ぐマルトゥの城壁」と命名された。ここにティドヌンが現れる理由を問う必要がある。ウル第三王朝成立直前に在位したグデアは,「マルトゥの山バサル」と「マルトゥの山ティドヌン」のように, ティドヌンをマルトゥの原郷とされるバサル (バシャル) と区別して記す (RIME 3/1, 34)。ティドヌンはマルトゥ

の総称と捉えられることもあるが (Robertson 2006, 333), マルトゥの城壁を造ったシュシン治世には, 一個の政治主体（国家）であろう。それは次のことから言える。

シュシンは, マルトゥの城壁を造ったシュシン4年の前年, 3年にシマヌムを征服するために軍を送った。そのとき, 反乱を起こしたシマヌムやハブラの援軍として来たのがマルトゥのヤマディウムとティドヌンである。シュシンは, その王と戦った。

> 「マルトゥ, [　] の人, ティドヌンとヤマディウムが現れ, その王 (lugal) が戦場で敵対した。彼（シュシン）の主人エンリル神（が授けた）力でもって, 戦闘において, 撃破した。」[253]

引用文にあるように, シュシンは, 戦ったティドヌンの指導者を, エンシでなく, ウルの王と対等な王 (lugal) で表記した。ティドヌンを, 王を戴く一つの強力な政治勢力と見たのである。このティドヌンを次の年に完成した城壁の名に採用して, 「ティドヌンを防ぐ」と表現するのであるから, 城壁の名称に採られたティドヌンは政治主体＝国家を指すと見るのが妥当である。

この時期のティドヌンの動向を記す同時代史料はないが, 次のように推定される。ティドヌンは, ウルに叛旗を翻したシマヌムを援助したのであるが, ハブル川やその東に点在するマルトゥ＝「敵意あるマルトゥ (kur mar-tu)」をも糾合した。マルトゥの城壁の完成がシュシン4年としても, 築造には少なくとも数年を要したと考えられ, シマヌムの反乱と同時か, それ以前からマルトゥを防ぐ長城の築造計画は進んでいたはずである。したがって, 築造計画のきっかけになったのは, ティドヌンが, それまで個々に行動していた「敵意あるマルトゥ」を糾合し, 反ウルの立場での共同行動を指導したことによると推定される。

「クルたるマルトゥの戦利品」の記録がアマルシン5年までしかないのは, 資料の偏在という偶然でも, マルトゥが友好的になったからでもなく, この頃からマルトゥが反抗のための共同行動を取るようになったため, 戦利品の名目での貢納が課せなくなったからであろう。

253　RIME 3/2, 297-298. この部分のテキスト校訂については, Wilcke 1990, 25; Owen 1993, 182 を参照。

ティドヌンがウル第三王朝の滅亡まで，強力な敵対勢力であり続けたかどうかは不明である。いったん「異邦人マルトゥ」が反ウルの共同行動の有効性を知ってしまえば，核となる勢力が交代しても，その行動は持続可能であり，先に見たように，ウルの滅亡まで中心地域への侵入は続く。

友好的なマルトゥ

敵対するマルトゥがいる一方で，ウルの王に服従し，エラムとともに軍事要員として活躍するマルトゥもいた。軍事要員であるエラムは地名を付して表記されたが，マルトゥの場合は地名や氏族名を付されることがない。エラムが政治的独立と統合を経験していたのに対して，マルトゥと総称することで十分なほどに，政治的統合は未発達であった。

マルトゥは将軍麾下の軍団に主要な構成員として配置されていた[254]。マルトゥは本来遊牧民であるが，マルトゥの耕地に関係する記録がある[255]。マルトゥに耕地を支給するのは，王のために軍事的な役割を果たす見返りと考えられる。軍団に所属するマルトゥは基本的に個人としての活動であるが，「王の前にいるマルトゥ（mar-tu igi-lugal tuš-a）」（MVN 13, 726）と記録されるよう

---

254 例として，将軍アブニ配下の軍団にいたマルトゥを示す。アブニのもとにマルトゥの兵（àga-ús）がおり，定期的に大麦支給を受けていた（Schneider 1925, no. 24）。アブニ配下のマルトゥであるアフババなる者が青銅製の武器を受け取っており（TIM 6 34），彼は，アブニ軍団のなかで，隊長格であったと思われる。なお，文書には，zà-mi-ra-tum とあるが，zà-mi-ra-tum^{zabar} は楽器であるため，武器である zà-mi-ri-tum^{zabar} を誤記したと考えられる。

àga-ús については，軍務に従う職種であることは確かであるが，現代語訳は定まらない。ときに「近衛兵」と訳されるように，àga-ús の語義は「王冠に従う（者）」と考えられてきたが，Jagersma&de Maaijer は，そうでなく，「うしろに従う者」の意味とする（Jagersma & de Maaijer 2003, 352）。その根拠は，MSL 12 101: 168 [uku]-uš a-lik ur-ki, 169 [uku]-uš re-du-u に載る 168 行 alik urki「うしろを行く者」である。169 行の rēdû が àga-ús のアッカド語訳として一般的に採用されている。Lafont が指摘するように（Lafont 2009, 9, note 54），M. Lambert がすでに，alik urki に依拠して，aga-uš〈garde〉（text.:〈qui suit derrière〉）と訳している（TEL [1968], 164）。ラフォンによれば，uku でなく，aga と読むことは，a-ba（a-ga）= ar-ka-tum, Emesal Voc. III 72; a-ga = ár-ka-tum, Antagal G 221 と対訳があるように，urki/ arkatu に対応するのが aga だからである（Lafont 2009, 9, note 54）。

初期王朝時代ラガシュの文書では，àga-ús に並んで軍事・労働集団を構成するのが šub-lugal である。šub-lugal の語義も未確定である。ときに「王（lugal）に服従した者」と解釈されるが（Bauer 1972, 654），初期王朝時代のラガシュでは，都市支配者の王号は基本的に énsi であり，lugal ではない。したがって，「主人（lugal）に服従する者」の意味になろう。「主人」が，ラガシュの都市神ニンギルスなのか，都市支配者エンシを指すのかは決めることができない。

255 ラガシュのメッセンジャーテキストにある「マルトゥ（に与えられた）耕地の潅水のために行ったウルニンスン（への旅費支給）」の記録（MTBM 143）。ウンマ文書にあるマルトゥとされるリバガダの耕作地に関わる収穫労働の記録（Michalowski 2006, Metcalf 2010）。

な王の信任を得て王の近辺を警護するマルトゥがいた。彼らのなかにはマルトゥ集団を率いる有力者がおり，代表的な人物がナプラヌムである。

ナプラヌムはウルの王に優遇された。ナプラヌム本人だけでなく，子や甥までもが王から家畜を下賜された[256]。彼がマルトゥのなかでも有力な集団を率いる者であったことが理解される。

ナプラヌムの本拠がどこにあったかの問題に関わって，アマルシン1年と4年の文書にある「マルトゥのナプラヌムの所へ，クルたるマルトゥへ，船に（積み）運んだ」を[257]，クルたる（＝敵意ある）マルトゥとされる本拠地に戻ったナプラヌムのもとへ，と理解する場合がある。しかし，ウルに最も協力的なナプラヌムの本拠を敵意あるマルトゥと表現することはないはずである。表記法から言えば，たとえば，王の行幸先であるカルジダへの支出を，「王のところへ，カルジダへ」（TCNY 48）と表記するので，「クルたるマルトゥ」も，ナプラヌムが出向いた先と捉えることができる。マルトゥに貢納を課す将軍に助力するためか，もしくは，反ウルの共同行動を取り始めたマルトゥを慰撫，もしくは討伐するために，同族であるナプラヌムが派遣されたのだろう。

ラルサ王朝初期の王

今述べてきたマルトゥの有力者ナプラヌムと同名の者が，ウル第三王朝崩壊後に成立したラルサ王朝の創始者と伝承されており，両者が同一人物かどうかが議論される。初代ナプラヌムは王名表に名が挙がるだけであり（Grayson 1980-83），事績はまったく不明である。現在認められているラルサ王朝の編年に従えば（Charpin 2004），初代ナプラヌムはウル第三王朝の最後の王イッビシン2年から21年間在位したことになる。一方，ウル第三王朝時代の行政経済文書では，ナプラヌムはシュルギ44年（MVN 13, 704）からシュシン6年（PDT 2, 1172）までの20年間記録され，それ以後のイッビシン治世の文書に現れない。両者の活動期間が相違するので，別人かもしれないが，同一人

---

[256] アマルシン4年に，王女たち，王の乳母たちに続いて，ナプラヌムを筆頭にマルトゥとして括られる4人に家畜が下賜された（CTMMA 1, 17）。彼らがナプラヌムの甥と子であることは別の文書から確証される（Steinkeller 2004）。

[257] ki na-ap-la-núm mar-tu-šè, kur mar-tu-šè má-a ba-a-DU (Owen 1992, 176 [AS 1 ii 26]), ki na-ap-la-núm mar-tu-šè kur mar-tu-šè má-a ba-a-DU, gìr ad-da-ša₆-ga àga-ús (CTOI 2, 543 [AS 4 i 4]).

物である可能性を探る余地はある。マルトゥの権力掌握過程を考えるのに重要であると思われるので，ラルサ王朝初期の王を見ておきたい。

　ウル第三王朝時代に活躍したナプラヌムがラルサを含むシュメール南部地域で活躍したことは証明される。ナプラヌムは，ウルにおいて牛・羊を下賜されており，しかも，ナプラヌムが引退した後のイッビシン 1 年には，彼の息子イリバブムがウルで定期支給の家畜を受領する[258]。それとは別に，ナプラヌムへの定期支給である羊が死に，それを運び出した地名を記す文書（SET 104）がある。その地名が，翻字の通り，ラルサ近郊の BÀD^{ki} なのか，シュタインケラーが別文書との比較から，ウルの東南東，約 37km の Tell el-Lahm に比定されるキシグ（kisig^{ki}）と解釈することに従うのか（Steinkeller 2004），難しい問題である。どちらにしても，ナプラヌムが，王都ウル周辺のシュメール南部地域に駐留し，定期支給を受けていたことに変わりない。ナプラヌムの活動場所がシュメール南部地域であるので，ラルサとの関係は否定できない。

　前章において，エラムのシマシュキ王朝の実質的な開始は，王名表にある第 6 代キンダトゥからであり，王名表に記されたそれ以前の王は，併存した複数のシマシュキの支配者層のなかから有力な者を選び並べたと推定した。ラルサ王朝の初期の王についても，それと同様な操作がなされたと考えられる。つまり，ウル第三王朝の王に仕えたナプラヌムが活動する期間とラルサ王朝初代のナプラヌムの編年とに齟齬があるのは，ラルサ王朝の王名表が作成されたとき，有力であったナプラヌムを初代に加上したからであろう（Hallo-Simpson 1971）。加上の視点から，ラルサ王朝の初代ナプラヌム以後の第 2 代から第 4 代までの王について，同時代史料から知るところを見ておきたい。

　第 2 代の王とされるヤムスムの存在は，初代ナプラヌムと同様に確認できない。イシビエラ治世のイシン文書に，王から贈り物を受ける 38 人のマルトゥのなかにヤメスム（e-me-zum）がいる。このヤメスムがラルサ第 2 代の王ヤムスムと同一人物であるとしても（Fitzgerald 2002），多くのマルトゥと同列に記録されることから，ほかのマルトゥに比べてそれほど高い位置を占め

---

[258] ナプラヌムへの家畜下賜（BPOA 7, 2519; TRU 320; SET 61; MVN 3, 228）。息子への下賜（Amorites 87: unpublished B [IS 2 ix 1-20] sá-dug$_4$ i-lí-ba-bu-um/ dumu na-ab-la-núm mar-tu, ——, šà uri$_5^{ki}$-ma）。

たとは考えられない。

ヤメスム（＝ヤムスム）を含む38人のマルトゥに贈り物が与えられたのは，ウル第三王朝の滅亡に至るエラムの侵入が本格化した時期のイシビエラ15年（＝ウルの王イッビシン22年）である。エラムの侵攻に対処するイシビエラにマルトゥが援助したことを賀するものである。翌年の16年には，ラルサ市へ武器と盾を運ぶ記録があり，ウルクやラルサ付近の戦闘にマルトゥが参加していたはずである。ヤメスムも，ラルサを含むシュメール南部地域に関係するマルトゥの有力者であったと見なすことができる。

次に，ラルサ王朝第3代の王とされるサミウムは，第4代ザバヤの王碑文から確証されるように，ザバヤの父である。サミウム自身の碑文は残されておらず，多くを知ることができないが，ラルサに近いギルス（ラガシュ）出土の契約文書（Genouillac 1934-36, pl.LIII）に，「サミウムの名に誓う」という誓約文が記される。誓約は，支配者に誓う形式が一般的であるので，サミウムがギルスにおいて支配権を行使していたことは確かである。サミウムが名乗った称号は不明であるが，彼は，イシン王朝の上級支配権のもとで，ラルサからギルスあたりの地域を支配したのであろう。

サミウムの子で第4代のザバヤになって，初めて王碑文が残される。彼は，ラルサの王を名乗らず，「強き者，マルトゥの頭領，サミウムの子」のような称号と系譜を記す（RIME 4, 112）。碑文に記された治績は，ラルサの都市神ウトゥのためにエバッバル神殿を建てたことであるので，彼がラルサにおいて支配者としての地位を築いたことは確かである[259]。後代の写しであるが，ラガシュのニナ市区の主神ナンシェに奉納された碑文に，「強き王，マルトゥの頭領ザバヤの生命のために」とある（Al-Rawi 2002）。このことから，父サミウムと同様に，ザバヤもラガシュ―ギルスを支配していたことが確実視されるが，依然としてイシン王朝の上級支配権に服していたと考えられる（Arnaud 1977, Weisberg 1989）。

第5代のグングヌムは，王碑文で「グングヌム，ラルサの王，シュメール

---

[259] 別に，ニップルの北にあるマシュカンシャピルから碑文が出土しており（RIME 4, 112），クドルマブクと同様に，マシュカンシャピル付近のマルトゥ勢力を支配基盤としたとも考えられる（Steinkeller 204, 26-42, 146-147）。

とアッカドの王，サミウムの後継者」を自称する（RIME 4, 118）。ラルサの王名表に挙がる王のなかで，「ラルサの王」を名乗ったことが確認できるのはグングヌムが初めてである。

　グングヌムは，年名を採用し，独立王朝を自認するようになる（Sigrist 1990）。彼が名乗った「シュメールとアッカドの王」は，すでに，イシン王朝の王がウル第三王朝の正当な後継王朝を自負して名乗っていた。グングヌムがイシンの王と同等の王号を使うのは，イシン王朝の権威に挑戦するまでに勢力を拡大したことを誇示するためであろう[260]。

　このように，マルトゥが建てたラルサ王朝の王として定位できるのは第5代グングヌムからであり，王朝の祖とされるのは第3代とされるサミウムである。したがって，ラルサの王名表に初代と第2代に挙がるナプラヌムとヤムスムは，王名表作成時に，ウル第三王朝時代やイシンのイシビエラの文書によって知られる実在したマルトゥの有力者を，マルトゥ系ラルサ王朝の祖として加上したと考えることができる。彼らが史実としてラルサの王であったとは認められない。編年を組み立てるとき，ナプラヌムとヤムスムをラルサ王朝の諸王の1人に加える必要はない。

　ラルサの王名表に加上されたナプラヌムとヤムスムは，ウルの王やイシンの王に友好的なマルトゥであった。このことから，イシン・ラルサ王朝時代以降に，シュメール・アッカドの主要都市に王朝を建てたマルトゥは，ウル第三王朝を攻撃した「敵対するマルトゥ」ではなく，むしろ，ウル第三王朝やイシビエラのイシン王朝の体制内で活躍することで，軍事・政治制度を熟知し力量を磨いた者とその後継者が中心になったと推定される。

使節を派遣して来たマルトゥ

　ウルの王は，西はグブラ（ビブロス），東はアンシャンやマガンなど広範囲の国々からの使節を受け入れており，朝貢国地域の支配を，使節を媒介に朝貢

260　ただし，グングヌムは次の王アビサレとともに，ウル第三王朝の後継王朝を誇示するためにウルの王を名乗ることがある。さらに，イシンの王イシュメダガンの娘で，ウルのナンナ神の祭主であるエンアンナトゥムは，父を「シュメールとアッカドの王」，グングヌムを「強き者，ウルの王」と形容する（RIME 4, 115）。ラルサがウルを領域に収めたにしても，グングヌムはイシンの宗主権を認めたのであろう。

関係として築いた。ウルの王のもとに使節を送ってきたのは，マリやグブラなど国家と呼び得る政治組織体であるが，マルトゥも使節を送ってきた。現在知られるのは次の4例である。

1) ヤマディウムの人の使節 (lú-kin-gi₄-a lú i-ba (=ma)-dì-um ⟨ki⟩) (Gomi 1980, no. 10)。
2) ヤムトゥムの使節 (lú-kin-gi₄-a i-a-mu-tum) (TCL 2, 5508)。
3) エンギムムの使節 (lú-kin-gi₄-a en-gi-mu-um) (PDT 2, 959)。
4) ムラヌムの使節 (lú-kin-gi₄-a mu-ra-nu-um) (PDT 2, 959)。

1) のヤマディウム（国）がマルトゥであることは，「ヤマディウムのマルトゥであるドゥルカヌム」(Owen 1993, 182) や，「ヤマディウム（国）のマルトゥであるイピクレウ」(Amorites 21) と書く例があり，確証される。

2) のヤムトゥムは，マルトゥと明記されないが，ヤムトゥムがマルトゥ系氏族の名称でもあるので，マルトゥと考えることができる。ただし，この文書に記されたヤムトゥムは，氏族名でなく，3) と4) に挙げたエンギムムやムラヌムと同様に人名である。そのことは，ブチェラティが指摘したように (Buccellati 1966, 245)，史料であるドレヘム文書おいて，使節 (lú-kin-gi₄-a) は常に次の4類型で表示され，これらの形式は，ある人物から派遣されたことを示すのであり，都市や国の名 (GN) に直接結び付かないことから判断される。

 i) lú-kin-gi₄-a＋lú GN, 「マリの人（=支配者）の使節」
 ii) lú-kin-gi₄-a＋PN,   「（マルハシの支配者）ハシブアタルの使節」
 iii) lú-kin-gi₄-a＋PN lú GN, 「アンシャンの人（=支配者）ダジテの使節」
 iv) lú-kin-gi₄-a＋PN énsi GN「マガンの支配者ナドゥベリの使節」

使節は，都市や国を代表するのでなく，王や支配者から全権を委ねられた者，もしくは，王や支配者の手紙（言葉）を委ねられた者である。したがって，「ヤムトゥムの使節」とある場合，ヤムトゥム氏族の使節とは解せないのであり，ヤムトゥムは人名である。

3) と4) は，同一文書に記され，マルトゥたち (mar-tu-me) と括られる。これら使節を派遣したマルトゥの所在地がどこであったかを確認したい。

1) のヤマディウムの所在地については，ヤマディウムの使節が同道する者

から推測される。ウルの王への使節を派遣するとき，近接する国は使節を同道させた。ユーフラテス川上流部に位置する国については，マリとウルシュの2国，マリ，エブラ，ウルシュの3国，トゥトゥル，グブラ，エブラ，マリの4国の使節が同道する記録がある[261]。

ヤマディウムの使節は，マリやエブラとともに記録されるので[262]，マリより西の地域にあったことは確かである。ただし，ヤマディウムが，エブラに近いヤムハドあたりなのか，それともマリに近いバシャル地方なのかは，断定する材料がない。ヤマディウムの使節が記録されたのはシュルギ46年であるが，それから15年後のシュシンの4年には，ウルの王はシマヌムの反乱に加勢したティドヌンとヤマディウムの王と戦っており，ウルに敵対する存在であった。

ヤマディウムはシリア地方に比定されるが，2)～4)に挙げたヤムトゥム以下のマルトゥがどこを本拠地にしていたかは，確証が得られない。しかし，推測できる文書はある。2)のヤムトゥムの場合，マルトゥとしてシュメールの南部地域で活躍するナプラヌムなどと並んで記録されており（TCL 2, 5508），シュメール南部地方で活躍したマルトゥ集団の長と考えられる。

3)のエンギムムについては，エンギムムの貢納を記す直前にクアラ市の支配者を記す文書がある（RTC 29）。別の文書（Holma & Salonen 1940, no.21）では，エンギムムの貢納家畜をマルトゥであるナドゥベリの貢納家畜と合わせて，そのなかから複数のマルトゥに下賜している。エンギムムとナドゥベリは同時に貢納したのであろう。このナドゥベリは，貢納記録（DTCR 19）において，ギリタブやマラダの支配者とともに記録されている。これらを参照して本拠地を推定することができる。

エンギムムと同時に記録されたクアラ市はアッカド地方でも最も北に位置し，ディヤラ川とティグリス川の合流地点近くの都市である。したがって，エンギムムもアッカド地方の最北部に本拠があると推定される。ナドゥベリの場合は，

---

[261] Mari and Uršu (MVN 5, 116). Mari, Ebla, and Uršu (PDT 1, 594). Tutul, Gubra, Ebla, and Mari (AnOr 7, 99; MVN 5, 111).
[262] ヤマディウムとマリの使節にニップルで家畜が下賜された（Gomi 1980, no.10）。ヤマディウムのマルトゥであるイビクレイウ（i-bi-ik-ri-e-ú mar-tu i-a-ma-ti-um）とエブラの人とマリの人が，彼らの町に帰るとき（uru-ne-ne-šè gin-né），下賜された家畜が船に積まれて運ばれた（Amorites 21）。

アッカド地方のなかでも、中部ユーフラテス川寄りのマラダやギルタブの支配者と同時に記録されるので、ユーフラテス川流域のアッカド側と、可能性としてアラビア砂漠側もあるが、そうした地域を活動範囲とするマルトゥ集団の長であったと推定される。つまり、エンギムムもナドゥベリも、シリア地方を本拠にするのでなく、アッカド地方に本拠を置いたマルトゥと考えられる。

残る4)のムラヌムは、彼の息子の妻（é-gi₄-a）が王からロバを下賜されている（TRU 267）。息子の妻への下賜は特別なことである。王女がシマヌムやハマゼに降嫁したとき、その王女をエギアと称したように（Michalowski 1975）、ムラヌムの場合も王女を息子の妻としたのであろう。そうであれば、ムラヌムはウルの王家と結び付いたマルトゥということになる。しかし、本拠とする場所を推定するに足る文書は見付けられない。

ウル第三王朝時代におけるマルトゥの所在地の広がりをまとめれば、マルトゥは、原郷であるシリア地方だけでなく、中心地域であるシュメール・アッカド地方まで広く散在していたと推測され、さらには使節を派遣し得る政治主体としてのマルトゥ集団が、シリア地方だけでなく、中心地域に形成されていたことが明らかになる。

シュメールのマルトゥ観

ウル第三王朝時代におけるマルトゥの表現には特色がある。中心地域とその周辺に政治主体としてのマルトゥ集団が形成されたとしても、シリア地方のヤマディウムやティドヌンを除いて、地名もしくは氏族で表記しないことである。友好的なマルトゥ集団の長をナプラヌムなど個人の名によって表記することと同様に、使節を派遣してきたマルトゥについても、マルトゥ集団を率いる指導者の名によっている。「敵意あるマルトゥ」に至っては、敵対する周辺異民族と把握するのみで、マルトゥがどのような政治組織や指導者を戴いているかに関心を示していない。

ウル第三王朝側の対応がどうであれ、マルトゥが氏族的政治組織を有していたことは確かである。原郷であるシリア地方において、マルトゥは王に統治されたヤマディウムやティドヌンという国とも呼べる政治組織をすでに形成しており、この政体は氏族名で呼ばれているので、族長的社会組織が基礎にあった

と言える。

　ユーフラテス川下流域に広がったマルトゥも，すでに，族的関係で社会を形成していたことは，人名が持つ意味から推測される。使節を派遣してきたマルトゥの指導者ヤムトゥムの名は，氏族としてのヤムトゥムの意味にもなる。氏族に関係する人名としてはほかにもある（Steinkeller 2004）。a-bí-a-mu-ti「ヤムトゥムの族長」（TRU 267）や，a-bí-ti-ta-nu「ティドヌンの族長」（AUCT 1, 940）である。こうした人名があることから，ヤムトゥムやティドヌンは族長に統率された氏族として存在したと考えられる。

　ウル第三王朝時代のマルトゥについて先学の諸見解を，エステスが要約する（Estes 1997）。それによると，ファルケンシュタインは，ウル第三王朝時代までにマルトゥという用語はその民族的表示機能をほとんど失い，軍事的な編成を示すようになったと捉える（Falkenstein 1956）。ブチェラティは，マルトゥは軍隊の階級や編成の用語ではなく，あくまでも異民族を示すものと解した（Buccellati 1966）。エステス自身は，中間の立場を取り，軍事的機能も有し，族的表示でもあると述べる。ウル第三王朝時代の文書にマルトゥを明示することは，中心文明地域から見て異民族という区分はそのままであるにしても，王朝にとって有用な軍事要員であることを示す特殊な使われ方であるので，マルトゥを，民族を表示する機能でなく，華夷の区分による他者性を表示すると捉えれば，Estes の立場は穏当な見解である。問題はその先にある。

　ウル第三王朝は，多くのマルトゥを軍事要員として体制内に取り込んでおり，マルトゥの族的結合に無知であったとは思えない。それにもかかわらず，ウル第三王朝時代の行政経済文書に氏族名や族的呼称が表記されない。それが問題になる。族長や氏族をあえて記録しないのは，族長制を認めることができないという忌避の感覚が働いたからであろう。その忌避の感覚は，中心地域における王たる権威の源泉と遊牧民マルトゥの族長たることの正統性の原理が異なるところからくると推察されるので，前3千年紀のシュメール・アッカドの王が，王権の正統性をどのように位置付けたかを確認する必要がある。

　メソポタミアにおいて都市国家成立以来，王権は神から与えられると観念された。たとえば，ラガシュの支配者ウルカギナは「エンリル神の英雄たるニンギルス神がウルカギナにラガシュの王権を与え，36,000人のなかから彼の手

を取ったとき」(RIME 1, 261) のように，神から選ばれ王になったのであり，領域国家期の王ルガルザゲシは，「諸国の王エンリル神がルガルザゲシに国土の王権を授けた」と，最高神エンリルからの授与とする。王権の権威の源泉と王の正統性を，マルトゥの族長制のように血縁的な父系的系譜ではなく，神に選ばれ，神から付与されることに求めた。

王権を授かった王は，神に対して「奴僕」と卑下した表現を採る。ラガシュの支配者エンアンナトゥム1世は，ラガシュの王権を授けてくれたルガルウルカル神に対して，「彼（ルガルウルカル神）の強き奴僕」と称した（RIME 1, 182）。時代が下ったウル第三王朝時代の王碑文では，「ナンナ神，彼（ウルナンム）の主人」のように，神を主人として讃え，王自らは神に仕える奴僕であることを強調した。王碑文の定型として，王は，男性神であれば「彼（王）の主人 (lugal)」，女性神であれば「彼（王）の女主人 (nin)」と記した。

このように，神が王権に相応しい者を選び，指名することで，初めて王位に即くことができる。王に指名された者は，神に違うことなく誠実に行う義務を負う。指名と任務の忠実な遂行という意識は，神と王との間でのみ成り立っていたのではない。王が神に対して「奴僕」と称するように，臣下も，王に対して奴僕と称した。上位者による指名と，指名を受けた者が誠実に義務を遂行するという関係が，神を起点に，上は王から下は都市の役職者に至るまで縦の連鎖で貫かれる。

この関係は，神もしくは王のみが自由であり，ほかはその隷属者というような社会的階層を表現するのでなく，社会において一定の地位を占めることの正当性の源泉を手繰っていけば最高神エンリルや都市の最高神である都市神に行き着くという，都市社会を支える構成原理の正当性を示すことにある。

中心地域に住む者は，野蛮と見なした周辺地域に住むマルトゥの，文化を持たず，都市生活を知らないことを揶揄した。都市定住と遊牧生活が対比的に捉えられており，都市文明を享受するシュメール・アッカドの人々にとって，文化を持たない遊牧民マルトゥの族長制は正当性を生得的な血縁関係によってのみ認める野蛮な制度であり，正当性の根源を神に求める彼ら都市生活者の原則に反するが故に，認めることができなかった。

マルトゥ側から言えば，自らの族長体制をシュメール・アッカドの伝統的な

都市王権と対等な制度として認知させること，それがウル第三王朝崩壊後の前2千年紀におけるマルトゥの課題になった。

3　イシン・ラルサ王朝時代前期

マルトゥの頭領 rabiān MAR.TU（amurrim）

　前2千年紀は，ウル第三王朝の崩壊後に成立したイシン・ラルサ王朝時代に始まる（表25）。イシン・ラルサ王朝並立時代と言っても，ウルク，バビロン，エシュヌンナ，アッシュル，マリなどに独立王国が存在し，イシン・ラルサ両王朝とも基盤は弱かった。両王朝の王が，「イシンの王」や「ラルサの王」を名乗らないで，ときに，「ウルの王」を称し，王朝の正統性をウル第三王朝に求めたのは，そうした脆弱さによる。マルトゥに対する政策もウル第三王朝を継承して，イシン王朝の初代の王イシビエラは，硬軟両策を採った。

　イシン王朝の初代イシビエラは，エラムの侵入とウルの崩壊という非常事態になると，進んでマルトゥを自軍に入れ，ニップルやイシンの警護の任に就かせた[263]。エラムの侵寇が激化したイシビエラ治世16年（＝ウル第三王朝滅亡の1年前）には，「エラムを武器で打ち倒したときに」，38人を数えるマルトゥに贈物を与えた。マルトゥを活用するのであるが，この文書はすでに言及したように，そのなかの1人，ヤメスムが，『ラルサの王名表』に記される第2代ヤムスムと同一人物と考えられている。彼とは別に，イシビエラが贈り物を与えたマルトゥに，アブダエル（ab-de₄(te)-al）とその子ウシャシュム（ú-ša-šum）がいる。彼らは，エシュヌンナ出土の円筒印章からも知られる。

> 「ヌルアフム―ティシュパク神が愛する者，エシュヌンナの支配者が，彼の娘婿（emu）であり，アムル（マルトゥ）の頭領アブダエルの子であるウシャシュムに（この印章を）与えた。」（RIME 4, 486）

　この円筒印章は，シュメール語とアッカド語の違いがあるとしても，ウル第三王朝時代の下賜印章と同等の形式である。しかし，ウルの王が下賜した円筒印章では，王に対して「奴僕」とされ，従属者であることが強調されたが，エ

---

[263] イシンを警護するマルトゥ：šà-gal mar-tu ki en-nu-gá šà i-si-in-na (Ferwerda 1985, no. 16)。
　ニップルを警護するマルトゥ：e-li-ra mar-tu u₄ nibru^{ki}-šè u₄-da-DU-a (BIN 10, 118)。

表25　イシン・ラルサ時代の王

Isin		Larsa		Babylon		Uruk	Eshnunna	Mari
Išbi-Erra	2017	(Naplanum)					Nur-ahum	
		(Emisum)					Kirikiri	
Šu-ilišu	1984	Samium	1976				Bilalama	
Iddin-Dagan	1974						Išar-ramass	
Išme-Dagan	1953	Zabaya	1941				Usur-awassu	
Lipit-Ištar	1934	Gungunum	1932					
Ur-Ninurta	1923	Abisare	1905					
Bur-Sin	1895	Sumu-el	1894	Sumuabum	1894		Ipiq-Adad I	
Lipit-Enlil	1873			Sumulael	1880			
Erra-imitti	1868	Nur-Adad	1865				Šarriya, Warassa, Belakum	
Enlil-bani	1860	Sin-iddinam	1849	Sabium	1844	Sin-kašid	Ipiq-Adad II	
		Sin-eribam	1842					
		Sin-iqišam	1840					
Zambiya	1836	Silli-Adad	1835				Naram-Sin	
Iter-piša	1833	Warad-Sin	1834			Sin-gamil		
Ur-dukuga	1830			Apil-Sin	1830		Dannum-tahaz	Yagid-Lim
Sin-magir	1827	Rim-Sin	1822					Yahudun-Lim
Damiq-ilišu	1816			Sin-muballit	1812		Daduša	Šamši-Adad I
				Hammurapi	1792		Ibal-pi-El II	
								Zimri-Lim

　シュヌンナの下賜印章では，エシュヌンナの支配者ヌルアフムが，ウシャシュムを娘婿と書くように，「マルトゥの頭領」とされるアブダエルと縁戚関係，身内であることが強調される。マルトゥが政治的軍事的に一定の地歩を固めたのである。

　円筒印章を下賜したエシュヌンナの支配者ヌルアフムとは，ウル第三王朝最後の王イッビシンが受け取ったイシンのイシビエラの勢力拡大を伝える手紙 (Michalowski 2011, 440) で，キシュの支配者シュエンリル，ボルシッパの支配者プズルトゥトゥとともに地位を保全された「エシュヌンナの支配者ヌルアヒ」，その人である。当時，この地方に覇を唱えたのは，ウル第三王朝の王でなく，イシンのイシビエラであった。つまり，イシン王朝のもとで形成されつつある新しい政治秩序とは，イシンを頂点として，エシュヌンナなどの都市国家に加えて，「マルトゥの頭領」に代表されるマルトゥ集団が重要な政治主体として包含される体制であった (Stol 1976)。

　「マルトゥの頭領」の頭領と訳したラビアヌ (rabiānu) は「市長，頭目」が一般的な意味であり[264]，「マルトゥの頭領」とは，シュメール人やアッカド人

264　CAD R, 17: rabiānu, "mayor, headman".

でないマルトゥ人であって，マルトゥ集団を率いることができる者といった意味である。「マルトゥの頭領」は，都市支配者を示すエンシのように，一定の権力を有する者の称号として生み出された。「マルトゥの頭領（指導者）」は，西方セム系の遊牧民であるマルトゥ全体を支配する者ではないが，彼らのイニシアティブによってマルトゥ諸氏族の社会的自立化が進展する。

　エシュヌンナの支配者と「マルトゥの頭領」アブダエルとの関係は，両者が姻戚関係を結ぶことから見て，対等であった。むしろ，マルトゥの頭領アブダエルの方が上位にあったと見る方が適切かもしれない。アブダエルの死後，寡婦となったバットゥムが，エシュヌンナの支配者であるビララマに宛てた手紙で，「もしあなたが私の義理の息子であり，私があなたの義理の母であるならば，私はあなたの心にある。私を怒らせないように」(Whiting 1987, 51-56; Wu 1994, 15) と書き，対等以上の関係で要求を突き付ける。

　アブダエルの子ウシャシュムもビララマに宛てた手紙で，「私はあなたの兄ではないのか」(Whiting 1987, 27-28) と上位にあることを強調する。ウシャシュムは，ビララマの2代あとのエシュヌンナの支配者ウスルアワッスに対しても，「もし，あなたが私の息子であるならば」，私の要求通り為せと書く (Whiting 1987, 76)。

　ホワイティングは，エシュヌンナの支配者とアブダエルの家系の関係は，確認されるヌルアフムの王女がアブダエルの子ウシャシュムに嫁いだことのほかに，ウシャシュムの娘がビララマと結婚するという二重の姻戚関係を想定する (Whiting 1987)。確証されないが，両者が政治的に密接な関係にあったことは確かである。

　エシュヌンナの支配者の即位順序は，ヌルアフム，キリキリ，ビララマ，イシャルラマシュ，ウスルアワッスである。「マルトゥの頭領」アブダエルとその子ウシャシュムは，ヌルアフムの4代後のウスルアワッス治世まで，長期にわたって都市国家の支配者と同等かそれ以上の権勢を有していた。

　イシンの王イシビエラが贈り物を与えたアブダエルを含む38人のマルトゥのなかの1人，ヤムスムは，ラルサの王朝表において第2代に加上されたが，実際にラルサの王を名乗る政治的条件は未だ整っていなかった。そうであっても，ヤムスムは，南部地域において有力なマルトゥ集団を統率した者である。

イシビエラが協力を仰いだ 38 人のマルトゥは，ディヤラ地方から南部のラルサ地域までの広い範囲に散在するマルトゥ集団を率いる有力な指導者層であったと言える。このことから，ウル第三王朝時代に王に従ったマルトゥ集団の指導者，たとえばナプラヌムなども，たんなる「傭兵」ではなく，マルトゥの有力な指導層であったことが確認される。

　エシュヌンナの王が，ウル第三王朝時代のウルの王やイシンの王イシビエラと同様にマルトゥを軍事要員として活用したことは，ビララマかイシャルラマシュの頃に作成された文書から知られる (Gelb 1968)。この文書は 3 隊に分かれた合計 29 人のマルトゥを記録する。この文書を公表したゲルプは，彼らは，野営地 (bābtu) にあって族的に結び付いた集団であり，同族の居住地を巡って税の徴収や徴発を任務としたと解釈した。しかし，それは誤読である（前田 2010b）。

　この文書は，「合計 29 人のマルトゥ，町にいる者（[ur]u ki-a tuš-a-me＝町において任務に就く者）」の記録であり，具体的には，都市（エシュヌンナ）の市区（bābtu）に配置され，城門を守備するマルトゥの 10 人隊に生じた欠員の補充記録である。エシュヌンナの支配者はマルトゥを直属の城門守備隊に編成した。

　この文書では，「マルトゥの頭領」のような集団の長を明示しない。「マルトゥの頭領」の地位が明確化したこの時期においても，王に直属するマルトゥが存在したことになる。

「マルトゥの頭領」と都市国家

　「マルトゥの頭領」の出現は，シュメール・アッカドの伝統的世界にマルトゥ集団を独自の社会組織として認知させる第一歩であり，一つの画期と捉えることができる。ウル第三王朝の王やイシン王朝初代の王イシビエラは，マルトゥの有力指導者に軍事力の一翼を担わせた。周辺異民族＝「蛮族」として疎外されてきたマルトゥは中心地域での居場所が認められた。軍事力を担ったマルトゥの有力指導者が「マルトゥの頭領」を名乗ることは，「マルトゥの頭領」が率いる政治体としてのマルトゥを認知させ，共同歩調を取るメソポタミアの王や都市支配者の後押しによって，マルトゥ諸集団の社会的地位をさらに高め

る役割を果たした。

　「マルトゥの頭領」アブダエルの子ウシャシュムが書いたと推定されるビララマ宛の手紙（Whiting 1987, 48-49）で，アブダエルの葬礼に，すべての国の使節とすべてのマルトゥが集うので，「マルトゥの前で名望を高めるために」，金銀銅の杯を送ってくれるよう要求する。別の有力なマルトゥであるウスエの子イルムルワタルがビララマ宛に出した手紙で，彼の兄弟が死亡し，その葬礼用に，良き武器を送ってほしいと要求する。それは，「マルトゥが知る」ところと述べる（Wu 1994, 18）。

　「マルトゥの頭領」の葬礼に「すべてのマルトゥが集う」ように，マルトゥ諸集団の連携関係のなかで，それぞれの「マルトゥの頭領」は，優位な地位を占めることを望んだ。ウシャシュムが父アブダエルの葬礼において有力な族長の正当な後継者であることを強調したのもそのためであろう。有力な「マルトゥの頭領」の地位を得るのに有効であったのが，エシュヌンナのような有力都市との強い結び付きであった。

　マルトゥ諸集団は，マルトゥとしての一体感を有するとしても，常に共同歩調を取るのでなく，それぞれ独自に行動した。エシュヌンナの支配者ビララマは，「マルトゥの頭領」アブダエルとその後継者や，別の有力マルトゥであるウスエとの関係を維持しつつも，ほかのマルトゥ諸族と戦わざるを得なかった。ビララマの年名には，「アシャイッビシンのマルトゥを打ち倒した年」，「イッシュルのマルトゥを破った年」，「カイバウムのマルトゥを打ち倒した年」があり，都市を拠点とする近隣のマルトゥと争い，それを破った（Wu 1994, 18-19）。

　年名「イッシュルのマルトゥを破った年」の別表現として，「マルトゥがイッシュルの統治権（bal）をビララマに与えた年」がある[265]。この表現は，シュメールの伝統からは逸脱する。伝統的な王権観では，都市神が都市の支配権に相応しい者を選び，授けるのであり，人が統治権をほかの人に譲るような表現は採り得ない。王権が都市と都市神と強固に結び付いていた前3千年紀のシュメールとは相違して，マルトゥは新参者として都市の支配に関与した。

265　mu mar-tu bal i-šur^{ki} bi-la-la-ma-ra mu-na-an-sum（OIP 43 date 65; Wu 1994, 18）．

年名に挙がるマルトゥは,「マルトゥを征服した年」や,「マルトゥの頭を拳で打った年」(Wu 1994, 18-19) のように,単にマルトゥと表記される場合もあるが,イシュッルやカイバウムのように地名が付される場合もある。マルトゥはディヤラ地方の都市で実権を掌握したのであり,そのマルトゥ勢力を率いるのが「マルトゥの頭領」である。ディヤラ地方から出土した碑文に,「マルトゥの頭領」が多く見受けられる。

ディニクトゥ市:「イトゥルシャッルム,ディニクトゥのマルトゥの頭領,イリ[ ]の子」[266]

ディニクトゥ市:「シンガミル,ディニクトゥのマルトゥの頭領,シンセリの子」[267]

バティル市:「アヤブム,ア−某の子,バティル(市の)[マルトゥ]の頭領」[268]

メトゥラン市:「アリムリム,ヤバアの子,マルトゥの頭領が,メトゥランの城壁を造った」[269]

筆者は,これらすべてをイシン・ラルサ王朝時代前期の碑文と捉えている。「マルトゥの頭領」は,ディヤラ地方のマルトゥだけでなく,シュメール地方においても,ラルサ王朝の王が,第4代の王ザバヤをはじめとして (RIME 4, 112)。第6代の王アビサレも,先代のグングヌムと同様に「ウルの王」や「ラルサの王」を名乗るが,「マルトゥの頭領」も採用した (RIME 4, 122)。アビサレの臣下は,円筒印章で,アビサレを「マルトゥの頭領」と形容した[270]。アビサレの治世は前20世紀後半から前19世紀前半である (表25,280頁)。

---

266 *i-túr-šar-ru-um, ra-bí-an* mar-tu, *ša di-ni-ik-tim*, dumu *i-li-*[ ] (RIME 4, 683). セリによれば,イトゥルシャッルムはエシュヌンナの王イピクアダド1世と同世代である (Seri 2005, 55-56)。

267 ᵈsuen-*ga-mi-il, ra-bí-an* mar-tu, *ša di-ni-ik-tim*ᵏⁱ, dumu ᵈsuen-*še-mi* (RIME 4, 684-5). シンガミルを,セリはバビロン王ハムラビ治世の早期に置く (Seri 2005, 57)。この時期の手紙に,ディニクティムの王 (lugal) としてのシンガミルが登場するからである。「マルトゥの頭領」でなく,王 (lugal) と表記されるので,両者は,同名異人と考えることもできる。「マルトゥの頭領」を名乗るシンガミルは,形式が相似する碑銘を残すイトゥルシャッルムと同時期に,すなわち,約1世紀早く置くべきであろう。

268 *a-ia-bu-um*, dumu *a-xxx, ra-bí-an* [mar-tu], *ša ba-ti-ir* (RIME 4, 701). マルトゥの部分が欠損するが,「マルトゥの頭領」と読むことに問題はない。

269 *a-ri-im-li-im*, dumu *i-ba-a-a, ra-bí-an* mar-tu, BÀD-*am, ša me-tu-ra-an*ᵏⁱ, *i-pu-uš* (RIME 4, 700). アリムリムはバビロン王スムラエルと同時代に活躍したと考えられている (Seri 2005, 57)。

マルトゥの自立化として見た場合，前2千年紀になって，政治的に勢力を拡大したマルトゥは，シュメール・アッカドから見た他称であるマルトゥを自称として，政治的な力を「マルトゥの頭領」という称号で示すことになった。前20世紀に，「マルトゥの頭領」を採用したことが，マルトゥの族的社会を中心地域において認知させる第一歩になった。

4　前19世紀後半の変化

族長制

　前2千年紀初頭，前20世紀から前19世紀前半までのマルトゥが「マルトゥの頭領」を戴く集団を形成したことに特徴があるとすれば，前1850年以後は，マルトゥの族長体制がシュメール・アッカドという文明の中心地域において認知された時期である。そのことは，碑文や文書に，氏族長の称号，氏族の名称，それに族長権の継承が現れることで確認される。

　氏族の長や王を名乗るのは，前19世紀後半の「シンカシド，強き者，ウルクの王，アムナヌムの王」(RIME 4, 440-464) が早い例に属する。シンカシドはアムナヌム族の族長 (ad-da) でなく，王 (lugal) を名乗る。シンカシドの2代後のウルクの王シンガミルも，「アムナヌムの王」を名乗った[271]。

　ラルサ王朝では，クドゥルマブクの子ワラドシンとリムシンが王になったが，クドゥルマブク自身は，「マルトゥの族長」，「ヤムトバルの族長」を名乗った[272]。「マルトゥの頭領」から族長への変化と軌を一にして，マルトゥ一般ではなく，アムナヌムやヤムトバルというマルトゥの氏族が表現され，政治的な活動主体になったことが注目される。

　都市と氏族を並列する表現は，マリ文書にもある (Kupper 1957, 31)。マリ

---

[270]「ダンニヤ，理髪師の長，マルトゥの頭領アビサレエの奴隷 (*dan-ni-ia*, ugula šu-i, ir *a-bi-sa-re-e, ra-bí-an* mar-tu)」(RIME 4, 128)。
[271]「シンガミル，強き者，ウルクの王，アムナヌムの王，シンイリバムの子 ([^{d}su]en-*ga-mi-il*, nita-kala-ga, lugal unu^{ki}-ga, lugal *am*-[*na*]-*nu-um*, [dumu ^{d}su]en-*i-ri-ba-am*)」(RIME 4, 66)。
[272]　ラルサ王であるワラドシンは，父クドルマブクを「マルトゥの族長」でなく，「ヤムトバルの族長」と明記する。それに対して，彼が，ラルサの王でなく，「ウトゥ神 (ラルサの都市神) のエンシ」を称号とするときは，「マルトゥの族長クドルマブクの子ワラドシン」と表現し (RIME 5, 256)，ラルサの王となるために必要な，ヤムトバルの族長権継承を意識した使い分けがあったと考えられる。

の王ヤフドゥンリムが同盟したラウム，バフルクリム，アヤルムの3人は，それぞれ「サマヌムとウブラブムの国の王」，「トゥトゥルとアムナヌムの国の王」，「アバットゥムとラップの国の王」を名乗り，ウブラブム，アムナヌム，ラップが氏族名である。従来からの定住者と，新しく入り込んだ遊牧民族が活躍する範囲を示すのであろうが，同時に，都市の政体と族長体制を採る遊牧民との差を示す政治的な区分でもある。メソポタミア中心地域とマリ以西とは異なった政治環境であり，マルトゥは異なった組織化を図っていた。それがここに来て，相似する政治体制を持つようになった。

　前3千年紀最後のウル第三王朝時代からの変化をまとめれば，次のようになる。ウル第三王朝時代には，マルトゥに氏族や地域を示す名称が付されていなかった。前2千年紀に入ると，マルトゥの有力層が「マルトゥの頭領」を名乗ることになり，前19世紀も後半になると，氏族的な自己意識と，社会的・政治的な集団としての氏族が認知されるようになった。氏族の長としてのad-da/ abu（族長）を名乗ることで，「マルトゥの頭領」よりもさらに拡大した族的集団が意識されたのであり，それだけ，マルトゥにおける族的な結合関係が明確になり，政治的にも大きな影響を持つようになった。

　前19世紀後半とそれ以前の時代との相違は，次に示す手紙の対比で明らかになる。前19世紀前半に書かれた一つの手紙は，バビロンのスムアブム（前1894–1881年）が「マルトゥの頭領」たちと同盟を結ぶ集会を持ったことを伝える。

> 「ベールーとイズィーに言え。イクンピシャが述べること：マルトゥの集会に私は行き，そこで（集会に）列席した。マシュパルムとスムンアビヤリムは（バビロンの王）サムアブムと同盟を結んだ。――。」（Wu 1994, 28）

　ここでは，単にマルトゥの集会（ana puḫrim ša amurrīm）とあり，スムアブムが同盟を結ぶ相手は個人名で示されるだけで，氏族名や族長を明示しない。彼らは「マルトゥの頭領」であったと考えられる。この前19世紀前半の手紙と比較できる前19世紀後半の手紙がバビロン王シンムバリト（前1812-1793年）宛のウルクの王アンアムの手紙である（Falkenstein 1963）。この手紙から，前19世紀後半でもなお，バビロンが周辺のマルトゥ諸族との同盟関係によっ

て維持されていたことが理解される。異なるのは,「私に届いたところのアムナン—ヤフルルの軍隊の事柄について」とあるように,同盟者は単なるマルトゥでなく,より強大なアムナン—ヤフルル氏族であり,政治主体としての氏族制が明確になっていたことである。

アンアムの手紙が主題とするウルクとマルトゥの同盟について,ホワイティングは,ウルクの王アンアムはシンムバリトに,「(ウルクとバビロン)ともに(マルトゥの)アムナン—ヤフルル部族の出自であることが相互援助の基盤であるとほのめかしている」と解釈した(Whiting 1995, 1239)。彼に従えば,同族であることが諸都市の同盟関係を規定したと捉えることができる。そうした面は否定できない。しかし,彼が言う,相互援助とは,「ウルクとバビロンは一つの家」という言い回しで表現されることであろうが,このテキストを公刊したファルケンシュタインは,これを,ウルクのシンカシドがバビロンの王スムイルの王女を妃とした事例を根拠に,ウルクとバビロン両王家の姻戚関係が暗示されたものと捉えた(Falkenstein 1963, 66)。ファルケンシュタインの見解を取りたい。手紙は,ウルクとバビロンは姻戚関係にあることで同盟し,この2都市が,アムナン—ヤフルル氏族との軍事関係をどうするかが問題になっているのだろう。

すでに述べたように,シンカシドが有力都市ウルクに入り,王になった頃には,アムナヌム氏族制は拡大・強化され,「マルトゥの頭領」でなく,アムナヌムの王(ルガル)を名乗ることができるようになっていた。バビロンもしかりであり,このように,シュメール・アッカド地方において,イシン・ラルサ時代後半にマルトゥの氏族制が社会制度として整備され,強大化する過程を認めることができる[273]。

---

273 時代の設定では,シッパル出土の円筒印章銘にある「スムシャマシュ,アビルシンの子,アムナンとシャドラシュの頭領」(RIME 4, 697)が問題になる。セリによれば,この印章は,バビロン王シンムバリト治世とハンムラビ治世にかけての文書に押される。シャドラシュ市に本拠を置くアムナヌム氏族の長,もしくはその氏族に属する頭領がスムシャマシュであろうが,ここでは,「頭領」を名乗り,未だ族長(アッダ)を名乗っていない。したがって,この印章が押された時期がシンムバリトからハンムラビ治世であれば,ここで提示している「頭領」か

族長と都市国家の王

　前19世紀後半に明確になった族長制を裏付けるのが，年名における即位年の表記の変化である。シュメール以来の伝統では，治世1年は「某が王（になった）年」のように，即位を示すだけであった。それに対して，19世紀後半から，即位の年を，父の家を継承すると表現するようになる。

　即位年を父の家の継承と表記することは，前2千年紀でも，イシン・ラルサ王朝の年名にはなく，バビロン第一王朝のサビウムの年名が最も早いと思われる（Horsnell 1999）。

　　サビウム（前1844-1831）：「サビウムが彼の父の家に入った年」
　　アピルシン（前1830-1813）：「アピルシンが彼の父の家に入った年」
　　シンムバリト（前1812-1793）：「シンムバリトが彼の父の家に入った年」

サビウム以後のアピルシン，シンムバリトも父の家を継承することで即位を示した。バビロン以外では，エシュヌンナにおいて，即位の年名が不明な第15代イピクアダド2世を除いて，第11代以降のエシュヌンナの支配者が椅子＝王座を占めることで即位を表現した（Wu 1994）。とりわけ，第16代ナラムシン以降の王は，即位を父の家の継承として表現した。

　　「(第11代) エシュヌンナの支配者シャリアが椅子（王座）を占めた年」
　　「(第12代) エシュヌンナの支配者ワラッサが椅子（王座）を占めた年」
　　「(第13代) エシュヌンナの支配者ベラクムが椅子（王座）を占めた年」
　　「(第14代) イバルピエル1世が椅子（王座）を占めた年」
　　「(第16代) ナラムシンが彼の父の家の椅子を継承した年」
　　「(第17代) ダンヌムタハジが彼の父の家に入った年」
　　「(第18代) 王であるダドゥシャが彼の父の家の椅子を継承した年」

　さらに，前18世紀の例となるが，マリのジムリリムの letter prayer にも同様の表現が見られる。

　　「我が主が父の家の椅子に登ったとき
　　ダガン神とアダド神は（玉座の）基台を固めた
　　アンとエンリル神は王権と王朝を指名した。」（Charpin 1992, 13）

ら「族長」への移行が前19世紀であることからは，例外になる。むしろ，「マルトゥの頭領」から族長制への移行を基準にして，前19世紀前半の印章と捉えるべきと考える。

王位という公的なことを，父の家を継承するというシュメールの伝統では私的なことで体現することは，族長的な体制と関係する。前19世紀後半が，シュメール・アッカド地方で活躍するマルトゥの族長体制が社会的に認知された時期と捉えることができる。

5　ハンムラビ時代

ハンムラビのマルトゥ認識

　本章冒頭で述べたように，アンミツァドゥカの徳政令において，マルトゥがアッカド人と併記され，アッカド人と同等に扱われるようになったこと，それは，前節で述べたように，前19世紀後半に氏族制を背景としたマルトゥの族長制が，シュメール・アッカドの伝統が息づく社会において認知されたことを受けて，伝統的価値観を凌駕したことを示す。アンミツァドゥカ以前のハンムラビ治世において，それが始まっていたのかどうかを検証したい。

　マルトゥの王朝であるバビロン第一王朝第6代ハンムラビが即位した時点で，バビロンは有力な勢力であったとしても最大勢力ではなかった。マリ出土の手紙に，「バビロンのハンムラビに従うのは10から15の王，それと同等数のものがラルサのリムシンや，エシュヌンナのイバルピエル2世や，カトナのアムトピエルに従っている。それに対して，（マリが同盟関係にある）ヤムハドのヤリムリムに従うのは20の王である」とあり（Dossin 1938, 114），当時の勢力分布が理解できる。ただし，この手紙はヤムハドと親密な関係にある，もしくは親密な関係を保持しなければならないマリの立場から書かれているので，字句通りにヤムハドが最も強力な国家であったかどうかは，早計に判断できない。

　ハンムラビが即位したとき，北にシャムシアダドのアッシリア，南にリムシンのラルサという強国が存在し，バビロンの勢力範囲はディルバト，シッパル，キシュ，ボルシッパに限られていた。ハンムラビがほかの有力諸国を順次征服しメソポタミアを統一する機会は，アッシリアのシャムシアダドが死亡したことで生じた国際情勢の急激な変化によって訪れた（van de Mieroop 2005）。マリはアッシリアから離反し，シャムシアダドに追われていたジムリリムが返り

咲いた。エシュヌンナもアッシリアから離反したが、アッシリアがエラムと同盟を結ぶに至ると、エシュヌンナはアッシリア・エラム連合の側についた。ハンムラビは、前1764年に、この連合軍を破り、勢力を削いで、統一への動きを加速させた。

まず着手したのがラルサ遠征である。ハンムラビ治世30年（前1763年）、ラルサを征服した。それによって、ラルサ支配下のイシン、ウル、ウルク、ニップルなどのシュメールの諸都市がバビロンの領域になった。次の年、再びアッシリア連合を打ち破り、エシュヌンナを征服し、アッシリアの勢力を弱めた。そのことで、マリとの同盟は意味を失い、治世33年（前1760年）にマリを征服した。前1755年にはアッシュル市を攻め、それを落としたことで、統一が達成された。ハンムラビが征服したのは、エシュヌンナを除く、ラルサ、マリ、アッシリアすべてがマルトゥの王朝であった。

ハンムラビは、ウル第三王朝崩壊後に、初めて、シュメール・アッカド地方の統一を果たした王である。彼は、前3千年紀最後のウル第三王朝時代に完成した理念を継承する。『ハンムラビ法典』は、ウル第三王朝の『ウルナンム法典』、次のイシン王朝の『リピトイシュタル法典』を継承しており、ウル第三王朝以来の伝統のなかで作られた。

法典の前文に記された王権授与は、アヌ神とエンリル神がバビロンの都市神マルドゥク神に地上の支配権を承認しバビロンに王権を与えたとあり、『ウルナンム法典』と『リピトイシュタル法典』と同じ、都市と都市神に王権が授与されるという理念を表明する。王権授与を記したあと、法典前文に支配領域を誇示するように都市を列挙することも、都市国家的伝統の反映である。そこに挙がる都市は、

「（私、）ハンムラビ、牧者、エンリル神に召された者、富と豊かさを積み上げた者、「天地の結び目」ニップルのためにすべてを完成した者、（エンリル神の主神殿）エクルの敬虔な扶養者。」

のように、ニップルから始まる。以下、次のように並ぶ（中田1999, 172-173）。

ニップル（エンリル）	シュメール	七大神
エリドゥ（[エンキ＝エア]）	シュメール	七大神
バビロン（マルドゥク）	アッカド	エンキの子、エンリルの後

		継神
ウル（シン＝ナンナ）	シュメール	七大神
シッパル（シャマシュ）	アッカド	七大神
ラルサ（シャマシュ）	シュメール	七大神
ウルク（アヌ，イシュタル）	シュメール	七大神
イシン（［ニンイシンナ］）	シュメール	（＝イナンナ神と同格）
キシュ（イシュタル）	アッカド	バビロン固有の勢力圏
クタ（エラ）	アッカド	バビロン固有の勢力圏
ボルシッパ（トゥトゥ）	アッカド	バビロン固有の勢力圏
ディルバト（ウラシュ）	アッカド	バビロン固有の勢力圏
ケシュ（ニントゥ）	シュメール	
ラガシュ（［ニンギルス］）	シュメール	
ザバラム（イシュタル）	シュメール	
カルカル（アダド）	シュメール	
アダブ（［ニンフルサグ］）	シュメール	（七大神？）
マシュカンシャピル（［　］）	アッカド	
マルギウム（ダムガルヌンナ）	ディヤラ	
マリ，トゥトゥル（ダガン）	ユーフラテス川中・上流域	
エシュヌンナ（ティシュパク）	ディヤラ	
アッカド（イシュタル）	アッカド	
アッシュル（アッシュル）	ティグリス川流域	
ニネヴェ（イシュタル）	ティグリス川流域	

　ハンムラビの都市の挙げ方には特徴がある。王都であるバビロンが最初に書かれるべきであるのに，そうでなく，最高神エンリル神の都市ニップルと，三大神の一つエンキ神の都市エリドゥを挙げたあと，バビロンは三番目である。バビロンの都市神マルドゥクが系譜的にエンキ神の子とされることから，エンリル神とエンキ神のあとに置かれた。政治的もしくは地理的な視点で順序立てられるのでなく，神々の位階や系譜に従った並びである。

　神々に関しては，シュメール・アッカドの伝統では，運命を定める大神が区別され，七大神とされた。ハンムラビは，最初に七大神が都市神である有力都

市を並べ，そのあとに，バビロン固有の勢力圏にある都市を置き，次にシュメールの諸都市を並べる。シュメール諸都市と対比されるバビロン固有の勢力圏とはアッカド地方にほかならない。最後の部分で，ハンムラビが統一の最終段階に征服したユーフラテス川中・上流地域やディヤラ流域，そしてアッシリア地方のような遠隔地の都市を置く。シュメール・アッカド地方に続いては周辺地域を並べるので，文明の中心シュメール・アッカドの意識がなお強く維持されていたことは確かである。

　こうした都市と都市神を列挙することは，都市神と深く結び付いた都市の独自性を承認することであり，統一を果たしたバビロンもそうした都市の一つと意識された。都市国家的伝統が強固に存続し，王都は，神々が定めた秩序を，都市神の加護のもと，この地上に実現するための執行権を有する者と見なされていた。

「マルトゥのすべての地の王」

　シュメール・アッカドの伝統を継承することは，ハンムラビが王碑文に記した王号にも見て取れる。ラルサの都市神ウトゥの神殿建設を記した碑文で，ハンムラビは，ラルサを征服することで，中心地域全土の支配を標榜する伝統的な王号「シュメールとアッカドの王，四方世界の王」(RIME 4, 351) を採用した。「シュメールとアッカドの王」は，ウル第三王朝初代の王ウルナンムが初めて名乗り，イシン・ラルサ両王朝の王が使用した。ハンムラビは，同時にウル第三王朝時代に典型であった「四方世界の王」も復活させ併記した。シュメールとアッカドの伝統を継承する意図があったと考えられる。ハンムラビが王碑文でシュメール・アッカドの神々の恩顧を強調することも，シュメール以来の伝統である。

　伝統を継承したとはいえ，ハンムラビが併記する「シュメールとアッカドの王」と「四方世界の王」は，伝統的な使い方では，並立不可能であるアッカド王朝の王ナラムシンが初めて名乗り，以後中断していた「四方世界の王」を，シュルギが復活させたのは，前王ウルナンムが称した「シュメールとアッカドの王」が示すシュメールとアッカドという中心地域の支配を超えた，より広い全世界の支配を宣言するためであった。

つまり,「シュメールとアッカドの王」と「四方世界の王」は,本来,二者択一的なものであり,併記することはできなかった。それをハンムラビは並記した。伝統を継承するとしても,時代の変化のなかで,本来の使用法とは異なる利用が試みられた。

ハンムラビの子サムスイルナは,「サムスイルナ,強き王,バビロンの王,四方世界の王,エンリル神が四方世界を支配するために与え,彼ら(を統御するため)の鼻綱を委ねたとき」(RIME 4, 373)のように,全世界を示すために「四方世界の王」を使った各種の王号を併記するというハンムラビの用法も継承され,たとえば,サムスイルナの子アビエシュは,「強き王,バビロンの王,シュメールとアッカドの王,四方世界の王」(RIME 4, 405)と名乗った。

ハンムラビに戻れば,マリ征服後の碑文に記される王号に変化がある。マリ攻略を記して「マリとその周辺都市を占領し,その城壁を破壊し,国土を瓦礫の山と廃墟にしたとき」と書く碑文において,

「強き王,バビロンの王,すべてのマルトゥの地の王 (lugal da-ga-an kur mar-tu),シュメールとアッカドの王。」(RIME 4, 346)

のように,「すべてのマルトゥの地の王」が付加される[274]。ハンムラビがマリを征服したことで,「すべてのマルトゥの地の王」が採用され(大西2009),ハンムラビのほかの碑文においても多く書かれる。

1) 「ハンムラビ,強き王,バビロンの王,マルトゥのすべての地の王,シュメールとアッカドの王。」(RIME 4, 343)

2) 「ハンムラビ,強き王,バビロンの王,マルトゥのすべての地の王,シュメールとアッカドの王,四方世界を平安にせし王。」(RIME 4, 344)

3) 「ハンムラビ,彼の国土の神,アン神が王権の威光で包みし者,エンリル神が大いなる運命を定めし者,神々の命令に従順な者,スムライルの王統に連なる者,シンムバリトの強き後継者,永遠なる王権の種子,

---

[274] 「シュメールとアッカド」と「マルトゥ」で支配領域を示すことは,すでに,ラルサ王朝第6代の王グングヌムの王碑文に,「アン神とエンリル神が,ウトゥ神に,(この神が都市神である)ラルサにおいて,シュメールとアッカドの王権と,クルたるマルトゥの牧夫権を完全足らしめるために(与えた)とき」という例がある(CUSAS 17, 96)。ウル第三王朝の伝統を継承するイシン王朝に対抗してシュメールとアッカドの王権を掌握したことと,自らの出自であるマルトゥ諸族に対する支配の宣言になっている。

強き王，バビロンの王，マルトゥのすべての地の王である。」(RIME 4,
　　344-345)
　ただし，ハンムラビ法典碑はマリ征服後に造られたが，「強き王，バビロンの太陽，シュメールとアッカドの地を輝かすバビロンの太陽，イシュタルの寵愛を受け四方世界を服従させた王」を名乗るのみで，「マルトゥのすべての地の王」を挙げていない。法典は，シュメールの伝統にそって作られたのであり，異民族マルトゥを表面に出さないためであろう。
　新しく領土となったシリア地方を，ハンムラビは「マルトゥのすべての地」と呼ぶ。ハンムラビの3代後の王アンミディタナは，ハンムラビ以後の王が使用しなかった「マルトゥのすべての地の王」を復活させた。
　　「アンミディタナ，強き王，バビロンの王，キシュ市の王，シュメールと
　　アッカドの王，マルトゥのすべての地の王。」(RIME 4, 411)
　このアンミディタナの王号の使い方は，実態を現すというよりも，多くの王号を並べることが，王の権威の誇示となっているのであろう。
　本来ハナを名乗るマリ以西の地を，シュメール・アッカド的なマルトゥで表示するという変化は，イシャルリムの称号「マルトゥの頭 ($šāpir$ MAR.TU)」にも反映する。イシャルリムはアッシリアの王シャムシアダド1世に仕え，王の死後，その子イシュメダガンに仕えた将軍であるが，のちにハンムラビの陣営に下り，ハンムラビがマリを征服したあと，マリ市政の最高責任者になったと推定されている (van Koppen 2002; Durand 1991)。彼は，新しくハンムラビの領域に組み込まれたマリなど西方セム系の人々の住む地を，ハナという現地の用語でなく，シュメール・アッカドの用法でもって，「マルトゥの頭」を名乗った。
　このように，ハンムラビの王碑文にある「マルトゥのすべての地の王」のマルトゥとは，ティグリス・ユーフラテス下流域のシュメールとアッカド地方に対して，中流から上流の地域を指す地理的区分と解される。ただし，「マルトゥのすべての地の王」がマリ征服によるシリア地方の支配を意味するにしても，たとえば，先に示したハンムラビの王碑文の3) では，「マルトゥのすべての地の王」だけを名乗り，「四方世界の王」や「シュメールとアッカドの王」を挙げない。しかも，スムライルの家系という出自が記されており，マルトゥ

の族的側面を強調した表現になっている。この場合のマルトゥは，地理的区分というよりも，マルトゥ系であるハンムラビ王家の出自を強調して，すべてのマルトゥ諸族を支配する者を表すと考えられる。バビロン王がマルトゥの王を強調することは，イトゥルアシュドゥムが，ハンムラビの長寿を願って，アシュラトゥム神に捧げた碑文からも知られる。

「アシュラトゥム神に，――，マルトゥの王ハンムラビの生命のために，シラック川の頭領（ラビアン）で，シュバンイランの息子であるイトゥルアシュドゥムが（奉納した）。」(RIME 4, 359-360; Stol 1976, 83)

この奉納碑文では，ハンムラビを「マルトゥの王」とのみ形容し，「バビロンの王」とも「シュメールとアッカドの王」とも形容しない。捧げる神アシュラトゥムは，アムル（マルトゥ）神の妻である。奉納者イトゥルアシュドゥムは，「シラック川の頭領（ラビアン）」を名乗るマルトゥであり，マルトゥとしての一体感をもってハンムラビを見ていた。

つまり，ハンムラビが称した「マルトゥのすべての地の王」とは，ユーフラテス川上流部という地理的呼称の使い方であるとともに，マルトゥ諸族の総体を一括して支配したいという願望が示される。それは，マルトゥを，都市国家的伝統に生きる者（シュメールとアッカド）との対比で，族長体制下に生きる者と捉えることでもある。したがって，冒頭で示したアンミツァドゥカの徳政令が「アッカド人とマルトゥ人」を対象にしマルトゥ人をアッカド人と同列に扱うようになる基礎は，ハンムラビ時代に成立していたと考えることができる。

前20世紀まで使用された「マルトゥの頭領」は，ハンムラビ時代に例を見なくなる。一方，ハンムラビ治世になると軍事組織の最上位が「ウグラ・マルトゥ（UGULA.MAR.TU）」と呼ばれるようになる（Landsberger 1955）。この「ウグラ・マルトゥ」と「マルトゥの頭領」を同等の称号として扱う場合があるが，いちがいにはそうは言えない。

「ウグラ・マルトゥ」の初出がハンムラビの治世後半であることから（Voth 1982, 117-8），それが，ハンムラビのラルサ征服による全国統一と関連して新規に作られた称号であると考えられる。「マルトゥの頭領」と「ウグラ・マルトゥ」の関係を次のように考えたい。

先に示したエシュヌンナの手紙にあるように，前20世紀では，バビロンは

「マルトゥの頭領」たちとの同盟によって力を付けた。前19世紀後半になっても，引き続きマルトゥ諸族との関係は続いた。ハンムラビがラルサ征服によってシュメール・アッカド地方の統一を完成させると，今まで有効に使ってきたマルトゥ諸族の軍事力を削ぐために，自己の軍事組織に編入して直接的支配のもとに置いた。そのとき，ハンムラビは，直属のマルトゥ集団の長に，族的な結合関係を基礎にしたラビアン（頭領）でなく，バビロン王の統率下の軍隊組織の位階の一つとして，たんに集団の長を意味するUGULAなる名称を与え，UGULA MAR-TUとした。さらに王領地から封地を与えることで，遊牧的族長体制の弱体化を図った。

「ウグラ・マルトゥ」をこのように捉えることができるので，族的な関係を背景にした呼称である「マルトゥの頭領」と，ハンムラビの軍事組織の最高位にある「ウグラ・マルトゥ」とは根本的に異なるとすべきであろう。

アンミツァドゥカの民族観

アンミツァドゥカは，徳政令のなかでアッカド人とマルトゥ人を並記した。その彼が自らの出自をどのように見ていたか，もしくは彼の民族観を窺い知る文書が残る（Finkelstein 1966）。この文書を初めて公刊したフィンケルスタインの論文が，「ハンムラビ王朝の系統譜」と題されたように，バビロン第一王朝の歴代の王の名とマルトゥ諸族の名祖を系譜にまとめて記録される。

1) *a-ra-am-ma-da-ra,*   2) *tu-ub-ti-ia-mu-ta*
3) *ia-am-qú-uz-zu-ḫa-lam-ma ,*   4) *ḫe-a-na*
5) *nam-zu-ú,*   6) *di-ta-nu*
7) *zu-um-ma-bu*   8) *nam-ḫu-ú*
9) *am-na-nu,*   10) *ia-aḫ-ru-rum*
11) *ip-ti-ia-mu-ta*   12) *bu-ḫa-zu-um*
13) *su-ma-li-ka*   14) *aš-ma-du*
15) *a-bi-ia-mu-ta*   16) *a-bi-di-ta-na*
17) *ma-am?-* [   ]   18) *šu-x-ni?-* [   ]
19) *da-ad?-* [   ]
20) *su-m*[*u-a-bu-um*]   21) *su-mu-la-*[*il*]

22) *za-bi-um*　　　　　　　　23) *a-píl*-ᵈsuen
24) ᵈsuen-*mu-ba-li*-[*iṭ*]　　25) *ḫa-am-mu-ra-b*[*í*]
26) *sa-am-su-i-lu-na*　　　　27) *a-bi-e-šu-*[*uḫ*]
28) *am-mi-di-ta-*[*na*]
29) bal érin mar-[tu],　　　　30) bal érin *ḫe-a-na*,
　　　　　　　　　　　　　　　31) bal *gu-ti-um*
32) bal *ša i-na tup-pí an-ni-i*　33) *ù àga-ús ša i-na da-an-na-at be-*
　　la ša-aṭ-ru　　　　　　　　　　*li-šu im-qú-tu*
34) dumuᵐᵉˢ lugal　　　　　　35) dumu-munusᵐᵉˢ lugal
36) *a-wi-lu-tum ka-li-ši-in*　37) *iš-tu* ᵈutu-è-*a a-du*? ᵈutu-šú-*a*
38) *ša pa-qí-dam ù sa-ḫi-ra-am* 39) *al-ka-nim-ma an-ni-a-am ši-ti-a*
　　la i-šu-ú
40) *a-na am-mi-ṣa-du-qá* dumu *am-mi-di-ta-na*
41) lugal KÁ.DINGIR.RAᵏⁱ　　42) *ku-ur-ba*.

末尾40行から42行には,「アンミディタナの子,バビロン王アンミツァドゥカのために,祈れ」とあり,アンミツァドゥカの治世に書かれた文書であることは確かである。

20行から28行には,バビロン第一王朝の初代スムアブムから,アンミツァドゥカの父であるアンミディタナまでの9代の王が並ぶ。その前の1行から12行が,シャムシアダドが『アッシリアの王名表』に加えたマルトゥ諸族の系譜と対応する (Gelb 1954; Glassner 2005)。

『アッシリアの王名表』冒頭部分は,「合計17人のテントに住む王」の名が記される。1行に2人から3人の王を記すので,王の順序を下付き数字で示した。

1) ᴵ*ṭu-di-ia* $_{(1)}$, ᴵ*a-da-mu* $_{(2)}$, 2) ᴵ*ia-an-gi* $_{(3)}$, ᴵ*suḫ₄-la-mu* $_{(4)}$, 3) ᴵ*ḫar-ḫa-u* $_{(5)}$, ᴵ*man-da-ru* $_{(6)}$, 4) ᴵ*im-ṣu* $_{(7)}$, ᴵ*ḫar-ṣu* $_{(8)}$, ᴵ*di-da-a-nu* $_{(9)}$, 5) ᴵ*ḫa-nu-ú* $_{(10)}$, ᴵ*zu-a-bu* $_{(11)}$, 6) ᴵ*nu-a-bu* $_{(12)}$, ᴵ*a-ba-zu* $_{(13)}$, 7) ᴵ*be-lu-u* $_{(14)}$, ᴵ*a-za-ra-aḫ*, $_{(15)}$ 8) ᴵ*uš-pi-a* $_{(16)}$, ᴵ*a-pi-a-šal* $_{(17)}$.

この王名を,アンミツァドゥカの系譜と比べれば次のような相関が認められる。

	バビロニア	アッシリア		
1	Armmadara（Harhar＋Madara）			
		Harharu Mandaru	(5+6)	(3行目)
2	Tubtiyamuta（Tudiya＋Adamu）			
		Tudiya Adamu	(1+2)	(1行目)
3	Yamquzzuhalamma			
	（Yamuqu＋Suhalama）	Yanqi Suhlamu	(3+4)	(2行目)
4	Heana	Hanu	(10)	(5行目)
5	Namzu	Emsu Harsu	(7+8)	(4行目)
6	Ditanu	Didanu	(9)	(4行目)
7	Zummabu	Zuabu	(11)	(5行目)
8	Namhu	Nuabu	(12)	(6行目)

両者は相似し，マルトゥ系諸族の名祖が系譜的に辿られ，ハナ，エムス，ティドヌンなど西方セム系諸族の関係が系図として綴られた。シャムシアダド1世がこうした系譜を『アッシリアの王名表』に追加したのであるから，シャムシアダドと同世代であるバビロンのハンムラビも，マルトゥの系譜を知っていたと考えられる。

先にハンムラビはマルトゥ諸氏族の統合を目指したと述べたが，マルトゥの一体感はこうしたマルトゥの系譜で明確に意識されたのであろうし，さらには，マルトゥ諸氏族は，マルトゥ総体としてメソポタミアの社会に一定の地位を占めることができた。

アンミツァドゥカ文書の9行目と10行目に挙がるアムナヌム（am-na-nu）とヤフルル（ia-aḫ-ru-rum）は，マルトゥの氏族の名である。しかし，それ以下の，バビロン第一王朝の王名を記すまでの11行目から19行目については，氏族名を含むとしても，氏族名そのものでなく，ここに挙げる理由は不明である。

ハンムラビなどのバビロン第一王朝の王名を記したあとの29行から42行は，「マルトゥの兵士のバル（bal），ハナの兵士のバル，グティのバル，この粘土板に書かれていない者のバルと，彼の主人のために苛烈な戦いに倒れたアガウス（近衛兵？），王の子，王の娘，供養する者も（彼の名を）保持

する人もいない西から東までのすべての者よ，来れ。これを食し，これを飲め。そして，アンミディタナの子，バビロンの王アンミツァドゥカのために，祈れ。」
とある。

　この文書を最初に発表したフィンケルシュタインは，引用文の冒頭にあるバル (bal) を，「時代，王朝」の意味に取り，時代をさかのぼってグティの時代（王朝），ハナの時代（王朝），マルトゥの時代（王朝）と考えた (Finkelstein 1966, 106)。これに対して，時間でなく，空間的に捉え，マルトゥが移動した地域を示すと考える研究者もいる (Durand&Charpin 1986, 166-170)。しかし，訳文に示したように，別の解釈も可能である。バルには，「王の治世，王朝」のほかに，兵士や労働者の奉仕期間の意味もある[275]。引用した箇所は，あとの文章との関連性から，グティの王やハナの王といった王でなく，王のために奉仕し，亡くなった兵士が主題であり，王とともに従軍したマルトゥの兵士，ハナの兵士，それにグティの人々が，記録されない兵士ともども，死者としての供養を受けることができるという意味に取れる。

　アンミツァドゥカは，地上の平安を願って，死者供養，祖先崇拝としての儀礼を行った。その際，彼が属する王朝だけでなく，マルトゥとしての系譜が辿れる王をも対象にする。さらには，王族や，王に従って従軍した諸族の兵士や，記録されない兵士，さらに，（子孫によって？）死者供養を受けない者にも厚く儀礼を施すと宣言する。シュメール・アッカドの伝統では，王は，王の祖先を祭りはするが，兵士などをそれに加えることはない。アンミツァドゥカがそうした兵士をも供養することは，所属員を含めて氏族的結合を社会の基盤と見なしたことによるのであろう。

　特筆すべきことは，アンミツァドゥカが，マルトゥ，ハナ，グティを挙げるのみで，アッカド王朝やウル第三王朝の諸王とそれに関係する兵士を含めないことである。先に述べたように，ハンムラビは，マルトゥであることに意味を見出したが，決してシュメール・アッカドの伝統を無視することはなかった。『アッシリアの王名表』にマルトゥ諸族の系譜を加えたアッシリアのシャムシ

275　CAD P, 70-74: *palû*.

アダドも，アッカド王朝のサルゴンが名乗った「全土の王 (LUGAL KIŠ šar kiššati)」を復活させ (RIMA 1, 48; 52; 60)，さらに，「アッカドの王」も名乗っており (RIMA 1, 58)，シュメール・アッカドの伝統を継承することを意識していた。マリでも，死者供養において，マルトゥ諸族の名祖であるハナ，ヌムハとともにアッカドの王サルゴンとナラムシンへの犠牲が記録される (Birot 1980, 140)。

アンミツァドゥカは，伝統的に周辺異民族とされたマルトゥ，ハナ，グティを挙げるのみで，シャムシアダドやハンムラビに見られる中心文明の伝統を継承する意思が不明瞭である。現在知られる限り，アンミツァドゥカが王碑文に記した王号は「強き王，バビロンの王」であり，ハンムラビ朝の伝統的な王号「四方世界の王」，「シュメールとアッカドの王」も，「マルトゥのすべての地の王」も名乗っていない (RIME 4, 425-435)。伝統に対するこうした対抗姿勢が，マルトゥをアッカドと同等に並べる記述に隠されていると思われる。

6 まとめにかえて

本章の課題は，アッカド王朝が支配した領域の西の端バシャルに姿を現したマルトゥが，約400年後のバビロン第一王朝時代に，独立した政治勢力としてアッカド人と同格に扱われるまで地位を高めた，この過程をどのように捉えるかということであった。その過程を要約すると，マルトゥは，前3千年紀末にウル第三王朝の軍事組織の一翼を担うことで，メソポタミアの伝統社会の一員として認められる過程の第一歩を踏み出し，社会的に認知される「マルトゥの頭領」を戴く集団を形成して，メソポタミアの蛮族観から離脱する基礎が作られた。こうした過程で，マルトゥ自身は，いったん，シュメール・アッカドからの他称であるマルトゥ一般でなく，諸氏族に分化した。そうした諸氏族の社会的・政治的・軍事的な強大化と，系譜を等しくするという同族意識の一体感によって，再びマルトゥとして統合され，社会的地位を築いた。そのことで，メソポタミアにおける社会・政治上の不可欠な構成員として社会的認知を受けるようになった。マルトゥが伝統的なシュメール・アッカド地方において社会的地位を築く重大な局面は，前19世紀後半であった。マルトゥの族長

体制がシュメール・アッカドの社会に認知されたからである。

　マルトゥは，民族の自覚が生まれ，メソポタミアの諸都市に王朝を開き，政治的に影響を持つほどに自力を付けた。しかし，シュメール・アッカドの伝統を凌駕するまでに至っていない。王権はシュメール以来の伝統に則して表現されたし，文化的にはシュメール・アッカド文化を継承した。書かれる言語もアッカド語であるし，芸術文化においても，マルトゥ的な文化という独自性は認められていない。こうした現象は，前2千年紀後半，長期にわたりバビロンを支配したカッシト王朝にもあてはまる。カッシトは，エジプト，ヒッタイト，ミタンニと共に四大強国に数えられたが，自らの言語であるカッシト語でなく，当時の国際語にもなっていたアッカド語で記録した。さらに，カッシトは，シュメール・アッカドの伝統を継承するメソポタミア諸都市に残る文字作品を探し，校訂編纂し，多くを後世に伝えるという重要な役割を果たしてもいる。シュメール以来の伝統が強固に根付いていた。

第 8 章
グティ

1 はじめに

　ここで取り上げるグティは，エラムやマルトゥのように現実世界において大勢力になった事実はない。グティが名を馳せたのは，中心地域であるシュメール・アッカド地方に侵入し，文明の民を支配した最初の異民族としてである。エラムでもって東の地方を，マルトゥでもって西の地方を示すことができたが，グティにはそうした地域呼称として使われることはない。グティは，敵対する周辺異民族の脅威の象徴として表現されることがほとんどである。

　『アッカドの呪い』は，グティがアッカド王朝を崩壊したと描く。アッカド王朝のあとに統一を果たしたウル第三王朝の滅亡についても，その滅亡を描く『シュメールとウル滅亡の哀歌』は，史実として確認されるウル第三王朝を滅したエラムを登場させるより早く，冒頭部分で，エンリル神が諸都市を破壊するために山岳から下した凶悪なる異民族グティを登場させる。グティは，異民族のなかでも最強最悪のイメージが付きまとい，中心文明を担う二大王朝の滅亡に関与したとされた。しかし，両作品が描くような，グティがアッカド王朝を滅ぼし，ウル第三王朝の滅亡にも関与したことは史実なのだろうか。それを検証する必要がある。

　グティに関わって検証すべき第二の点は，グティの時代を設定できるかの問題である。初期王朝時代からイシン王朝までの歴代の王朝と王の名を記した『シュメールの王名表』は，グティ王朝を設定し，21人の王を挙げる（Jacobsen 1939）。グティが全土を支配したと認定するのだろう。現代の研究者も，グティがアッカド王朝に代わって全土を支配したことを事実と認め，アッカド王朝時代とウル第三王朝時代の間にグティの時代を設定する。たとえば，トロン

トで公刊された最新の王碑文集成の第2巻 (RIME 2)，アッカド王朝とその後の混乱期を扱う巻は，「サルゴン時代とグティの時代 (Sargonic and Gutian Periods)」と題される。アッカド王朝時代をサルゴン時代と言い換えるのも問題としなければならないが，それに続く時代をグティの時代と呼ぶことは，グティがアッカド王朝を滅ぼし，代わって全土を支配したことを事実として承認することである。グティの時代を置く従来の時代区分は事実に基づくのだろうか。この問題は検討されなければならない。

　グティがメソポタミアに侵入したことと，グティの時代を設定できるかの問題を中心にして，本章では，まず，同時代史料からグティがどのような存在であったのかを確認し，ついで，グティの時代を設定できるかの問題を取り上げ，最後に，凶悪な蛮族グティのイメージの形成に深く関わる蛮族侵入史観について述べたい。

2　同時代史料に見るグティ

グティの初出

　グティを論じるときによく引用される『アッカドの呪い』も，ウル第三王朝の滅亡を主題にした二つの哀歌も，文学作品であり，しかも古バビロニア時代の写本で残るのみである。同時代史料ではない。グティとの戦いを描くウトゥヘガルの王碑文も古バビロニア時代の写本である (RIME 2, 283-293)。歴史研究としては，こうした文学作品や伝承史料でなく，同時代史料の活用が求められる。同時代史料にグティの実像を探り，得られた実像を，後世の文学作品に描かれたグティと比較することが正しい手続きであろう（前田1999c）。

　同時代史料においてグティの初出は，管見の限り，アッカド王朝の王シャルカリシャリが，グティの王シャルラクを捕らえたと記す年名である (RIME 2, 183: k, n)。それ以前の初期王朝時代の史料にグティは記録されない。アッカド王朝時代でも，シャルカリシャリ以前のナラムシン治世の文書に，グティを見出すことはできないので，『アッカドの呪い』が描くようなナラムシン治世のグティの脅威を史実とすることに疑問が持たれる。

　シャルカリシャリに敗れたグティの王シャルラクを，『シュメールの王名表』

に記された21人のグティの王のなかで，第3代の王として挙がるシャルラガブと同一人物とする場合がある。しかし，その適否については判断できない。

グティの王シャルラクを捕らえたシャルカリシャリの治世には，別に，グティの侵入によって引き起こされた混乱を描く手紙がある。

「イシュクンダガンの言うこと，ルガルラに（言え）。耕地を耕し，家畜を監視せよ。グティ（がいるために）畑を耕せないなどとお前は言ってはならない。1/2 ダンナごとに兵士たち？が駐留しているので，お前は耕すことができる。兵士たちを見たならば，助けを求めることができる。家畜を町に運べ。もし，グティが奪ったとしても，私は（お前の責任を）問わない。私は銀をお前に払う。私はシャルカリシャリ王の名によって誓う。『もし，家畜をグティが奪ったとしたら，お前が賠償しなければならない。私が町に着いたら，お前にその銀を支払う』と。（しかし），もし，家畜を守れなくても，（耕地の）正当な収益を私はお前に要求する。私の指示をお前は知るべきである。」(Michalowski 1993, 27-28; Volk and Kienast 1995, 89-91)

誓約は在位する王の名によるので，この手紙がシャルカリシャリ治世に書かれたことは確かである。出土地は長くディヤラ地方と推定されていたが(Oppenheim 1967)，近年，送り手であるイシュクンダガンがラガシュを本拠にしたアッカドの高官であることが確実視され，アダブの有力者に宛てたイシュクンダガンの手紙も残されていることから，シュメール地方から出土した粘土板であると考えられるようになった。ただし，ミカロスキはアダブ出土の文書と推定し，フォルクはギルス（＝ラガシュ）文書に分類する。どちらにしても，シュメール地方のアダブからラガシュあたりを跋扈するグティを描いたことになる。

グティは，シャルカリシャリ以前の文書や王碑文に確認できないので，シャルカリシャリの治世頃から活発に敵対行動を取るようになったと考えられ，加えて，その時点ですでに，アダブーラガシュの地域にまで侵入していたことも事実として認められる。認めたとしても，アッカドの高官イシュクンダガンがシュメールの地で任務を遂行することから，この地方に対するアッカド王朝の支配は維持されており，グティがシュメール地方に勢力を扶植したとは言えな

い。

　『シュメールの王名表』に挙がるグティの王のなかで，同時代の碑文から実在が確認されるのが，第16代，第19代，第20代のラアラブ，ヤルラガン，シウである。最後の第21代の王ティリガンの碑文はない。彼らとは別に，『シュメールの王名表』には記されないが，グティの王を名乗るエリッドゥピジルの碑文が古バビロニア時代の写本で残る。この王については別に述べることにして，第16代ラアラブ，第19代ヤルラガン，第20代シウについて，見ていきたい。

同時代史料たる王碑文から見たグティの王

　同時代史料から知られるグティの王のなかで，時期が最も早いのがラアラブであり，彼の碑文がシッパルから出土した。

　　「ラアラブ，強き者，グティの王が，［欠損］，［棍棒頭を］奉納した。この碑文を動かし，彼の名を書き込む者に対して，グティの神，イナンナ神，それにシン神が，彼の基台を壊し，子孫を絶やしますように。彼の遠征？が成功しませんように。」(RIME 2, 229)

　この碑文に記されるラアラブの「強き者，グティの王」は，アッカド王朝の王シャルカリシャリ，ドゥドゥ，シュトゥルルの王号「強き者，アッカドの王」と相似しており，アッカド王朝の王と対等であることを誇示するのであろう。先に引用したシャルカリシャリ治世の手紙は，グティを略奪を働く盗賊集団として描く。それに対して，ラアラブは王を名乗って碑文を残しており，グティは一つの政治勢力であったことは確かである。

　ただし，ラアラブの碑文が出土したシッパルがグティの本拠とは断定できない。奉納すべき神が欠損し，そこにシッパルの神が書かれていたかは不明であり，しかも，呪詛を，シッパルの都市神ウトゥ（シャマシュ）でなく，グティの神と，イナンナ神とシン神に求める。シッパルの都市神ウトゥが挙がっていないので，この碑文がシッパルから出土したとしても，ほかから持ち込まれた可能性も否定できない。この碑文の存在を根拠に，グティがシッパルに本拠を置いて，シュメール地方も支配したとは断定できない。ラアラブが王として支配した領域は不明とせざるを得ない[276]。

第16代の王ラアラブのあとに挙がる第18代ヤルラガンと第19代シウの名を記す碑文は，ウンマで見付かった。それぞれ次のような内容である。

(1) 「ウンマの母たるニンウルラ神のために，ウンマの支配者ナムマフニが，エウラニ神殿を建て，（あるべき完全な姿に）戻した。そのとき，ヤルラガンがグティの王であった。」(RIME 2, 267)

(2) 「ウンマの支配者ルガルアンナトゥムが，ウンマの分与ののち35年がすぎて，ウンマのエパ神殿を建て，その基台をその場所に積み上げ，そのメをそのなかに整えた。そのとき，シウムがグティの王であった。」(RIME 2, 268)

2碑文ともウンマの支配者がウンマ市内に神殿を建てたことを顕彰する内容である。この2碑文は，ウンマの支配者とは別にグティの王の名を末尾に記すことで，通例の書記法と異なる。他都市の支配者を書くか書かないかに関して言えば，王碑文全般に見られる特徴の一つに，同盟する王や国を明記しないことがある。初期王朝時代，ラガシュは長くアダブと同盟しウンマと戦ったが，対ウンマ戦争を記す碑文は多いが，同盟国アダブを書くことはない。他国の支配者の援助を受けての勝利と記せば，ラガシュの都市神ニンギルスに対する支配者の十全な義務の遂行にはならないと観念されたからである。王碑文に別の都市の支配者を明示することは，例外なのであり，何かの目的があって初めて書かれる[277]。

他都市の支配者の名を記す奉納碑文は，グティの王に関係する2碑文以外では，初期王朝時代のキシュの王メシリムの碑文だけであろう。比較のために，

---

276 ただし，シャルカリシャリの年名では，「バビロンでアンヌニトゥムの神殿とイラバの神殿の基礎を築き，グティウムの王シャルラクを捕えた年」(RTC 118) と，グティの王を捕虜にしたことをバビロンでの治績と合わせて顕彰する。二つの事柄は関連し，バビロンを脅かすグティの王を捕えた，つまり，捕えたのはアッカド地方のバビロンに近い場所であったのかもしれない。そうであれば，シャルラクも，シッパルから碑文が出土したラアラブも，本拠を原郷のザクロス山脈に置くとしても，そこからアッカド地方に侵入し，そこを主たる対象にしつつ，さらに南下してシュメールに至る略奪行を為していたと考えることができる。

277 敵でない別の都市の支配者を書くことは，ラガシュの支配者エンメテナの碑文にある，「ラガシュの支配者エンメテナはウルクの支配者ルガルキニシェドゥドゥと兄弟になった」を例として挙げ得る (RIME 1, 202)。エンメテナは，その碑文において，ウルクの支配都市であったバトティビラに都市神イナンナ神とルガルエマフ神（＝ドゥムジ神）の神殿を建てたことを記しており，兄弟とあっても，ラガシュが，優位にある「兄」であり，ウルクはその下位にある「弟」である。他都市の王の名を記すのは，都市国家間の上下／従属関係を明示するためである。

メシリム碑文において、都市の支配者の名を記す理由を考えたい。

キシュの王メシリム碑文は、キシュでなく、ラガシュから1碑文、アダブから2碑文が出土した。当時、ラガシュとアダブは、隣接するウンマに対抗する同盟を結び、ユーフラテス川上流の雄国キシュは、ラガシュとアダブの同盟に加担し、後ろ盾になっていた。そうした時代背景のなかで、この碑文は作られた。

　　　ラガシュ出土のメシリム碑文
「キシュの王メシリムが、建築成ったニンギルス神殿に、ニンギルス神のために（この石製の棍棒頭を）奉納した。（そのとき）ルガルシャエングルがラガシュの支配者。」(RIME 1, 70)

　　　アダブ出土のメシリム碑文
1　「キシュの王メシリムがエサル神殿に（この）ブル（皿）を献納した。（そのとき）ニンキサルシがアダブの支配者。」(RIME 1, 71)
2　「メシリム、キシュの王、ニンフルサグ神の子が奉納［破損］、［破損］支配者［破損］。」(RIME 1, 71)

それぞれの碑文には、奉納者であるキシュの王メシリムのほかに、都市支配者、ラガシュではルガルシャエングル、アダブではニンキサルシの名を末尾に同じ形式で書く。アダブ出土の二つ目の碑文は破損が大きく、支配者名が不明だとしても、アダブの支配者の名が書かれたことは確かである。メシリムが、ラガシュの碑文とアダブの2碑文に記すのは、ラガシュの都市神ニンギルスに棍棒頭を、アダブの都市神ニンフルサグのために祭儀用皿などを奉納したことである。

都市支配者の義務の第一は、都市神をはじめとした神々を祭ることであり、それは義務であると同時に、排他的特権であった。もし別の都市の支配者が奉納することがあれば、権利侵害にあたる。メシリムの碑文に、ラガシュとアダブの支配者が自らの名を書き込んだのは、メシリムの奉納が、権利侵害にあたらず、彼らの承認のもとでなされたことを明らかにするためである。つまり、アダブとラガシュの支配者が、キシュの王メシリムの上級支配権を認めたことを明記したのである。

ウンマの王碑文に戻れば、ウンマの支配者が自らの功業である神殿建立に際

して，グティの王の名を挙げたのは，メシリムの場合と逆の表現を採るにしても，上級支配権を認めるための記載という点では同じである。ウンマの支配者が，グティ王をエンシでなく，より上級の王（ルガル）で表記したのは，グティの上級支配権を承認することの現れである。つまり，ウンマは2代の支配者ナムマフニとルガルアンナトゥムの治世期間，グティの支配に服した。

同時代史料からは，グティがシュメール・アッカド地方に侵入しただけでなく，シュメール都市ウンマに上級支配権を認めさせるほどの政治勢力を有していたことは確認できる。文明地域と意識されたシュメールの都市が，初めて野蛮とされた周辺異民族に支配されたのが，このグティの支配であった。

ただし，グティの王がウンマの支配者の特権を完全に奪ったということではない。グティの王ヤルラガンとシウムは，キシュの王メシリムと同様に，従属させた都市ウンマにおいて都市神の神殿を建てたことを記さない。神殿を建てたのはウンマの支配者であり，グティの王ではない。

ウル第三王朝時代，統一を果たしたウルの王は，国家祭儀を主宰するとともに，支配下諸都市における神殿建立の権限を都市支配者から奪った。都市支配者は，神となった王の神殿を建てることはあっても，もはや都市神をはじめとした神々のために神殿を建てる権限はなかった。こうしたウルの王権のあり方に比して，グティの王が権勢を誇示したとしても，ウンマにおいて都市神の神殿を建てる権利を持たず，神殿建立の権限は，あくまでも当該都市の支配者に帰属したままであるので，グティの上級支配権は限定的であった。

問題は，「グティの時代」と性格付けられるほどに，グティの支配が長期にわたり，アッカド王朝に代わって全土を支配するほどの勢力を有したかである。この問題は次節で考えることにして，残るグティの王エリッドゥピジルの碑文とそれに関わる問題を取り上げたい。

グティの王エリッドゥピジル

グティの王碑文としては，別に，ニップルのエンリル神に捧げられたエリッドゥピジルの碑文がある。彼の碑文は，アッカド王朝のサルゴンやナラムシン，それにウル第三王朝のシュシンの碑文と同様に，古バビロニア時代に書写されたものである (Kutscher 1989; RIME 2, 220-228)。写本末尾に，「エリッドゥ

ピジルの三つの像の碑銘」の奥書があり，エンリル神殿に奉納された3像の銘文の写しである。

　グティの王エリッドゥピジルは，『シュメールの王名表』に現れない。そのことで，エリッドゥピリジの在位期をどこに置くのかが問題になる。RIME 2 の編者フレインは，ジェイコブセンの説に従って，標準版『シュメールの王名表』が，グティの初代の王を，「王の名は知られていない」と書かれていることから，伝承されなかった初代がエリッドゥピジルであるとした。初代とすることに妥当性があるのだろうか。その適否を考えるために，最初に，エリッドゥピジル碑文の内容について，その特徴のいくつかを指摘したい。

　碑文において，エリッドゥピジルの称号は，「強き者，グティと四方世界の王」となっている。この王号は，アッカドの王ナラムシンの「強き者，アッカドと四方世界の王」の，アッカドの部分をグティに置き換えただけである。王号だけでなく，両者の碑文には類似した表現が見られる。

　エリッドゥピジル碑文の一つは，冒頭に「アンヌニトゥムのイナンナ神，[ ]，そして，神々の強き者，彼の兵士の神であるイラバ神」とある（RIME 2, 221）。アンヌニトゥムをイナンナ神と結合して並べることは，アッカドの諸王のなかでナラムシン碑文にのみ見られる特異な表現である。イラバ神を形容して「彼の兵士の神」と書くことも，ナラムシン碑文のままである。とりわけ「彼の兵士の神」の兵士と訳した *illatu* は，ほかのアッカドの王の碑文に現れないナラムシン独自の表現である（FAOS 8, 210）。さらに，「彼に対して攻撃を仕掛けた（*da-iš-su ig-ru-úš*）」という表現は，エリッドゥピジルの碑文で3度使用されるが，ナラムシン碑文の1ヵ所を別にして，アッカド王朝の諸王の碑文に現れない。

　ナラムシン碑文との類似は，呪詛文にもある。エリッドゥピジルの碑文にある，

　　「エンリル神のために王権を，イシュタル神のために王杖を保持してはならない，ニンフルサグ神とニントゥ神は，彼の子孫を根絶やしにしますように。」（RIME 2, 225）

と同趣の呪詛文が，ナラムシン碑文にある。

　　「エンリル神のために王杖を，イシュタル神のために王権を保持してはな

らない，ニンフルサグ神とニントゥ神は，男子（子孫）と名を与えませんように。」(RIME 2, 98-99)

エンリルとイシュタルで王杖と王権が逆になっているが，ニンフルサグ神と同一の神，もしくは別称とされるニントゥ神を並べるという特殊な書き方に一致が見られる。このような類似性から，エリッドゥピジルの碑文は，ナラムシン碑文を手本に書かれたと考えられる[278]。

エリッドゥピジルが3碑文に記す征服活動は，マダガ，シムルム，ルルブ，ウルビルムに対してである。これらは，シュメールでなく，ティグリス川東岸地域にあり[279]，ウル第三王朝時代には軍政地域とされるところである。ナラムシンの碑文を手本に作り，ティグリス川東岸地域の遠征を誇示するエリッドゥピジルの在位期をいつ頃に求めることができるのだろうか。

フレインのように，エリッドゥピジルをグティ王朝の初代であるとするならば，『シュメールの王名表』が記すグティの王の数と治世年数からすれば，彼の治世は，ナラムシンと同時期になる。しかし，碑文の内容や形式の借用は，後世になって，評価が定まった「四方世界の王」ナラムシンを想起させる目的でなされるのであって，同時期では単なる模倣に終わってしまい，意味をなさない。したがって，エリッドゥピジルを，グティ王朝の初代に置くことはできない。

エリッドゥピジルの治世をアッカドのシャルカリシャリ以降，とりわけ，シュトゥルル治世に置くとすれば，アッカドの支配権は衰微しており，可能性はある。しかし，このときには，エラムのプズルインシュシナクがディヤラ流域からアッカド地方に影響力を行使しており，その点が難点である。何よりも，この時期のグティの王は『シュメールの王名表』から知られており，そのなか

---

[278] エリッドゥピジルの碑文に，「イナンナ神がアッカドに兵士を招集した。集結したすべての軍団がシムルムに向かった」とある (RIME 2, 224)。この記述によって，グティの王である彼が，アッカド市を勢力下に置いていたと見ることもできる。確証はないが，むしろ，参考にしたであろうナラムシン碑文にあった表現をそのまま借りたことで，現実を反映しない奇妙な表現になってしまったと見るべきであろう。

[279] マダガは，通常現在のキルクーク付近に比定されるが (Frayne 1999, 157-158. 前田 2000)，ハインペルは，ユーフラテス川流域にあってアスファルトの産地であるヒートとした (Heimpel 2009)。クリプスもハインペル説を受容する (Cripps 2013)。しかし，エリッドゥピジルの王碑文で，マダガがティグリス東岸のシムルム，ルルブ，ウルビルムと併記される事実は無視できないのであり，通説通り，キルクーク付近とすべきであろう。

にエリッドゥピジルはいない。

　別の可能性として，グティの王ティリガンがウルクの王ウトゥヘガルに敗れたあと，残存勢力が再結集し，原郷であるティグリス川東岸地方で勢力を盛り返したと考えることができる。この時期，この地域へのエラムの影響力はウルナンムの攻撃で弱体化しており，攻撃したウルナンムも未だ，ティグリス川東岸までの支配権を確立していない。いわば権力の空白地帯に，エリッドゥピジルが勢力を持ったと考えられる[280]。

　エリッドゥピジルの在位期とは別に，もう１点，エリッドゥピジルがニップルで最高神エンリルに碑文を捧げたことを根拠にして，彼がニップルを支配下に置いたとすることも疑問である。本拠としたアダブから撤退したグティにそれが可能であったとは思われず，さらに，グティがニップルを支配したなら

---

[280] グティのエリッドゥピジルを，ティリガンの敗北後，ウルナンムが台頭する時期に置くことで，ウルナンムがグティについて記す２碑文を残すことにも，一つの解釈が成り立つ。グティについて触れるウルナンムの碑文は，ともに写本として残り，しかも，破損が甚だしく，内容の理解を妨げる。一つのウルナンム碑文では，ウルの城壁を造ったこと，シュメールの地における境界を定めたこと，などが記されている。そのなかで，グティは，
　　「［　の］王ウルナンムが，［　　］であるグティを，その山岳地域から［　　　］。」(RIME 3/2, 21)
という文脈で現れる。ほとんど意味が取れないが，グティを破ったことを表現するのであろう。
　グティを記すもう一つのウルナンム碑文では，グティであるグタルラの名が記される。
　　「エラムの大門からスサの端まで，王のために，牛が犠牲とされ，羊が犠牲とされた。エラムのエンシ達は，鳥が互いに卵を盗みあうように，自ら悪を為す。エラムに生まれた者は，［　　　］。」
　　「そのとき，――は，その足下に横たわる。グティの人グタルラに，アン神の言葉は届かない。エンリル神の兆しを，誰も捉えることはできない。王権のために，沐浴し，王冠［　　］。」
　　「［　］．そして，［　］高める。それが，彼が為したすべて？グティの国，シムダルは，下の地方に軍団を配置した。トゥリウム，マグル舟を知らない？港は？――」(RIME 3/2, 67)．
　これが真性の王碑文であるのかどうかも考えなければならないし，文意を取るのも困難である。事実を背景とした記述と仮定して読むとすれば，ウルナンムがエラムを征服したとき，エラムの諸侯は犠牲を捧げて服従の意志を示した。しかし，互いに争う状態は収まらなかった。そのあとの部分については，多分に憶測であるが，グティもエリッドゥピジルのあと，統一した王を立てることができなかったが，グタルラが王位を狙い，そして，シムダルとともに軍をエラム地方の南に進めた。このように解釈できる。ウルナンムがエラム経営に苦心する隙をついて，ティグリス川東岸にいたグティがエラムとシュメールの間を妨げるように活動したのであろう。ウル第三王朝成立期において，グティの勢力は完全に消滅してはいなかったと考えることができる。ただし，第６章で引用したスッカルマフ職のイルナンナの碑文に記された各種の称号に，「サブムとグテブムの国の支配者」がある。グテブムがグティのことであれば，ウル第三王朝時代にも，グティが一定の勢力を持ったことの証拠となる。しかし，エラム地方でもスサより南のサブムと並列的に記されているので，このグテブムをディヤラ川地域を本拠とするグティに採ることは困難である (Cf. RGTC 2, 70-71)．

ば，ウル第三王朝を創始したウルナンムのニップル支配はなかったことになり，それは事実と反する。エンリル神の祭儀権を独占するアッカド王朝が滅び，ウル第三王朝の支配が確立する以前において，こうした奉納が可能であったと考えられる。エリッドゥピジルをさらに下げ，イシン・ラルサ王朝時代に求めることも考えられるが，離れ過ぎの感が拭えない。エリッドゥピジルがナラムシンを手本にした碑文を残すのは，ウルナンムが台頭する時期が最も相応しいと考えられる。

3 「グティの時代」

従来の編年

　アッカド王朝の滅亡から，ウトゥヘガルによるグティ勢力の排除までの期間を「グティの時代」と称する場合がある。グティがアッカド王朝を滅ぼし，アッカド王朝に代わって全メソポタミアを支配したという前提があって初めて，グティの時代が設定できる。この前提には疑問がある。実際のところ，衰微したアッカド王朝に最後の一撃を加えたのが誰かを示す史料はない。『シュメールの王名表』は，アッカド王朝とグティ（アダブ）の間にウルク王朝を置くので，グティがアッカド王朝を滅ぼしたとは直接示すものではない。ウルクはアッカド王朝の支配からいち早く独立したとしても，ウルクの王がアッカドを滅ぼしたとする史料はない。

　筆者は，エラムの王プズルインシュシナクがアッカド地方まで支配領域を拡大したとき，アッカド王朝を滅ぼしたと考えるが，確実な史料があるわけではない。アッカド王朝の最後はよくわかっていないが，ここでは，アッカド王朝崩壊後の混乱期を「グティの時代」と言えるのかに絞って論じる。まず，アッカド王朝滅亡からウル第三王朝成立までの間が，どれほどの長さであったのかを見たい（表11，116頁）。

　従来の編年を見れば，アッカド王朝滅亡からウルクの王ウトゥヘガルによる統一までの年数をブリンクマンの年表（Brinkman 1964）が約40年，『ケンブリッジ古代史』（Gadd 1971）は約70年，フィシャー版『世界史』（Edzard 1965）が約40年とする。そのほとんど期間，グティがシュメールを支配した

と考えられ,「グティの時代」と命名された。

30年から70年と長く設定する編年に疑問を呈したのがハッローである (Hallo 1971 ; Hallo-Simpson 1971)。彼は,シャルカリシャリのあとウル第三王朝のウルナムが登位するまでの期間を40年ほどと考えた。彼の編年に従うならば,シャルカリシャリ後のアッカド王朝は39年続くので,アッカド王朝の滅亡とウル第三王朝の成立の間に空白がないことになる。アッカド王朝滅亡からウル第三王朝成立の期間は,従来想定されるような長期でなく,短期であったとする点は承認されるにしても,アッカド王朝とウル第三王朝が連続すると見ることはできないであろう。

この問題を考えるときに有用な史料が2005年に発表された。ハッローが公表したグティの王アルラガン(=ヤルラガン)とアッカドの王シュトゥル両者の名が刻まれた鉢である (Hallo 2005)。鉢側面の相対する2ヵ所に銘があり,一方が「アルラガン,強き者,グティの王」であり,もう一方が「シュトゥル,強き者,アッカドの王が,エキドゥガ神殿に(この)石製鉢を奉納した」である[281]。

この鉢の来歴について,ハッローは,アッカドの王シュトゥルが奉納した鉢に,グティの王アルラガン=ヤルラガンが自らの銘をあとになって彫ったと考える。正しい解釈と思われ,時間の順序は,彼の言う通りであろう。アッカド王の献納品を入手するのであるから,ヤルラガンは,アッカド王朝最後の王シュトゥルよりあと,しかも,その直後に在位したと捉えることができる。

したがって,アッカド王朝滅亡から,ウルクの王ウトゥヘガルがグティの王ティリガンを捕虜にするまでの期間は,ヤルラガン7年,シウム7年,それに最後の王となったティリガンの40日を合計した約14年になる。筆者は,この14年を基準に,アッカド王朝滅亡からウトゥヘガルによってウルに派遣されたウルナムが自立してウル第三王朝を創設するまでを,16年と置く年表を作成した(前田2009c)。年表作成には,エラムの王プズルインシュシナ

---

281 解釈の問題になるが,ハッローは,「シュトゥル,強き者,アッカドの王(のために),エキドゥガが(この)石製鉢を奉納した」と訳す。彼の解釈では,シュトゥル王に奉納されたことになる。シュメール語の動詞「奉納する」が神や聖所でない,人間を対象にできるか疑問であるので,エキドゥガ(直訳すれば「良き場所の家=神殿」)を奉納者の名でなく,神殿名とし,訳文を改めた。

クの治世も加味した。この王は、アッカド王朝の王ドゥドゥの頃からウル第三王朝初代ウルナンムに敗れるまで長く統治したが、それが約50年程度であったとすれば、アッカド王朝とヤルラガンの間に長い空白を置くことができない。そのことで、ヤルラガンをシュトゥルの直後に置いた。完全な編年表というにはほど遠いが、従来の年表よりは、考慮に足ると考える（前田2009）。

　筆者の編年によれば、碑文を残すラアラブは、アッカドの王ドゥドゥと同時期でなく、その次の王でアッカド王朝最後の王となったシュトゥルルの治世に置かれ、アッカド地方の支配が万全ではない時期にグティの王ラアラブは活動したことになる。

　アッカド王朝末期からウル第三王朝の成立までの時期は、第Ⅰ部で述べたように、全般的な状況としてシュメール地方に対するアッカドの支配は安定したものでなく、漸次シュメールの諸都市は離反した。アッカド王朝が衰退する時代になると、シュメール諸都市は自立し、都市国家再建の一環として、新しい力関係によって国境線の再線引きを求める闘争を展開した。つまり、この時期は、シュメール諸都市が独立し、初期王朝時代の都市国家分立期のような、全土を支配するだけの力を持った王権が存在しない都市国家並立の時期と見なすことができる。グティがシュメール地方で勢力を拡大したのは、いわば初期王朝時代に戻ったような都市国家分立の状態を好機としてのことである。

「グティの時代」を設定できるか？

　グティがシュメール地方において一つの政治勢力であったことは事実として認められる。同時代史料から知られるグティの動向は、ラアラブの碑文がアッカド地方のシッパルから出土するように、アッカド王朝のシュトゥルル王のころ、グティ勢力はアッカド地方に進出することを目指し、そのあと、プズルインシュシナクによるエラム勢力の拡大によって、中心自体をディヤラ地方から南のシュメール地方に遷したのであろう。

　問題は、グティの支配領域の広がりと支配期間である。グティの支配期間については、すでに述べたように、アッカド王朝のシャルカリシャリやドゥドゥの治世に、グティがシュメール地方に支配地域を設定できる可能性はなく、アッカド王朝崩壊後の都市国家分立期であるウンマ出土の2碑文に現れるグ

ティの王ヤルラガンとシウムだけが、シュメールにおけるグティ支配の証拠になる。彼らの治世年数は、『シュメールの王名表』によれば、各々7年であり、最後の王ティリガンは40日とあり、合計すれば14年強になる。これがグティの支配が存続した期間ということになる。支配は決して長期にわたるものでなく、短期に終わった。

支配領域の広がりを考える前に、侵入したグティが、シュメールのどこに本拠を置いたかを考えたい。参照すべき史料が、ウル第三王朝版『シュメールの王名表』(Steinkeller 2003) である。

「ウルクは武器で打たれ、王権は軍団に移った。軍団は、王（の存在）を知らなかった。彼ら自身で3年間（王権を）分有した。（中略）。［破損］。プズルズズ、1年統治。サグドゥキアシュ、6年統治。ティリガン、40日統治。アダブは武器で打たれ、王権はウルクに移った。ウルクにおいてウトゥヘガルが7年統治。」

ウル第三王朝版『シュメールの王名表』は古バビロニア時代の標準版に先立つこと100年から数百年前に作成された。ウル第三王朝版とするのは、この版の最後が、「ウルにおいて、ウルナムが18年統治。我が王シュルギが長き日を生きられますように」で終わることから、ウル第三王朝第2代の王シュルギ治世に編まれたことが確実だからである。その記述は、大枠として古バビロニア版と一致するが、相違点もある。古バビロニア版の当該箇所は次のようになっている。

「ウルクは武器で打たれ、王権はグティウムの軍団に移った。グティウムの軍団において、王の名は知られていない。［中略］。ヤルラガン、7年の治世。シウ、7年の治世。ティリガン、40日の治世。（合計）21人の王、その治世年数は91年40日。グティウムの軍団は、「武器で打たれ」、王権はウルクに移った。ウルクにおいて、ウトゥヘガルが王。年数は7年6月15日。」(Jacobsen 1939)

両版の相違の第一は、古バビロニアの標準版に「グティウム（グティ）の軍団」とあるところが、ウル第三王朝版では単に「軍団」とあるように、ほかの箇所を含めてグティをまったく表記しないことである。第二は、古バビロニアの標準版では、グティの最後の王とされるティリガンが、ウル第三王朝版では、

シュメール都市の一つアダブの王となっていることである[282]。

まず、第二に挙げたグティの王ティリガンがアダブの王とされることに着目する。この文書を公表したシュタインケラーは、グティ王朝とアダブ王朝は別王朝と捉え、欠損部分を、「軍団は武器で打たれ、王権はアダブに移った、アダブにおいて、PN（が王）」と補って、アッカド王朝―グティ王朝―アダブ王朝と推移したと捉えた。

しかし、ティリガンがグティの王であることを疑う必要がないので、シュタインケラーの解釈に従うことができない。この箇所をそのまま読めば、ウルクから、（グティ）軍団が王権を奪い、その本拠がアダブであったので、ティリガンが敗れたあと、アダブからウルクに王権は移った、である。これが、ウル第三王朝版が示す王朝交代である。

ウル第三王朝版が示すのは、シュメール都市アダブからウルクへの王権の移動である。つまり、グティと明示しないが、異民族の軍団がシュメール地方に政治勢力としての地位を確立したとき、本拠はアダブにあったと捉える表記である。事実を伝えているのであろう。

少し視点を変えて領邦都市国家から見れば、ウル第三王朝版は、アッカド―ウルク―グティ支配のアダブ―ウルクの交代であるのに対して、標準版はアダブを挙げることなく、アッカド―ウルク―グティ―ウルクとなっている。ウル第三王朝版が王権を担う都市として挙げるアダブ、ウルクは領邦都市国家であり、アッカドは領邦都市国家ではなかったが、領邦都市国家キシュを継承する正統な都市の資格を得ていた（前田 2007）。ウル第三王朝版が描くのは、王権が領邦都市国家の間を移動する構図である。周辺地域の勢力は当然として、シュメールのなかも、領邦都市国家ではない都市国家は王権を担う資格はないとした。

---

282 標準版とウル第三王朝版との相違としては、本文に挙げたことのほかに、グティの最後の王ティリガンの前に在位した王が、標準版ではヤルラガンとシウであるのに対して、ウル第三王朝版がプズルズズとサグドゥキアシュとあることがある。同時代史料から判断して、古バビロニア時代の標準版が事実を伝えていると考えられる。ウル第三王朝版では、アッカド王朝の王をサルゴン、マニシュトシュ、リムシュの順に記し、史実と考えられる第2代リムシュ、第3代マニシュトシュの順序とは異なる。ウル第三王朝版の作成時に、何か錯誤があったか、もしくは典拠とした王統譜が異なっていたと想像されるが、正確なところはわからない。グティの王統譜がいつ誰によって作られたかは不明である。現時点では、グティの王統譜は標準版を採用すべきと考える。

それに対して，古バビロニア時代に完成した標準版『シュメールの王名表』では，王権を担う都市として，周辺異民族であるグティ，アワン，ハマジなども挙がる。標準版は，領邦都市国家の特権的地位を考慮しない。ウル第三王朝の滅亡以後に，領邦都市国家が担った都市国家的伝統が形骸化したことを反映する構図に変わっていたのである。

グティの支配は，シュメール人が経験した初めての異民族支配であった。そのことで，ウル第三王朝版『シュメールの王名表』に加えられたのであろうが，あくまでも，王権を担うのは領邦都市国家であるとして，グティの本拠地となったアダブの王朝とされたのである。

述べてきたようにウル第三王朝版『シュメールの王名表』の記述から，アダブがシュメール地方におけるグティ勢力の本拠であったことほぼ断定できる。そのことは，『シュメールとウル滅亡の哀歌』からも知ることができる。破壊されるシュメール都市を列挙するなかで，アダブは次のように表現される。

> 「川に沿う家であるアダブは，水を流さない。山の蛇が寝床とし，反抗する地となった。（アダブにおいて）グティは子を育て，子種をまく。」
> (Michalowski 1989, 44)

アダブが「反抗する地」となり，アダブにおいて「山の蛇」である「グティが子を育て，子種をまく」と表現することは，グティがアダブを本拠としたことが伝承されていたのであり，後代の文学作品ではあるが，証拠となる。グティの本拠がウンマに隣接するアダブであることは，イシュクンダガンの手紙から窺えるグティの活動範囲，ラガシュからウンマ，アダブあたりであることと矛盾しない。つまり，グティは，アダブを本拠として，隣接都市ウンマにも権勢を誇示した勢力であった。

グティが本拠としたシュメール都市アダブから出土した粘土板文書があり，それによって，アダブにおけるグティの姿を垣間見ることができる。その点を述べたい。

一つの文書に，グティとの交渉時に通訳を果たしたと考えられる「グティの通訳」への支給記録がある (Luckenbel 1930, no. 80)。グティがある程度の勢力を持って近隣に存在したことが想像される。別の文書には，山岳地方に行くグティへの穀粉支給が記録されている (Steinkeller 1980, 8; Yang 1989, no. 919)。軍旅なのか，原郷への使節なのか，その目的は不明である。

さらに，酒杯人がウルクに行ったと書く「2 ? 月 25 日にグティ（を率いる）将軍と酒杯人ウルニムがウルクに行った」と記すメモ書きのような文書がある（Yang 1989, no. 919）。酒杯人についてはグティ（の兵士）とともに旅用のビールを受給する記録もある[283]。

ウル第三王朝時代，王に仕える酒杯人は，支配下の都市に行き，そこでの祭に，王に代わって犠牲家畜を献納したり，また，王が戦争捕虜である女奴隷を支配下都市の主神に奉納するとき，王の代理としての務めを果たした（前田 2005）。グティの将軍と同道してウルクに行く酒杯人も，戦闘を監察するためでなく，王の代理としてウルクの王との外交的交渉に当たったと推定される。この文書のグティは将軍に統率された集団であるにしても，軍事遠征でなく，ウルクに行く酒杯人を警護するために同道する兵士であろう。

ウルクに行く将軍と酒杯人を記すこれら文書は，グティの兵士と将軍がアダブに駐留するので，年代を，アダブに本拠を置いたと推定されるグティの王ヤルラガンやシウの治世の頃に置くことができる。この時期のウルクの王は，ウルギギルのあとの，プズルイリ，ウルウトゥ，それにグティの王ティリガンを捕虜にしたウトゥヘガルのなかの 1 人と考えられる（表 12, 117 頁）。アダブにおけるグティの勃興が，ウルクとの間に緊張関係を強いたという状況を読み取ることが可能と思われる。

この時期の諸都市の動向を見れば，ウルクは，早い段階でアッカドの支配から離脱して，南部地域に勢力を有しており，ウトゥヘガルが「四方世界の王」を名乗るほどに権勢は維持された。ウトゥヘガルは，グティを破ったことでこの王号を採用し得たと想定される場合があるが，その当否は別にして，グティが，ウンマに対してと同様な宗主権をウルクで行使した事実はない。ラガシュも，この時期グデアの時代と称される繁栄期であり，文書からはグティの支配を証明するものは何も見つかっていない。グティにはシュメール全土を支配す

---

[283] Luckenbill 1930, no. 101（A 970）．この文書を，Maiocchi は，ナラムシン，シャルカリシャッリ時代（盛期アッカド王朝期）の文書として取り上げる（Maiocchi 2010, 144）。この文書でビールを支出する me-^{sa}sag$_7$ を，サギ職の me-^{sa}sag$_7$ と同一人物と見なしてのことである。しかし，ビール支出はサギの役割ではないので，この 2 人は同名異人であろう。したがって，時代の設定も，盛期アッカド王朝期に置けるとは断定できない。

るだけの力がなかった (前田 2006)。実際, グティの王が名乗る王号は「グティの王」だけであり, 都市国家を超える「国土の王」や「四方世界の王」を志向した例はない。

つまり, グティの支配はアダブとウンマだけであり, シュメール全土を支配したことは同時代史料から確認できない。以上述べてきたように, アッカド王朝滅亡後の時期を「グティの時代」と規定する通説に従うことはできない。

小君主連合

最後に, グティにおける王権のあり方について述べたい。グティの王ティリガンが敗れたあとも, エリッドゥピジルのように, グティが原郷地域において勢力を維持できたことは, グティの王のあり方が関わっている思われるからである。

標準版『シュメールの王名表』によれば, グティの王は21人であり, 初代は「その名は知られていない」とあって, 治世年数も示されない。2代目以降の治世年数の合計は91年と40日である。40日とは最後の王ティリガンの治世の長さである。これらの王のなかで最も長い治世年数は15年であるが, ほかは, 3王が7年, 5王が6年, 4王が3年, 3王が2年, 1年の治世年とされる王も2人いる。初代を除いた20王の平均をとれば, 4.6年であり, 短い。父から子への継承という王朝原理では説明がつかない在位期間である。短期間に王が交代するのであるから, 王に適した者を順次選ぶという方式が採られていた可能性があり, 第6章で述べたエラムのシマシュキのように, グティも小君主 (豪族) 連合の政体であったと考えられる。

グティがこのような政体で結合していたことを前提にすれば, 『シュメールの王名表』において, グティの初代に付された注記, 古バビロニア版では, 「(初代の) 王の名は知られない」とあるのに対して, ウル第三王朝版では, (グティの) 軍団は, 「王を知らなかった (lugal nu-tuk)」と記されていることに, 一つの解釈が可能になる。

グティは小君主の連合体として機能しており, シュメール・アッカドの人々から見れば, 特殊な集団であった。つまり, 古バビロニア版にあるような「(初代の) 王の名を知らず」という, 王名の伝承の有無が問題になるのでなく, 特

殊な小君主（豪族）連合であることを，「王（の存在）を知らなかった。彼ら自身で3年間（王権を）分有した」と表現したのであり，ウル第三王朝版の表現が本来の趣旨であったと考えられる。

アッカド王朝時代の未公刊文書に「[　]人のグティの頭領たち」と記す文書がある[284]。グティの頭領（rabiānu）とされるのが，今述べてきた小君主のことであろう。

ティリガンが敗北したあと，グティのエリッドゥピジルが勢力を盛り返したのは，原郷において小君主を再結集し得たからであろう。ただし，エリッドゥピジルは，ニップルにおいてエンリル神殿にこれらの碑文を奉じたにしても，シュメール地方の支配を明言しておらず，彼の勢力は，ティグリス川東岸地方に限られるのであり，その支配の時期も長くはなかったと考えられる。

4　グティとウル滅亡哀歌

凶悪な蛮族グティ

同時代史料から検証されるグティは，アダブを本拠に，シュメール地方の一部，アダブ―ウンマ地域を短期間支配した異民族である。限定的であるにしても，シュメール人にとって，グティの侵入と占領が，文明なき周辺異民族と見なした者による史上初めての支配である。そのことで，蛮族の代名詞となっていたエラムに加えて，グティも代表格とされるようになった。シュルギの王讃歌はグティを次のように表現する。

(1)　「アッカドの人々であれ，シュメールの子（市民）であれ，悲嘆（をもたらす）人であるグティであれ。」(Shulgi Hymn B 266-267)

(2)　「グティの種を荒れ地に撒かれた麦のように散り散りにする。」(Shulgi Hymn D 346)

(3)　「山岳の盗賊グティの国。」(Shulgi Hymn E 211)

(4)　「グティの国をムビの木のように打ち倒した。」(Shulgi Hymn E 234)

284　[ra]-bí-a-nu/[g]u-ti-e/ a-na MAŠ.KÁN^{ki}-ni-DINGIR-a-ga-dè^{ki}è-li-ku-[nim] / xx [　] "They [the men listed in the text] are the Gutian chieftains who came to Maškan-ili-Akkade ...." (Westenholz 2010, 458. Cf. Sallaberger&Schrakamp 2015, 117). この文書 MS 4267B は，ニップルに近い Umm el-Hafriyat の出土とされる。

(3)にある「山岳の盗賊グティの国」が、害をなすグティに対する典型的な蔑視表現であるように、シュルギは、異民族の野蛮性をグティに代表させて表現した[285]。一方で、シュルギの治世に成立したウル第三王朝版『シュメールの王名表』では、「軍団」とのみ記し、グティの名を挙げることはない。王讃歌と同じシュルギ治世になった作品であるが、両者において表現に大きな差がある。

ウル第三王朝版『シュメールの王名表』でグティを表記しない理由は、次のように考えられる。初めて被った周辺異民族グティによる支配はシュメール人にとって屈辱以外の何ものでもなく、グティの侵入から遠からぬシュルギ治世では、正史的な『シュメールの王名表』に、異民族支配を連想させるグティの

---

[285] ブリシュは、(2)「グティの種を荒れ地に撒かれた麦のように散り散りにする」を記すシュルギ王讃歌 D が、シュルギ王讃歌 X と連続する作品と捉えるヴィルケに従い (Wilcke 1974)、讃歌 X の末尾にある「異国を平穏にすることを為し、英雄性を高めた王、彼の英雄性は成功裏に達成された。反抗する国は地にひれ伏し、我らが町、ウルは繁栄を享受する」という表現を含めて、シュルギがグティを破った戦いを描くと捉える (Brisch 2010)。つまり、比喩表現でなく、グティ遠征の事実を語ると捉えた。筆者は、シュルギ讃歌に表現されるグティは、蔑視表現であり、現実の軍事遠征とは関係しないと考える。

ウル第三王朝時代になってもグティがティグリス東岸地域に勢力を有していたことは、想定できる。しかし、シュルギがグティに対する遠征を実施したことを示す同時代史料はない。シュルギは治世後半に、頻繁に遠征軍をティグリス川東岸地域に送り、シムルムなどの征服を年名に採用した。シュルギが同じ地域においてグティを征服したことを一概に否定できないが、実施したとしても、功業として年名に採用されておらず、行政経済文書にも記録されず、そうしたグティ遠征を王讃歌の主題に取り上げるとは考えられない。

シュルギの王讃歌にグティとの戦いに相応しい表現を探すとすれば、引用文 (4) に挙げたシュルギ王讃歌 E にある「グティの国をムビの木のように打ち倒した」が相応しい。この文章の前にある文を、ブリシュは、「反抗する国、そこでは、書くことを知らず、神の章旗を運ぶことはない、我が戦闘は、地平線にある雲であり、夕方（の方向？）まで恐れで覆う」と訳す。文化を持たないと形容される反抗する国を制覇したと解釈するのであろうが、そうではない。

シュルギ王讃歌 D に、諸々の武器を持って異国を打つ王であることを表現する前に、「私の章旗を異国のその端に私は立てる」がある。この表現の類似性から、ブリシュの解釈でなく、「（かつて誰も戦勝の）言葉を立てることができず、章旗を運ぶことができなかった反抗する国において、わが戦闘は、地平線まで雲のように広がり、日暮れ？（のように？）恐れで覆う」と訳すことができる。讃歌 X の末尾と同様に、シュルギの英雄性が、比類なく広く、遠い地域にまで及ぶことを表現するものである。

『ギルガメシュとフワワ A』には、英雄ギルガメシュの異国遠征が、名声を後世に残すためとして、「わたしは異国に遠征したい、わが名を知らしめたい。功名が立つ地において、わが名をたたせ、功名がたたない地において、神々の名をたたせたい」(Edzard 1991, 175-178) とある。シュルギが讃歌で自らを讃えるのも、同じであり、名を後世に残し得る周辺蛮族たる敵対者をことごとく平らげた英雄性である。グティは、その異国の悪しき敵対者の象徴として挙げる。実際に行ったグティに対する軍事行動をなぞった表現ではない。

一般的に言って、王碑文が実際に行われた王の功業を顕彰するために作られたのに対して、王讃歌は、具体的な行動を賞賛することでなく、それをなし得る王の資質を讃えることが主題になっている。王讃歌にシュルギの治績を探る必要はない。

名を直接書くことは忌まわしいこととして避けたと。

　アッカドの滅亡を主題にした『アッカドの呪い』とウル第三王朝の滅亡を主題にした『シュメールとウル滅亡の哀歌』は，シュルギの王讃歌と同様に，グティを暴虐な蛮族と描くと同時に，王讃歌が描写しないシュメール諸都市の破壊をイメージの中心に据えた。それは，ウル第三王朝版『シュメールの王名表』が，グティの名を挙げることなく，避けたことの対極にある。何がこの差を生み出したかが問題になる。その解決の手がかりをつかむために，全土の破壊者であるグティがどのように表現されたかを，『アッカドの呪い』から見ていきたい。

　『アッカドの呪い』には，アッカドの破壊を決めた最高神エンリルが，破壊者としてグティを選んだとある。

　　「エンリル神は彼の愛するエクル神殿を（ナラムシンに）破壊されたことで，何を滅亡させたいと望むのか。彼はグビンの山に目を上げた。広き山岳は一つになって下ってきた。人と認められず，国土に住む者として数えられないグティはタブーを知らぬ者。人として作られたが，その知は犬のごとく，その顔は猿である。エンリル神は山から（彼等を）下したのだ。無数の昆虫のごとく大地を覆う。その力は獣の罠のごとく，平原をかき回す。何者もその力から逃れられない。誰もその力から救われない。」（Cooper 1983, 56-59）

　引用文のように，『アッカドの呪い』は，全土の破壊者としてグティの野蛮性を強調する。エンリル神がグティを平原に下すために見やったのはグビンである。グビンは，アッカド王朝第2代リムシュの碑文とラガシュの支配者グデアの碑文に例があり，はるか東方の地域と意識されていた。

　リムシュ碑文では，バラフシの王に加勢するために，ザハラとエラムに加え，「グビンとメルッハ」が来たとある（RIME 2, 58）。メルッハはインダス文明が栄えるインドの地であり，グビンはそれほどの遠隔の地とされた。ただし，リムシュにはバラフシとの戦いを記すの同種の碑文がいくつか残るが，グビンとメルッハが加勢したとあるのはこの碑文独自の表現であり，ほかの碑文にはない[286]。インドとされるメルッハまでもが反乱に加わっていたとは考えられず，

286　FAOS 7, 217-219 に，3 碑文が対称されている。

むしろ，リムシュを讃える技法として，そのような広範囲の反乱軍を撃破したと表現するために，後で追加されたと考えられる。

グデア碑文にあるグビンとは，「マガン，メルッハ，グビ（ン），異国なるディルムンは，木材を彼（グデア）のために用意する」であり（RIME 3/1, 42），グビンは，ペルシア湾を通じて交易関係にあったマガン（オマーン），メルッハ（インド），ディルムン（バーレーン）とともに挙がる[287]。リムシュ碑文と同じ地理観であり，グビンを東方の遠隔地と捉える。

しかしながら，グティの原郷はティグリス川東岸地域であり，『アッカドの呪い』が記すような遠隔地グビンでない。ペルシア湾を経由する遠い地に想定されるグビンとグティとを結び付けるのは，『アッカドの呪い』だけである。グビンをあえてグティの原郷として挙げるのは，シュメールの英雄物語において，東方イランの最遠・最深の未知なる地がフンババなどの怪物を退治するために行く場所であることから，グティを魔物のイメージで捉えるための文学的修飾と考えられる。

『アッカドの呪い』と同じく，ウル第三王朝の滅亡を主題にした『シュメールとウル滅亡の哀歌』も，エラムによるシュメール諸都市の破壊を描く前に，冒頭部分で，破壊者グティを挙げる。

　「そのとき，エンリル神はグティを山岳から下した。その行動はエンリル神の嵐であり，誰も対抗できない。」（Michalowski 1989, 40）

とあるように，エンリル神がシュメール諸都市の破壊者としてグティを選んだと書く。グティはエンリル神の破壊を体現する者であり，「何者もその力から逃れられない。誰もその力から救われない」，「誰も対抗できない」凶悪な蛮族である。『シュメールとウルの滅亡哀歌』は，さらに，

　「今こそ，（ウル第三王朝の）命運尽きるとき，運命果つるとき，嵐は洪水と一つとなりて襲う。」（Michalowski 1989, 36）

と，グティの侵入を嵐と洪水で表現する。『アッカドの呪い』にも，エンリル神がグティを山岳から下す叙述の前に，「咆哮する嵐が全土を覆う。湧立つ洪

---

[287] グデアの別の碑文では，メルッハから砂金を運んで来たと記したあとに，「ハルプの山，グビンから，ハルプ（樫？）材を運んできた」とある（RIME 3/1, 34）。グビンがどの地域に同定できるかは不明であるが，直接的にか間接的にか交易の対象になっていた。

水に為す術はなし」と同様の表現がある (Cooper 1983, 56)。

洪水は世界の滅亡を象徴し (Eichler 1993)，古バビロニア時代の標準版『シュメールの王名表』では，原初の五都市の時代が大洪水によって終わり，そのあとに，再度天から王権がキシュに下され，現在の時代が到来したとある。『シュメールとウル滅亡の哀歌』と『アッカドの呪い』が描くアッカド王朝とウル第三王朝の滅亡は，神から見放された文明世界の破滅である。そのなかで，蛮族グティは，最高神エンリルの激しい怒りを体現する破壊者として描写される。これは，シュルギの王讃歌が描くグティをはるかに超えたイメージである。

世界を破滅させる凶悪なグティのイメージが，『シュメールとウル滅亡の哀歌』に色濃く投影するのは，ウル第三王朝の滅亡時に明確になった蛮族侵入史観が関わる。グティのイメージは，この蛮族侵入史観に不可欠の要素として形成された。

『ウル滅亡の哀歌』と『シュメールとウル滅亡の哀歌』

ウル第三王朝の滅亡は大事件であり，それを主題にした二つの哀歌，『ウル滅亡の哀歌』と『シュメールとウル滅亡の哀歌』が作られた。最初に，二つの哀歌の粗筋を示し，これらの哀歌がいつ作られたかを考え，そのあと，両作品が蛮族によって破壊されたと描く都市の広がりを，事実と照らし合わせて，相違する点を明確にする。これは，次節で取り上げる蛮族侵入史観の重要性を指摘することの前提となる。

両哀歌の作成年代については，作品中にイシンの都市神であるニンイシンナ神を「国土の母」と形容するところがあり，イシンの強調であるので，両作品がイシン王朝時代に作られたことは確かである。作成時期をイシン王朝第4代の王イシュメダガンのときと推定されることもあるが，筆者はイシン王朝の別の王を考えている。ただし，これから述べることには明白な根拠があるわけでなく，一つの説として提示するに留まる。

一つ目の『ウル滅亡の哀歌』(五味 1978, Samet 2014) は，具体的な事件を描くというよりも，都市神に見捨てられた都市を描写する。そのなかで，中心的な役回りを演じるのがナンナ神の妻ニンガル神である。

ニンガル神は，見捨てられたウルとその他の都市のために嘆き，破壊を決定

した神々がその言葉を変更するように嘆願する。しかし，受け入れられず，嵐が洪水のごとくに破壊したウルの惨状を嘆く。そのあと，破壊された多くの都市が列挙され，それぞれにおいて都市神とその妻神の嘆きが同一形式で綴られる。

『ウル滅亡の哀歌』はこのような内容であるが，ウルの滅亡を主題にするのであれば，ニンガル神よりもウルの都市神ナンナが主人公であるべきと思われる。それにかかわらず，ナンナ神の登場は限られ，「お前を嘆く激しい哀歌を，涙する人ナンナは，いったいいつまで続けるのか」（五味亭訳）という定型句が繰り返されるように，ウルの破壊を嘆く神として描かれるのみである。作品の最後になって，初めて，ニンガル神が夫のナンナ神にウルの再建を期待する言葉，

「ナンナ神よ，もしあなたが町を再建するならば，（町は）あなたを永遠に褒め讃えることでしょう。」（五味亭訳）

が現れる。なぜ，この作品の主人公がニンガル神であって，ナンナ神でないのか。

ナンナ神に関しては，エラム軍がウルに侵寇した際に，ウルの王イッビシンが捕虜になるとともに，ナンナ神像が神殿から略奪され，エラムに持ち去られた。イシビエラのあとのイシン王朝第2代の王シュイリシュがエラムに遠征し，ナンナ神像を奪還するまで，ウルは，都市神の不在という異常な事態が続いていた。

こうした状況を考慮すれば，『ウル滅亡の哀歌』は，シュイリシュ治世にナンナ神像が再びウルに戻ったときに，「ナンナ神よ，もしあなたが（ウルに戻り，ウルの）町を再建するならば，（町は）あなたを永遠に褒め讃えることでしょう」のような願望が成就し，ウル本来の状態に戻ったことを祝して作られたと想定してもよいと思われる。つまり，シュイリシュのときナンナ神の像が戻ったことで，ウルが再建され，神々は癒され，嘆きを止め，シュメールの地に過去の栄光が戻ったことを祝す，もしくは，栄光が戻ることを願うためにこの作品は書かれたと考えることができる。

もう一つの『シュメールとウル滅亡の哀歌』は，『ウル滅亡の哀歌』が神々を主人公にした語りであったことと相違して，イッビシンが捕虜となってエラ

ムに連行された記述があるように，エラムによるウル侵寇の事実を踏まえた具体的な記述が散見される。

この作品の主役は，運命を定める最高神エンリルとウルの都市神ナンナである。エンリル神が良き運命を変えたことで，「今こそ，（ウル第三王朝の）命運尽きるとき，運命果つるとき，嵐は洪水のように一つとなりて襲う」と書き出す。運命を定める神々もシュメールの地に厄災を与え，エンリル神がその地の諸都市を破壊するために山から蛮族を下す。そのあと，キシュをはじめとした多くの都市の破壊が列挙される。

ナンナ神は，シュメール諸都市の破壊という過酷な運命を変更するように，エンリル神に哀願する。しかし，エンリル神は，「神々の決定は覆せない」と拒否する。再度の哀願によって，エンリル神はナンナの願いをようやく聞き入れる。

この哀歌は，復活を予感させる次のような文章で締めくくられている。

「ナンナ神よ，あなたの王権は良し。あなたのあるべき場所に戻りますように。ウルにおいてよき統治が永らえますように。」（Michalowski 1989）

この作品が作られた時期と目的はどのように考えられるのか。作品末尾の文章は，一見，先に見た『ウル滅亡の哀歌』の末尾とあまり変わらない。ここにある「あなたのあるべき場所に戻りますように」の原文は，強い願望を表現するためと思われる命令形「戻りなさい」で書かれる。ウルの王イッビシンとウルの都市神ナンナの神像がエラムに連れ去られたことは，この哀歌の最初の部分に記されるので，この哀歌の締めくくりの部分では，異民族エラムに占領されていたウルの解放が果たされたことを喜ぶと同時に，エラムに掠奪されたナンナ神像の奪還を期待する文章になっていると考えられる。

したがって，一つの推定であるが，『シュメールとウル滅亡の哀歌』は，イシンのイシビエラが，ウルを解放し，8年に及んだエラムの占領を終わらせたときに，作られたと見ることができる。作成時期を限定したところで，ウル第三王朝の滅亡を主題にした二つの哀歌の内容を見たい（前田 2016b）。

哀歌に描かれる破壊された都市

ウルの滅亡を主題にした二つの哀歌は，エラムによって破壊された都市を多

く挙げる。哀歌の一つ,『ウル滅亡の哀歌』に,神に見捨てられた都市として挙がるのは,ニップル,ケシュ,イシン,ウルク,ウル,エリドゥ,ウンマ,ラガシュである。一つの写本には,ララクが挿入されている。ララクは,原初の5都市の一つであり,ここに挙がる理由は不明である[288]。もう一つの『シュメールとウル滅亡の哀歌』に挙がる蛮族によって破壊された都市は,キシュ,カザル,イシン,ニップル,ケシュ,アダブ,ウルク,ウンマ,ラガシュ,ウル,エリドゥである。

『シュメールとウル滅亡の哀歌』は,アッカド地方のキシュとカザルを挙げるが,『ウル滅亡の哀歌』にはなく,両者に相違するところがある。ここでは,それを無視して,両作品に挙がる都市すべてを図示してその範囲を見たい(図23)。

図23と,同時代史料から明らかになるウル第三王朝滅亡時の事態を描く図16(195頁)を見比べれば,その差は歴然である。図16が史実を伝えているのであるから,二つの哀歌に描かれた広い範囲の都市が破壊されたことは史実ではなく,文学的脚色が加えられたということになる。

文学的脚色は『シュメールとウル滅亡の哀歌』の攻撃する者についても見られる。この作品の冒頭部分では,攻撃を加える者を明記しない。アダブの破壊のところにグティの名が現われるのが最初である。本来の主役であるエラムの登場は,さらに後段のギルスの破壊のところである。エラムの前にグティを描くのは,史実によるのでなく,凶悪な周辺異民族のイメージを掻き立てるためである。

アダブ以前(すなわち北)の都市については,侵入者を明示しないのと軌を一にして,直接的破壊を描写しない。たとえばカザル市の項では,

「その運河は空になり,水は流れない。エンキ神が呪いをかけたように,運河のその口は塞ぐ。畑に良質の麦はならないで,人々は食べることができない。」(Michalowski 1989, 44)

のように,飢饉・飢餓状態を記述する。外敵による崩壊ではなく,政情不安に

---

[288] イシビエラ13年のイシン文書(Ferwerda 1985, no. 6)に,「贈り物,王妃?のもとへ,ララクへ(níg-šu-tag₄-a ki-nin-a-šè šà la-ra-ak-šè)」とある。nin が何を指すのか明確でないが,ララクはイシンと関係が深かった故に,哀歌に書き込まれたのかもしれない。

図23 哀歌が描く，エラムによって破壊された都市

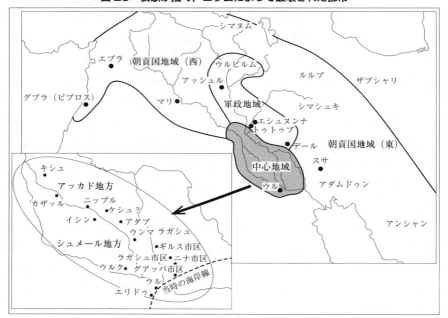

自然災害が加わって，飢饉が中メソポタミア地方を襲ったのであろう。したがって，エラムの侵入による破壊は，エラムを明示して「ラガシュ市域をエラムが手にした」とあるラガシュから南の地域と推察される。ウル周辺の地名は多く挙げられ，徹底的な攻撃があった。

『シュメールとウル滅亡の哀歌』には，侵入を受けた都市としてイシビエラの王都イシンと最高神エンリルを祭る聖都ニップルが挙がる。しかし，先に推定したエラムの侵入路が正しいならば，ラガシュより上流部に位置するイシンとニップルはエラムの破壊を受けなかった。実際，具体的な都市破壊の記述はない。このように，『シュメールとウル滅亡の哀歌』は，事実を再現することよりも，虚構の世界を描く。事実に立脚しない文学的虚構である。

一般的に言って，惨状を描くとき，飢餓だけでなく，疫病・病死などが定型的に表現されるのであるが，ウル滅亡の哀歌にはない。話題が逸れるがそれについて述べておきたい。

ウルの滅亡を題材とした二つの哀歌では，ウルの滅亡は，神々が運命を変更し，シュメール諸都市を見捨てたことによるとされる。そして，シュメールの運命を定める七大神のうち，ウルの都市神であるナンナを除いた六神がその役割を果たさなくなったことで，厄災が起こるとされる。

　「アン，エンリル，エンキ，ニンフルサグは（ウルの悪しき）運命を定めた，その運命は変えられない，誰も破れない。
　アンとエンリルの命令を誰が覆せようか。
　（神々の王）アン神はシュメール人の住むところを荒々しく扱い，人々は恐怖に打ちひしがれた。
　（統治を司る神）エンリル神は日々を苦きに変え，町は言葉なく沈黙に包まれる。
　（豊饒・生殖の女神）ニントゥ神（ニンフルサグ神）は国土において女の部屋に閂をした。
　（水の神）エンキ神はティグリス・ユーフラテス川の水を干上げてしまった。
　（正義の神）ウトゥ神は正義と真実を口から消し去った。
　（戦闘の女神）イナンナ神は蛮族に戦闘の力を与えた。」(Michalowski 1989)

　先に示したカザルの破壊においては，水の神エンキとの関わりで描写されるように，哀歌における都市破壊の記述は，この運命を決める六神の役割の枠のなかで表現される。病気は，六神の役割の外にあるので，描写されなかった。書かれるとすれば，病気の神（疫病神）エッラや冥界の神ネルガルを挙げなければならないが，哀歌ではまったく触れるところがない。

　哀歌は，七大神（六大神）がシュメールを見捨てたことを強調するために，これらの神々を連想させる描写を選んで表現した。自然災害や飢饉は，水の神エンキ神や豊饒の女神ニントゥとの連想が働いているのであって，現実そのものでなく，現実をそうした視点から切り取って描いた。それも虚構の世界を描く特殊性から来るのであろう。

　述べてきたように，蛮族の侵入によってすべての都市が破壊されたと描く二つの哀歌は，史実と乖離する。両作品が，なぜ，現実には起こっていないシュメール・アッカドの主要都市すべてが破壊されたと書くのか。それが，第一の

疑問である。

　作品に対する疑問は，王朝滅亡に関わるイメージからも生じる。王朝の滅亡がシュメール・アッカドの主要都市すべての破壊のイメージを連想させるものなのかという疑問。つまり，王朝の滅亡によってシュメール・アッカドのすべての都市の破壊を連想することは，シュメールの伝統から外れているのではないかということである。それが第二の疑問である。

伝統的な王朝交代の図式

　最初に，第二の疑問，シュメールの伝統では，王朝滅亡が全都市破壊をイメージすることはない点を述べたい。シュメールの伝統では，『シュメールの王名表』にあるように，王朝の滅亡は，天から下された王権＝地上を支配する権限が，神々の信任を失った都市から別の都市に移ることを意味した。たしかに，『シュメールの王名表』は，王朝の所在地の変更を「アダブは武器で打たれ，王権はウルクに移った」のように武力的な力によって移ったことを定型的に表現する。しかし，武器で打たれるのは，都市や神でなく，軍を起こした相手の王とその兵士である。武力による征服をイメージするとしても，王朝の滅亡とは，王座の所在地が代わることであって，支配下のすべての諸都市の破壊を連想することはなかった。

　伝統的な王権の都市から都市への移動は，哀歌の作者も意識していた。『シュメールとウル滅亡の哀歌』に「王権の所在地を変更するために」とあり，さらに，この哀歌には，よく引用される王朝交代を是とする有名な章句，

　　「ウルに王権は与えられた。（しかし）永遠の統治権が与えられたのではない。太古，国土が固められて以来，人間が繁栄した（今日）まで，王朝が（永久に）輝いていると，いったい誰が見たと言うのか。」(Michalowski 1989)

もある。

　二つの哀歌が王朝交代と王権の所在地の変更を意識して書かれていることは確かであるにしても，ウル第三王朝が滅びたあとの，ウルから王権が移った都市には直接触れない。ウルを破ったエラムに王権が移ったのではない。イシンに移ったとも明示しない。

両哀歌は，王朝の滅亡を題材にしても，伝統的な王権の所在都市の変更でなく，従来連想されなかった諸都市の破壊に焦点を当てる。ここに両哀歌の特異性がある。この特異性を支える時代思潮が何かが問われる。

5 蛮族侵入史観

蛮族侵入史観

　先に示した第一の疑問，なぜ，現実には起こっていないシュメール・アッカドの主要都市すべてが破壊されたと書くのかを考えたい。二つの哀歌に描かれた破壊された都市の範囲は，現実に起きたエラムの侵寇地より広い。しかし，その広がりは，ウル第三王朝が支配する全領域ではなく，ウル第三王朝の支配領域の3区分の一つである中心地域に収まる（図23，328頁）。ウル第三王朝の滅亡を主題にするにもかかわらず，地中海からペルシア湾までの全領域の破壊を描くことなく，周辺地域と区別された中心地域だけである。

　厄災をもたらしたのが，周辺の異民族の代名詞になっていたエラム勢力であることから，二つの哀歌は，ウル第三王朝の滅亡を野蛮な周辺地域の民によって中心文明地域が破壊されるという，中心と周辺の対立として描いたことになる。

　破壊表現も特異である。ウル滅亡の哀歌は，周辺からの蛮族の侵入を「嵐は洪水のように一つとなって襲う」のように，世界の滅亡を象徴する洪水で表現する。神々が見捨てた文明の地に大洪水のごとく侵入する蛮族は，まさにハルマゲドンの象徴と見ることができ，一つの王朝が滅亡する以上に，中心文明地域そのものが消滅するという終末論的連想が働く。

　筆者は，中心文明が周辺の蛮族によって破壊されるという見方を蛮族侵入史観と呼んでいる（前田2003b，前田2006）。蛮族侵入史観は，中心と周辺の二分法が極端に先鋭化した見方である。二つのウル滅亡哀歌は，ウルの滅亡という事実を語りながらも，事実をなぞることを目的としないで，蛮族侵入史観によって中心文明の破壊を終末論的に描くことが主題である。

　ウルの滅亡を中心文明地域と野蛮な周辺異民族の対立として描くことは，作品のなかに周辺蛮族の名を多く挙げることからも知ることができる。作品の冒

頭において，エンリル神が中心文明地域を破壊するために山から下したのは，実際に侵入したエラムでなく，アッカド王朝をも滅亡させたとされるグティである。作品のなかほどで，エラムの壊滅的な力を「嵐」と表現したあと，最後の第5連では，ティドヌン，グティ，アンシャンを並べる[289]。

周辺の蛮族という場合，世界の四至を示すマルトゥ，エラムで表現するのが通例であるが，この作品は，あえて，マルトゥをティドヌンに，エラムをアンシャンに換えて表現する。ティドヌンは，シュシン治世にマルトゥたちを糾合してウルと戦った部族である。アンシャンは，ウル第三王朝を滅亡させたキンダトゥのシマシュキが根拠とした地である。グティも，アッカド王朝崩壊後にシュメール都市アダブを拠点に周辺を支配した異民族である。ティドヌン，アンシャン，グティは，実際に敵対し侵入してきた周辺異民族であり，それを挙げることで，周辺異民族の現実的な脅威を喚起したのである。

蛮族侵入史観の成立時期

蛮族侵入史観は，中心と周辺の二分法的地理観に根ざす。この華夷の二分法は，もともと文明の民を自認するシュメール・アッカドの民が，野蛮な周辺地域に比べて優位にあることを誇示する地理観である。

「(マルトゥ) 火で料理しないなま肉を食べ，生きるときは家を持たず，死んでも葬られない。」

「(グティ) 人として作られているが，その知恵は犬のごとく，その顔は猿のごとし。」

引用した文にあるように，周辺異民族を蔑視するのは，都市生活を知らない，神を知らない，文化を知らないというその非文明的な側面である。シュメール・アッカドの人々は，周辺地域の人々を非文明的であると見下すことで，自らの優位性を確認した。

文明の優位性を誇示する二分法から，中心文明と周辺の蛮族の対立が先鋭化し，ウル滅亡の哀歌に描かれるような蛮族によって文明地域がすべて破壊され

---

[289]「シュメールに吹き荒れた嵐（u_4 zal）が，異国（kur）にも吹き荒れよう。国土に吹き荒れた嵐が，吹く荒れよう。異国のティドヌン（kur ti-id-nu-um^{ki}）に吹き荒れよう。異国に吹き荒れよう。異国のグティウム（kur gu-ti-um^{ki}）に吹き荒れよう。異国に吹き荒れよう。異国のアンシャン（kur an-ša$_4$-an^{ki}）に吹き荒れよう。異国に吹き荒れよう」(Mihalowski 1989, 66)。

るという恐怖，蛮族の風下に置かれるという屈辱感を表現する二分法（蛮族侵入史観）に変わっていった時期が問題になる。

考慮すべき事件が，アッカド王朝末からウル第三王朝が成立するまでの混乱期に起こった。一つが，エラムの王プズルインシュシナクが，イラン高原を統一するとともに，メソポタミアに侵入してアッカド地方を支配したことである（図18，217頁）。これは周辺の蛮族・異民族による初めての中心地域の支配である。同時期，グティも，短期間ながらシュメールの都市アダブを占拠して，隣接するウンマまで政治的に支配した。長い歴史を誇るシュメール人が，非文明の民と蔑んでいた異民族に隷属する屈辱的な状況が出来した。シュメール人にとっては，エラムの王がアッカド地方に勢力を張ったことよりも，シュメールの都市国家的伝統を保持する領邦都市国家がグティの支配に屈したことを，より屈辱的な事態と捉えたが，こうした事態の出来によって中心文明地域の絶対的な優位性が揺らいだ。

しかしながら，ウル第三王朝成立直前のこの時期に蛮族侵入史観は明確になっていない。アッカド王朝崩壊後の分裂期を収拾したウル第三王朝は，中心地域に入り込み支配していた周辺異民族を排除することに成功した。支配領域の一つを軍政地域としたことも，再び異民族の支配を被らないための予防処置と言える。周辺異民族に対する施策は，ウル第三王朝第2代の王シュルギのときまで，敵対するマルトゥやシマシュキに強制徴発を行ったように功を奏していた。したがって，アッカド王朝崩壊後の混乱期からウル第三王朝時代前期までに，蛮族侵入史観が成立する条件はなかった。

ウル第三王朝も第4代シュシンの治世になると事態が変わる。周辺異民族の抑え込みが怪しくなっていた（図22，263頁）。シュシンは，西からの侵入者マルトゥ（アムル）に備える城壁を造った。中国における万里の長城のようなものであり，マルトゥの侵入が中心地域のすべての脅威になっていた。マルトゥの城壁を造ったとしても，効果なく，「今やすべてのマルトゥが国土のなかに入り込んでいます。多くの大いなる城壁が占領されました」とあるようにマルトゥの侵入は激しさを増した。

さらに，東方イラン高原では，シマシュキの影響力が拡大し，イラン高原全域に及ぶようになった。それを示すのが，シュシン7年のザブシャリとシマ

シュキ遠征である。シュシンの王碑文には、「シマシュキが、ザブシャリの国のアンシャンの境界から上の海まで、イナゴのように蜂起した」や「ザブシャリの国とシマシュキの国々を征服したとき」とあり、周辺地域の多くが反乱に加担した。

つまり、蛮族侵入史観＝周辺異民族に対する恐怖感が醸成されたのは、西と東からの脅威が顕在化したシュシン治世からである。シュルギの治世とは異なり、第4代シュシンの治世に、政治的な逼塞感と文明の民たる優越感の揺らぎが、時代の思潮として明白になった。

蛮族侵入史観的時代思潮は、イッビシン治世にも強く意識されていた。年名は本来「シムルムを征服した年」のように、事実に即して記述されるのが通例である。それが、イッビシン23年の年名は、「ウルの王イッビシンに対して、異国に群がる猿が攻撃した年」という特異な表現を採る[290]。ことさらに「異国に群がる猿」エラムのような蔑視的表現を採用する一方で、年名本来の目的である王の功業を示す内容になっていない。

蛮族侵入史観は、シュシン治世以降のウル第三王朝時代後半を特徴付ける時代思潮である。その蛮族侵入史観的終末世界が、ウル第三王朝の滅亡によって現実になったと捉えたのが、二つの哀歌である。

グティに戻れば、グティがシュメールの地を最初に支配した周辺異民族であることは確かである。そのことによって、シュルギ王讃歌にあるように、エラムやマルトゥと同等に、周辺異民族の代表格として伝承された。しかし、中心文明地域を破壊する凶悪なグティのイメージは、蛮族侵入史観が意識されたことで醸成されたことで、初めて中心的な役割を負うことになった。つまり、エラムとマルトゥが現実世界において強大な勢力となったこととは相違して、グティが強大な政治勢力となることはなく、蛮族の象徴として文学などイメージの世界で凶悪な破壊者として生き続けた。

最後に、領邦都市国家の視点から、『ウル滅亡の哀歌』と『シュメールとウル滅亡の哀歌』が挙げる破壊された都市の特徴を述べておきたい。両哀歌に挙

---

[290]　UET 3, 711 & 712: mu ^{d}i-bi-^{d}suen lugal uri$_5^{ki}$-ma-ra ugu-ku-bi dugud kur-bi mu-na-ra（Cf. Sigrist & Gomi 1991, 329）。「ウルの王イッビシンのために、（エンリル神が）サルが群がる異国を打った年」とも訳せる。どちらの解釈を採っても、ウルの王が主体的に異国征服を行ったとは表現されない。

がるのは中心地域の都市であり，華夷の二分法が強く意識されている。しかし，破壊されたのは領邦都市国家（キシュ，ニップル，シュルッパク，アダブ，ウンマ，ラガシュ，ウルク，ウル）に限定されないで，ララク，イシン，カザルなどの都市も挙がる。それは，哀歌が作られたイシン王朝時代の実勢が反映するのであろうが，むしろ，イシンの王が，前3千年紀において強く意識された領邦都市国家の枠組みを考慮することなく，束縛されていない点を強調すべきと考える。

6　まとめにかえて

　グティは，実勢でなく，凶悪な蛮族のイメージによって伝承された周辺異民族である。このように結論したところで，最後に，アッカドを滅ぼしたグティを描く『アッカドの呪い』と，グティの王ティリガンを破るウルクの王ウトゥヘガルの碑文について，その作成年代を考えたい。

　『アッカドの呪い』の原型は，アッカド王朝滅亡後すぐの時期にできあがったというのが通説である。しかし，この作品が描くアッカド王朝がナラムシンのときに滅亡し，グティが滅ぼしたと描くことは，まったく史実を反映しない。アッカド王朝はナラムシン以降も存続しており，彼の治世に滅亡した事実はない。グティが滅ぼしたことも同時代史料から確認できない。

　何よりも，『アッカドの呪い』の主題は，強大な王朝のもと繁栄した文明地域の諸都市が蛮族の侵入によってすべて破壊されたことに置かれた。それは，蛮族侵入史観の立場からの描写である。したがって，蛮族侵入史観が明確になるウル第三王朝第4代の王シュシンの前に，こうした作品が作られたとは考えられない。

　『アッカドの呪い』の作成は，次のように考えられる。ウル第三王朝の滅亡という大事件を意味付けるために，二つのウル滅亡哀歌が生み出されたあとで，統一王朝としてはウル第三王朝に匹敵するアッカド王朝にさかのぼって，その滅亡をも，蛮族侵入史観から説明するという意図のもとに作品が作られた。それが『アッカドの呪い』である。つまり，ウル滅亡の哀歌が作られたのと同時期に作られたと見るのが妥当である。

次に、同時代史料として利用できるかの問題に関わるのであるが、ウトゥヘガルの王碑文の作成年代を考えたい。この碑文（RIME 2, 283-293）は、シュメール全土を支配する異民族グティを滅ぼすようにとエンリル神に命ぜられ、軍を起こし、神々の加護を得てグティの王ティリガンを追いつめ、妻子ともども捕虜にすることで、シュメールの王権を再興したと誇る内容である。

ウトゥヘガルの王碑文は、古バビロニア時代の写本でしか残っておらず、文章の構成からも、真正なウトゥヘガルの王碑文でなく、後世に作られた物語とするのが通説である。通説に対して、前3千年紀の王碑文を集成したフレインは、これをウトゥヘガルの王碑文として碑文集に加えた。確かに、この作品には、史実に基づいて作られたと考えられる部分がある。

ウトゥヘガルは、ウルクを出発し、ウンマ近郊のナグスと、アダブ近郊のカンカルで戦勝の祈願をしてのち、アダブ近郊でグティ軍と会戦になり、逃げるグティの王ティリガンをダブルムで捕虜にした。碑文が記すグティとの戦いの場は、ウンマ、アダブ周辺に限られる。先に述べたグティはアダブを本拠地としてウンマまでを勢力圏としたという結論と齟齬しない。したがって、この部分は史実に基づいた記述になっていると認めることができよう。

しかし、史実の基づく記述があるにしても、フレインの真正説でなく、通説通り、ウトゥヘガル時代の同時代史料ではないとすべきであろう。この碑文は、蛮族侵入史観的な全土の破壊をイメージして書かれているからである。グティは、

> 「山の大蛇であり、さそり。神々に仇なす者、シュメールの王権を異国に運び去った者、シュメールに邪悪を満たした者、妻ある者から妻を奪い、子ある者から子を奪い、国土に悪業と暴虐をはびこらせた者。」

と描写される。グティの王ティリガンも、

> 「彼に刃向かう者はいない。ティグリス川両岸を占領し、下の地域、シュメールでは、耕地を奪い、上の地域では道を塞ぐ。（人が行き交った）国土の路を（荒廃させ）、長い草が生い茂る。」

とその悪行を並べ、グティは文明地域を破壊する凶悪な蛮族のイメージである。さらに、グティを、最高神エンリルの激しい怒りを体現する破壊者として描写することも、シュルギ王讃歌の描写をはるかに超えており、蛮族侵入史観が明

確になって初めて可能になる。

　したがって，ウル第三王朝成立以前に在位したウトゥヘガルには，グティを全土を破壊する蛮族としてイメージできなかったであろうし，王碑文でそのように描くこともないであろう。ウトゥヘガルの王碑文とされるものは，ウトゥヘガルが生きた時代の碑文ではない。ウトゥヘガルの王碑文は，『アッカドの呪い』と同様に，ウル滅亡の哀歌が書かれたのと同じか，そのあとの時期に，暴虐なグティを破る愛国的な英雄ウトゥヘガルを顕彰するために作られたと考えられる擬似王碑文であり，同時代史料として利用することはできない。実際，同時代史料であるウトゥヘガルの王碑文には，グティを破る功業を記すものはない。

　ウトゥヘガルの擬似王碑文が描く歴史像，アッカド王朝を滅ぼしたグティが全土を支配し，それをウルクの王ウトゥヘガルが破り，異民族からシュメールの王権を奪還したという歴史像は，ウル第三王朝が崩壊したあとのイシン王朝時代に明確になった歴史像であり，アッカド王朝滅亡時やウトゥヘガル治世，さらにウル第三王朝のシュルギ治世には未だ形成されていなかった。

　繰り返しになるが，グティによるシュメール全土の支配は，史実と言うよりも，蛮族侵入史観的立場からの潤色である。グティが，最初に文明地域に侵入した異民族というシュルギ治世頃のイメージから，ウル第三王朝時代末には，蛮族侵入史観の象徴として文明世界全体を破壊する蛮族へと，その凶悪ぶりが誇張されることになった。この誇張されたグティのイメージが生き続ける。現代の研究者もグティをそのように捉えることがあるが，それは実像でなく，メソポタミアの歴史のなかで創り出された虚構である。

終　章

　第Ⅰ部で試みたのは，前3千年紀のメソポタミア史を，実証されない神殿都市論や原始民主政論に依ることなく，ウルク期に成立した都市国家の展開として述べることであった。その際，都市国家分立期・領域国家期・統一国家期の3段階に従って，それぞれの時代の特徴を押さえながら王権の特質を明らかにする方法を採った。

　3段階に区分したように，王権理念に関しては都市国家の王から地上世界における唯一の王という極限まで拡大した。しかし，支配の実態はそうではなかった。世界史の教科書などにウル第三王朝は中央集権体制であったと記述されることがあるが，前3千年紀においては，中央集権体制は実現していない。それは，領域国家期になって「国土の王」を名乗ったエンシャクシュアンナが，領邦都市国家の特権的地位を認めて支配したように，分権的な都市国家理念（都市国家的伝統）を奉じる領邦都市国家が，領域国家期や統一国家期のウル第三王朝時代まで生き続けることで，中央集権的体制の実現化を阻害したからである。

　中央集権的体制の実現を阻止する要因として，ほかに，経済基盤としての王の家政組織と地上世界を華夷の二分法で捉えることも挙げることができる。王の家政組織については，前3千年紀メソポタミアの王権は，都市国家段階でも統一を果たした領域国家期や統一国家期でも，統治権を駆使して支配領域の全域・全住民に対する収奪を目指すことをしないで，広大な直営地に支えられ

た家政組織の拡充を目標にした。ウル第三王朝時代でも，巨大な家政組織（公的経営体）を作り上げることに熱心であって，中央集権体制を実現するための，支配下にある住民を直接掌握する個別人身支配や，都市の有力層などの中間権力を排除した一円支配を目指すことはなかった。

　こうした特徴が指摘できるので，表3（11頁）において，領域国家を"the city-state dominating the core region"，統一国家を"the city-state dominating all the four quarters"のように，都市主体の国家として表記した。領域国家期や統一国家期になっても，都市国家の枠を壊すことができなかったからである。

　前三千年紀を特徴付ける華夷の二分法であるが，統一国家期のウル第三王朝時代でも，支配領域は，中心と周辺の二分法によって，中心地域と周辺地域である朝貢国地域と軍政地域に三分されていた。それぞれの地域の朝貢形態は異なっており，全領土を同一基準で支配する体制を採ることはできなかった。さらに伝統的な中心文明地域と野蛮な周辺地域の二分法によって周辺の諸民族を見ることで，ウル第三王朝の滅亡時点では，中心文明地域が蛮族の力に圧倒され滅ぶという極端な蛮族侵入史観も生まれた。

　前3千年紀のシュメールの王権や社会を特徴付ける都市国家的伝統，家政組織，さらに華夷の二分法を堅持したのが領邦都市国家である。領邦都市国家の体制がウル第三王朝の滅亡によって崩壊したとき，時代が転換することになる。

　次の時代，前2千年紀に，王権や社会がどのように変質したのか。前1500年までの古バビロニア時代までは前3千年紀の王権観や社会制度が継承され，大きな変化は古バビロニア時代後のカッシト王朝時代からであろう。領邦都市国家であったウルクやニップルは，遠い過去のシュメール文化を継承する都市として尊重されることはあっても，統一王朝の首都になることは，もはやない。筆者は，前4千年紀末から前1千年紀までのメソポタミア史を，前1500年を境に，前期メソポタミアと後期メソポタミアとに二分して捉えている。

　本書で述べてきた前3千年紀の王権や社会と比べたとき，前1500年以後の後期メソポタミア時代における変化はどのように捉えることができるか，それが問題となるが，筆者の能力では，それを詳細に追うことはできない。カッシ

ト王朝時代の特徴的な現象をトピック的に示し，今まで述べてきた前3千年紀の王権や社会との際立った差異を示すことに留まる。

社会の変質：家政組織の消滅

　ウル第三王朝時代の公的経営体が，後期メソポタミアの時代にどのように変わっていったかは不詳と言わねばならない。古バビロニア時代からカッシト王朝時代に私的経済が進捗したことが事実であるにしても，それに対応して王権が経済基盤をどのように改変させたかが，なお摑みきれない。後期メソポタミア時代のカッシト王朝時代以降に造られたのがクドゥル（境界石）である。クドゥルは私的な大土地所有を前提とした不輸不入を認める王の特許状である。クドゥル（境界石）に刻まれた文章の一例を示す。

　　「彼（カッシト王朝の王ナジマルッタシュ）が，マルドゥク神に，マルウクニの町と4村落，それに付随する700グルの播種面積の耕地を寄進した。（マルウクニの町は）ムクタリスサフ族の領域にある。その村落の長はムクタリスサフ族の族長に責任を負っていた。」（Sommerfeld 1995）

　このクドゥルでは，土地の権利関係は，在地の村落，部族，神殿の重層構造である。多重的な社会構造が，カッシト王朝時代以降の一般的形態であったと考えられる。クドゥルに見るように，王権は，その社会における調停者的役割を担っている。しかし，そうした重層的な社会にあって，王権が経済的基盤を築く場合，家政組織（公的経営体）を継承しようとしたのか。この点が確認できない。

　引用したクドゥルは，マルドゥク神殿の大土地所有を承認している。神殿が所有する荘園の立券と不輸不入の特権が遠い昔にさかのぼることを主張する十字形記念碑と命名された碑文がある。この碑は，ラルサにある太陽神シャマシュ（ウトゥ）の神殿エバッバルの財産に関して，アッカド王朝時代にさかのぼってその正当性を主張するために造られた。

　　「私（マニシュトゥシュ）は女神官から耕地を奪わない。耕地を永久に彼女に戻した。我が主シャマシュ神に手を上げる（礼拝）を行い，神は私の祈りを聞かれた。正しい道が開かれた。そのとき，耕地を永久に彼（シャマシュ神）に戻した。アブシャンからドゥルダヌンの東アクシャクまでにあ

る38の市々はシャマシュ神に解放された。私は彼らを夫役に使わない。誰も彼らに夫役を課すことはできない。ただ，彼らはエバッバル神殿にのみ奉仕する。」(Sollberger 1968)

この文章のあとに，シャマシュ神への犠牲，供物目録が続くが，引用文では，アッカド王朝第3代の王マニシュトゥシュが，ラルサのシャマシュ神殿に，王の課役権が及ばない土地と人を所有することを認める内容になっている。マニシュトゥシュがこうした特権を付与したとは考えられない。この碑は，カッシト王朝時代の贋作である。

権威付けのために由緒をアッカド王朝時代に求めた贋作であるにしても，碑に書かれた広大な領地と特権は，カッシト王朝時代のシャマシュ神殿の実勢であろう。先に例を引いたマルドゥク神殿とこのシャマシュ神殿のように，各地の有力神殿は，独自の経済基盤を持って自立したのである。

シュメール地方の神殿の自立化については別の要素も考慮しなければならない。前三千年紀に繁栄したラガシュ，ウンマ，アダブ，シュルッパクなどのシュメール諸都市が荒廃に向かうなかで，宗教的に重要視されたウル，ウルク，ニップル，ラルサなどにある有力な神殿が，ときどきの王によって何度となく再建され，存続したという事実である。シュメールの故地が全般的な衰退過程にあるなかで，唯一可能な経済拠点として神殿の重要性が増した。神殿経済は前3千年紀の社会を考察するときに議論されてきたが，むしろ，後期メソポタミアにおいて重要になるのではないかということである。

王都建設：都市国家的伝統の変質

後期メソポタミア時代に入った前2千年紀後半，国家を代表してほかの強国や属国との間で外交を行う王は，自らの意志でアマルナ外交書簡のような手紙を送り，平和条約や宗主権条約を締結した。神と都市と王が不可分に結び合う伝統的都市国家の秩序から，神と都市を否定することは決してないにしても，王を中心に据えた国家秩序に移行した。この移行によって，王位継承法の明文化（ヒッタイト），宮廷規則の制定（アッシリア），さらに，王個人の印章でなく，国璽とも呼ぶべき，王権もしくは神々の印（国の印）が使用されるようになった（ミタンニ，ヒッタイト，アッシリア）。

この時期に新都が各地に建設されたことも，王が国家の中枢にあってイニシアティヴを取ったことを示す具体例になる。以前では，自らの名を付した軍事用の砦を造ることはあっても，都市神と結び付いた都市の外に王都を建設することはなかった。

　たとえば，バビロン第一王朝の王でハンムラビの子であるサムスイルナは，自らの名を付した「サムスイルナの城塞（ドゥル）」を造った。その造築理由を述べている。

　　「そのとき，強き者サムスイルナは，トゥルル（ディヤラ）川の岸とタバーン川の岸に居住する人々を，安全な住居に住まわせるために，彼らを恐怖に落とす者がないように，彼（サムスイルナ）の英雄たる強き力を，すべての国土の人々が賞賛するように，2ヵ月の間に，トゥルル川の岸に『サムスイルナの城塞』を造った。その濠を掘り，（基礎のために）土砂を積み，レンガを造り，城壁を築いた。」(RIME 4, 390-391)

　外敵の侵入を受けた人々を再定住させ，その安全を保証するために堀と城壁のある砦を造った。サムスイルナは，別にキシュ市を建設して「濠を掘り，大いなる土砂で基礎を山のごとくに造り，レンガを造り，城壁を築いた」が，そこでは，1年の仕事となっている (RIME 4, 387-388)。「サムスイルナの城塞」は2ヵ月で造られているので，巨大な都市でなかったことがわかる。

　前2千年期後半になると事情は変化する。バビロンのクリガルズ1世によるドゥル・クリガルズの建設（前14世紀？），アッシリアのトゥクルティニヌルタ1世によるカール・トゥクルティニヌルタの建設（前13世紀），エラムのウンタシュナピリシャによるアル・ウンタシュナピリシャ（チョガザンビル）建設（前13世紀）など，列強の王は自らの王都を建設した（図24）。

　アッシリアのトゥクルティニヌルタ1世の碑文に拠って，新都建設をどのように記述しているのかを見たい。碑文は，アッシュル神の命令によって為されたと冒頭に記す。しかし，すぐあとに，「我が支配権の畏怖（ために）」建てたと，王権を強調する。新都に建てられた王宮の名は，「エガルメシャラ（すべてのメのエガル）」であり (RIMA 1, 269-271)，この名は注目される。同時に建てられたアッシュル神の神殿エクルメシャラ「すべてのメ（のある）エクル」と比べれば (RIMA 1, 272-274)，エクルをエガル（王宮）に置き換えただけの，

図 24　新都建設

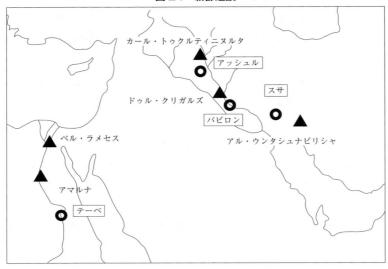

対等な名称だからである。王宮をこのように命名したことに，地上の支配権者としての王とアッシュル神は対等であると見なし，伝統から離脱したいという意図が窺える。なお，アッシュル神の神殿を，ニップルにあるエンリル神の神殿の名称エクルで表示するのは，アッシュル神を最高神エンリルと同格の神と見なしたからである。

　西アジア全般の新都建設を考慮するならば，エジプトにおけるアクエンアテンのアケトアテン（テル・アルアマルナ）建設（前14世紀）やラメセス2世のペル・ラメセス遷都（前13世紀）を，メソポタミアと王権のあり方が相違するにしても，王権のイニシアティヴ，王権の強大化という同時代の潮流のなかで考察する余地は残される。前1500年以前の伝統的王権観とは異なる特徴が示されるのである。

　メソポタミアの王は，新都を建設して，都市と都市神の関係から一定の距離を取る方策を講じた。シュメール以来の都市国家的伝統から一歩踏み出したことになる。しかし，バビロニアでもアッシリアでも，古都の都市神，バビロンのマルドゥク神とアッシュルのアッシュル神が最高神であり，その加護の下に帝国を統治するという都市と都市神と王との関係は依然残されていた。前3

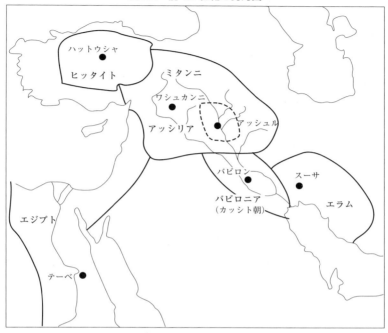

図25　前15世紀の勢力図

千年紀からの伝統を「帝国」に相応しい王権観にどのように変えるか，前1千年紀でも，それが問題になっていたと考えることができる。

華夷の二分法の消滅

　第Ⅱ部では，中心文明地域のシュメール・アッカドの民から野蛮と見なされたエラム，マルトゥ，グティを対象にした。彼らを野蛮視したのは中心文明地域と野蛮な周辺地域という華夷の二分法に従う世界観である。前3千年紀から前2千年紀前半まで強固な規範となっていたこの華夷の区分が，その後の時代にどのような変化を遂げるのか，それを最後に見ておきたい。

　前2千年紀後半，西アジア各地に政治的統一体であるヒッタイト，ミタンニ，アッシリア，バビロニア（カッシト王朝）が成立し，シリアに進出したエジプトとの間に複雑な国際関係が生じていた。この時期はアマルナ時代とも呼ばれるが，古代オリエントが一つの政治的世界を形成した時期である（図25）。

前2千年紀前半までの前期メソポタミアの王は，野蛮と見なした周辺地域と中心である文明地域の二分法で世界を捉えており，シュメール・アッカドを中心地域とする一極的な世界観であった。したがって，カッシト王朝時代の列強が並び立つ多極的な世界はまったく新しい世界の出現である。多極的な世界における列強の国際関係を契機に従来の王権とは異なる特徴が現れる。メソポタミア地方の動向から見てゆきたい。

　バビロニアとアッシリアは，前二千年紀後半になってメソポタミアにおける同一文化を担う二大勢力としてヘゲモニーを争うことになる（図26）。強国間の国際関係を知る上で欠かせない史料としてエジプトのアマルナから出土したアマルナ外交書簡がある（Moran 1992）。その一つのアッシリア王がエジプト王に宛てた手紙に，

　　「エジプト王に言え。アッシリア王アッシュルウバリトが述べること。
　　――。私の使者を，あなたの国土に行かせ，あなたに会うよう派遣した。
　　今まで，私の祖先たちは，あなたに（手紙を）書いたことがなかったが，
　　今私は書きます。――。」

とあり，アッシリアが，アマルナ時代の大国，エジプト，ヒッタイト，バビロンに伍して活動することの宣言になっている。別のアマルナ外交書簡では，

　　「ミタンニ王があなたの父である（エジプト）王に手紙を書いたとき，彼
　　は彼（ミタンニ王）に20グの金を送った。今，私（アッシリア王）はミタ
　　ンニ王と同等である。しかし，あなたは，金［　］マナしか送ってこない。
　　それは，私の使者が往復する旅程の支払いにも満たない」

とある。ミタンニ王に贈られた金20グは約600キログラムであったのに比べ，アッシリアに送られてきたのは，欠損があり正確な数値は不明であるが，グの下位の単位マナで量る金であった。1グは60マナであるので，数十分の一でしかなかった。アッシリア王の不満は，金の多寡でなく，ミタンニの支配から脱して，列強の仲間入りを果たしたと考えるアッシリアを，エジプトはまだ認めていない点である。

　強国への道を歩むアッシリアの動きに対して，南に接するバビロンの王は不快感を露わにし，エジプト王に書簡を送り，バビロンとエジプトとの長い同盟関係をエジプトに想起させ，シリア諸国がエジプトに敵対し同盟を誘ったとき

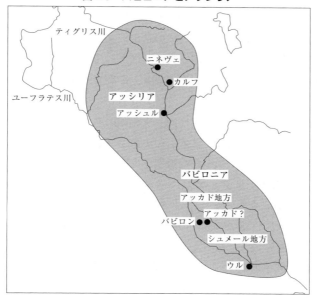

図26　バビロニアとアッシリア

も常にバビロンはエジプトを裏切らず味方したことを強調したあとで、バビロンの臣下であるアッシリアがバビロンの許可なく勝手にエジプトに通交を求める使者を派遣したが、追い返すように要請した。アッシリアとバビロニアの対立が、エジプトを巻き込んだ外交的駆け引きになって現れた。

　バビロニアに対してアッシリアは新参者である。アッシリアは、ウル第三王朝時代までシュメール・アッカドの中心地域に加えられない辺境地域と意識されていた。前3千年紀から前2千年紀の変わり目にウル第三王朝が崩壊すると、自立した都市国家としてアナトリアとの交易を主軸に商業国家として繁栄する。その過程で、中心文明を構成する一地域としての自覚を持ち、そのように振る舞うようになる。それを支えるのが、アッカド王朝のサルゴンとナラムシンと同じ名を持つアッシリア王が現れるように、アッカド王朝を継承する王朝であるという「創られた伝統」である。この「伝統」は、ウル第三王朝からイシン・ラルサ王朝へ、さらにバビロン第一王朝へと連綿と続くバビロニア地方の正統王朝に対抗するために生み出された。

手紙をエジプト王に出したアッシュルウバリト１世はアッシリアを「バビロニア化」しており，紀元前13世紀のトゥクルティニヌルタ１世も，バビロンを攻略し，戦利品としてバビロニアの粘土板文書を持ち帰り，アッシリアのバビロニア化をさらに進めた。同一文化圏にあって政治的にも文化的にもバビロンと対等な地位を築くことで，バビロンとの間でヘゲモニー争いを優位に導こうとしたのである。
　アッシリアとバビロニアの関係は同一文化圏のヘゲモニー争いであり，その限りで伝統的な王権観で処理できるものである。しかし，ヒッタイトやエジプトなどの列強との関係は，伝統的な野蛮と文明の二分法では律しきれなくなる。
　ミタンニは，北メソポタミアのスバルトゥの地域に成立した国家であり，ヒッタイト王国が成立するアナトリアは，さらに遠く，前３千年紀の人々が描く世界では，世界の端である杉の森，アマヌス山脈の彼方である。エジプトははるか彼方，視界の外であった。バビロニアやアッシリアの王が文明なき周辺と見なした地域や考慮すべくもない地域に成立したミタンニ，ヒッタイト，それにエジプトの王と，相互に大王として認めあい，相互に「兄弟」と呼ぶことは，従来の中心文明地域と野蛮な周辺地域の二分法では不可能である。
　メソポタミアの伝統であった一極的世界という世界観を脱して，列強が併存する多極的な政治地図を承認することで，初めて国際関係は成り立つ。逆に言えば，多極的な世界における列強の国際関係を契機に中心文明と非文明の周辺という二分法的地理観は払拭された。少なくとも，ウル第三王朝時代には機能していた中心と周辺の二分法は，現実の統治システムを裏付ける根拠であることを辞め，非文明地域をさらに遠隔地や非現実的な神話的世界に設定することになった。

略　号

AAICAB: J.-P. Grégoire, *Archives administrative et inscriptions cunéiformes de l'Ashmolean Museum et de la Bodllean Collection d'Oxford, I*: Contribution à l'histoire sociale, économique, politique et culturelle du porche-orient ancien, Paris, 1-4, 1996-2002.
AfO: *Archiv für Orientforschung* (Berlin, Graz, Wien).
AHw: W. von Soden, *Akkadisches Handwörterbuch*, Wiesbaden, 1965-1981.
Amorites: G. Buccellati, *The Amorites of the Ur III Period*, Napoli, 1966.
AnOr 1: N. Schneider, *Die Drehem- und Djoḫa-Urkunden der Strassburger Universitäts- und Landesbibliothek*, (Analecta Orientalis 1), Roma 1931.
AnOr 7: N. Schneider, *Die Drehem- und Djoḫatexte im Kloster Montserrat (Barcelona)*, Roma 1932.
ASJ: *Acta Sumerologica* (Hiroshima, Tokyo).
AUCT 1-4: M. Sigrist, *Neo-Sumerian Account Texts in the Horn Archaeological Museum*, 1-3, Berrien Springs, 1984-1990.
AuOr: *Aula Orientalis* (Barcelona).
Berens: T.G. Pinches, *The Babylonian Tablets of the Berens Collection*, London, 1915.
BIN: Babylonian Inscriptions in the Collection of James B. Nies.
　　3: C.E. Keiser and S.T. Kang, *Neo-Sumerian Account Texts from Drehem*, New Haven, 1971.
　　8: G.G. Hackman, *Sumerian and Akkadian Administrative Texts from Prehistoric Times to the End of the Akkadian Dynasty*, New Haven 1958.
　　9: V.E. Crawford, *Sumerian Economic Texts from the First Dynasty of Isin*, New Haven, 1954.
　　10: M. van der Mieroop, *Sumerian Administrative Documents from the Reigns of Išbi-Erra and Šu-ilišu*, New haven 1987.
CAD: *The Assyrian Dictionary of the Oriental Institute of the Univerisy of Chicago*, Chicago.
CCTB: P.J. Watson, *Catalogue of Cuneiform Tablets in Birmingham City Museum*, Warminister.
　　1: *Neo-Sumerian Texts from Drehem*, 1986.
　　2: *Neo-Sumerian Texts from Umma and other sites*, 1993.
CDLI: Cuneiform Degital Library.
CHEU: G. Contenau, *Contribution à l'histoire économique d'Umma*, Paris, 1915.
CST: T. Fish, *Catalogue of Sumerian Tablets in the John Rylands Library*, Manchester, London 1932.
CT 32: L. W. King, *Cuneiform Texts from Babylonian Tablets in the British Museum 32*, London, 1912.
CT 50: E. Sollberger, *Cuneiform Texts from Babylonian Tablets in the British Museum 50*,

London, 1972.

CTMMA 1: I. Spar, *Cuneiform Texts in the Metropolitan Museum of Art*, 1: Tablets, Cones, and Bricks of the Third and Second Millennia B.C., The Metropolitan Museum of Art, New York, 1988.

CTNMC: T. Jacobsen, *Cuneiform Texts in the National Museum, Copenhagen, Chiefly of Economical Contents*, Leiden, 1939.

CTOI: M. Hilgert, *Cuneiform Texts from the Ur III Period in the Orienal Institute*, Chicago:
1: Drehem Administrative Documents from the Reign of Šulgi, (OIP 115), 1998.
2: Drehem Administrative Documents from the Reign of Amar-Suena, (OIP 121), 2003.

CUCT: Catholic University Cuneiform Texts (unpublished tablets: CDLI).

CUSAS: Cornell University Studies in Assyriology and Sumerology, Bethesda.
3: D. I. Owen and R. H. Mayr, *The Garšana Archives*, 2007.
11: G. Visicato and A. Westenholz, *Early Dynastic and Early Sargonic Tablets from Adab in the Cornell University Collections*, 2010.
13: M. Maiocchi, *Classical Sargonic Tablets Chiefley from Adab in the Cornell University Collections*, 2009.
15: A. Gadotti and M. Sigrist, *Cuneiform Texts in the Carl A. Kroch Rare Book Library, Cornell University*, 2010.
16: S. Garfinkle, et al., *Ur III Tablets from The Columbia University Libraries*, 2010.
17: A.R. George, *Cuneiform Royal Inscriptions and Related Texts in the Schøyen Collection*, 2011.

DC 1: I-M. Durand, *Documents cunéiformes de la IVe Section de l'École pratique des Hautes Études*, Genève-Paris, 1982.

DP: F.-M. Allotte de la Fuÿe, *Documents présargoniques*, Paris, 1912.

DTCR: M. Sigrist, *Documents from Tablet Collections in Rochester*, Bethesda, 1991.

FAOS: Freiburger altorientalische Studien, Stuttgart.
7: I.J. Gelb and B. Kienast, *Die altakkadischen Königsinschriften des Dritten Jahrtausends v. Chr.*, 1990.
8: B. Kienast, *Glossar zu den altakkadischen Königsinschriften des Dritten Jahrtausends v. Chr.*, 1994.

Hermitage 3: (unpublished tablets: CDLI).

HLC: G.A. Barton, *Haverford Library Collection of Cuneiform Texts or Documents from the Temple Archives of Telloh*, Philadelphia, 1905-1909.

HUCA: Hebrew Union College Annual (Cincinnati).

ICP: Institute Catholique, Paris, (unpublished tablets: CDLI).

ITT: *Inventaire des tablettes de Tello conservées au Musée Impérial Ottoman*, 5 vols, Paris, 1910-1921.

JANES: Journal of the Ancient Near Eastern Society of Columbia University (New York).

JAOS: Journal of the American Oriental Society (New Haven).

JCS: Journal of Cuneiform Studies (New Haven).

KM: Collection Kelsey Museum, University of Michigan (unpublished tablets: CDLI).
MDP: Mémoires de la Délégation en Perse.
  10: V. Scheil, *Textes élamites-sémitiques, quatrième série*, Paris, 1908.
  18: G. Dossin, *Autres textes sumériens et accadiens*, Paris, 1927.
  23: V. Scheil, *Actes juridiques susiens (suite: n° 166 à n° 327)*, Paris, 1932.
  24: V. Scheil, *Actes juridiques susiens (suite: n° 328 à n° 395)*, Paris, 1933.
  28: V. Scheil, *Mélanges épigraphiques*, Paris, 1939.
  43: P. Amiet, *Glyptique susienne des origiens à l'époque des Perses achéménides Cachets, sceaux-cylindres et empreintes antiques découverts à Suse de 1913 à 1967*, Paris, 1972.
  54: K. de Graef, *Les archives d'Igibuni. Les documents Ur III du Chantier B à Suse*, Gent, 2005.
MEE 4: G. Pettinato, *Testi lessicali bilingui della biblioteca L.2769*, (Materiali Epigrafici di Ebla 4), Napoli, 1982.
MSL: *Materialien zum sumerischen Lexikon/ Materials for the Sumerian Lexicon*. Roma.
MTBM: M. Sigrist, *Messenger Texts from the British Museum*, Potomac, 1990.
MVN: Materiali per il Vocabolario Neosumerico, Roma 1974-.
  1: G. Pettinato, & H. Waetzoldt, *La collezione Schollmeyer*, 1974.
  2: H. Sauren, *Wirtschaftsurkunden des Musée d'Art et d'Histoire in Genf*, 1974.
  3: D.I. Owen, *The John Frederick Lewis Collection*, 1975.
  4: L. Cagni, *La collezione del Pontificio Istituto Biblico*, & G. Pettinato, *La collezione della Collegiata dei SS. Pietro e Orso - Aosta*, 1976.
  5: E. Sollberger, *The Pinches Manuscript*, 1978.
  6: G. Pettinato, *Testi economici di Lagaš del Museo di Instanbul, Parte 1: La. 7001-7600*, Roma, 1977.
  7: G. Pettinato and S.A. Picchioni, *Testi economici di Lagaš del Museo di Istanbul, Parte II: La. 7601-8200*, Roma, 1978.
  8: D. Calvot, *Textes économiques de Selluš-Dagan du Musée du Louvre et du Collège de France*; G. Pettinato, et al., *Testi economici dell'Iraq Museum, Baghdad*, 1979.
  9: D. Snell, *The E. A. Hoffman Collection and Other American Colleclions*, Roma, 1979.
  10: J.-P. Grégoire, *Inscriptions et archives administratives cunéiformes*, 1981.
  11: D.I. Owen, *Selected Ur III Texts from the Harvard Semitc Museum*, 1982.
  12: T. Gomi., *Wirtschaftstexte der Ur Ill-Zeit aus dem British Museum*, 1982.
  13: M. Sigrist., et al., *The John Frederick Lewis Collection, Part 2*, 1984.
  14: F. Yildiz, et al., *Die Umma-Texte aus den archäologischen Museen zu Istanbul, Nr. 1-600*, 1988.
  15: D.I. Owen, *Neo-Sumerian Texts from American Collections*, 1991.
  16: H. Waetzoldt and F. Yildiz 1994: *Die Umma-Texte aus den Archäologischen Museen zu Istanbul. Band II (Nr. 601-1600)*, 1994.
  17: G. Pettinato, *Testi economici Neo-Sumerici del British Museum (BM 12230-12390)*,

Roma 1993.
18: M. Molina, *Tablillas Administrativas Neosumerias de la Abadia de Montserrat*, 1993.
19: P. Mander, *Testi Economici Neo-Sumerici del British Museum (BM 1266-12750)*, 1995.
20: F. D'Agostino, *Testi Amministrativi della III Dinastia di Ur dal Museo Statale Ermitage San Pietroburogo-Russia*, 1997.
21: N. Koslova, *Neusumerische Verwaltungstexte aus Umma aus der Sammlung der Ermitage zu St. Peterburg-Rušland*, 2000.
22: M. Molina, *Testi Amministrativi Neosumerici del British Museum. BM 13601-1430*, 2003.
NG : A. Falkenstein, *Die neusumerischen Gerichtsurkunden*, 3 Vols, München, 1956-1957.
Nik: M.V. Nicolsky, *Dokumenty chozjajstennoj otcetnosti drevnejšej epochi Chaldei*, 1-2. St.
NISABA: Nisaba.Studi Assiriologici Messinesi, Messina.
3: M. Capitani,, *Girsu Messenger Texts in the British Museum*. M.E. Milone and G. Spada, *Umma Messenger Texts in the British Museum*, Part Two. 2003.
8: J. Politi, L. Verderame, *Texts from Drehem in the British Museum*, 2005.
9: M. Molina and M. Such-Gutiérrerz, *Neo-Sumerian Administrative Texts in the British Museum*, 2005.
13: P. Notizia, *Testi Amministrativi Neo-Sumerici da Girsu nel British Museum (BM 98119-BM 98240)*, 2006.
15: D.I. Owen, *Cuneiform Texts Primarily from Iri-Sagrig/ Al-Sharraki and the History of the Ur III Period*, 2013.
22: P. Notizia, *I testi messaggeri da Girsu-Lagaš della Terza Dinastia di Ur*, 2009.
NSATH: T. Gomi and K. Hirose, *Neo-Sumerian Administrative Texts of the Hirose Collection*, Potomac, 1990.
NSTROM: M. Sigrist, *Neo-Sumerian Texts from the Royal Ontario Museum*, 1-2, Bethesda 1995-2004.
OrSP 47/49: N. Schneider, "Die Geschäftsurkunden aus Drehem und Djoha in den Staatlichen Museen (VAT) zu Berlin *OrSP* 47-49, 1930.
OSP 1: A. Westenholz, *Old Sumerian and Old Akkadian Texts in Philadelphia chiefly from Nippur*, Malibu 1975.
PDT 1: A.M. Salonen, et al., *Die Puzriš-Dagan-Texte der Istanbuler Archäologischen Museen*, Teil I, Ankara, 1954.
PDT 2: F. Yildiz and T. Gomi, *Die Puzriš-Dagan-Texte der Istanbuler Archäologischen Museen*, Teil II, (FAOS 16), Stuttgart, 1988.
PPAC: Periodic Publications on Ancient Civilizations, Chanchun.
 4: T. Ozaki and M. Sigrist, *Tablets in Jerusalem: Sainte-Anne and Saint-Étienne*, 2010.
 5: Ozaki,T & Sigrist, M., (CDLI).
PSD: Pennsylvenia Sumerian Dictionary: http://psd-museum.upenn-edu/espd/nepsd-frame-html.

RA: *Revue d'Assyriologi* (Paris).
RGTC: Répertoire Géographique des Textes Cunéiformes, Wiesbaden.
  1: D.O. Edzard, et al., *Die Orts- und Gewässernamen der präsargonischen und sargonischen Zeit*, 1977.
  2: D.O. Edzard, et al., *Die Orts-und Gewässernamen der Zeit der 3. Dynasitie von Ur.*, 1974.
RIMA: Royal Inscriptions of Mesopotamia. Assyrian Periods, Toronto.
  1: A.K. Grayson, *Assyrian Rulers of the Third and Second Millennia BC (To 1115 BC)*, 1987.
  2: A.K. Grayson, *Assyrian Rulers of the Early First Millennium BC*, I (1114-859 BC), 1991.
  3: A.K. Grayson, *Assyrian Rulers of the Early First Millennium BC*, II, (858-745 BC), 1996.
RIME: The Royal Inscriptions of Mesopotamia. Early Periods. Toronto.
  1: D.R. Frayne, *Presargonic Period (2700-2350 BC)*, 2008.
  2: D.R. Frayne, *Sargonic and Gutian Periods (2334-2113 BC)*, 1993.
  3/1: D.O. Edzard, *Gudea and His Dynasty*, 1997.
  3/2: D.R. Frayne, *Ur III Period*, 1997.
  4: D.R. Frayne, *Old Babylonian Period*, 1990.
RlA: *Reallexikon der Assyriologie* (Berlin, Leipzig, New York).
RSO: *Rivista degli Studi Orientali* (Roma).
RT: *Recueil de travaux relatifs à la philologie et à l'archéologie égyptiennes et assyriennes* (Paris).
RTC: F. Thureau-Dangin, *Recueil de tablettes chaldéennes*, Paris, 1903.
ŠA: C-F. Jean, *Šumer et Akkad, contribution à l'histoire de la civilisation dans la basse Mésopotamie*, Paris 1923.
SAT: M. Sigrist, *Texts from the Yale Babylonian Collections*, 1-2, (Sumerian Archival Tests 2-3) Bethesda, 2000.
SET: T.B. Jones and J.W. Snyder, *Sumerian Economic Texts from the Third Ur Dynasty*, West Port, Connecticut, 1961.
SETDA: S.T. Kang, *Sumerian Economic Texts from the Drehem Archive*, Urbana, 1972.
SETUA: S.T. Kang, *Sumerian Economic Texts from the Umma Archive*, Urbana, 1973.
SRD: W.M. Nesbit, *Sumerian Records from Drehem*, New York, 1914.
TCABI: F. Pomponio, G. Visicato, and A. Westenholz, *Le tavolette cuneiformi di Adab delle collezioni della Banca d'Italia*, Roma, 2006.
TCL: Textes cunéiformes du Musée du Louvre, Paris.
  2: H. de Genouillac, *Tablettes de Dréhem publiées avec inventaire et tables*, 1911.
  5: H. de Genouillac, *Textes économiques d'Oumma à l'Époque d'Our*, 1922.
TCNSD: A. Archi and F. Pomponio, *Testi Cuneiformi Neo-Sumerici da Drehem*, Milano 1990.

TCNSU: A. Archi, F. Pomponio, *Testi Cuneiformi Neo-Sumerici da Umma*, Torino 1995.
TCS 1: E. Sollberger, *Business and Administrative Correspondence under the Kings of Ur*, (Texts from Cuneiform Sources 1), New York, 1966.
TCSD: G. Boson, *Tavolette cuneiformi sumere, degli archivi di Drehem e di Djoḫa, dell' ultima dinastia di Ur*, Milano, 1936.
TCT: B. Lafont, and F. Yildiz, *Tablettes cunéiformes de Tello au Musée d'Istanbul*, 1-2, Leiden, 1989-1996.
TEL: C. Virolleaud and M. Lambert, *Tablettes économiques de Lagash (époque de la IIle dynastie d'Ur)*, Paris, 1968.
TENS: M. Sigrist, *Textes Économiques Néo-Sumériens de l'Université de Syracuse*, Paris, 1983.
TIM 6: F. Reschid, *Administrative Texts from the Ur III Dynasty*, (Texts in the Iraq Museum 6), Bagdad, 1971.
TLB 3: W.W. Hallo, *Sumerian Archival Texts*, (Tabulae cuneiformes a F.M.Th.de Liagre Böhl collectae 3), Leiden, 1963.
TMH 5: A. Pohl, *Vorsargonische und sargonische Wirtschaftstexte*, (Texte und Materialien der Frau Professor Hilprecht Collection of Babylonian Antiquities in Eigentum der Universität Jena 5), Leipzig, 1935.
TPTS: M. Sigrist, *Tablettes du Princeton Theological Seminary, Époque d'Ur III*, 1-2, Philadelphia, 1990-2005.
TrDr: H. de Genouillac, *La Trouvaille de Dréhem*, Paris, 1911.
TRU: L. Legrain, *Le Temps des Rois d'Ur, recherches sur la société antique, d'après des textes nouveaux*, Paris, 1912.
TSŠ: R. Jestin, *Tablettes sumériennes de Šuruppak concervées au Musée de Stamboul*. Mémoires de l'InstitutFrançais d'archéologié de stamboul III, Paris, 1937.
UCP 9: H.F. Lutz,"Sumerian Temple Records of the Late Ur Dynasty,"University of California Publications in Semitic Philosophy 9 II-l/2, Berkeley 1928.
UDT: J. B. Nies, *Ur Dynasty Tablets, Texts Chiefly from Tello and Drehem, Written during the Reign of Dungi, Bur-Sin, Gimil-Sin, and Ibi-Sin*, Leipzig, 1920.
UDU: G. Contenau, *Umma sous la dynastie d'Ur*, Paris, 1916.
UET: Ur Excavation Texts.
   3: L. Legrain, *Business Documents of the Third Dynasty of Ur*, London 1937.
   9: D. Loding, *Economic Texts from the Third Dynasty*, London-Philadelphia, 1976.
USP: B.R. Foster, *Umma in the Sargonic period*, Hamden, Connecticut, 1982.
UTI: F. Yildiz and T. Gomi (Ozaki), *Die Umma-Texte aus den Archäologischen Museen zu Istanbul*, 3-6, Bethesda, 1997-2001.
VS 14: W. Förtsch, *Altsumerische Wirtschaftstexte aus der Zeit Lugalanda's und Urukagina's*, (Vorderasiatische Schriftdenkmäler der Königlichen Museen zu Berlin 4), Leipzig, 1916.
WF: A. Deimel, *Die Inschriften von Fara*, III Wirtschafttexte aus Fara, (Wissenschaftliche

Veröffentlichungen der Deutschen Orient-Gesellschaft 45), Leipzig, 1924.
YOS: Yale Oriental Series. Babylonian Texts.
    4: C.E. Keiser, *Selected Temple Documents of the Ur Dynasty*, New Haven, 1919.
    15: A. Goetze (edited by B.R. Foster), *Cuneiform Texts from Various Collections*, New Haven, 2009.
ZA: *Zeitschrift für Assyriologie* (Berlin, New York).

参考文献

外国語文献

Adams, R.M. 1966: *The Evolution of Urban Society*, Chicago.
Adams, R.M. 1981: *Heartland of Cities*, Chicago.
Algaze, G. 1993: *The Uruk World System. The Dynamics of Expansion of Early Mesopotamian Civilization*, Chicago.
Allred, L. 2010: "More Šu-Suen seals during the reign of Amar-Suen," CDLN (Cuneiform Digital Library Notes) 2010: 003.
Al-Rawi, F.N.H. 2002: "Tablets from the Sippar library X. A dedication of Zabaya of Larsa," *Iraq* 64, 247-248.
Alvernini, S. and Foster, B.R. 2010: "Tablets from the third Ur dynasty," *RSO* 83, 335-364.
Anbar, M. 1991: *Les tribus amurrites de Mari*, Göttingen.
Anbar, M. 2005: "Ḫanûm: nom ethnique ou nom générique?," in Y. Sefati et al. (ed.), *"An Experienced Scribe Who Neglects Nothing." Ancient Near Eastern Studies in Honor of Jacob Klein*, Bethesda, 446-461.
André, B. and Salvini, M. 1989: "Réflexions sur Puzur-Inšušinak," *Iranica Antiqua* 24, 53-78.
Archi, A. 1985: "Mardu in the Ebla Texts," *Orientalia* 54/2, 7-13.
Arnaud, D. 1977: "Textes relatifs à l'Histoire de Larsa: I," *RA* 71, 3-8.
Bauer, J. 2012: "Drei sumerische Rechtsurkunden der vorsargonischen Zeit aus Umma," *Orientalia* 81, 56-80, & Tab. XI-XVIII.
Beaulieu, P.-A. 2005: "The god Amurru as emblem of ethnic and cultural identity?" in W.H. van Soldt (ed.), *Ethnicity in Ancient Mesopotamia. Papers Read at the 48th Rencontre Assyriologique Internationale, Leiden, 1-4 July 2002*, Leiden, 31-46.
Beld, S.G. 2002: *The Queen of Lagash: Ritual Economy in a Sumerian State*, Ph.D. Dissertation (University of Michigan), University Microfilms International.
Benito, C.A. 1969: *"Enki and Ninmah" and "Enki and the World Order*, Ph.D. Dissertation (University of Pennsylvania), University Microfilms International.
Black, J. and Green A. 1992: *Gods, Demons and Symbols of Ancient Mesopotamia. An Illustrated Dictionary*, London.
Brinkman, J.A. 1977: "Mesopotamian chronology of the historical period," in L. Oppenheim, *Ancient Mesopotamia*, (revised by E. Riner), Chicago, 335-348.
Brisch, N. 2010: "Rebellions and peripheries in Sumerian royal literature," S. Richardson (ed.), *Rebellions and Peripheries in the Cuneiform World*, New Haven, 29-45.
Buccellati, G. 1966: *The Amorites of the Ur III Period*, Napoli.
Burstein, S.M. 1978: *The Babyloniaca of Berossus*, Malibu.

Calvet, Y. 1987: "Oueili de l'epoque d'Obeid," in J.-L. Hout (ed.), *Préhistoire de la Mésopotamie: la Mésopotamie préhistorique et l'exploration récente du djbel Hamrin*, Paris, 129-151.
Carroué F. 1985: "Un autre prince Sargonique d'Umma," *ASJ* 7, 89-96.
Carter, E. and Stolper, M.W. 1984: *Elam, Surveys of Political History and Archaeology*, Berkeley and London.
Cassin, E. et al. (ed.) 1965: *Die altorientalischen Reiche* 1, (Fischer Weltgeschichte 2), Frankfurt am Main.
Castellino, G. 1972: *Two Šulgi Hymns (BC)*, Roma.
Charpin, D. 1992: "Les malheures d'un scribe," in deJong Ellis, M. (ed.), *Nippur at the Centennial*, Philadelphia, 7-27.
Charpin, D. 2004: "Histoire politique du Proche-Orient Amorite (2002-1595)," in D. Charpin, D.O. Edzard, and M. Stol, *Mesopotamien. Die altbabylonische Zeit*, (Orbis Biblicus et Orientalis 160/4), Göttingen, 25-480.
Charpin, D. 2010: "Un édit du roi Ammi-ditana de Babylone," in Shehata, D. et al. (ed.), *Von Göttern und Menschen*, 17-46.
Cholidis, N. 2003: "Treasire of Ur from Mari," in J. Aruz (ed.), *Art of the First Cities. The Third Millennium B.C. from the Mediterranean to the Indus*, New York, 139-147.
Cohen, M.E. 1993: *The Cultic Calendars of the Ancient Near East*, Bethesda.
Cohen, S. 1973: *Enmerkar and the Lord of Aratta*, Ph.D. Dissertation (University of Pennsylvania), University Microfilms International.
Collon, D. 1987: *Cylinder Seals in Ancient Near East*, London（久我行子訳『円筒印章―古代西アジアの生活と文明―』東京美術 1996）.
Collins, S. 2015: *The Standard of Ur*, London.
Cooper, J.S. 1980a: "Studies in mesopotamian lapidary inscriptions I," *JCS* 32/2, 114-118.
Cooper, J.S. 1980b: "Studies in mesopotamian lapidary inscriptions II," *RA* 74, 104-108.
Cooper, J.S. 1983a: *The Curse of Agade*, Baltimore.
Cooper, J.S. 1983b: *Reconstructing History from Ancient Inscriptions: the Lagash-Umma Border Conflict*, Malibu.
Cooper, J.S. 1991: "Posing the Sumerian question: race and scholarship in the early history of Assyriology,"*AuOr* 9, 47-66.
Cripps, E. 2013: "Messengers from Šuruppak," CDLJ 2013: 3.
Curchin, L. 1977: "Eannatum and the kings of Adab," *RA* 71, 93-95.
Çıg, M. 1976: "New date formulas from the Tablet Collection of the Istanbul Archaeological Museums, in B. Eichler, et al. (ed.), *Kramer Anniversary Volume: Studies in Honor of Samuel Noah Kramer*, (AOAT 25), Neukirchen-Vluyn, 75-82.
D'Aagostino, F. and Pomponio, F. 2005: "Due bilanci di entrate e uscite di argento da Umma," *ZA* 95, 172-207.
de Graef, K. 2005: *Les archives d'Igibuni. Les documents Ur III du Chantier B à Suse*, (Mémoires de la Délégation en Perse 54), Gent.

Deimel, A. 1922: "Ur-III-Texte aus der Sammlung Wengler," *Or*SP 5, 47-63.
Deimel, A. 1928: *Šumerisches Lexikon*, 1-4, Roma, 1928-33.
Deimel, A. 1931: *Sumerische Tempelwirtschaft zur Zeit Urukaginas und seiner Vorgänger*, (Analecta Orientales. 2), Rom 1931.
Delaporte, L. 1904-5: "Tablettes de comptabilité chaldéenne," *ZA* 18, 245-256, pl. Vll-IX.
Delaporte, L. 1911: "Tablettes de Drehem," *RA* 8, 183-198.
de Maaijer, R. 1998: "Land tenure in Ur III Lagaš," in B. Haring et al. (ed.), *Landless and Hungry?*, Leiden, 50-73.
de Meyer, L. et al. (ed.), 1991: *Mesopotamie et Elam. Actes de la XXXVIe me Rencontre Assyriologique Internationale*, Gent.
Dhorme, E. 1912: "Tablenes de Drêhem à Jérusalem", RA 9, 36-63.
Diakonoff, I.M. (ed.) 1969: *Ancient Mesopotamia. Socio-Economic History. A Collection of Studies by Soviet Scholars*, Moscow.
Dossin, G. 1927: *Autres textes sumériens et accadiens*, (Mémoires de la Délégation en Perse 18), Paris.
Dossin, G. 1938: "Les archives épistolaires du palais de Mari," *Syria* 19, 105-126.
Durand, J.-M. 1991: "Espionnage et guerre froide: la fin de Mari," *Florilegium Marianum* 1, 39-52.
Durand, J.-M. and Charpin, D. 1986: "《Fils de Sima'al》: Les origines tribales des rois de Mari," *RA* 80, 141-183.
Edwards, I.E.S. et al. (ed.) 1971: *Cambridge Ancient History*, 1/2 3rd edition, Cambridge University Press.
Edzard, D.O. 1957: *Die 'Zweite Zwischenzeit' Babyloniens*, Wiesbaden.
Edzard, D.O. 1959: "Enmebaragesi von Kiš", *ZA* 53, 9-26.
Edzard, D.O. 1965: "Die frühdynastische Zeit," in E. Cassin et al. (ed.), *Fischer Weltgeschichte* 2, Frankfurt am Main, 57-90.
Edzard, D.O. 1968: *Sumerische Rechtsurkunden des III. Jahrtausends aus der Zeit vor der III. Dynastie von Ur*, München.
Edzard, D.O. 1989: "Martu," *RlA* 7, 438-440.
Edzard, D.O. 1991: "Gilgameš und Huwawa A. 2," *ZA* 81, 165-233.
Eichler, B.L. 1993: "mar-URU$_5$: Tempest in a Deluge," in M.E. Cohen et al. (ed.), *The Tablet and the Scroll. Near Eastern Studies in Honor of William W. Hallo*, Bethesda, Maryland, 90-94.
Englund, R. and Nissen, H.-J. 1991: *Frühe Schrift und Techniken der Wirtschaftsverwaltung im alten vorderen Orient*, Bad Salzdetfurth (*Archaic Bookkeeping: Early Writing and Techniques of Economic Administration in the Ancient Near East*, University of Chicago Press, 1993).
Estes, A.L. 1997: *Enforcement Practices in Ur III Lagaš and 18th Century BC Mari*, Ph.D. Dissertation (University of California, Barkely), University Microfilms International.
Falkenstein, A. 1956: *Die neusumerischen Gerichtsurkunden*, 3 Vols, München, 1956-1957.

Falkenstein, A. 1956: "Inschriftenfunde Uruk-Warka 1960-1961," *Baghdader Mitteilungen* 2, 56-71. photo: Tafel 10-11.
Ferwerda, G. T.1985: *A Contribution to the Early Isin Craft Archive*, Leiden.
Finkelstein, J.J. 1966: "The genealogy of the Hammurapi dynasty", *JCS* 20, 95-118.
Finkelstein, J.J. 1969: "The edict of Ammiṣaduqa: a new text," *RA* 63, 45-64.
Fitzgerald, M. A. 2002: *The Rulers of Larsa*, Ph.D Dissertation (Yale University), University Microfilms International.
Flückiger-Hawker, E. 1999: *Urnamma of Ur in Sumerian Literary Tradition* (OBO 166), Göttingen.
Foster, B.R. 1980: "Notes on Sargonic royal progress," *JANES* 12, 29-42.
Foster, B.R. 1982: *Umma in the Sargonic period*, Hamden, Connecticut.
Foster, B.R. 1985: "The Sargonic victory stele from Telloh," *Iraq* 47, 15-30.
Foster, B.R. 1997: "A Sumerian merchant's account of the Dilmun trade," *ASJ* 19, 53-62.
Gadd, C.J. 1971: "History in contemporary record and later tradition," in E.S. Edwards et al. (ed.), *The Cambridge Ancient History*, 1/2, 3rd edition, 105-120.
Gelb, I.J. 1954: "Two Assyrian king lists," *JNES* 13, 209-230.
Gelb, I.J. 1968: "An old Babylonian list of Amorites," JAOS 88/1, 39-46.
Gelb, I.J. 1976: "Homo ludens in early Mesopotamia," *Studia Orientalia* 46, 43-76.
Gelb, I.J., et al 1991: *Earliest Land Tenure Systems in the Near East: Ancient Kudurrus*, (OIP 104), Chicago.
Genouillac, H. de 1909: "Tablettes d'Ur," *Hilprecht Anniversary Volume*, Leipzig, 137-141.
Genouillac, H. de 1924: "Choix de textes économiques de la collection Pupil," *Babyloniaca* 8, 37-40.
Genouillac, H. de 1934-36: *Fouilles de Tello*, Paris.
George, A.R. 2010: "Bilgames and Bull of Heaven: cuneiform texts, collations and textual reconstruction," in H.D. Becker et al. (ed.), *Your Praise is Sweet: A Memorial Volume for Jeremy Black from Students, Colleagues and Friends*, London, 101-115.
Glassner, J.-J. 1994: "*Ruḫušak-mār aḫatim*. la transmission du pouvoir en Élam," *Journal Asiatique* 282, 219-236.
Glassner, J.-J. 1996: "Les dynasties d'Awan et de Šimaški," NABU 1996, 34).
Glassner, J.-J. 2005: *Mesopotamian Chronicles*, Leiden.
Goddeeris, A. 2005: "The emergence of Amorite dynasties in northern Babylonia during the early old Babylonian period," in W.H. van Soldt (ed.), *Ethnicity in Ancient Mesopotamia, Papers Read at the 48th Rencontre Assyriologique Internationale, Leiden, 1-4 July 2002*, Nederlands Instituut voor het Nabije Oosten, Leiden, 138-146.
Goetze, A. 1953: "Hulibar of Duddul," *JNES* 12, 114-123.
Goetze, A. 1963: "Šakkanakkus of the Ur III empire," *JCS* 17, 1-31.
Gomi, T. 1980: "Administrative texts of the third dynasty of Ur in the Merseyside County Museums, Liverpool," *Orient* 16, 1-110.
Grayson, A.K. 1980-83: "Königslisten und Chroniken," *RlA* 6, 86-136.

Grégoire, G.P.1962: *La province meridionale de l'etat de Lagash*, Luxembourg.
Haider Oraibi, Almamori 2014: "Gišša (Umm al-Aqarib), Umma (Jokha) and Lagaš in the early dynatic III period," *Rāfidān* 35, 1-38.
Hallo, W.W. 1960: "A Sumerian amphictyony," *JCS* 14, 88-114.
Hallo, W.W. 1956: "Zariqum," *JNES* 15, 220-5.
Hallo, W.W. 1971: "Gutium," *RlA* 3, 708-720.
Hallo, W.W. 1991: "The death of kings," in M. Cogan et al. (ed.), *Ah, Assyria ---*, Jersalem, 158-159.
Hallo, W.W. 2005: "New light on the Gutians," in W.H. van Soldt (ed.), *Ethnicity in Ancient Mesopotamia, Papers Read at the 48th Rencontre Assyriologique Internationale, Leiden, 1-4 July 2002*, Nederlands Instituut voor het Nabije Oosten, Leiden, 147-161.
Hallo, W.W. 2008: "Day dates in texts from Drehem," in S.J. Garfinkle and J.C. Johnson, *The Growth of an Early State in Mesopotamia. Studies in Ur III Administration. Proceedings of the First and Second Ur III Workshops at the 49th and 51th Rencontre Assyriological Internationale, London July 10, 2003 and Chicago July 19, 2005*, Madrid, 99-118.
Hallo, W.W. 2010: *The World's Oldest Literature. Studies in Sumerian Belles-Lettres*, Leiden.
Hallo, W.W. and Simpson, W.K. 1971: *The Ancient Near East. A History*, New York.
Hansen, D.P. 1970: "Al-Hiba, 1968-1969: A preliminary report," *Artibus Asiae* 32/4, 243-250.
Hansen, D.P. 1983: "Lagaš B," *RlA* 6, 422-430.
Hansen, D.P. 1983: "Art of the royal tombs of Ur: a brief interpetation," in R.L. Zettler, et al. (ed.), *Treasures from the Royal Tombs of Ur*, Philadelphia, 43-72.
Hawkes, J. 1974: *Atlas of Ancient Archaeology*, London.
Heidel, A. 1951: *The Babylonian Genesis. The Story of Creation*, 2nd ed. Chicago.
Heimpel, W. 2003: *Letters to the King of Mari*, Winona Lake.
Heimpel, W. 2009: "The location of Madga," *JCS* 36, 25-61.
Hinz, W. and Koch, H. 1987: *Elamisches Wörterbuch*, Berlin.
Holma, H. and Salonen, A.1940: "Some cuneiform tablets from the time of the Third Ur Dynasty," *Studia Orientalia* 9/1.
Horowitz, W. and Watson, P.J. 1991: "Further notes on Birmingham Cuneiform Tabltes, volume I," *ASJ* 13, 409-417.
Horsnell, M. J. A. 1999: *The Year-Names of the First Dynasty of Babylon*, 2 vols, McMaster University Press.
Jacobsen, T. 1939: *The Sumerian Kinglist*, Chicago.
Jacobsen, T. 1957: "Early political development in Mesopotamia," *ZA* 52, 91-140（前川和也訳「メソポタミアにおける初期の政治発展」古代学協会編『古代文化の形成と発展（西洋古代史論集Ⅰ）』東京大学出版会, 1973, 61-136）.
Jagersma B. & de Maaijer R. 2005: "(Review of) A. Sjöberg et al., *Penssylvania Sumerian Dictionary* A/3," *AfO* 50 (2004-2005), 351-355.

Jean, C.F. 1922: "L'Élam sous la dynastie d'Ur, les indemnités allouées aux" chargés de mission" des rois d'Ur," *RA* 19, 1-44.

Jones, T.B. 1969: *The Sumerian Problem*, New York.

Jursa, M. and Payne, E. 2005: "Cuneiform Tablets in the Bristol Public Library," *JCS* 57, 113-125.

Katz, D. 2007: "Sumerian funerary rituals in context," in N. Laneri (ed.), *Performing Death. Social Analyses of Funerary Traditions in the Ancient Near East and Mediterranean*, (Oriental Institute Seminars [OIS] 3), Chicago, 167-188.

King, L.W. 1910: *A History of Sumer and Akkad*, London.

Klein, J. 1981: *Three Shulgi Hymns. Sumerian Royal Hymns Gloryfying King Shulgi of Ur*. Ramat-Gan.

Klein, J. 1990: "Šelepp-tum a hitherto unknown Ur III princess, *ZA* 80, 20-39.

Kohlmeyer, K. 1997: "Habuba Kabira," in E.M. Meyers (ed.), *The Oxford Encyclomedia of Archaeology in the Ancient Near East*, Oxford, 446-448.

König, F.W. 1977: *Die elamischen Königinschriften, (Archiv für Orientforschung*, Beiheft 16).

Kraus, F.R. 1955: "Provinzen des neusumerischen Reiches von Ur," *ZA* 51, 45-75.

Kraus, F.R. 1958: *Ein Edikt des Königs Ammi-ṣaduqa von Babylon*, Leiden.

Kraus, F.R. 1970: *Sumerer und Akkader*, Amsterdam.

Kraus, F.R. 1984: *Königliche Verfügungen in altbabylonischer Zeit*, Leiden.

Kohlmeyer, K. 1997: "Habuba Kabira," in Meyers, E.M. (ed.),*The Oxford Encyclomedia of Archaeology in the Ancient Near East*, Oxford, 446-448.

Kupper, J.-R. 1957: *Les nomades en Mésopotamie au temps des rois de Mari*, (rep.1961), Paris.

Kutscher, R. 1968: "Apillaša, governor of Kazallu," *JCS* 22, 63-65.

Kutscher, R. 1989: *The Brockmon Tablets at the University of Haifa. Royal Inscriptions*, Haifa.

Lafont, B. 1980: "Un nouveau texte d'Ur III sur l'irrigation," *RA* 74, 29-42.

Lafont, B. 2009: "The army of the kings of Ur: the textual evidence," *Cuneiform Digital Library Journal* 2009: 5, 1-25.

Lambert, M. 1953: "Textes commerciaux de Lagash," *RA* 47, 57-69.

Lambert, M. 1956: "Une histoire du conflit entre Lagash et Umma," *RA* 50, 141-146.

Lambert, M. 1979: "Le prince de Suse Ilish-Mani et l'Elam de Naramsin à Ibisin," *Journal Asiatique* 267, 11-40.

Landsberger, B. 1955: "Remarks on the archive of the soldier Ubarum", *JCS* 9, 121-31, with addenda in *JCS* 10 (1956), 39.

Larsen, M.T. 2015: *Ancient Kanesh. A Merchant Colony in Bronze Age Anatolia*. Cambridge

Liebernan, S.J. 1968: "An Ur III text from Drēhem recording" booty from the land of Mardu", *"JCS* 22, 53-62.

Limet, H. 1955: "Documents économiques de la IIIe dynastie d'Ur," *RA* 49, 69-93.

Liverani, M. 2006: *Uruk. The First City*, (edited and translated by Z. Bahrani and M. Van De Mieroop), London.
Luckenbill, D.D. 1930: *Inscriptions from Adab*, (Oriental Institute Publications 14), Chicago.
Maeda, T. 1981: "'King of Kish' in pre-Sargonic Sumer," *Orient* 17, 1-17.
Maeda, T. 1984: "'King of the Four Regions' in the dynasty of Akkade," *Orient* 20, 67-82.
Maeda, T. 1988: "Two rulers by the name Ur-Ningirsu in pre-Ur III Lagash," *ASJ* 10, 19-35.
Maeda, T. 1989: "Bringing (mu-túm) livestock and the Puzuriš-Dagan organization in the Ur III dynasty," *ASJ* 11, 69-111.
Maeda, T. 1992: "The defense zone during the rule of the Ur III dynasty," *ASJ* 14, 135-172.
Maeda, T. 1994a: "Bal-ensi in the Drehem texts," *ASJ* 16, 115-164.
Maeda, T. 1994b: "On the calendar of pre-Sargonic Lagash." ASJ 16, 298-306.
Maeda, T. 2005: "Royal inscriptions of Lugalzagesi and Sargon," *Orient* 40, 3-30.
Maekawa, K. 1987: "The agricultural texts of Ur III Lagash of the British Museum (V)," *ASJ* 9, 89-129.
Maekawa, K. 1992: "The agricultural texts of Ur III Lagash of the British Museum (VIII)," *ASJ* 14, 173-243.
Maekawa, K. 1996a: "Confiscation of private properties in the Ur III period," *ASJ* 18, 103-168.
Maekawa, K. 1996b: "The governor's family and the 'temple households' in Ur III Girsu", in K.R. Veenhof, ed. *Houses and Households in Ancient Mesopotamia* (40 RAI), Leiden, 171-179.
Maekawa, K. 1999: "The agricultural texts of Ur III Lagash of the British Museum (XII)," *Zinbun* 34, 145-166.
Mander, P. 2008: "The 'messenger texts' from Girsu," in S.J. Garfinkle and J. C. Johnson (ed.), *The Growth of an Early State in Mesopotamia: Studies in Ur III Administration*, Madrid, 119-123.
Marchesi, G. 2011: "Goods from queen of Tilmun," in G. Barjamovic, et al. (ed.), *Akkade Is King. A Collection of Papers* —, 189-199.
Matthews, R.J. 1993: *Cities, Seals and Writing: Archaic seal impressions from Jemdet Nasr and Ur*. Berlin.
Mayr, R.H. and Owen, D.I. 2004: "The royal gift seal in the Ur III period," in H. Waetzoldt (ed.), *Von Sumer nach Ebla und zurück. Festschrift Giovanni Pettinato zum 27. September 1999 gewidmet von Freuden, Kollegen und Schülern*, Heidelberg, 145-174.
McNairn, B. 1980: *The Method and Theory of V. Gordon Childe*, Edinburgh.
Metcalf, C. 2010: "Six Ur III tablets from the Hulin Collection in Oxford," CDLB 2010:1.
Michalowski, P. 1975: "The bride of Simanum," *JAOS* 95, 716-719.
Michalowski, P. 1976: *The Royal Correspondence of Ur*, Ph.D. Dissertation (Yale University), University Microfilms International.
Michalowski, P. 1977: "Dûrum and Uruk during the Ur III period," *Mesopotamia* 12, 83-96.
Michalowski, P. 1978: "Foreign tribute to Sumer during the Ur III period," *ZA* 68, 34-49.

Michalowski, P. 1979: "Royal women of the Ur III period, Part II, Geme-Ninlila," *JCS* 31, 171-176.
Michalowski, P. 1982: "Royal women of the Ur III period, Part III", *ASJ* 4, 129-142.
Michalowski, P. 1989: *The Lamentation over the Destruction of Sumer and Ur*, Winona Lake.
Michalowski, P. 1991: "Charisma and control: on continuity and change in early Mesopotamian bureaucratic systems," in M. Gibson and R.D. Biggs (ed.), *The Organization of Power: Aspects of Bureaucracy in the Ancient Near East*, Chicago, 45-57.
Michalowski, P. 1993: *Letters from Early Mesopotamia* (Writings from the Ancient World. Society of Biblical Literature 3), Atlanta.
Michalowski, P. 2006: "Love or death? observation on the role of the Gala in Ur III ceremonial life," *JCS* 58, 49-61.
Michalowski, P. 2008: "Observations on "Elamites" and "Elam" in Ur III times," in P. Michalowski (ed.), *On the Third Dynasty of Ur. Studies in Honor of Marchel Sigrist*, Boston, 109-123.
Michalowski, P. 2009: "Aššur during the Ur III period," in O. Drewnowska (ed.), *Here & There. Across the Ancient Near East. Studies in Honour of Krystyna Lyczkowska*, Warszawa, 149-156.
Michalowski, P. 2011: *The Correspondence of the Kings of Ur. An Epistolary History of an Ancient Mesopotamian Kingdom*, (Mesopotamian Civilizations 15), Winona Lake.
Molina, M. 2008: "The corpus of neo-Sumerian tablets: an overwiew," in S.J. Garfinkle and J.C. Johnson (ed.), *The Growth of an Early State in Mesopotamia: Studies in Ur III Administration. Proceedings of the First and Second Ur III Workshops at the 49th and 51st Rencontre Assyriologique Internationale, London July 10 2003 and Chicago July 19, 2005, Madrid*, 19-53.
Moorey, P.R.S. 1982: *Ur'of the Chaldees'*, Baltimore (森岡妙子訳『カルデア人のウル』みすず書房 1986).
Nissen, H.-J. et al. 1993: *Archaic Bookkeeping: Early Writing and Techniques of Economic Administration in the Ancient Near East*, University of Chicago Press, (*Frühe Schrift und Techniken der Wirtschaftsverwaltung im alten vorderen Orient*, Bad Salzdetfurth,1991).
Oppenheim, L. 1967: *Letters from Mesopotamia*, Chicago.
Orosius, Paulus (R.J. Deferrari ed.), *The Seven Books of History against the Pagans*, Washington D.C. 1964.
Owen, D. I. 1973: "Miscellanea neo-Sumerica, I-III," in Festschrift C. H. Gordon, AOAT 22, 131-137.
Owen, D. I. 1979: "A thirteen month summary account from Ur," in M.A. Powell and R. H. Sack (ed.), *Studies in Honor of Tom B. Jones*, 57-70.
Owen, D. I. 1992: "Syrians in Sumerian sources from the Ur III period," in M. W. Chavalas,

J. L. Hayes (ed.), *New Horizons in the Study of Ancient Syria*, Malibu, 1 07-176.

Owen, D. I. 1993: "Some new evidence on Yahmadiu = Ahlam", in M.E. Cohen, D.C. Snell and D.B. Wesberg (ed.), *The tablet and the scroll. Near Eastern studies in honor of William W. Hallo*, Bethesda, 181-184.

Owen, D. I. 1997: "Ur III geographical and prosopographical notes", in G.D. Young, et al. (ed.), *Crossing Boundaries and Linking Horizons. Studies in Honor of Michael C. Astour on His 80th Birthday*, Bethesda, 375-398.

Owen, D. l. and Veenker, R. 1987: "Megum, the first Ur III ensi of Ebla", in L. Cagni (ed.), *Ebla 1975-1985*, Napoli, 263-291.

Parrot, A. 1948: *Tello*, Paris.

Parrot, A. 1968: *Mari. Une ville perdue*, Paris.

Pettinato, G. 1969: "Texte zur Verwaltung der Landwirtschaft in der Ur-III Zeit: 'die runden Tafeln,'" *Analecta Orientalis* 45.

Pettinato, G. 1970: "I₇-Idigna-ta I₇-nun-šè, Il conflitto tra Lagaš ed Umma," *Mesopotama* 5-6 (1970-71), 299-304.

Poebel, A. 1923: *Grundzüge der sumerischen Grammatik*, Rostock.

Poebel, A. 1926: "Der Konflikt zwischen Lagaš und Umma zur Zeit Enannatums I. und Entemena," in *Paul Haupt Anniversary Volume*, 220-267.

Pomponio, F. and Visicato, G. 1994: *Early Dynastic Administrative Tablets of Šuruppak*, Napoli.

Potts, D.T. 1999: *The Archaeology of Elam: Formation and Transformation of an Ancient Iranian State*, Cambridge.

Powell, M.A. 1978: "Texts from the time of Lugalzagesi: problems and perspectives in their interpretation", *HUCA* 49, 1-58.

Prentice, R. 2010: *The Exchange of Goods and Services in Pre-Sargonic Lagash*, (AOAT 368), Münster.

Reisman, D.D. 1970: *Two Neo-Sumerian Royal Hymns*, Ph.D. dissertation, University of Pennsylvania.

Rengar, J. 1976: "The daughters of Urbaba: Some thoughts on the succession to the throne during the 2.dynasty of Lagash," in B.L. Eichler, et al. (ed.), *Kramer Anniversary Volume. Cuneiform Studies in Honor of Samuel Noah Kramer* (AOAT 25), Neukirchen, 368-369.

Riedel, W. 1913: "Weitere Tafeln aus Drehem," *RA* 10, 207-210.

Robertson, J.F. 2006: "Nomads, barbarians, and social collapse in the historiography of ancient southwest Asia," in A.K. Guinan, et al. (ed.), *If a Man Builds a Joyful House. Assyriological Studies in Honor of Erle Verdun Leichty*, Leiden, 325-336.

Rollinger, R. 2011: "Semiramis," *RlA* 12, 383-386.

Roth, M.T. 1995: *Law Collections from Mesopotamia and Asia Minor*, Atlanta.

Sallaberger, W. 1993: *Der kultische Kalender der Ur III-Zeit*, Berlin.

Sallaberger, W. 2004: "Relative Chronologie von der frühdynastischen bis zur altbabylonischen Zeit," in J.-W. Meyer and W. Sommerfeld (ed.), *2000 v. Chr.. Politische, Wirtschaftliche und Kulturelle Entwicklung im Zeichen Einer Jahrtausendwende. 3. Internationale Colloquim der Deutschen Orient-Gesellschaft, 4.-7. April 2000 in Frankfurt/Main und Mrburg/Lahn*, Berlin, 15-43.

Sallaberger, W. 2007a: "From urban culture to nomadism: A history of upper Mesopotamia in the late third millennium,", in C. Kuzucueğlu, and C. Marro (ed.), *Sociétés Humaines et Changement Climatique à la Fin du Troisième Millénaire: Une Crise a-t-elle eu lieu en Houte Mésopotamie?: Actes du Colloque de Lyon, 5-8 décemmbre 2005*, Paris, 417-456.

Sallaberger, W. 2007b: "Die Amurriter-Mauer," in Astrid Nunn (ed.), *Mauern als Grenzen*, Mainz am Rhein, 26-37.

Sallaberger, W. and Schrakamp, I. (ed.) 2015: *History and Philologiy, Associated Regional Chronologies for the Ancient Near East and the Eastern Mediterranean* (ARCANE) III, Turnhout, Bergium.

Scheil, V. 1915: "Nouvelles notes d'épigraphie et d'archéologie assyriennes, xxvii: La dame Dungi-zimti," *RT* 37, 128-132.

Scheil, V. 1927: "*Carptim*, Vlll: Tablettes anciennes", *RA* 24, 43-45.

Scheil, V. 1931: "Dynasties élamites d'Awan et de Simaš," *RA* 28, 1-8.

Schneider, A. 1920: *Die sumerische Tempelstadt*, Essen.

Schneider, N. 1925: "Keilschrift Urkunden aus Drehem und Djoha [KDD], *OrSP* 18, I-XVI.

Schrakamp, I. 2015: "Urukagina und die Geschichte von Lagaš am Ende der präsargonischen Zeit" in R. Dittman, and G.J. Selz (ed.), *It's Long Way to a Historiography of the Early Dynastic Period(s)*, Münster, 303-386.

Selz, G.J. 1989: *Altsumerische verwaltungstexte aus Lagaš*, Teil 1. Die altsumerischen wirtschaftsurkunden der Ermitage zu Leningrad, Stuttgart.

Selz, G.J. 1989: "Eine Kultstatue der Herrschergemahlin Šaša: Ein Beitrag zum Problem der Vergöttlichung,"*ASJ* 14, 245-268.

Selz, G.J. 1994: "Verwaltungsurkunden in der Ermitage in St. Petersburg, *ASJ* 16, 207-229.

Seri, A. 2003: *Local Power: Structure and Function of Community Institutions of Authority in the Old Babylonian Period*, Ph. D. Dissertation (University of Michigan), University Microfilms International.

Seri, A. 2005: *Local Power in Old Babylonian Mesopotamia*, London.

Sharlach, T.M. 2004: *Provincial Taxation and the Ur III State*, Leiden.

Sigrist, M. 1988: *Isin Year Names*, Barren Springs.

Sigrist, M. 1990: *Larsa Year Names*, Barren Springs.

Sigrist, M. and Gomi, T. 1991: *The Comparative Cataloque of Published Ur III Tablets*. Bethesda.

Šilejko, V.K. 1921: "Assiriologičeskija zamětki I," *Zapiski Vostočnago Otdělenija Russkago Archeologičeskago Obščcstva* 25, 133-136.

Sollberger, E. 1953: "Remarks on Ibbisîn's reign," *JCS* 7, 48-50.

Sollberger, E. 1956: "Selected texts from American collections," *JCS* 10, 11-31.
Sollberger, E. 1971: E. Sollberger, et J.-R. Kupper, *Inscriptions Royales Sumeriennes et Akkadiennes*, Paris.
Sollberger, E. 1983: "A Statue for Šu-Suen," *Anatolian Studies* 33, 73-74.
Steinkeller, P. 1980: "The old Akkadian term of Easterner'," *RA* 74, 1-9.
Steinkeller, P. 1981: "More on the Ur III royal wives," *ASJ* 3, 77-92.
Steinkeller, P. 1982: "The question of Marhaši: a contribution to the hisiorial geography of Iran in the third millennium B.C.," *ZA* 72, 237-265.
Steinkeller, P. 1987: "The administrative and economic organization of the Ur III state: the core and the periphery," in M. Gibson and R.D. Biggs (ed.), *The Organization of Power: Aspects of Bureaucracy in the Ancient Near East*, Chicago, (1991^{2}) 15-33.
Steinkeller, P. 1988: "On the identity of the toponym LÚ.SU (.A)," *JAOS* 108, 197-202.
Steinkeller, P. 2002a: "Archaic city seals and the question of early Babylonian unity," in T. Abusch (ed.), *Riches Hidden in Secret Places: Ancient Near Eastern Studies in Memory of Thorkild Jacobsen*, Winona Lake, 249-57.
Steinkeller, P. 2002b: "More on the archaic city seals," *NABU* 2002/30.
Steinkeller, P. 2003: "An Ur III manuscript of the Sumerian king list," in W. Sallaberger et al. (ed.), *Literatur, Politik und Recht in Mesopotamien. Festschrift für Claus Wilcke*, Wiesbaden, 267-292.
Steinkeller, P. 2004: "A history of Mashkan-shapir and its role in the kingdom of Larsa," in E.C. Stone and P. Zimansky (ed.), *The Anatomy of a Mesopotamian City. Survey and Soundings at Mashkan-sahpir*, Winona Lake, 26-42.
Steinkeller, P. 2007: "New light on Šimaški and its rulers," *ZA* 97, 215-232.
Steinkeller, P. 2008: "On Birbirrum, the alleged earliest-documented *rabiānum* official, and the end of Ibbi-Suen's reign," *NABU* 2008/3.
Steinkeller, P. 2014: "On the dynasty of Šimaški: twenty years (or so) after," in M. Kozuh, et al. (ed.), *Extraction & Control. Studies in Honor of Matthew W. Stolper*, Chicago, 2014, 287-296.
Stève, M.-J. 2001: "La tablette sumérienne de Šuštar (T. MK 203*)," *Akkadica* 121, 5-21.
Stol, M. 1976: *Studies in Old Babylonian History*, Leiden.
Stolper, M.W. 1982: "On the dynasty of Šimaški and the early Sukkalmahs," *ZA* 72, 42-67.
Streck, M.P. 2004: "Die Amurriter der altbabylonischen Zeit," in J.-W. Meyer and W. Sommerfeld (ed.), *2000 v.Chr. Politische, Wirtschaftliche und Kulturelle Entwicklung im Zeichen einer Jahrtausendwende*, Berlin, 313-355.
Szachno-Romanowicz, S. 1935: "Tabliczki szumerskie ze zbiorów Towarzystwa Naukowego Toruvskiego," *Rocznik Orientalistyczny* 11, 79-99.
Trigger, B. 1980: *Gordon Childe. Revolutions in Archaeology*, London.
van Koppen, F. 2002: "Išar-Lim 'governor of the Amorites'", *NABU* 2002/21.
van de Mieroop, M. 1987: *Crafts in the Early Isin Period*, Leuven.
van de Mieroop, M. 2005: *King Hammurabi of Babylon*, Oxford.

Vanstiphout, H.L.J. 1999: "The twin tongues. Theory, technique, and practice of bilingualism in ancient Mesopotamia," in H.L.J. Vanstiphout, et al. (ed.), *All Those Nations—. Cultural Encounters within and with the Near East. Studeis presented to Han Drijvers at the occasion of his sixty-fifthe birthday by collegues and students*. Groningen, 141-159.

Veldhuis, N. 2006: "How did they learn cuneiform?" in P. Michalowski and N. Veldhuis (ed.), *Approaches to Sumerian Literature: Studies in Honor of Stip* (*H.L.J. Vanstiphout*), Leiden, 181-200.

Verbrugghe, G.P. and Wickersham, J.M. 1996: *Berossos and Manetho, Introduced and Translated. Native Traditions in Ancient Mesopotamia and Egypt*, Ann Arbor.

Visicato, G. 1995: *The Bureaucracy of Šuruppak. Administrative Centres, Central Offices, Intermediate Structures and Hierarchies in the Economic Documentation of Fara*, Ugarit-Verlag, Münster.

Visicato, G. 2010: "New light from an unpublished archive of Meskigalla, ensi of Adab, housed in the Cornell University Collections," in L. Kogan, et al. (ed.), *City Administration in the Ancient Near East. Proceedings of the 53^e Rencontre Assyriologique Internationale*, Vol.2, Winona Lake, 2010, 263-271.

Volk, K. 1992: "Puzur-Mama und die Reise des Königs," *ZA* 82, 22-29.

Volk, K. and Kienast, K. 1995: *Die sumerischen und akkadischen Briefe*, (FAOS 19), Stuttgart.

Voth, S.M. 1982: *Analysis of Military Titles and Functions in Published Texts of the Old Babylonian Period*, Ph.D. Dissertation (The Hebrew Union College, Ohio).

Weisberg, D.B. 1989: "Zabaya, an early king of the Larsa dynasty," *JCS* 41/2, 194-198.

Westenholz, A. 1975a: *Old Sumerian and Old Akkadian Texts in Philadelphia chiefly from Nippur*, Malibu.

Westenholz, A. 1975b: *Early Cuneiform Texts in Jena. Pre-Sargonic and Sargonic Documents from Nippur an Fara in the Hilprecht-Sammlung vorderasiatischer Altertümer Institut für Altertumswissenschaften der Friedrich-Schiller-Universität, Jena*, København.

Westenholz, A. 1977: "Diplomatic and commercial aspects of temple offerings," *Iraq* 39, 19-21.

Westenholz, A. 1984: Rezension: B.R. Foster, *Umma in the Sargonic Period*, *AfO* 31, 76-81.

Westenholz, A. 1987: *Old Sumerian and Old Akkadian texts in Philadelphia, Pt. 2: The "Akkadian" Texts, the Enlilemaba Texts, and the Onion Archive*. Copenhagen.

Westenholz, J.G. 1997: *Legends of the Kings of Akkade: The Texts*, (Mesopotamian Civilizations 7), Winona Lake.

Westenholz, A. 2010: "What's new in town?," in S.C. Melville and A.L. Slotsky (ed.), *Opening the Tablet Box. Near Eastern Studies in Honor of Benjamin R. Foster*, Leiden, 453-462.

Whiting, R. M. 1987: *Old Babylonian Letters from Tell Asmar*, (AS 22), Chicago.

Whiting, R. 1995: "Amorite tribes and nations of second millennium western Asia," in J.M. Sasson (ed.), *Civilizations of the Ancnient Near East*, New York, 1231-1242.

Wilcke, C. 1974: "Zum Königtum in der Ur III-Zeit," in P. Garelli (ed.), *Le Palais et la Royauté* (*Archéologie et Civilisation*), Paris, 177-232.
Wilcke, C. 1977: "Die Keilschrift-Texte der Sammlung Böllinger," *AfO* 25 (1974-1977), 84-94.
Wilcke, C. 1987: "Die Inschriftenfunde der 7. und 8. Kampagnen (1983 und 1984)," in B. Hrouda (ed.), *Isin-Išān Bahrīyāt III: Die Ergebnisse der Ausgrabungen 1983-1984*, München, 83-120.
Wilcke, C. 1990: "Orthographie, Gramatik und literarische Form: Beobachtungen zu der Vaseinschrift Lugalzagesis (SAKI 152-156)," in T. Abusch, et al. (ed.), *Lingering over Words. Studies in Ancient Eastern Literature in Honor of William L. Moran*, Atlanta, 455-504.
Wu Yuhong 1994: *A Political History of Eshnunna, Mari and Assyria*, Changchun.
Yang Zhi 1989: *Sargonic Inscriptions from Adab*, Chanchun.
Yiliz, F. 1981: "A tablet of codex of Ur-Nammu from Sippar," *Orientalia* 50/1, 87-97.
Yoshikawa, M. 1985: "Lagaš and Ki-Lagaš, Unug and Ki-Unug," *ASJ* 7, 157-164.
Yoshikawa, M. 1992: "The Umma terminology (I)," *ASJ* 14, 425-427.
Yoshikawa, M. 1993: "The Umma terminology (II)," *ASJ* 15, 300-302.
Zettler, R.L. 1984: "The Genealogy of the house of Ur-me-me," *AfO* 31, 1-9.
Zettler, R.L. et al. (ed.) 1998: *Treasures from the Royal Tombs of Ur*, Philadelphia.

日本語文献

イッガース,ゲオルグ 1996:早島瑛訳『20世紀の歴史学』晃洋書房.
伊藤義教 1974:『古代ペルシア――碑文と文学』岩波書店.
ウィットフォーゲル,カール・A. 1961:アジア経済研究所訳『東洋的専制主義――全体主義権力の比較研究』論争社.
ウォーラーステイン,イマニュエル他 1996:山田鋭夫訳『社会科学をひらく』藤原書店.
ウーリー,モーレー 1986:L. ウーリー,P.R.S. モーレー(森岡妙子訳)『カルデア人のウル』みすず書房(P. R. S. Moorey, *Ur 'of the Chaldees'*, Cornell UP, 1982).
江上波夫 1971:『聖書伝説と粘土板文明』新潮社.
江上波夫他 1977:『発掘と解読』毎日新聞社.
大津忠彦他 1997:『西アジアの考古学』(世界の考古学 5)同成社.
大西康之 2009:「ha.na と mar.tu――メソポタミアにおける遊牧と定住の対立構造」前川和也編『シリア・メソポタミア世界の文化接触――民族・言語・文化』文部科学省科学研究費補助金 特定領域研究「セム系部族社会の形成」平成20年度研究集会報告, 58-67.
岡崎勝世 2000:『キリスト教的世界史から科学的世界史へ――ドイツ啓蒙主義歴史学研究』勁草書房.
小野山節 2002:「ウル0－I王朝5代の王墓と王妃墓」『西南アジア研究』56, 1-21.
川崎康司 2000:「紀元前二千年紀初頭アッシリアの交易活動と商業政策」『西洋史論叢』21,

1-8.
グリーン, サリー 1987：近藤義郎・山口晋子訳『考古学の変革者——ゴードン・チャイルドの生涯』岩波書店.
クレンゲル, H. 他 1983：五味他訳『古代オリエント商人の世界』山川出版社.
小泉龍人 2015：『都市の起源——古代の先進地域＝西アジアを掘る』講談社.
五味亭 1978；「人間の創造」,「ギルガメシュとアッガ」「ウルの滅亡哀歌」, 杉勇他訳編『古代オリエント集』(筑摩世界文学体系 1) 筑摩書房.
島田誠 1999：『コロッセウムからよむローマ帝国』講談社.
杉勇他編 1978：『古代オリエント集』(筑摩世界文學大系 1) 筑摩書房.
世田谷美術館他編 2000：『世界四大文明 メソポタミア文明展』日本放送協会.
チャイルド, V.G.1951：ねずまさし訳『文明の起源』岩波書店.
チャイルド, V.G.1958：今来陸郎・武藤潔訳『歴史のあけぼの』岩波書店.
鶴岡宜規 2008：「ウル第三王朝時代ラガシュの裁判権」『オリエント』51/1, 1-21.
テュメネフ, A.I. 1958：「古代シュメールの国家経済」香山陽坪他訳編『奴隷制社会の諸問題』(ソビエト史学叢書1), 有斐閣, 1958, 23-42 (Tymenev, A.I., "The State Economy of Ancient Sumer," I.M. Diakonoff (ed.), Ancient Mesopotamia, Moskow, 1969, 70-87).
中田一郎 1999：『ハンムラビ「法典」』リトン.
中原与茂九郎 1965：「UET II 371 文書の解読とその解釈——軍事的集団労働組織・治水と王権の起源」『西南アジア研究』14, 77-94
中原与茂九郎 1966：「シュメール古拙文書について」『西洋史学』69, 1-11.
中原与茂九郎 1968：「シュメール王権の成立と発展」『西洋史学』77, 1-20.
西秋良宏編 2008：『遺丘と女神——メソポタミア原始農村の黎明』東京大学出版会.
ノート, M. 1983：樋口進訳『イスラエル史』日本基督教団出版局.
長谷川公一他 2007：『社会学』有斐閣.
藤井純夫 1999：「ギルス出土「禿鷲の碑」の図像解釈——初期王朝時代後半における密集方陣の編成について」辻成史編『美術史における「アルケオロジー」の諸相』(平成 9-10 年度科学研究費補助金［基盤研究 B (2)］研究成果報告書), 67-84.
ヘロドトス 1971：松平千秋訳『歴史』岩波文庫.
前川和也 1966：「ウル第三王朝時代におけるラガシュ都市——エンシと諸神殿組織」『西南アジア研究』16, 1-30.
前川和也 1973：「エンエンタルジ・ルーガルアンダ・ウルカギナ——初期王朝末期ラガシュ都市国家研究・序説」『人文学報』36, 1-51
前川和也 1989：「シュメール・ウル第三王朝時代の属州ギルス経営」中村賢二郎編『国家——理念と制度』京都大学人文科学研究所, 479-546.
前川和也 2005：「シュメールにおける都市国家と領域国家——耕地と水路の管理をめぐって」前川和也・岡村秀典編『国家形成の比較研究』学生社, 160-178.
前川和也 2009a：「前 3 千年紀シュメール語彙リストとアッカド語世界」前川和也責任編集『シリア・メソポタミア世界の文化接触：民族・文化・言語』(文部科学省科学研究費補助金 特定領域研究「セム系部族社会の形成」平成 20 年度研究集会報告), 20-30.
前川和也 2009b：「初期メソポタミアにおける領域国家の土地政策——空間の拡大」前川和也

編著『空間と移動の社会史』ミネルヴァ書房，3-33.
前川和也編著 2011:『図説メソポタミア文明』河出書房新社．
前田徹 1977:「Sipa-amar-šub-ga について」『古代文化』29/2, 1-12.
前田徹 1979a:「ウル第三王朝時代の労働集団について――ウンマ都市の耕作集団」『オリエント学論集（日本オリエント学会創立二十五周年記念）』刀水書房，581-598.
前田徹 1979b:「ウル第三王朝時代のラガシュにおける穀物関係文書について（I）」『広島大学文学部紀要』39, 341-355.
前田徹 1981a:「シュメール初期王朝時代」『史観』104, 7-17.
前田徹 1981b:「ウル第三王朝時代のラガシュにおける穀物関係文書について（II）」『オリエント』24/1, 87-103.
前田徹 1982a:「『シュメールの王名表』について」『オリエント』25/2,106-117.
前田徹 1982b:「シュメール都市国家ラガシュとウルの対立抗争」『史観』107, 107-120.
前田徹 1984:「アッカド王朝時代の軍事遠征」『オリエント学論集（日本オリエント学会創立三十周年記念）』刀水書房，553-568.
前田徹 1985:「シュメールにおける王権と社会正義」『オリエント学論集（三笠宮殿下古稀記念）』小学館，301-312.
前田徹 1988:「シュメール人とアッカド人」『ヨーロッパにおける異民族観の比較史的研究』（昭和六二年度科学研究補助金［一般研究 A］研究成果報告書），2-5.
前田徹 1989a:「ウル第三王朝時代の家畜管理組織」『早稲田大学文学研究科紀要』34, 33-51.
前田徹 1989b:「ドレヘム文書にみられる mu-túm」『オリエント』32/1, 67-81.
前田徹 1989c:「ウル第三王朝時代のプズレシュ・ダガンにおける家畜管理組織」『日本オリエント学会創立三十五周年記念オリエント学論集』435-452.
前田徹 1990:「ウル第三王朝時代の gú-na ma-da」『オリエント』33/1, 80-95.
前田徹 1992a:「イシビエッラによるイシン王朝創設」『オリエント』35/1, 166-175.
前田徹 1992b:「ウル第三王朝の王妃アビシムティ」『ヨーロッパ史における女性と社会』（平成 3 年度科学研究補助金［一般研究 A］研究成果報告書［研究代表者　村井誠人］），5-10.
前田徹 1993:「ウル第三王朝成立直前におけるエラムの政治的統合」『オリエント』36/1, 127-139.
前田徹 1994a:「ウル第三王朝時代の銀環下賜と u_4 ba-ná-a」『早稲田大学文学研究科紀要』（哲学・史学編）39, 19-34.
前田徹 1994b:「シャギナ（将軍）職の成立――シュメール統一王権の確立に関連させて」『史観』130, 62-73.
前田徹 1995:「シュメールの奴隷」『北大史学』35, 1-23.
前田徹 1996a:「シュメール王権の展開と家産制」『オリエント』38/2, 121-135.
前田徹 1996b:「シュメールにおける差別と迫害――外夷とケガレ」『歴史における差別と迫害』（平成 7 年度文部省科学研究費報告書［一般研究 A］［研究代表　小林雅夫］），7-14.
前田徹 1997:「ウル第三王朝時代のウンマにおける神殿への奉納」『早稲田大学文学研究科紀要』42/4, 39-55.
前田徹 1998:「複合都市国家ラガシュ」『史朋』30, 14-25.

前田徹 1999a：「アッシリア学と 19 世紀ヨーロッパ」『西洋史論叢』20, 69-80.
前田徹 1999b：「シュメールにおける王権の象徴――王状，王冠，玉座」『早稲田大学文学研究科紀要』44/4, 21-30.
前田徹 1999c：「シュメールの蛮族侵入史観」『オリエント』41/2, 154-165.
前田徹 2000a：「ウル第三王朝時代ウンマの文書管理官 GA$_2$-dub-ba」『早稲田大学文学研究科紀要』45/4, 17-31.
前田徹 2000b：「ウンマにおける舟の運行と管理」『オリエント』42/2, 80-94.
前田徹 2000c：「ウル第三王朝時代ウンマ文書からみたマダガのアスファルト」『西南アジア研究』53, 76-89.
前田徹 2001：「シュメール人の思考の一断面」『早稲田大学文学研究科紀要』46/4, 3-15.
前田徹 2002：「マルトゥ，周辺異民族＝「蛮族」観からの自立過程」『ヨーロッパ史における分化と統合の契機』（平成 10 年度～平成 13 年度科学研究補助金［基礎研究 B］研究成果報告書［研究代表　前田徹］），5-15.
前田徹 2003a：『メソポタミアの王・神・世界観――シュメール人の王権観』山川出版社.
前田徹 2003b：「ウル第三王朝時代ウンマにおけるエンシとシャブラ」『オリエント』46/1, 1-18.
前田徹 2003c：「エンメテナの回顧碑文」『西洋史論叢』25, 3-11.
前田徹 2004a：「ウル第三王朝時代ウンマにおける sá-dug$_4$ zà-mu」『オリエント』46/2, 249-251.
前田徹 2004b：「貨幣出現以前のものの値段　西アジア」日本オリエント学会編『古代オリエント事典』岩波書店，146-148.
前田徹 2005：「ウル第三王朝時代ウンマ文書における王のサギ」『早稲田大学文学研究科紀要』51/4, 35-48.
前田徹 2006：「メソポタミアにおける統一王朝と周辺異民族の侵入――蛮族侵入史観再論」『西洋史論叢』28, 1-13.
前田徹 2007：「キシュとウルク」『史朋』39, 1-13.
前田徹 2008a：「ウル第三王朝時代ウンマにおけるシャラ神殿造営」『早稲田大学文学研究科紀要』53/4, 33-44.
前田徹 2008b：「ウンマの支配者ウルギギルとクリ」『オリエント』50/2, 286-289.
前田徹 2008c：「シュシンの登位事情」『西洋史論叢』30, 1-12.
前田徹 2009a：「シュメールにおける地域国家の成立」『早稲田大学文学研究科紀要』54/4, 39-54.
前田徹 2009b：「Martu　族長制度の確立」前川和也編『シリア・メソポタミア世界の文化接触：民族・文化・言語』（文部科学省科学研究費補助金　特定領域研究「セム系部族社会の形成」平成 20 年度研究集会報告），51-57.
前田徹 2009c：「初期メソポタミアの王権」『西洋史論叢』31, 125-133.
前田徹 2010a：「王妃アビシムティと豊饒神イナンナ」『早稲田大学文学研究科紀要』55/4, 35-48.
前田徹 2010b：「ウル第三王朝のエラム統治とシマシュキ朝の成立」『西南アジア研究』73, 1-18.

前田徹 2012:「ウル第三王朝時代の王の祭儀権とウンマの祭」『早稲田大学文学研究科紀要』57/4, 5-18.
前田徹 2016a:「ウル第三王朝時代ウンマにおけるアマルシン王の神殿」『早稲田大学文学研究科紀要』61/4, 1-13.
前田徹 2016b:「ウル第三王朝の滅亡——歴史と文学」『國士舘東洋史學』7・8・9, 1-9.
モルガン, L.H.1958:青山道夫訳『古代社会』岩波書店(原著1877).
山本茂・前川和也 1969:「シュメールの国家と社会」荒松雄也編『岩波講座 世界歴史1——古代第1』岩波書店, 83-123.
ランケ 1941:鈴木成高他訳『世界史概観——近世史の諸時代』岩波書店.
リオン, ブリジッド. &ミシェル, セシル 2012:中田一郎監修, 渡井葉子訳『楔形文字をよむ』山川出版社.
ローフ, マイケル 1994:松谷敏雄監訳『古代メソポタミア』朝倉書店.
渡辺和子 1998:大貫良夫・前川和也・渡辺和子・屋形禎亮『人類の起源と古代オリエント(世界の歴史1)』中央公論社.

表・図一覧

表一覧

- 表1　メソポタミア史略年表
- 表2　前3千年紀の王
- 表3　王号の変化による時代区分
- 表4　アダムスの居住址変化表（Adams 1972, 18 による）
- 表5　ウルク期の捉え方
- 表6　ラガシュの王家（ウルナンシェ朝）
- 表7　ウルの王家
- 表8　ウンマの王家
- 表9　ウルカギナ治世の戦闘
- 表10　アッカド軍の編成
- 表11　アッカド王朝からウル第三王朝までの編年
- 表12　分裂期の諸都市の支配者
- 表13　グデア期のラガシュの支配者
- 表14　地域の三区分と貢納
- 表15　グナ・マダ
- 表16　豊饒祭と国家祭儀
- 表17　ウル第三王朝の軍団編成
- 表18　有力都市の支配者
- 表19　ウルの王イッビシンとイシンの王イシビエラ
- 表20　エラムの王，将軍，エンシ
- 表21　リムシュ碑文の比較
- 表22　メッセンジャーテキストに現れるエラム諸都市の頻度
- 表23　シマシュキ王朝の成立
- 表24　エバラトとキンダトゥ
- 表25　イシン・ラルサ時代の王

図一覧

- 図1　シュメール遺跡の発掘
- 図2　中心と周辺＝文明と野蛮
- 図3　四方世界

図4　集合都市印章に現れる都市（Matthews 1993, 37）
図5　領邦都市国家
図6　ウルの王墓（小野山 2002, 6）
図7　グエディンナを巡る争い
図8　ルガルザゲシの支配
図9　アッカド王朝初期3代の遠征
図10　ナラムシンの遠征
図11　ウル第三王朝の支配領域
図12　シュタインケラー説（Steinkeller 1987, 38）
図13　バル義務を負う都市
図14　朝貢国地域
図15　ウル第三王朝の軍事遠征
図16　エラムの侵寇とイシビエラの支配領域
図17　エアンナトゥムの対戦国
図18　プズルインシュシナクの最大版図
図19　ウル第三王朝時代のエラム
図20　スサとアッシュル
図21　シマシュキの拡大
図22　マルトゥの城壁と「敵意あるマルトゥ」
図23　哀歌が描く，エラムによって破壊された都市
図24　新都建設
図25　前15世紀の勢力図（渡辺 1998, 275 の図を参照して作図）
図26　バビロニアとアッシリア

出典を注記した以外の表・図は，すべて筆者の作成による．

あとがき

　本書で試みたのは，メソポタミア3千年の歴史のなかでも，その初期にあたる前3千年紀という限られた時期の通史である。その趣旨は，実証されない原始民主政論や，同時代史料の安易とも言える利用による神殿国家論によった従来の通史をなぞるのでなく，それを批判できる歴史を，シュメール都市国家の一類型，領邦都市国家をキーワードに同時代史料に依拠して描くことにあった。さらに，従来の通史を超えるためには，文明を築いたとされるシュメールとアッカドだけでなく，周辺に住む蛮族と見なされたエラム，マルトゥも歴史を担う主体として，当時の世界のなかでの多元的な関わりあいを見る必要があり，それを試みた。

　第Ⅰ部では，ティグリス・ユーフラテス川下流域に成立したシュメール・アッカドの王権と国家を対象にした。神殿国家論や原始民主政論に代わる新しい枠組み，王権の展開過程によって都市国家分立期，領域国家期，統一国家期に3分することと，それぞれの時代における王権の特徴については，『メソポタミアの王・神・世界観——シュメール人の王権観』（山川出版社，2003年）で示した。第Ⅰ部は，基本的に前書を踏襲しており，そこで論じたことを時間的順序に従って並べ替えたものである。

　第Ⅰ部のような通史を書く必要性を感じたのは，前書の合評会が持たれたときである。早稲田大学ヨーロッパ文明史研究所主催になる拙書の合評会（2004年4月20日）で，「シュメール諸都市に対する直接統治体制が未完成であることは，とりもなおさず，自立的な諸都市が厳然として存在し続けたことを意味する」の部分に批判が集中し，統一王権理念と実際の政治体制との乖離は方法論として理解できるが，実態として都市国家の自立を容認し，統制が取れない支配体制であるならば，それは国家と呼べないのではないかという批判が相次いだ。的を射た指摘であった。国家と呼べるかどうかは別にして，統一理念の現実化を阻むものは何かを考える必要があると知らされた。

　模索するなかで，2009年に，シュメール都市国家のなかに領邦都市国家と呼べる都市国家的伝統を体現する少数の領邦都市国家が確固として存在するこ

と，それが統一を阻む最大の要因であると考えるに至った。類型としての領邦都市国家を析出できたことで，第Ⅰ部では，メソポタミアにおける都市国家の成立から統一国家に至る過程に，領邦都市国家の成立を割り込ませ，領邦都市国家と統一王権の桎梏として叙述した。

　第Ⅱ部で述べたエラム，マルトゥ，グティについては，個別に論文を発表していた。時期的には，エラムのプズルインシュシナクによるエラム統一についての論文が最も早く1993年に発表した。エラムについては2010年にシマシュキ朝の成立を主題にした論文を発表している。それらによって，エラムは，メソポタミアと平行するように王権を発展させていたことが確認できた。マルトゥについては，2002年と2009年にマルトゥの族長制に係わる論文を発表し，メソポタミアに確固たる地位を築くまでの歴史を，族長体制の成立過程として描くことができると確信した。グティについては，エラムやマルトゥとは異なり，政治的な重要性よりも，シュメールとアッカドの人々が抱く周辺蛮族の脅威の代名詞となるグティとして1999年に論じたが，それが基礎にある。述べてきた研究を前提に，第Ⅱ部では，伝統的な記述から離れることを意図して，エラム，マルトゥ，グティを中心文明地域との関わりにおいて異なるタイプと対照的に捉え，通史的に記述した。

　史料の読解では，筆者が置いた3基準，1) 王号の変化に依る時代区分，2) 当時の思潮である華夷の二分法，3) 領邦都市国家が担う自立的な都市国家的伝統を軸にすれば，より正確な解読に至ること，それを実例として示せたと考える。

　第Ⅰ部で述べた中心地域と第Ⅱ部の周辺地域を合わせて，初めて，前3千年紀メソポタミアの世界を対象にしたことになる。初期メソポタミア史の叙述としては，本来それらを総合して，総体としての世界を立体的に描くべきであろう。私には書けなかった，そうした書物が出版される日がくることを切に望むものである。

Early History of Ancient Mesopotamia

Tohru MAEDA

This book examines the topics of kingships and polities in the early history of Ancient Mesopotamia chiefly during the 3rd millennium BC. I have divided the discussion into two geographically distinct areas, which I refer to as "the core and the periphery." The "core" is the region of the lower Tigris-Euphrates and the periphery is the area surrounding the core. The book itself is divided into two parts —— Part I: The Core: Overlords and Regional City-states; and Part II: The Periphery: People in the Surrounding Areas of Elam, Martu, and Guti.

In Part I, The Core, we observe that the kingship came into existence by the end of the 4th millennium BC, and developed in three successive stages in the 3rd millennium BC. The three stages were the development of 1) city-states, 2) regional states, and 3) world states. A noticeable feature behind these developments may at first glance seem antithetical: the eight influential regional city-states continued to exist independently into the period of world states. It is certain that the kings of the Third Dynasty of Ur never attempted to centralize power, although each referred to himself as: "the king over all four quarters of the world (lugal-an-ub-da-límmu-ba)".

In Part II I look at the people of Elam, Martu, and Guti. Although people in the core treated these people with disdain, the people in the periphery were not barbarians, and they did have their own history. These histories were intertwined with the power structures of Mesopotamia.

First, Elam can be considered the twin sister of Mesopotamia. In both areas the kingship and city-states were founded at approximately the same time. A great kingship controlling the whole of Elam was established by Puzur-Inshsinak, after the fall of the Dynasty of Akkade. However, this achievement was temporary. Continuous rule over all of Elam came under the kinship of Idaddu and his son Kindattu, kings of the Shimashki Dynasty. This was after they had destroyed the Third Dynasty of Ur.

Secondly, Martu invaded Mesopotamia and dominated the territory in place of the Sumerians and Akkadians. The sixth king of the Martu dynasty of Babylon, Hammurabi, reunified Mesopotamia for the first time after the fall of the Third Dynasty of Ur. It is important to recognize that Martu introduced the patriarch system into Mesopotamian society. Until this time, the "civilized" people in Mesopotamia regarded the patriarch as a barbaric system of the normadic Martu.

Lastly, Guti was portrayed in Sumerian literary works as the destroyer of the Dynasty of Akkade ("The Curse of Agade") and as having carried off the kingship of Sumer (the pseudo-royal inscription of Utuhegal). However, these portrayals can be considered fictional as these events have never been confirmed.

It is certain that Guti never ruled all of Mesopotamia, just two Sumerian cities, Adab and Umma, and this sovereignty lasted for less than two decades. We can assume that people living in the core invented these fictional characters at the end of the Third Dynasty of Ur, when they felt increasingly threatened by the invading "barbarians."

索　引

◆あ

アアンネパダ　45, 46
アカラムドゥ　45, 46
アカルラ　164-167, 170, 180
アクシャク　52, 68, 69, 112, 113, 128, 210, 218
アクルガル　45, 47
アケトアテン　344
アズズ　209
アダブ　39, 50, 63, 64, 77, 82, 83, 92, 93, 111, 114, 124, 143, 304, 307, 315-318, 327, 336
アダムス　25
アダムドゥン　146, 225, 228, 230, 232, 238, 239, 249
アッカド（ki-uri）地方　64
アッカド語　6
「アッカドの王」　84, 108, 109
『アッカドの呪い』　108, 302, 303, 322, 323, 335
アッシュル　89, 104, 208, 233, 290
アッシュルウバリト　346
アッシュル神　343, 344
アッシリア　85, 290, 347
アッシリア学　9
『アッシリアの王名表』　297
アッシリアのバビロニア化　348
アバ神　91
アピアク　111, 114, 129, 192
アビエシュ　293
アビサレ　284
アビシムティ　157, 159, 186
アブダエル　279, 281, 283
油　264
アマルシン　167, 172, 173
アマルナ外交書簡　346
アマルナ時代　345
アムナヌム　285, 286, 298
アムナン―ヤフルル　287
アルア　202, 204

アル・ウンタシュナピリシャ（チョガザンビル）建設　343
アルラ　168
アワン　89, 208, 218, 249, 317
アワン王朝　219, 220
アンアム　286
アンシャン　89, 128, 161, 193, 195, 209, 213, 214, 218, 225, 228, 245-247, 249, 250, 255, 332
アン神　60, 153, 293, 329
アンタスルラ　69, 80, 204
アンミツァドゥカ　258, 289, 296, 297, 299
アンミディタナ　294, 297
異国征服者　69
イシビエラ　144, 190, 192, 193, 195, 249, 264, 279, 280
イシビエラの讃歌　195
イシャルリム　294
イシュクンダガン　304
イシン　111, 143, 194, 197, 279, 327, 328
イシン王朝　190
イダドゥ　196, 243, 250, 253, 255
一円支配　152, 182
イッビシン　107, 153, 189, 190, 193, 194, 195
イドリミ　86
イナンナ神　55, 157, 158, 309, 329
イバルピエル2世　289
イムルア（im-ru-a）　26
イラットゥ（illatu）　26
イラバ神　107, 309
イリシュマニ　219, 220, 221, 222
イル　48, 53, 76
イルナンナ　168, 181, 237, 238, 239, 241, 247
インシュシナク神　109, 213, 216, 218, 228
ウグラ・マルトゥ　295
ウシャシュム　279, 281, 283

ウシュムガル　　220, 222
ウスエ　　283
ウトゥ神　　329
ウトゥヘガル　　109, 120, 122, 123, 127, 303, 311, 315, 318
ウトゥヘガルの王碑文　　336
ウナア　　157
ウバア　　231
ウバイド文化　　20
馬　　95
ウル　　37, 39, 43, 45, 50, 51, 54, 55, 66, 76, 91-93, 111, 116, 118, 122, 123, 131, 137, 153, 155, 177, 178, 189, 193, 327
ウルア　　146, 202, 204, 207, 228
ウルアズ　　202, 204, 211
ウルカギナ　　53, 78-81, 93, 96, 97, 99
ウルカギナの呪詛碑文　　78, 80
ウルガル　　122, 124
ウルキウム　　232
ウルギギル　　119, 122, 318
ウルク　　37, 39, 43, 50, 51, 53, 54, 70, 75-78, 84, 91, 93, 110, 111, 119, 143, 153, 158, 177, 194, 196, 287, 327, 336
ウルク型都市国家　　22, 23, 25, 30, 34, 35, 37, 38
ウルク期　　20
ウルク期の王　　23
ウルク世界システム　　33
ウルクとキシュの対立　　70
ウルクの大杯　　48, 158
ウルサグリグ　　143, 228
ウル第三王朝　　138
ウルナンシェ　　45-47, 49, 50, 81
ウルナンム　　123, 125, 126, 127, 217, 311, 312
ウルナンム王讃歌　　136
ウルナンム法典　　128, 130, 131, 134, 136, 187, 218
ウルニギン　　113, 119, 122
ウルニンギルス　　112, 123
「ウルの遺宝」　　54
ウルの王墓　　46, 81
ウルの解放　　195, 196

ウルの章旗（スタンダード）　　47, 95
ウルバウ　　120, 122-124
ウルビルム　　240, 310
『ウル滅亡の哀歌』　　324, 327
ウルメメ　　167
ウルラマ　　167, 180, 181
ウルリシ　　164, 167, 180
ウルルンマ　　48, 49, 76, 80, 206
ウンタシュナピルシャ　　255
ウンマ　　37, 39, 48, 50, 51, 53, 75, 76, 83, 91, 93, 97-111, 118, 124, 164, 179, 189, 308, 327, 336
エアッダ神殿　　71, 80
エアンナトゥム　　45, 47, 49, 50, 53-55, 69, 71, 85, 202
英雄格闘図　　57
エギア e-gi4-a　　148
エシュヌンナ　　85, 114, 144, 192, 217, 218, 243, 281, 288-290
エシュヌンナ法典　　133
エシュブム　　208, 219
エティブメル　　100, 101
エバラト　　242, 245, 246, 248-251
エビフ　　262, 264
エピルムピ　　219-221
エブラ　　104, 105, 141, 146, 224
エラム　　14, 51, 88, 90, 102, 103, 112, 113, 128, 148, 151, 160, 161, 193-195, 201, 204, 207, 209, 210, 214, 222, 229, 327
エラム（NIM）が指す範囲　　210, 213
『エラムの王名表』　　208, 218, 219, 243, 245, 247, 254, 255
エラム（兵）　　229, 230, 235, 239, 244, 250
エリッドゥピジル　　308, 312, 320
エリドゥ　　190, 291, 327
エンアカルレ　　48, 49
エンアンナトゥム1世　　45, 49, 52
エンアンナトゥム2世　　45, 81, 204
エンエンタルジ　　82, 204
エンギ市　　62, 65, 74
エンキ神　　172, 327, 328
エンギムム　　274-276

索引

エンギルサ　97, 99
遠交近攻策　50
エンシ　60
エンシャクシュアンナ　60, 62, 64-66, 68, 70-72, 74, 81, 87, 96
エンビイシュタル　70
エンヘドゥアンナ　111
エンメテナ　45, 49, 53, 54, 70, 72, 76, 107, 117, 119, 206
エンメバラゲシ　201
エンリル神　53, 60, 62, 68, 70, 71, 73, 77, 90, 91, 107, 111, 112, 126, 131, 137, 153, 154, 156, 173, 174, 177, 185, 193, 208, 217, 228, 288, 290, 291, 293, 302, 309, 311, 312, 322, 323, 326, 329, 344
王位継承法　342
王冠　107, 152, 188
王権　72, 131, 136, 277, 290, 309
王座　153, 208
王讃歌　126, 136, 320
王杖　71, 107, 152, 153, 309
王族将軍　149
王朝　45
王朝交代　10, 14, 62, 330
「王の供犠」　172, 173
王の神格化　29, 106-108, 138, 152, 154
王の神殿　106, 153
王の正統性　278
「王のための持参」　141, 145, 150, 152, 156, 261
王の勅令　132, 133
王の二大権能　48, 131
王妃の役割　157
王碑文　44, 49, 57, 306
王を祭る月　154

◆か

カール・トゥクルティニヌルタ　343
会計文書　181
華夷の二分法　12, 206, 258, 335, 340, 345
カク　124
カザル　94, 100, 111, 128, 129, 218, 327
下賜印章　184
加上　271, 273, 281
家政組織　12, 30, 31, 33, 34, 79, 178, 182, 187, 188, 339, 341
カッシト王朝　301
カルカル　63, 64, 143, 336
キアン　75, 76, 93, 100, 143
キエンギ　64, 73, 74, 110
「キエンギのエン」　64, 65, 74
キクイド　93, 99
キシュ　39, 50, 52-54, 66, 68, 77, 84, 85, 110, 114, 289, 316, 327
ギシュシャキドゥ　48, 49
キシュとウルクの対立　69, 84
「キシュの王」　55, 57, 68-70, 85
キシュの征服　67
キシュの伝統的権威　84, 110
キマシュ　161, 216, 225, 229
宮廷規則　342
ギリカル　128, 218
ギリタブ　111, 129
キリナメ　245, 255
ギルガメシュ　201
ギルタブ　192
銀環下賜　185
キンダトゥ　190, 193, 195, 243, 250-255
グアッパ市区　40, 205
グエディンナ　50, 55, 66, 127, 128, 169
楔形文字　4
グデア　117, 120, 122-124, 130, 213, 238
グデアの時代　120
グティ　15, 112, 113, 120, 124, 298, 299, 302, 305, 314, 315, 317, 320, 322, 327, 332, 333, 337
グティ王朝　302
グティの王　319
「グティの時代」　115, 308, 312, 319
グドゥア　111, 186
クドゥル　341
クドゥルマブク　285

グナ　141, 145, 146, 149, 150, 151, 231, 246
グナ・マダ　149-151, 240
クバトゥム　157
グビン　322, 323
グラ神　173
グングヌム　272
軍事遠征　88, 103, 147, 161, 223, 225
軍事権　159
軍政地域　141, 147, 149, 151, 222, 223, 267, 333
軍団　94-96, 101, 149, 150, 159, 187, 206, 217, 240, 264, 265, 267, 269, 315
ケシュ　39, 63, 64, 143, 192, 327
月齢祭　173
ゲメエンリル　157
原エラム文字　201
原始民主政論　11, 25, 35
限定詞の表記法　46
献納 (a-ru-a)　181
降嫁　147-149, 222, 224, 225, 232, 240, 248
洪水　323, 324, 331
公定価格　133
工房　170
国璽　342
「国土の王」　59, 69, 70, 77, 81, 87, 88
個人神　123
国家祭儀　157-159, 177
国境争い　81

◆さ

祭儀権　155
在地勢力　98, 112, 129, 149, 152, 164, 177, 181, 209, 225, 230, 242, 254
裁判　133, 134, 180
裁判官　133, 134, 181
裁判文書　135
債務奴隷　132
ザバヤ　272, 284
ザハラ　112, 210, 211
ザバラム　37, 39, 75, 76, 93, 100, 143, 158
ザバルダブ　183, 185

サビウム　288
ザブシャリ　241, 248
サブム　228, 230, 241
サマッラ文化　20
サミウム　272
サムスイルナ　293
サムスイルナの城塞　343
ザリクム　232, 233, 235
サルゴン　62, 72, 81-83, 85-88, 90-92, 96, 98, 107, 117, 206, 300, 347
サンガ・シャブラ　176, 179
三都巡幸　156
市域　43
シウ（ム）　305, 306, 313, 315
シグリシュ　225
死者供養　299, 300
使節　186
氏族　12, 281, 285, 286, 298-300
氏族制　25, 26, 287, 289
「下の海から上の海まで」　73
シッパル　97, 98, 111, 289, 305
「四方世界の王」　86, 102, 106, 108-120, 138, 193, 218, 292, 293
シマシュキ　194, 216, 228, 241, 242, 244-247, 249, 250, 333
シマシュキ王朝　243, 245, 251, 254, 255
シマシュキの戦利品　243
シマヌム　148
シムダル　146, 149, 217, 262, 264
ジムリリム　288, 289
シムルム　88, 162, 184, 223, 248, 262, 264, 265, 310
シャギナ　95, 160
シャムシアダド１世　89, 289, 298, 299
シャラカム　167, 168
シャルカリシャリ　99, 108, 110, 112, 113, 304, 305
シャルラク　112, 303
シュイリシュ　192, 325
自由　76, 129, 131, 218
集会　286
集合都市印章　35, 36, 38, 39, 44, 45
十字形記念碑　341
守護神　107, 154

シュシン　107, 172, 239, 333
シュシンの葬儀　188
シュトゥルル　112-114, 305, 313
酒杯人　79, 172, 185, 221, 236, 237, 318
シュメール (ki-en-gi) 地方　64
シュメール語　7
シュメール人　7
シュメール地方とアッカド地方　74
「シュメールとアッカドの王」　109, 110, 126, 138, 273, 292, 293
『シュメールとウル滅亡の哀歌』　302, 317, 322-328, 330
シュメール都市遺跡　8
『シュメールの王名表』　62, 87, 113, 119, 136, 201, 302, 305, 309, 312, 315, 317, 319, 321, 324, 330
シュメールの初出　94
シュルギ　129, 153, 172, 173, 222, 315, 320
シュルギの王讃歌　153
シュルッパク　39, 77, 92, 111
巡幸　110, 143, 156-158
殉死　48
将軍　107, 119, 129, 149, 152, 160, 162, 177, 182, 183, 186, 188, 207, 208, 232, 233, 237, 239, 241, 253, 254, 262, 265, 318
小君主（豪族）連合　245, 319, 320
商人　30, 34, 55, 186, 196, 211, 238
シルハクインシュシナク　252
シンカシド　285, 287
シンガミル　285
神権政治　12, 28
新石器革命　19
神殿　31, 179, 180, 341, 342
神殿建立　159, 169, 170, 308
神殿都市論　11, 24
新都建設　344
シンムバリト　286-288, 293
杉の森（杉の山）　104, 105, 348
スサ　89, 141, 144, 202, 211, 214, 228, 240, 249, 254
「スサの支配者, エラムの国の将軍」　214, 216, 220, 253
スサの表記　221
スッカルマフ　168, 182, 185, 186, 237, 239, 255
スバルトゥ　15, 102, 229
スムアブム　286, 297
スムライル　287, 293, 294
スルシュキン　99, 100
正義　130-132
聖婚儀礼　157-159
誓約　53, 134, 272, 304
セミラミス　3
セム語族　6
セルシュダガン　184, 223
戦勝を祝う宴　162
戦争捕虜　162
「全土の王」　59, 84-86, 88, 109, 300
戦利品　162
即位の年名　288
族長　28, 256, 276-278, 283, 285, 286, 289, 295, 296, 300, 341

◆た

ダガン神　45, 105, 228, 288
ダジテ　245-247, 250
ダダガ　164
ダドゥシャ　133, 288
地域連携型村落　22, 23, 25, 34
父の家の継承　288
チャイルド　19
中央集権体制　12, 31, 340
中心地域　142, 152
中心と周辺　12, 13, 141, 215, 331, 332, 340, 348
中心文明の破壊　331
朝貢国地域　141, 145, 147, 149, 151, 222, 267
直営地　30, 31, 43, 178-180, 190, 339
通婚　183, 184
通訳　226
ティグリス川ルート　105, 106
ティドヌン　267, 268, 298, 332
ティリガン　120, 305, 311, 313, 315, 336

ディルムン　　55, 89, 196, 211, 323
デール　　139, 144, 211, 228, 238
統一度量衡　　138
統一暦　　170, 171
トゥクルティニヌルタ1世　　343
同君連合　　54
統治権（bal）　　283
ドゥドゥ　　112, 113, 116, 305
トゥトゥブ　　111, 217, 218
トゥトゥル　　105, 286
ドゥムジ神　　54, 158
ドゥル・クリガルズ　　343
徳政令　　132
都市革命　　19-21
都市国家的伝統　　12, 30, 32, 39, 58, 65, 66, 83, 112, 171, 189, 290, 292, 317, 333, 339
都市神　　29, 30, 32, 67, 71, 109, 272, 278, 325
都市の征服・破壊　　67, 68
「奴僕」　　278

◆な

ナグス　　336
ナプラヌム　　270, 271, 273, 275, 282
ナムマフニ　　122-124, 308
ナラムシン　　61, 64, 74, 77, 90, 102, 103, 105, 106, 108, 110, 116, 117, 153, 209, 300, 303, 309, 347
ナンシェ神　　42
ナンナクガル運河　　127
ナンナジシャガル　　167, 168
ナンナ神　　111, 118, 126, 129, 131, 136, 137, 155, 172, 196, 218, 278, 325, 326
ニップル　　39, 43, 72, 77, 92, 111, 114, 153, 167, 176-178, 189, 192, 194, 279, 311, 327, 328
ニップル暦　　192
ニナ市区　　40, 42
ニネヴェ　　89, 104
ニンイシンナ神　　136, 324
ニンガル神　　196, 324
ニンキサルシ　　307

ニンスン神　　131, 172
ニントゥ神　　310, 329
ニンフルサグ神　　309, 310, 329
ニンリル神　　157
年名　　60-62, 69, 87, 104, 112, 113, 133, 139, 161, 189, 191, 194-196, 207, 210, 224, 242, 246, 249, 260, 265, 273, 283, 284, 288, 303, 334
農事暦　　171

◆は

バガル神殿　　41
禿鷹碑文　　53, 95, 202
バシメ　　97, 98, 241
バシャル　　112, 113, 260, 267
バドティビラ　　54, 76, 119, 143, 158
ハナ　　257, 294, 298, 300
バビロン　　287
ハブバ・カビラ　　33, 34
ハブラ　　148
ハマジ　　192, 240, 317
バラフシ／パラフシ　　89, 207, 208, 211, 224
ハラフ文化　　20
バル義務　　142, 143, 173-176
ハルシ　　225, 228
蛮族侵入史観　　324, 331, 334, 337, 340
ハンムラビ　　3, 258, 289, 290, 295, 298
ハンムラビ法典　　3, 131, 132, 290, 294
ヒッタイト　　348
ヒッタイト語　　6
ビブロス　　141
ビララマ　　281, 283
プアビ　　46, 57
「武器で打ち倒した」　　67, 69, 78
複合都市国家ラガシュ　　39, 42
プズリシュダガンの貢納家畜管理施設　　156, 170, 174, 177, 189, 238, 261
プズルインシュシナク　　109, 123, 214-219, 222, 310, 313, 314, 333
プズルママ　　115, 118, 120, 215
フトランテムティ　　249, 250, 253, 254
フフヌリ　　160, 228, 248, 249
フリバル　　230, 236

フルティ　216, 225, 229
フンババ　323
ベリアリク　232, 235, 240
ペルシア湾交易　55, 89, 127, 128, 196
ベロッソス　7
豊饒祭　158
法典編纂　126, 130
ボルシッパ　111, 192, 289

◆ま

マガン　89, 103, 128, 146, 193, 209, 214, 323
マダガ　310
マニシュトゥシュ　84, 89, 103, 107, 208, 209, 341
マニシュトゥシュの石碑（オベリスク）　97
マラダ　111, 128, 129, 192, 218
マリ　45, 51, 54, 76, 88, 105, 152, 224, 290, 293, 294, 300
マルサ　170
マルトゥ　15, 28, 102, 112, 160, 190, 194, 229, 237, 256, 298, 299, 333
マルドゥク神　136, 290, 291, 341, 344
マルトゥの城壁　189, 262, 267, 333
マルトゥの戦利品　261, 266-268
「マルトゥの頭領」　272, 280, 282-284, 286, 294-296, 300
マルハシ　224
ミシメ　202, 204, 241
ミタンニ　346, 348
密集兵団　95
民族対立　10, 12, 14, 62, 94, 197
メシリム　51, 53, 85, 307
メシリムの境界石　51, 53
メスアンネパダ　45-47, 54, 55, 57, 66
メスカラムドゥ　45, 46
メスキガルラ　77, 82
メスジ　81, 93, 99
メッセンジャーテキスト　181, 226, 228, 232, 239, 244, 250
メルッハ　214, 322, 323

◆や-ら

山羊とロバ　261
ヤマディウム　266, 268, 274
ヤムスム　271, 273, 281
ヤムトゥム　274, 275
ヤムトバル　285
ヤムハド　289
ヤルラガン　119, 305, 306, 313, 315
唯一の王　59, 68, 73, 77, 111
ユーフラテス川ルート　105, 106
ラアラブ　119, 305, 314
ラガシュ　37, 39, 40, 45, 50, 53, 55, 77, 91, 93, 97-100, 111, 113, 116, 118, 120, 128, 176, 179, 189, 196, 238, 304, 307, 327
ラガシュ市区　40, 41
ララク　327
ラルサ　37, 39, 54, 76, 143, 194, 197, 290
ラルサの王　272
リピトイシュタル法典　131
リムシュ　84, 89, 92, 93, 103, 208, 322
リムシン　289
領域国家期　60, 66, 68, 81, 159
領邦都市国家　12, 39, 42, 57, 62, 65, 66, 70, 74, 77, 93, 111, 112, 143, 152, 164, 169, 170, 176, 182, 184, 196, 316, 317, 335, 339, 340
隣保同盟　36
ルガルアンダ　57, 82
ルガルアンナトゥム　118, 308
ルガルキギネドゥドゥ　54, 55, 66, 71, 85
ルガルキサルシ　54, 71, 72
ルガルザゲシ　53, 70, 71, 79, 81, 90, 91, 93
ルガルシャエングル　307
ルガルタル　79
ルガルとエンシの格差　207
ルガルナムニルスム　51
ルシャッガ　118
ルナンナ　92
ルルブ遠征碑　95, 107
六国同盟　63, 64, 66, 67, 96

著者紹介

前田　徹　（まえだ　とおる）

1947年生まれ。北海道大学大学院文学研究科博士課程東洋史学専攻中退。
現在，早稲田大学文学学術院教授。
著書：
『都市国家の誕生』（世界史リブレット1）　山川出版社　1996年
『岩波講座世界史2　オリエント世界』分担執筆　岩波書店　1998年
『歴史学の現在：古代オリエント』分担執筆　山川出版社　2000年
『西アジア史Ⅰ　アラブ』（新版　世界各国史8）分担執筆　山川出版社　2002年
『文字の考古学Ⅰ』（世界の考古学21）分担執筆　同成社　2003年
『メソポタミアの王・神・世界観―シュメール人の王権観』山川出版社　2003年

早稲田大学学術叢書　52

初期メソポタミア史の研究

2017年5月25日　初版第1刷発行

著　者……………前田　徹
発行者……………島田　陽一
発行所……………株式会社　早稲田大学出版部
　　　　　　　　　169-0051　東京都新宿区西早稲田1-9-12
　　　　　　　　　電話　03-3203-1551　http://www.waseda-up.co.jp/
装　丁……………笠井　亞子
印刷・製本………大日本法令印刷　株式会社

Ⓒ 2017, Tohru Maeda. Printed in Japan　　ISBN 978-4-657-17701-8
無断転載を禁じます。落丁・乱丁本はお取替えいたします。

刊行のことば

　1913（大正2）年、早稲田大学創立30周年記念祝典において、大隈重信は早稲田大学教旨を宣言し、そのなかで、「早稲田大学は学問の独立を本旨と為すを以て　之が自由討究を主とし　常に独創の研鑽に力め以て　世界の学問に裨補せん事を期す」と謳っています。

　古代ギリシアにおいて、自然や社会に対する人間の働きかけを「実践（プラクシス）」と称し、抽象的な思弁としての「理論（テオリア）」と対比させていました。本学の気鋭の研究者が創造する新しい研究成果については、「よい実践（エウプラクシス）」につながり、世界の学問に貢献するものであってほしいと願わずにはいられません。

　出版とは、人間の叡智と情操の結実を世界に広め、また後世に残す事業であります。大学は、研究活動とその教授を通して社会に寄与することを使命としてきました。したがって、大学の行う出版事業とは大学の存在意義の表出であるといっても過言ではありません。これまでの「早稲田大学モノグラフ」、「早稲田大学学術叢書」の2種類の学術研究書シリーズを「早稲田大学エウプラクシス叢書」、「早稲田大学学術叢書」の2種類として再編成し、研究の成果を広く世に問うことを期しています。

　このうち、「早稲田大学学術叢書」は、アカデミック・ステイタスの維持・向上のための良質な学術研究書として刊行するものです。近年の学問の進歩はその速度を速め、専門性の深化に意義があることは言うまでもありませんが、一方で、複数の学問領域の研究成果や手法が横断的にかつ有機的に手を組んだときに、時代を画するような研究成果が出現することもあります。本叢書は、個人の研究成果のみならず、学問領域を異にする研究者による共同研究の成果を社会に還元する研究書でもあります。

　創立150周年に向け、世界的水準の研究・教育環境を整え、独創的研究の創出を推進している本学において、こうした研鑽の結果が学問の発展につながるとすれば、これにすぐる幸いはありません。

2016年11月

早稲田大学